MAGNÍFICA,
TUDO O MAIS

# Rosa Luxemburgo

*cartas*

VOLUME III

## FUNDAÇÃO EDITORA DA UNESP

*Presidente do Conselho Curador*
Mário Sérgio Vasconcelos

*Diretor-Presidente*
Jézio Hernani Bomfim Gutierre

*Superintendente Administrativo e Financeiro*
William de Souza Agostinho

*Conselho Editorial Acadêmico*
Danilo Rothberg
João Luís Cardoso Tápias Ceccantini
Luiz Fernando Ayerbe
Marcelo Takeshi Yamashita
Maria Cristina Pereira Lima
Milton Terumitsu Sogabe
Newton La Scala Júnior
Pedro Angelo Pagni
Renata Junqueira de Souza
Rosa Maria Feiteiro Cavalari

*Editores-Adjuntos*
Anderson Nobara
Leandro Rodrigues

# Rosa Luxemburgo

*cartas*

VOLUME III

3ª edição

ORGANIZAÇÃO
**ISABEL LOUREIRO**

TRADUÇÃO DO ALEMÃO
MÁRIO LUIZ FRUNGILLO

TRADUÇÃO DO POLONÊS
GRAZYNA MARIA ASENKO DA COSTA
PEDRO LEÃO DA COSTA NETO

© 2011 da tradução brasileira

Fundação Editora da UNESP (FEU)
Praça da Sé, 108
01001-900 – São Paulo – SP
Tel.: (0xx11) 3242-7171
Fax: (0xx11) 3242-7172
www.editoraunesp.com.br
www.livrariaunesp.com.br
feu@editora.unesp.br

Dados Internacionais de Catalogação na Publicação (CIP)
Vagner Rodolfo CRB-8/9410

R788
    Rosa Luxemburgo: cartas – Volume 3 / organizado por Isabel Loureiro; traduzido por Mário Luiz Frungillo, Grazyna Maria Asenko da Costa, Pedro Leão da Costa Neto. – 3.ed. – São Paulo: Editora Unesp, 2018.

    ISBN: 978-85-393-0740-1

    1. Luxemburgo, Rosa, 1871-1919 – Correspondência. 2. Comunistas – Correspondência. I. Loureiro, Isabel. II. Frungillo, Mário Luiz. III. Costa, Grazyna Maria Asenko da. IV. Costa Neto, Pedro Leão da. V. Título.

2018-643                                                       CDD 320.5322
                                                                                                   CDU 330.85

Esta publicação foi realizada com o apoio da Fundação Rosa Luxemburgo com fundos do Ministério Federal para a Cooperação Econômica e de Desenvolvimento da Alemanha (BMZ).

A tradução desta obra recebeu o apoio do Goethe-Institut,
que é financiado pelo Ministério de Relações Exteriores da Alemanha.

Editora afiliada:

Asociación de Editoriales Universitarias
de América Latina y el Caribe

Associação Brasileira de
Editoras Universitárias

# Sumário

Apresentação ao terceiro volume  VII
Cartas de Rosa Luxemburgo (1893-1919)  1
Referências bibliográficas  363
Lista de publicações e partidos  367
Lista de nomes  369
Índice onomástico  389

# Apresentação ao terceiro volume

> "assim" é a vida desde sempre, tudo faz parte dela:
> sofrimento e separação e saudade. Temos de aceitá-la
> com tudo isso e achar *tudo* belo e bom.
>
> ROSA LUXEMBURGO a SONIA LIEBKNECHT, 19 de abril de 1917

> oh, por favor, prestem atenção a este dia maravilhoso!
> [...] pois este dia não voltará nunca, nunca mais!
>
> ROSA LUXEMBURGO a HANS DIEFENBACH, 6 de julho de 1917

Pela primeira vez no Brasil é publicada uma coletânea de cartas de Rosa Luxemburgo traduzidas dos originais polonês e alemão.[1] Nossa tarefa só foi possível graças ao minucioso trabalho de pesquisa realizado pela equipe, coordenada por Annelies Laschitza e Günter Radczun,[2]

---

1  No Brasil só foi publicada a obra *Camarada e amante*, com extratos das cartas a Leo Jogiches, numa tradução feita da edição americana (*Comrade and Lover*) organizada por Elżbieta Ettinger.

2  A publicação das *Gesammelte Briefe*, em seis volumes, começou em 1982 e foi concluída em 1993. Depois do fim da RDA, houve nova edição dos volumes dois (1999) e quatro (2001),

que editou as *Gesammelte Briefe* [Cartas completas] na antiga República Democrática Alemã (RDA), e por Feliks Tych, editor dos três volumes das cartas em polonês a Leo Jogiches.[3] Deixando de lado as inúmeras peripécias por que passou o espólio de Rosa Luxemburgo depois do seu assassinato, basta dizer que essas edições são tributárias dos esforços de vários amigos – Leo Jogiches, Luise Kautsky, Mathilde Jacob, Paul Levi, Clara Zetkin – que tudo fizeram para preservar seus escritos. A partir de 1931 os textos ficaram finalmente a salvo no Instituto Marx-Engels--Lênin,[4] em Moscou.

As primeiras edições das cartas de Rosa Luxemburgo ficaram a cargo de três mulheres – Sonia (ou Sophie) Liebknecht,[5] Luise Kautsky[6] e Henriette Roland-Holst van der Schalk[7] – que prestavam, assim, homenagem à memória da amiga barbaramente assassinada. Ao tornar públicos aspectos desconhecidos e simpáticos da sua personalidade, atingiam um público mais amplo, além do círculo comunista e social-democrata.[8]

Quem só conhecia a jornalista, a militante revolucionária, a oradora, a polemista, a teórica marxista, ficou boquiaberto ao descobrir que a "sanguinária Rosa" era uma mulher fascinante, sensível, sonhadora, profundamente ligada à vida – mas sem medo de morrer –, pronta a consolar os amigos, apaixonada pela natureza e as artes, uma

---

que contêm, entre outras, as cartas a Costia Zetkin, publicadas dessa vez sem supressão das passagens mais íntimas.

3 Luxemburgo, *Listy do Leona Jogichesa-Tyski*, tomo 1 (1893-1899); Id., *Listy zebrał, słowem wstępnym i przypisami opatrzył Feliks Tych*, tomo 2 (1900-1905); Ibid., tomo 3 (1908-1914).

4 Posteriormente, Instituto do Marxismo-Leninismo, e, atualmente, Arquivo Estatal Russo de História Social e Política.

5 Luxemburgo, *Briefe aus dem Gefängnis* [Cartas da prisão]. Publicadas em 1920 como o n.10 da Biblioteca da Juventude Internacional pelo Comitê Executivo da Juventude Internacional Comunista. O sucesso foi tanto que em pouco tempo essas cartas foram traduzidas para mais de vinte línguas.

6 Em 1923, Luise Kautsky publicou as cartas endereçadas por Rosa a ela e ao marido, Karl Kautsky.

7 Na sua biografia, *Rosa Luxemburg – Haar Leven en Werken* [Rosa Luxemburgo – vida e obra], a social-democrata holandesa publicou cinco longas cartas que Rosa lhe endereçara e que mostravam a calorosa amizade entre elas, e ao mesmo tempo expunham as ideias de Rosa sobre o movimento socialista.

8 Para uma história detalhada da recepção das cartas de Rosa Luxemburgo, ver Laschitza, Vorwort [Prefácio] a Rosa Luxemburgo. In: *Gesammelte Briefe*, 6. Nossa apresentação muito deve a esse excelente trabalho.

intelectual sintonizada com a vida cultural do seu tempo. E também uma mulher divertida, irônica, cuja língua afiada não poupava ninguém, nem sequer a si mesma.

Em particular, as *Briefe aus dem Gefängnis* [Cartas da prisão] sensibilizaram várias gerações de leitores, que não podiam deixar de admirar a postura estoica, conscientemente assumida, da prisioneira deprimida e doente. Em sucessivas edições, essa correspondência foi responsável por despertar o interesse do público pela vida e a obra da revolucionária polonesa.

Nos anos 1960-1970, a publicação das cartas de Rosa Luxemburgo recebeu grande impulso. Contribuiu para isso a comemoração dos cem anos de seu nascimento; a onda de revoltas que abalou os países capitalistas e comunistas e despertou o interesse por sua concepção socialista democrática; e o fato de que, com o XX Congresso do Partido Comunista da União Soviética (PCUS) em 1956 e o fim do culto a Stalin, os pesquisadores e editores da sua obra nos partidos comunistas e socialistas passaram a ter a possibilidade de pesquisar nos arquivos. A partir daí os obstáculos diminuíram: os estudiosos não eram mais obrigados a combater o "luxemburguismo", caracterizado por Stalin como "semimenchevismo", nem os "erros" de Luxemburgo. Essa caricatura oficial os obrigava a repetir incansavelmente a mesma ladainha a respeito de Rosa – revolucionária, adversária da guerra e fundadora do Partido Comunista Alemão (KPD) – como se o seu ideário se resumisse a essa tríade. Começou então a ser possível recorrer às fontes e, sem as amarras ideológicas do dogmatismo, refinar o estudo de sua "verdadeira herança teórica e de sua marcante individualidade".[9]

Nessa época, a mais abrangente e significativa edição foi levada a cabo pelo historiador polonês Feliks Tych. As mais de novecentas missivas, acompanhadas de notas primorosas, estabeleceram daí por diante o padrão acadêmico para se lidar com o tema. O que não impediu, segundo o próprio Tych, que nos anos 1970, devido a essa publicação, ele tivesse virado *persona non grata* na RDA. "Fui acusado de ter derrubado um

---

9  Idem, p.16.

monumento. Mas ocorreu o inverso: com as cartas, que foram publicadas em várias línguas, cresceu o interesse por Rosa Luxemburgo."[10]

A presente tradução das cartas de Rosa Luxemburgo a Leo Jogiches baseia-se nessa edição polonesa. Cabe observar que existem algumas diferenças entre a organização feita por Feliks Tych e a edição alemã de 1982. Embora ambas tenham sido feitas com base nos manuscritos conservados nos arquivos do Instituto Marx-Engels-Lênin de Moscou: passagens "estritamente íntimas e aliás muito raras",[11] suprimidas na edição polonesa e nela assinaladas com dois traços (– –),[12] constam da alemã. Em vista disso, resolvemos incorporar essas passagens à nossa edição, sem destacá-las, para não sobrecarregar o texto. Assim como optamos por publicar na íntegra as cartas a Costia Zetkin, tal como se encontram na nova edição alemã, que não expurgou as passagens de caráter mais pessoal, consideradas pelo puritanismo comunista incompatíveis com a dignidade de uma liderança revolucionária.[13]

Não é o caso de fazermos aqui um retrato psicológico da nossa personagem. As cartas falam por si. Para os interessados em prosseguir nessa viagem de descoberta, há várias biografias para aplainar o caminho.[14] Contudo, são indispensáveis algumas observações para situar o leitor.

Diga-se, antes de mais nada, que esta não é uma edição erudita como as que acabamos de mencionar. Nosso objetivo foi mais modesto: levar ao público não especializado algumas facetas pouco conhecidas da revolucionária e teórica marxista judia-polonesa-alemã, na tenta-

---

10  Tych, Versöhnung ist nicht das richtige Wort [Reconciliação não é a palavra certa], *Neues Deutschland*, 27 jan. 2009, p.3.

11  Id., Introduction à l'édition polonaise. In: Luxemburgo, *Lettres à Léon Jogichès*, p.60.

12  Há fortes indícios de que essas passagens foram suprimidas por causa da intervenção de Moscou.

13  Entre as duas guerras, uma centena de cartas de Rosa Luxemburgo a Leo Jogiches foi publicada na revista de história editada em Moscou por comunistas poloneses, *Z' Pola Walki* [O campo de luta]. Eram cartas de 1893 a 1895 e da primeira metade de 1905. Os editores suprimiram quase totalmente as passagens pessoais e censuraram as partes relativas aos dirigentes comunistas conhecidos (cf. Tych, Introduction à l'édition polonaise, p.40).

14  Citemos as mais importantes: Nettl, *La vie et l'oeuvre de Rosa Luxemburg*; Badia, *Rosa Luxemburg – Journaliste, polémiste, révolutionnaire*; Ettinger, *Rosa Luxemburgo, uma vida*; Laschitza, *Im Lebensrausch trotz alledem*. Uma boa introdução pode ser encontrada no livro de Jörn Schütrumpf (org.), *Rosa Luxemburgo ou o preço da liberdade*.

tiva de lograrmos um retrato mais fidedigno dessa figura altamente polêmica. Por isso, dos seis volumes de cartas publicados até agora, nossa seleção recaiu sobre as de caráter pessoal, que mostram a diversidade de gostos e talentos de Rosa Luxemburgo, bem como seu interesse apaixonado por tudo que a cerca: política, história, literatura, música, pintura, economia política, botânica, geologia. Essas cartas questionam o estereótipo da militante revolucionária sem direito à vida privada, unicamente dedicada a forjar um futuro melhor para a humanidade. Rosa é materialista o bastante para se jogar sem concessões na embriaguês da vida, aceitando apaixonadamente alegrias e dores como parte de um mesmo conjunto. Mas, acima de tudo, somos tocados por sua vitalidade, algo que sempre chamou a atenção dos comentadores: reprimir o desejo de ser feliz não era com ela. Como Korolenko, romancista russo que traduziu na prisão, Rosa pensava que "o homem é criado para ser feliz como o pássaro para voar".[15]

Um dos traços mais empolgantes dessas missivas é a naturalidade do estilo, uma vez que nunca suspeitou de que algum dia elas viessem a ser lidas por terceiros. Aliás, um dos desejos de Rosa era que sua correspondência fosse queimada depois que ela morresse. O leitor observará que as cartas endereçadas a Leo Jogiches são mais espontâneas, menos cuidadas – Rosa escrevia em polonês, sua língua natal –, recheadas de expressões populares em polonês, russo e alemão, numa curiosa mistura de amor e política, difícil de ser encontrada numa liderança do sexo masculino. Já as cartas da prisão, endereçadas aos amigos e escritas em alemão, têm um estilo mais zeloso: a prisioneira possuía todo o tempo do mundo para pensar e se comunicar com os que tinham tido a sorte de permanecer em liberdade.

Rosa era uma correspondente compulsiva, forma de comunicação corriqueira numa época em que o telefone era coisa rara. A quantidade de cartas que escreveu a Leo Jogiches, às vezes duas por dia, funcionam quase como um diário, não só da sua vida privada, como da história do movimento operário alemão e polonês nas duas primeiras

---

15  Apud Kautsky, *Mon amie Rosa Luxembourg*, p.61.

décadas do século XX. É de lamentar que se tenham perdido as respostas às suas cartas – sobretudo as de Leo – e, desse modo, também o contraponto que não só permitiria uma visão mais objetiva da rede socialista na qual ela estava envolvida, mas que, sobretudo, nos possibilitaria conhecer melhor aquele que foi o grande amor e companheiro político da sua vida. Entretanto, sendo cada missiva uma resposta a assuntos que o correspondente fez entrar na conversa, é possível, a partir desse diálogo, delinear-lhe o perfil. Isso é muito claro no caso de Jogiches. A figura que sai das cartas de Rosa corrobora o esboço traçado por Charles Rapoport, antigo companheiro político da sua Vilna natal, que assim o caracteriza aos 20 anos:

> L. Jogiches era um dos militantes revolucionários mais ativos de Vilna [...] Mas não era querido nos círculos revolucionários de Vilna devido ao seu gosto exagerado pela conspiração e ao seu comportamento arrogante [...] Muito voluntarioso, inteligente mas teimoso, obstinado, dedicava-se com paixão à ação revolucionária e era, de fato, um excelente conspirador. Organizava bons contatos com os passadores e conhecia perfeitamente todos os mistérios da passagem clandestina das fronteiras. Embora fechado, não era tão inacessível quanto poderia parecer à primeira vista, e podia também ser muito espirituoso quando queria. É verdade que seu humor era sempre sarcástico e cortante.[16]

O retrato pintado pela revolucionária e filósofa russa Lubow Akselrod, embora mais matizado, confirma o depoimento que acabamos de ler:

> Leo Jogiches, um jovem de 19 anos, distinguia-se por uma individualidade peculiar. Vinha de uma família burguesa muito rica e cultivada. O nível cultural dessa gente era comprovado pela circunstância de que a mãe de Jogiches tocava música maravilhosamente e de que, segundo as próprias indicações dele e de outros, era uma excelente in-

---

16 Apud Tych, Introduction à l'édition polonaise, p.45-6.

térprete de Beethoven e Bach. Eu ouvi pela primeira vez, por Jogiches, partes das sonatas de Beethoven que ele assobiava magistralmente. Ele gostava muito de música [...] Jogiches era um romântico no verdadeiro sentido da palavra. Tomando parte ativa no trabalho das organizações de Vilna, ficava, no entanto, por assim dizer, à parte; não fazia amizade com nenhum dos companheiros e tratava-os de cima para baixo, o que fez com que lhe dessem o pseudônimo de "Júpiter". Deve-se acrescentar ainda que Jogiches se caracterizava por um espírito sutil, grande talento organizativo, conhecimento das pessoas e capacidade na observação secreta. Além disso, era excelente orador. Era um conspirador nato e, como todo romântico, amava o mistério e a conspiração enquanto tais.[17]

Depois de ter desertado do exército russo, Jogiches refugia-se na Suíça, onde conhece Rosa Luxemburgo. A relação entre os dois era cuidadosamente escondida de todos; não viviam juntos oficialmente e, na presença de terceiros, tratavam-se por senhor e senhora, comportamento que se explica por razões de segurança, mas não só. Rosa dá a entender que Leo nunca quis formar uma família, provavelmente para não prejudicar o que considerava mais importante, a atividade revolucionária.

## Rosa e Leo

As cartas aqui publicadas podem ser divididas em dois grandes blocos: antes e depois da declaração de guerra.

As primeiras cartas desta coletânea são enviadas da Suíça, em seguida de Paris, onde Rosa é responsável pelo jornal do SDKP, *A causa operária*. Ao mesmo tempo, ela aproveita essas estadas para pesquisar a história da Polônia para sua tese de doutorado, *O desenvolvimento industrial da Polônia*, na Biblioteca Nacional da França e na biblioteca

---

17  Informação dada por Feliks Tych em carta a Frederik Hetmann. Ver Hetmann, Leo Jogiches und Rosa Luxemburg, Bemerkungen zu einer schwierigen Liebe. In: Soden (org.), *Rosa Luxemburg*, p.45.

polonesa. O jornal cessa em 1896; uma série de prisões enfraquecem o partido, que só se reconstituirá no fim de 1899, como SDKPiL. A dificuldade de militar na social-democracia polonesa faz que o olhar dela e o de Leo Jogiches se voltem para a Alemanha.

Para poder militar legalmente na social-democracia alemã e não ser extraditada para a Rússia tsarista, Rosa precisava ter o estatuto de cidadã alemã. Assim, a conselho de seus companheiros, contrai um casamento de fachada com Gustav Lübeck, filho de um casal amigo de socialistas alemães que haviam emigrado para a Suíça. Em maio de 1898, a senhora Rosalia Lübeck desembarca em Berlim, onde se instala. Leo Jogiches permanece em Zurique, onde em princípio levaria dois anos para concluir sua tese de doutorado. O casal se encontra uma ou duas vezes por ano durante algumas semanas. Nas cartas desse período, ela relata a Leo suas conquistas na social-democracia alemã; começa a mostrar-se independente dele, queixando-se amargamente de como se sentia insatisfeita com o relacionamento.

Em agosto de 1900, Leo Jogiches muda-se finalmente para Berlim, onde vive perto de Rosa até 1905. Exceto por uma longa estada de Leo na Argélia, para onde vai com o irmão doente de tuberculose, passam apenas por curtas separações, quando Rosa viaja para congressos ou comícios do SPD ou da Internacional Socialista.

Em fevereiro de 1905, Leo viaja para Cracóvia a fim de participar da revolução que havia começado na Rússia. As cartas da época só tratam de política, são objetivas, começam com um "meu querido" e terminam com "abraços", e Rosa reclama continuamente que ele não lhe manda notícias do que acontece na Rússia.

A biógrafa de Rosa, Elżbieta Ettinger, afirma que em 1905 ocorreu "um grave conflito pessoal na vida de ambos" devido ao relacionamento – cuja natureza exata é desconhecida – de Rosa com um militante da SDKPiL, a que se refere como W. nas cartas a Leo. É provável que se trate de Władysław Feinstein,[18] conhecido por Witold Leder e por cinco

---

18  Judeu polonês de Varsóvia, discípulo e colaborador íntimo de Leo Jogiches. Em 1928/29, sob o pseudônimo de Zdzisław Leder, escreveu a única biografia de Leo Jogiches existente até

outros pseudônimos, quase todos começados com W. De 7 a 19 de agosto Rosa fica em Cracóvia ao lado de Leo, retornando em seguida a Berlim. As cartas de fim de agosto em diante, que sempre mencionam Witold, procuravam tranquilizar Leo que, tudo leva a crer, temia uma ruptura.

No final de 1905, Rosa viaja ilegalmente para Varsóvia a fim de acompanhar de perto o movimento revolucionário russo, sendo presa com Leo em março de 1906. Graças ao pagamento de uma fiança pelo SPD, ela é libertada no fim de junho; ele é condenado a oito anos de trabalhos forçados, mas, com a cumplicidade de um guarda, consegue fugir em abril de 1907. Em maio chega a Berlim, onde se encontra novamente com Rosa. Entretanto, o relacionamento havia mudado, até que em setembro ocorre a ruptura. Não se sabe exatamente o que aconteceu.

Os biógrafos dividem-se entre duas hipóteses: a primeira é que, em Varsóvia, quando estava longe de Rosa, Leo teria tido um caso com uma militante, o que Rosa não perdoou. A segunda, pela leitura das cartas, é mais plausível: à medida que vai se tornando uma mulher adulta, consciente de si mesma, ela se afasta de um homem que não a completa emocionalmente, ficando assim livre para um novo amor. É o que acontece, quando, ao retornar a Berlim no outono de 1906, encontra instalado em sua casa o filho mais novo de sua amiga Clara Zetkin, Constantin [Costia], que tencionava cursar a Universidade de Berlim. Na primavera de 1907 iniciam uma relação amorosa que terá duas fases: a primeira, até 1909,[19] e a segunda, de fins de 1909 a 1912. Em 1914 ele será convocado para a guerra. A maioria das cartas aqui publicadas, de 1907 a 1912, é dirigida a Costia. Rosa, quatorze anos mais velha, trata-o maternalmente: dá-lhe conselhos, chama-o de "meu filho", "rapazinho", usa diminutivos infantis, preocupa-se com o futuro intelectual dele. Constantin Zetkin formou-se em Medicina e morreu em 1980 nos Estados Unidos.

A ruptura com Leo Jogiches é extremamente tumultuada, com lances dignos de um romance barato: perseguição, ciúmes, amor-próprio

---

hoje (cf. Ettinger, *Rosa Luxemburgo*, p.143). Essa biografia só veio a público em 1976, como o v.III do Arquivo Ruchu Robotniczego [movimento operário], p.192-336.

19  Ver as cartas de 13 e 17 de agosto de 1909 (p.150 e p.151).

ferido, ameaças de morte, tudo documentado nas cartas. Por algum tempo, Rosa evita encontrá-lo. Depois a correspondência é retomada, mas em outros termos: agora é totalmente consagrada aos assuntos do partido. De 1908 a 1914, ela escreve a Leo mais de 344 cartas, num tom extremamente lacônico, enviadas de um bairro de Berlim a outro; cartas que são comunicados, perguntas, reclamações a respeito das atividades políticas em que ambos tomam parte. Rosa dirige-se a Leo de maneira totalmente impessoal, nunca mais o chamando pelo nome (ver p.115). A biblioteca comum continua no apartamento dela, na Cranachstrasse; Leo, que conserva a chave, vai frequentemente trabalhar ali, motivo de grande incômodo para ela (ver p.153).

De 1907 a 1914, Rosa Luxemburgo leciona História Econômica e Economia Política na escola de quadros do SPD, trabalho bem remunerado que lhe permite viver sem preocupações financeiras. Era ótima professora, querida pelos alunos. Na carta a Wilhelm Ditmann, de 23 de maio de 1911, podemos apreciar sua concepção pedagógica (ver p.173). Desses cursos na escola do SPD sai sua mais importante obra teórica, *A acumulação do capital* (1913), e o livro publicado postumamente por Paul Levi em 1925, *Introdução à economia política*.

Em 1914, antes do início da guerra, Rosa tem um breve e apaixonado namoro com Paul Levi, seu advogado nos processos que o Ministério da Guerra alemão havia movido contra ela por incitar os soldados à desobediência. Esse relacionamento só ficou conhecido em 1983, quando um sobrinho de Levi, que morava nos Estados Unidos, permitiu que fossem publicadas cinquenta cartas de Rosa endereçadas ao tio. Uma forte amizade e uma profunda ligação política uniram Rosa Luxemburgo e Paul Levi. Depois do assassinato dela e de Karl Liebknecht em janeiro e de Jogiches em março de 1919, Levi presidiu o KPD até a primavera de 1921, quando foi expulso por discordar da linha política adotada pela Internacional Comunista e da tática golpista do KPD. Até seu fim trágico em 1930,[20] Levi foi porta-voz das ideias políticas de sua amiga spartakista no movimento operário alemão.

---

20  Num acesso de febre, caiu da janela do próprio apartamento.

## Cartas da prisão

O segundo bloco é constituído pelas cartas da prisão que Rosa Luxemburgo envia aos amigos, sobretudo a Hans Diefenbach, Sonia Liebknecht e Luise Kautsky. Ela passa na prisão praticamente os quatro anos da guerra: vive um primeiro encarceramento em Berlim, de 18 de fevereiro de 1915 a 18 de fevereiro de 1916. Por decisão administrativa, é novamente encarcerada em julho de 1916 e, dessa vez, sem esperança de ser libertada antes do fim da guerra. Por mais que procure convencer os amigos e a si mesma de que tudo está bem, que sua alegria de viver não foi abalada, na realidade ela sofre frequentes acessos de melancolia e depressão. Para poder sobreviver, precisa amar. Agora, o objeto desse amor – platônico – é Hans (ou Hannes) Diefenbach,[21] um de seus amigos e admiradores mais jovens, sempre disposto a acompanhá-la ao teatro ou à ópera, e que ela tratava de maneira um tanto condescendente. Com a guerra e a prisão, o tom muda: ele torna-se o amigo íntimo, aquele a quem Rosa expõe seus estados de alma e a quem procura seduzir pela pura necessidade de sentir-se viva. A morte de Hans Diefenbach leva-a ao desespero.

A outra interlocutora privilegiada dessa época é Sonia (ou Sophie) Liebknecht, segunda mulher de Karl Liebknecht, a quem Rosa procurava consolar do grande sofrimento provocado pela prisão do marido. As *Cartas da prisão* que ela lhe endereçou foram, como já dissemos, as primeiras a ser publicadas, sendo consideradas uma obra-prima na arte epistolar.

A terceira grande interlocutora é Luise Kautsky, segunda mulher de Karl Kautsky, amiga e confidente de Rosa Luxemburgo que, durante anos, frequentou assiduamente toda a família, chegando algumas vezes a passar férias com eles na Itália e na Suíça. Mesmo depois de romper politicamente com Karl Kautsky, Rosa continuou amiga de

---

21  Nasceu em Stuttgart em 1884, formou-se em Medicina em Munique, depois foi para Berlim. Convocado como médico do exército, morreu atingido por uma granada em outubro de 1917.

Luise até o fim da vida. Luise Kautsky morreu no campo de concentração de Auschwitz-Birkenau com 80 anos.

Nos anos 1930, pinta este retrato da amiga:

É certo que, no tocante ao aspecto exterior, a natureza foi quase madrasta com Rosa. De constituição delicada, estatura pequena, infantil, o corpo ligeiramente deslocado, ela não era à primeira vista nada impressionante. Mas como se a mãe natureza tivesse desejado substituir aquilo que lhe negou em atrativos físicos, dotou-a dos mais ricos dons espirituais [...] Ela odiava qualquer opressão, a revolta contra isso estava-lhe no sangue. Reunia em si, de maneira rara, todas as qualidades de uma verdadeira lutadora: máxima coragem pessoal, grande conhecimento, aliados a humor e presença de espírito, uma eloquência incomum apoiada num estilo primoroso, viva imaginação e uma valentia ousada, que não recuava perante nenhum adversário. A isso acrescentava-se uma voz bela e melodiosa, e logo não era de admirar que a interação harmoniosa de tais recursos exercesse um encanto sobre quase todos que a enfrentassem imparcialmente. Com certeza também não era pequeno o número daqueles que em nossas próprias fileiras tinham por ela um ódio implacável. Pois, tão implacavelmente como criticava o capitalismo e seus estragos, e como tratava os adversários políticos, também, severa e impiedosamente, se voltava contra os companheiros em que pressentia fraqueza ou traição aos princípios do partido [...] Em relação aos amigos e em casa era uma pessoa completamente diferente da que era na vida pública. Era atenciosa, solícita, delicada e cheia de compaixão por qualquer criatura. Tinha um entusiasmo ardente pelas belas artes, amava apaixonadamente a música e a pintura, a que se dedicava com sucesso, e era familiarizada com a grande literatura, assim como com várias ciências [...] E as suas cartas! Sua publicação, poucos anos depois da morte violenta de Rosa, foi uma verdadeira sensação em todos os círculos do partido, alcançando as fileiras da burguesia. O mundo prestou atenção: era a Rosa sanguinária, a megera tão ridicularizada! Essa mulher cheia de espírito e de sensibilidade, livre, a quem nada de humano era estranho, que, da prisão, sabia consolar e animar os amigos! Nessas cartas da prisão à viúva de Karl Liebknecht, Sophie [Sonia], e àquela que escreve estas linhas, Rosa mostrava-se em toda a sua grandeza de alma e pelo seu lado mais adorável. Essas cartas são tão mais admiráveis quanto Rosa, durante seu encarceramento de anos, teve de suportar um grande sofrimento físico e psíquico.[22]

Publicamos também algumas cartas a Clara Zetkin, a amiga mais antiga de Rosa Luxemburgo. Elas se conheceram em 1898, depois do Congresso do SPD em Stuttgart. A partir daí a amizade e a afinidade política uniram-nas. Clara tinha grande admiração pela capacidade intelectual de Rosa que, por sua vez, adorava descansar na casa dos Zetkin em Sillenbuch, perto de Stuttgart. Numa homenagem póstuma à amiga assassinada, escreve Clara Zetkin:

A pequena e franzina Rosa era a personificação de uma energia sem igual. A cada momento exigia sempre o máximo de si mesma, e o conseguia. Quando, esgotada, ameaçava entrar em colapso, ela "descansava" tendo um desempenho ainda maior. No trabalho e na luta cresciam-lhe asas.[23]

Incluímos também algumas cartas a Mathilde Jacob, secretária de Rosa Luxemburgo a partir de 1913. Filha de um açougueiro judeu, morava com a mãe e a irmã em Berlim. Era dona de um escritório de datilografia, razão pela qual ambas travaram conhecimento. Mathilde era totalmente devotada a Rosa: datilografava-lhe os manuscritos, cuidava para que a prisioneira recebesse tudo o que precisava: comida, notícias, livros; tomava conta de Mimi, a gata; levava correspondência ilegal para dentro e para fora da prisão. A ela foi dada a triste incumbência de reconhecer o cadáver de Rosa Luxemburgo quando foi reti-

---

22  Kautsky, Rosa Luxemburg anläßlich ihre 15. Todestages [Rosa Luxemburgo por ocasião do 15º aniversário de sua morte]. In: Internationales Institut für Sozialgeschichte (IISG), Amsterdam. Kautsky-Familienarchiv, n.2.201. Apud Laschitza, op. cit, p.12.

23  Clara Zetkin, *Rosa Luxemburg und Karl Liebknecht*, 1919.

rado do Canal Landwehr, em maio de 1919. Mathilde caiu nas mãos dos nazistas e morreu no campo de concentração de Theresienstadt. Um pequeno testemunho seu sobre a amiga é eloquente:

> Creio que Rosa Luxemburgo ficava frequentemente alegre com minhas visitas. Quando se tratava de fazer alguma coisa por ela, para mim valia a expressão "Bastante não é bastante!" E, no entanto, era sempre ela quem se entregava. Uma conversa com ela, um olhar de seus olhos compreensivos, acompanhado de um caloroso aperto de mão, fazia que muitos aceitassem, com esperança renovada, a luta pela vida.[24]

## Nota editorial

As cartas a Leo Jogiches foram traduzidas da edição polonesa organizada por Feliks Tych: Róza Luksemburg, *Listy do Leona Jogichesa-Tyski*, Tomo 1 (1893-1899). *Listy zebrał, słowem wstępnym i przypisami opatrzył Feliks Tych*, Varsóvia, 1968; Tomo 2 (1900-1905), Varsóvia, 1968 e Tomo 3 (1908-1914), 1971, com exceção das cartas de 23 de setembro de 1904 e de 4 de outubro de 1904, escritas em alemão (estando presa, era-lhe proibido escrever em polonês), publicadas em *Gesammelte Briefe* 2, p.72-73.

Nas cartas a Costia Zetkin, os trechos entre { } assinalam partes censuradas na primeira edição publicada pela editora Dietz em 1984. As notas de rodapé não identificadas são da organizadora, que se baseou, vez por outra, nas notas da Dietz;[25] as notas de tradução são identificadas por (N. T.); e as desta edição brasileira são identificadas por (N. E.).

Isabel Loureiro
Julho de 2011

---

24 Jacob, Von Rosa Luxemburg und ihren Freunden in Krieg und Revolution 1914-1919. In: Quack; Zimmermann (orgs.), *IWK*, 4/88, p.444.
25 Luxemburgo, *Gesammelte Werke*, 6v.

# Cartas de Rosa Luxemburgo

(1893-1919)

## LEO JOGICHES

[Clarens, 20 de março de 1893]

Acabei de receber (às 16 horas) sua carta e seu cartão. Foram dois dias de espera! E já fui hoje às 15 horas à estação e queria ir de novo às 20h20.

Hoje está totalmente cinzento desde cedo – pela primeira vez. Não chove nada. O céu inteiro está coberto de nuvens de diferentes espessuras e tonalidades, como um mar profundo e impetuoso. A superfície do lago brilha como uma lâmina de aço. As montanhas encobertas de fumaça, tristes; o Dent du Midi se enxerga através da neblina. O ar suave, fresco e pleno, exala macieira e grama. Ao redor, silêncio, pássaros cantando através do sono – baixinho e monótono. Eu estou sentada perto da casa, na grama, debaixo de uma árvore, do lado daquela trilha que passa perto do poço. A grama exuberante, as flores especialmente aquelas grandes amarelas, em abundância. Acima delas, as abelhas voam em tal quantidade que ao meu redor se ouve um сплошое жужжание [zumbido sem fim]... Sinto também cheiro de mel. De vez em quando, um grande besouro voa ao lado, zoando. Estou triste e ao mesmo tempo com a alma tranquila, porque gosto muito desse tempo quieto e meditativo. É uma pena que ele me deixe mais com vontade de sonhar que de trabalhar. Dziodzio se apresse! E com certeza, você não chega na quarta-feira. No cartão você queria acrescentar или [ou]. Isso significa, que você já pensou – na quinta-feira. Veja Dziodzio, nós precisamos partir daqui o quanto antes [...].

Estou lhe enviando mais uma carta de casa. Chegou hoje um grosso pacote com jornais, também dos seus de Vilno.

Ainda restam a noite de hoje, amanhã o dia inteiro e metade do dia de depois de amanhã! Como aqui é vazio sozinha. Propriamente, nós não passamos juntos aqui nem três semanas inteiras. Passearemos ainda de barco, verdade? E iremos numa longa caminhada nas montanhas, verdade? Venha o mais rápido possível, meu tesouro querido, para a sua.

Não esqueça de trazer o Cartismo.


## LEO JOGICHES

[Clarens, 21 de março de 1893]

Hoje à noite acordei com a voz de alguém. Escuto – e sou eu mesma quem fala. [...] Acordada pela própria voz, dei-me conta de que era um sonho, e vi que a triste realidade é que o meu Dziodzio está longe, longe, e que eu estou terrivelmente só. Mas nesse momento alguém se movimentou no andar de cima, fazendo barulho. Ainda sonada, imaginei que você subia, que tinha chegado no trem à uma da manhã (durante o sono troquei um pouco os horários dos trens), que ia dormir no quarto de cima porque não queria me acordar, que me faria uma surpresa na manhã seguinte. Sorri feliz e adormeci. Mas, hoje, depois de acordar, corri lá em cima até você – e vi que minha percepção noturna fora apenas um sonho. Se você não chegar na quarta-feira, sou eu quem pego cedinho um trem e dou um pulo até Genebra, você verá!

## LEO JOGICHES

[Paris, 25 de março de 1894]
Domingo, 3h30

Meu querido! Estava furiosa com você, tenho algumas coisas chatas para reclamar. Fiquei tão magoada, que tinha a intenção de não mais escrever até a minha partida. Mas os sentimentos foram mais fortes. Eis as minhas reclamações:

1) As suas cartas não contêm *absolutamente nada* além da *Causa Operária* [*Sprawa Robotnicza*],[1] críticas em relação ao que fiz e indicações do que devo fazer. Se você responder indignado, dizendo que me escreve em cada carta tantas belas palavras, eu lhe respondo que palavrinhas carinhosas não me contentam, e eu perdoaria até mesmo isso, mas não escrever nada de sua vida pessoal... Nenhuma palavra sobre isso! O que nos une é somente a causa e a lembrança dos velhos sentimentos. Isso é muito doloroso. Agora isso se tornou particularmente claro. Depois que fiquei exausta de tanta causa, sentei por um momento para descansar, e quando lancei um olhar ao meu entorno, senti que não tenho em nenhum lugar o meu canto, que não existo em lugar algum e não vivo como *eu mesma*. Em Zurique, o mesmo trabalho de redação, até mais desagradável. Senti, entretanto, que, ao mesmo tempo que não tenho vontade de ficar aqui, também não quero voltar a Zurique. Não diga que eu não sou capaz de tanto trabalho, que estou querendo descansar um pouco. Oh, não, eu poderia ainda aguentar o dobro, só que me cansa e aborrece, pois, para onde me viro, para todos os lados, sempre tenho a mesma coisa, a *Causa*. Não preciso que os outros me encham a

---

1 Entre 1894 e 1896, Rosa Luxemburgo passou vários períodos em Paris para supervisionar a impressão do jornal *Sprawa Robotnicza*, órgão da Social-Democracia do Reino da Polônia (SDKP), rebatizada em 1900 de Social-Democracia do Reino da Polônia e Lituânia (SDKPiL).

cabeça, quando eu mesma me lembro da *Causa* e me ocupo dela. Fico irritada quando leio uma carta sua ou dos outros – sempre o mesmo: o número, o folheto, esse artigo, aquele artigo. Tudo isso seria bom se *ao lado* disso ou *apesar* disso se percebesse um pouco do *homem*, da alma, do indivíduo. E de você – nada, nada além disso. Será que nesse tempo você não teve nenhuma emoção, nenhum pensamento, não leu nada, não observou nada que pudesse dividir comigo?! Talvez você gostasse de me fazer as mesmas perguntas... Oh, eu, ao contrário, apesar da *Causa*, tenho a cada momento um monte de emoções e pensamentos, mas não tenho *com quem* dividi-los! Com você? Oh, eu me estimo demais para fazê-lo. Poderia compartilhar com mais facilidade com Heinrich, Mitek [Hartman], Adolf [Warski], mas eu não os amo e, por isso, não tenho vontade de fazê-lo. Amo você – justamente por tudo aquilo que escrevi acima. Não é verdade que esta época agitada e o trabalho apressado atrapalham: com um certo tipo de relações sempre se acha um tema para conversar e um tempinho para escrever. Veja, por exemplo, como isso é característico, e essa é a minha reclamação n.2:

2) Suponhamos que você vive agora para a nossa e a sua causa. Sobre a causa russa, será que você me escreveu pelo menos uma palavra a respeito? O que está acontecendo, o que se publica, como estão os caras de Zurique? Você não achou necessário escrever nem um pouco sobre isso. Eu sei que lá não aconteceu nada de especial, mas é justamente para os próximos que se escrevem também pormenores. Você acha que para mim basta escrever para a *Causa* e cumprir sua *unmassgebende Meinung* [modesta opinião]? *Isso é muito característico.*

3) Por exemplo: Hein[rich] veio para Zurique. De acordo com a carta que recebi hoje dele, foi ele quem expôs todo o assunto e o debateu com você, e você *exigiu* dele *insistentemente* as mudanças nas relações organizativas entre a *Causa* e o Partido; mas para

mim, sobre tudo isso, nenhuma só palavra? Sem a minha opinião, sem me consultar, você decide tudo e *insiste*? H[einrich] foi pelo menos honesto o suficiente para escrever (só hoje!) e perguntar qual é a minha opinião. Você não fez isso.

4) Fiquei sabendo pela carta do Brzez[ina] que ele mandou Heinrich passar para mim todas as informações sobre o estado da fronteira. Naturalmente, de imediato, ele contou tudo a você, e você para mim, nada. Eu estou aqui, apresso o trabalho, envio e *não tenho a mínima ideia* se existe alguma fronteira, se e quando vai chegar e quem a cruza – Brz[ezina] ou Hein[rich]. Você considera tudo isso desnecessário para mim.

Essa explicação generosa de me *poupar* das preocupações com coisas práticas que se farão sem minha participação só poderia partir de uma pessoa que nunca me conheceu. Essa explicação eventualmente poderia servir para o Julek [Marchlewski], que tem nervos fracos; para mim, um comportamento desses, nem que venha acompanhado da expressão птичка [passarinho], é uma ofensa, para não dizer mais. Acrescentando ainda observações frequentes e sem cerimônia: faça de tal maneira com o Adolf, tenha este e aquele comportamento quando visitar Lavrov, tal comportamento para com isso e aquilo – me traz uma forte sensação de desgosto, desânimo, cansaço e impaciência que sinto quando tenho tempo para pensar a respeito. Estou escrevendo tudo isso não para reclamar de você, não posso *exigir* que você seja diferente do que é. Escrevo, em parte, porque tenho ainda esse costume bobo de dizer tudo o que sinto, e também porque quero deixar você *au courant* de tudo o que está acontecendo entre nós.

\*\*\*

Estou enviando anexas as provas de todos os artigos, exceto o do Julek e o folhetim. Não recebi as correções do artigo do Julek, mas o reescrevi com tanto cuidado que estou totalmente tranquila a respeito dele. O folhetim, você conhece. O artigo do Kricz[ewski] ainda não foi enviado para a composição. Hoje vou refazê-lo.

Enviarei porque, já estando um pouco cansada, não tenho uma impressão clara, e temo reclamações. Dê uma olhada e escreva suas observações. Não se preocupe com o espaço. Nem revisei ainda as provas, devem estar cheias de erros, não repare neles, só no conteúdo. Não seria absolutamente possível fazer um único caderno[2] inserindo o artigo do Kriczewski porque ultrapassaria três colunas. Não teria nada no número, pois a luta pela redução da jornada de trabalho, embora escrita muito sumariamente, ocupou bastante lugar. Julgue você se poderia fazer cortes. No artigo sobre a redução da jornada de trabalho, acrescentarei ainda os fatos e os resultados da *nossa* luta. Quero terminar este artigo um pouco melhor, a fim de passar à luta pelas oito horas. O que você acha de incluir o pequeno texto assinado "Ch" na introdução? (Essa tradução do Defnet reescrita por mim é da Jadzia). Adolf disse que isso não serve, que deveria ser uma proclamação assinada pela redação.

O que você acha? Eu, ao contrário, gostei tanto desse texto que quero colocá-lo na introdução.

Depois de todos os artigos mais o do Kriczewski, sobraram sete colunas para completar um caderno duplo. Elas serão preenchidas da seguinte maneira: uma coluna sobre mulheres, uma ou uma e meia sobre salário operário, depois preciso ainda escrever o editorial político. Este é meu problema, porque não tenho nenhuma ideia na cabeça sobre esse tema. Mas naturalmente escreverei assim mesmo. Quero fazê-lo curto, mais ou menos com duas colunas, duas e meia. No lugar que sobrou, vou colocar uma notícia sobre as preparações para o Primeiro de Maio no exterior, destacando apenas três fatos: os ingleses o transferiram de domingo para 1º de maio; os alemães concordaram com a *comemoração*; os franceses reuniram-se todos para a comemoração. Pela primeira vez, todos os partidos vão comemorar o Primeiro de Maio, e *juntos*. Dessa maneira, o número ficará mais

---

2   Traduzimos aqui *arkusz* (caderno de impressão) como caderno. (N. T.)

completo e variado. – O artigo do Adolf sobre as comemorações provavelmente não vai entusiasmá-lo, mas eu não posso fazer tudo perfeito. Ele, coitado, escreveu uma vez, eu recusei e esbocei um plano, ele reescreveu seguindo o plano, depois precisei revisar e corrigir ainda duas vezes. Enfim, não posso exigir mais dele. Afinal, não está tão ruim agora. – Escreva francamente a sua opinião sobre os artigos e sem adoçar a pílula com elogios aos *meus* trabalhos, porque isso causa uma impressão desagradável. O artigo sobre a jornada de trabalho será dividido [em partes] independentes de acordo com os países – isso facilitará a leitura. Mandarei cortar e grampear tudo para poder folhear facilmente. O artigo do Kriczewski não me agradou, seria melhor eu mesma escrever, mas tentarei modificá-lo. Suas observações estão mais ou menos совпадают [coincidentes] com as minhas.

Agora gostaria de lhe fazer as seguintes perguntas:

1. Pode-se afirmar que, em 1848, o povo francês lutou principalmente pelo sufrágio universal?

2. As manifestações em Chicago foram em 1886 ou 1887?

3. Quantos rublos valem um dólar? (As questões em conjunto são um pouco parecidas com aquelas levantadas nas *Diskussionsabend* [noites de debate] em Eintracht).[3]

4. As greves dos trabalhadores da indústria de gás e dos estaleiros foram em 1889 e eles reivindicavam a jornada de trabalho de oito horas?

Outras dúvidas provavelmente você achará sozinho.
Hoje é domingo. Você deverá receber esta carta na segunda-feira. Apresse-se em ler e mandar a resposta para que eu tenha tudo aqui na

---

3 Lugar de encontro dos social-democratas em Zurique.

terça, no mais tardar na quarta-feira. Estarei pronta com os artigos na terça-feira (sobre o salário operário, escreve o Adolf). De tanto eu pressionar Reiff, ele contratou mais um tipógrafo, um polonês, e agora grita por materiais.

Envio as contas e o recibo de Reiff. Junto com aqueles 100 [francos] que recebi hoje, tenho 118 para a causa. A brochura custará cerca de 90 ou 100 (o papel está caro, parece que está 7 francos o milheiro de folhas pequenas, mais a encadernação). O que sobrar terei de, por enquanto, pegar para mim. Infelizmente tenho gastado muito dinheiro aqui e não faço ideia com o quê. O aluguel é 28 fr., pelo serviço, no mínimo 5 fr., e como pedem o pagamento antecipado por duas semanas, paguei 16 fr. Pago 1,50 por dia para Jadzia (pois almoço e janto na casa deles), o que soma 23 fr. Um total de 40 fr. Eu trouxe comigo um pouco mais de 60 fr. e não sei onde foram parar: uma lâmpada, 1,50; cacau, 1,20; leite, 1,65. Jadzia me fez um chapéu por 2,25 e luvas por 2; açúcar e pão para o café da manhã, 2 fr. E o resto? Não sei. Gastei 1 fr. ou 1 fr. e meio com flores e doces para Jadzia (ela adora doces); afinal, ela cozinha tanto para mim. Talvez o Adolf tenha emprestado alguns francos e tenha se enganado nas contas. O importante é que fiquei sem um tostão e precisarei temporariamente de uns 18 fr. da causa. Serei mais econômica daqui para a frente. O dinheiro que lhe pedi, você demorou tanto para enviar que logo vou precisar de uns 125 para pagar o número de fevereiro. Lembre--se de que ele estará pronto na quarta-feira. Você poderia enviar junto algum dinheiro para as minhas despesas e a minha passagem? Você iria economizar nas tarifas postais.

A respeito de conhecer Paris, duvido que eu vá a qualquer parte porque aquele barulho louco e as multidões me provocam mal-estar e enxaqueca. Depois de meia hora no Bon Marché, mal pude sair à rua. A comemoração da Comuna [de Paris] foi inexpressiva. Discursaram Lafargue, Paula Mink, Zévaès, Chauvin e alguns outros. Fizeram discursos superficiais, particularmente o Lafargue. Guesde, apesar de ter prometido, não apareceu. Havia no máximo umas duzentas pessoas. (Parece que a comemoração de todos os partidos unidos, de dia, estava cheia, mas eu tinha medo de assistir, por causa dos meus nervos.)

Preciso terminar para não atrasar [a entrega] ao correio. Não acha necessário enviar alguns jornais para mim? Você bem sabe que os jornais franceses contêm somente tolices parisienses. Não tenho ideia do que está acontecendo na Alemanha, nem na Áustria. É estranho que você não tenha pensado nisso. Anna [Gor.] melhorou ou ainda está acamada? Escreveria para ela com certeza se tivesse tempo.

Você recebeu a brochura, e quais são os seus defeitos? Quantos exemplares devo imprimir do número de fevereiro [da *Causa Operária*]? Para onde enviar e quantos?

Como está a proclamação alemã?[4] Isso é *necessário*! E a polonesa? Eu não consigo fazer mais.

Enviei a brochura para Kriczewski. Ele gostou? E Anna?

Enviei duas mil brochuras para Munique. O que faço com o resto?

Recebi a carta de Możdż[enski]; provavelmente nada sairá daí.

Прочитай внимательно мое письмо[5] e responda a *todas* as perguntas.


## LEO JOGICHES

[Paris,] 28 de março [1895]
Quinta-feira de manhã

Meu querido, único amor! Rápido, rápido corro até você para descansar, conversar. Como estou cansada! Por quê? – Você me pergunta. Por causa de Paris e da nossa separação.[6] Sinto-me fraca fisicamente – depois de andar pela cidade por umas quatro horas (sendo que percorri

---

4   Referência ao apelo que a direção da SDKP fez para os trabalhadores alemães na zona polonesa festejarem, com uma paralisação do trabalho, o Primeiro de Maio com os trabalhadores poloneses. Esse apelo foi publicado em alemão no n.11/12 da *Causa Operária*, de mai./jun. de 1894.
5   Do russo: "Leia atentamente a minha carta". (N. E.)
6   Ver nota 1.

as maiores distâncias de bonde), fico em casa enjoada de cansaço, deitada inanimada por duas horas, pálida como um cadáver e fria como gelo. Por causa disso tenho muito pouco tempo para fazer ou escrever qualquer coisa. Assim é o meu dia: levanto às 8h30 (Wojnarowska me acorda às oito), lavo-me, escovo os dentes, engraxo os sapatos (isso não está incluído no serviço e a proposta iria ofender a zeladora), escovo o vestido e o chapéu, visto-me, tomo chá, faço as contas do dia anterior, separo e arrumo os papéis para Reiff e Goupy etc. Infelizmente isso me ocupa normalmente até o meio-dia. Depois é comum ir à Jadzia para almoçarmos juntas, o caminho leva uma hora, o almoço, o mesmo tempo. Quando preciso negociar com Reiff e Goupy, depois das duas, isso vai até às cinco ou seis horas da tarde porque é muito longe, e só de bonde leva meia hora. Também, até acertar alguma coisa com Reiff, esse одурелым дедом [velho caduco], passam-se pelo menos duas horas. Ao voltar para casa, caio na cama feito morta por quase uma hora. Janto na casa da Wojnarowska, o que leva pelo menos uma hora, pois ela fala exageradamente e eu não posso, aproveitando a sua gentileza, tratá-la como um restaurante e sair imediatamente.

Depois são oito horas e sobram somente três horas, porque às onze estou literalmente caindo de sono e vou para a cama.

Como você pode ver, faço pouquíssimo, e pelo menos a cada dois dias preciso ainda ir "cutucar" Reiff e Goupy. Tudo o que escrevi foi naqueles dias quando não saía de casa, porque geralmente, além da gráfica, *não vou a lugar nenhum* e não recebo ninguém; e até mesmo na casa de Adolf e Jadzia não vou, somente almoço com a Jadzia. Fico no meu quarto agradável e está bem assim, porque pelo menos é tranquilo.

Mas, mesmo quando tenho tempo, não consigo escrever nada de original de tão entorpecida e sonolenta que estou. Por isso faço todas as tarefas mecânicas e empurro continuamente para depois os artigos sobre o "operário", esperando o espírito santo baixar sobre mim e me iluminar.

Mesmo sem querer, volto aos negócios: os números de janeiro e a metade dos de fevereiro estão sendo editados por Reiff; os de março e a quarta parte dos de Władek [Olszewski], por Goupy. Os números de janeiro e fevereiro estão completos, faltam somente o editorial e o artigo sobre o "operário" para o de janeiro. O número de fevereiro está cheio, mas, infelizmente, é como se estivesse vazio: consegui inserir somente as correspondências (de Varsóvia, Rostov e da Sibéria), duas proclamações sobre delatores e notícias do exterior (sobre a lei excepcional, sobre os padeiros e o processo de Liège). Nada mais, тресни [nem que exploda]! E tudo tão *knapp* [resumido], que é até seco. O número ficará sem o editorial, o que me deixa desconfortável, mas, infelizmente, nenhum artigo do número poderia заменяющим должность [cumprir sua função]. Penso que, no desespero, vou colocar como editorial o artigo do Julek, "Processo dos anarquistas em Liège". Благо [Felizmente], ele termina falando que tudo isso é a comprovação da truculência do nosso sistema etc., e começa contando um pouco sobre o sistema de desordem policial, o que faz que ele seja *auffassen* [considerado], na falta de algo melhor, como editorial sobre a desordem policial no contexto desse processo. Que fazer? Eu queria inserir justamente aqui a questão da solidariedade, mas essa maldita não cabe em nenhum número, e certamente nos perseguirá até o fim da nossa vida editorial. Já revisei essa metade, agora estão compondo a correspondência da Rússia (um texto sobre delatores) e logo será impresso.

Em relação ao número de janeiro, como já lhe disse, faltam dois artigos de dez páginas cada um. Estou em dúvida quanto a colocar como editorial aquele artigo do Adolf; ainda mais que perdemos o editorial de fevereiro, torna-se indispensável tratar sobre o novo tsar na edição de janeiro. Tenho vontade de escrever um novo editorial e acabar tanto com a burguesia (a nossa e a russa) como com o tsar junto com o seu manifesto e os seus discursos. Farei também um artigo sobre o "operário" – já tenho o plano e duas páginas escritas, mas me falta inspiração. O Reiff, entretanto, não está esperando esses artigos, não atrapalha o seu trabalho, porque ele não tem os caracteres nem os trabalhadores (somente um compõe para nós). Assim, é preciso primeiro fazer o número de fevereiro, que está completo, o que deve levar uns dois dias, tempo suficiente para eu escrever (que Deus me ajude, amém!). Você não imagina quantos problemas tudo isso causa! Ora faltam caracteres, ora trabalhador, uma vez tem artigos demais, outra de menos, às vezes é desperdício de tempo e dinheiro, às vezes o número sai insípido etc. E acrescente ainda o infeliz do Reiff, que já está meio louco de velhice, que conversa com você como se fosse em tártaro-chinês.

No que se refere ao número de março, já escrevi tudo. Goupy compõe, mas bem devagar – nova desgraça inesperada –; um dos dois tipógrafos poloneses adoeceu, e um só compõe. Além disso, surgiu um novo problema, e dos grandes: a matéria já ocupa seis páginas e ainda não tem nada de Żyrardów e Łódź. Que fazer? É impossível diminuir para quatro páginas porque vai prejudicar a ideia principal: uma introdução pomposa, um grande final, "Polônia operária", e, no meio, quatro correspondências (mais não cabe). Não seria, na verdade, ridicularizar a si mesmo? Acho isso absolutamente impossível. Por outro lado, se tirar o editorial e a conclusão da redação, toda a questão não será aproveitada e o número vai se tornar um mistério para todos. A única saída é acrescentar duas páginas e fazer o número com oito páginas; a coisa seria por si mais imponente, mas *Geld* [dinheiro]?! O que eu, infeliz, posso fazer? Quanto ao material para completar, isso não me falta e também não me dará trabalho, porque tenho um texto muito interessante do Michalski de Łódź, que utilizo como *folhetim* operário, porque ele não serviria para outra coisa. Ele escreveu tanto que posso usar o quanto preciso e quase sem corrigir, pois escreve muito bem, bem até demais para um operário. Então, decida-se, pois a questão é de bolso. Quando você receber esta carta, ainda terá tempo para me responder. Responda--me imediatamente. Tenho certeza de que você, assim como eu, vai achar impossível reduzir para quatro páginas, e entretanto já quase me decidi a imprimir oito [páginas]. (Com as quatro páginas não teria nada de Łódź e Żyr[ardów].)

Eis o estado das coisas. Mas Goupy, após longas negociações, deixou por 5 fr. cada meio caderno e prometeu imprimir a metade em pequenos caracteres.

Mandei compor a carta do Władek.[7] Gosto do jeito um pouco seco dele, pois dá a impressão de uma simplicidade honesta, sem nenhuma maquiagem. Nas provas também não posso mudar nada, porque os tipógrafos conhecem a minha letra (como a do Adolf e a da Jadzia), portanto vou deixar tudo como está. Enfim, em nosso nome podemos escrever tudo o que queremos. Não vejo por que reabilitá-lo tanto – fizemos o necessário e basta. (Meu único, querido marido, quando vou terminar de escrever sobre os negócios para falar dos assuntos pessoais?)

Quanto ao Adolf, ele até tentou escrever, faltou um dia e meio no escritório, mas conseguiu reescrever somente dois pedaços para o número de março. Ele, em geral, trabalha muito devagar e ainda reclama que é incapaz, que não tem ideias, que tudo que escreve é inútil (e dá como exemplo o seu editorial). Resumindo, a ajuda dele é nula. A Jadzia levou uns cinco dias para traduzir aquela correspondência russa. Ela sempre está gastando tempo com alguma coisa, além das provas russas que o Reiff deu para eles e pelas quais recebem 50 fr. por mês, portanto estão ocupados todas as noites. O Adolf, também por isso, não pode ir à gráfica; enfim, eu cuido de tudo sozinha. Como lhe escrevi, gasto tempo demais e por isso não consigo escrever rápido. Mas repare que, quando vim para cá, não tinha *nenhum* artigo para editar, somente as notícias do exterior e a correspondência, e ainda precisei fazer duas provas da edição de maio, e agora está tudo pronto (dois números completos); faltam somente dois artigos. Isso não é muito devagar para uma pessoa.

Você deve estar curioso como trabalhei o número de março. Imagine que aquele artigo que você tinha visto ficou do mesmo jeito! Eu acho que depois da leitura dele você ficou com uma falsa impressão do número inteiro, mas lhe escrevi que aquele era o pior artigo. Concordo

---

7    Provável referência à declaração de Władysław Olszewski que, preso pela polícia do tsar, partiu imediatamente para o exterior e contou a Rosa Luxemburgo que fora posto em liberdade somente porque havia enganado a Ochrana (polícia secreta do tsar), prometendo tornar-se seu agente. O grupo da *Causa Operária*, após algumas oscilações, acabou por acreditar nele. O futuro confirmou que sua confissão havia sido sincera.

plenamente com você que o número devia expressar o desenvolvimento programático dos operários, caso contrário não ganharíamos nada. Mas você não calculou que seria totalmente ridículo e artificial incluir as posições de agitação programática em cada artigo. Preparei de tal modo que o número se tornou uma imagem fiel da realidade operária. Dos doze artigos, são os dois grandes que tratam exclusivamente da *agitação programática* em geral; há alguns, como aquele "Algumas palavras", que são simples queixas e pensamentos ingênuos das amplas massas; nos outros, estão espalhados aqui e ali as opiniões sobre o governo, sobre a inspeção, sobre o socialismo, sobre os sindicatos – em poucas e curtas frases. Enfim, o folhetim de Łódź trata dos tempos de ruptura programática e da passagem do movimento "proletário" para o social-democrata. Junto com os poemas, o editorial e a conclusão – da redação – o número com certeza impressiona. Tem uma massa de fatos terríveis da vida operária. Todos os artigos emanam vida, verdade e naturalidade. Não esqueça que em um dos dois artigos de agitação fala-se até contra o patriotismo. Estou enviando a prova dele para que veja. E você sabe que eu não acrescentei nada? Somente organizei o material e coloquei alguns pontos nos "is". Você sabe quem o escreveu? Adivinhe. Aliás, você vai descobrir. O segundo artigo de agitação é totalmente diferente, mas a sua maneira é igualmente perfeita. O número, com certeza, vai causar um grande impacto nos intelectuais pelo seu conteúdo e impressionará nossos contatos, enquanto para os operários será seguramente um dos melhores números de agitação. Acho que escrevi, segundo a minha opinião, um editorial muito bom, dando ao número um significado mais amplo; a conclusão do número fiz com aquela introdução aos poemas, modificando um pouco conforme a circunstância. As últimas palavras são: "os trompetes de guerra e os trompetes do juízo final!"...

Não tenho dúvida de que você está sentindo um pouco de intelectualismo. Se você tivesse revisado o número sozinho, certamente sairia como uma "caricatura sua": como trabalhadores sabichões que, em vez de comer, dormir e falar só iriam "agitar". Ou, quem sabe, você mudaria de opinião durante a revisão.

LEO JOGICHES • [PARIS,] 28 DE MARÇO [1895]

Se quiser fazer algumas observações nas provas (apesar de eu, antecipadamente, não concordar com elas), faça-as imediatamente, porque já é tarde.

Agora passo às contas. (Para os assuntos pessoais ainda não há tempo.)

Anexas você vai encontrar a conta do Reiff e do Goupy e duas minhas. Na conta do Reiff, as tarifas postais de 5,60 fr. se referem aos três pacotes do número de maio enviados antes de ontem. *"Caisse i emballagge"* [caixa e embalagem] se referem àquele montante de exemplares da *Causa* e brochuras que estão sendo enviados (somente agora!) para Genebra. A caixa custa 17 fr., a tarifa não sei quanto; deixei para isso antecipadamente 20 fr. porque o Reiff não tem nenhum centavo (pelo que diz).

O acréscimo para o papel vermelho ele explicou: 1) o papel vermelho é mais leve e, por isso, um pouco mais caro; 2) não existe papel vermelho do formato da *Causa*, e precisou cortar cerca de um terço de cada caderno, por isso usou o dobro do que foi usado de papel branco (o qual se corta para dois números). O velho quis ainda cobrar 4,90 fr. pelo número 19, mas *após uma hora de negociação* desistiu. Negociei tanto porque este novo modo de cobrar pelo número 19 inteiro resultaria em grandes gastos para cada número futuro. *Article supprimé* [o artigo suprimido] refere-se ao do Adolf, que precisávamos retirar da edição de maio. Nas provas não consegui pechinchar mais, mas vou cuidar destas metades e não pagarei nem um centavo a mais por elas. Enfim, a conta não está muito salgada.

Não acertei ainda as contas anteriores com o Adolf porque o vejo pouco. Quanto a mim, envio anexas as minhas contas dos 450 fr. que você me deu. Gastei 371,50, dos quais você tem as contas da gráfica, sobraram no caixa 58,50; e 20 fr. – tenho vergonha de admitir – emprestei para mim. Meu querido, meu tesouro, não fique muito zangado porque estou prestando contas detalhadas dos meus gastos pessoais. Agora entre nós as relações estão tão íntimas que isso não significa nenhuma dependência ou algo parecido. Sou eu quem sinto necessidade de dar-lhe satisfações, porque eu mesma fiquei apavorada com os gastos e somente pondo tudo no papel entendi aonde foi parar o dinheiro. Olhe só: nos gastos regulares não foi muito, não estão exagerados; somente a comemoração da Comuna exigiu dinheiro extra. Mas foram dois grandes gastos extraordinários que fizeram o saldo negativo: 30 fr. emprestados a Jadzia e 24 fr. gastos com compras no Bon Marché. Os 30 fr., Jadzia vai devolver – sem *dúvida nenhuma* (na vez passada, lembra-se?, *eles devolveram* os 20 fr.). Sobre os 24 fr., a culpa é sua, porque foi por sua causa que eu comprei coisas de qualidade: uma escova de roupas por 2,50 fr., um espelho por 3 fr. etc. Dou-lhe a palavra, querido Dziodzio, que é para lhe agradar que escolho as coisas bonitas para usar ou pôr na mesa. Em geral, sempre que posso compro pequenos enfeites para nossa casa ou para eu ficar bem arrumada e bonita, e tudo isso, meu querido, custa um pouco de dinheiro, pelo menos no começo. Comprei, por exemplo, um espelho do tamanho desta folha de papel com uma linda moldura de madeira e vidro de boa qualidade, porque você sempre tem algo a procurar na sua carinha e vive com o nariz no espelho; agora você terá um bonito na cômoda. Teremos também uma linda bandeja para a chaleira e os copos, e outra para o pão.

Pode ser que tenha despertado sua curiosidade com tantas despesas, mas quero agora juntar o que posso para que a nossa casa fique diferente de antes. Toda a nossa rotina também vai mudar. Vamos dormir cedo e levantar *cedo e regularmente*. Vamos nos vestir bem, o quarto será elegante e com muitos objetos pessoais. *Não teremos brigas – nimm dich in Acht*!! [ouça bem!!] – porque eu quero ser bonita e saudável, e você também, e por causa das brigas a vida fica de ponta-cabeça. Vamos trabalhar regular e tranquilamente. Concordo com todas as suas exigências a respeito da minha aparência e a da casa (evidentemente, exceto sobre o meu relacionamento com as *pessoas*!), mas em troca duas coisas devem desaparecer: as brigas e o sono irregular. Prepare-se, porque, desta vez, estou decidida a viver como gente, e me enforcarei se você quiser estragar os meus planos. O nosso próprio relacionamento vai melhorar incondicionalmente com um modo de vida regular e pacífico. Lembre-se! Após a primeira briga que você quiser ter, juro que vou fugir, e não será com um oficial, mas sozinha! Pois não vejo outra solução.

Escute, meu tesouro, o que você acha de eu comprar pelo menos três talheres prateados, bem feitos (pouco – colher, garfo e faca)? Fico até enjoada de lembrar daqueles nossos garfos pretos e engordurados e daquelas facas enferrujadas. Enfim, gastamos tanto dinheiro – se pelo menos levássemos uma vida decente...

Meu amor, agora eu entendo e sinto o que lhe falta e o irrita, por isso procurarei fazer que a casa fique aconchegante e *nossa* e não de qualquer maneira. (Apesar de tudo isso não justificar suas brigas; pelo contrário, a culpa é sua; pois quando estou sozinha levo uma vida ordenada, a casa está limpa, e penso em enfeitá-la, uma vez que não ando enlouquecida e desanimada por estar irritada com você.) Comporte-se e eu farei a nossa casa a mais organizada possível. Seja apenas bem-comportado e me ame que tudo ficará bem. Meu único, escreva bastante!

Ainda tinha tanto para lhe dizer. Até logo! Meu tesouro, querido...

Sua R.

A sua carta n.1 recebi na quarta-feira de manhã, quero dizer, a tempo. As anteriores chegavam sempre cinco ou seis juntas.

Quero que só você e Julek saibam sobre a brochura. Leiam juntos, isso "fará bem" ao Julek.

## LEO JOGICHES

Paris, 12 de julho de 1896

Caríssimo, quero lhe escrever um milhão de coisas, mas posso apenas escrever algumas palavras, para não atrasar o envio da carta.

Cheguei maravilhosamente bem. Dormi até o almoço e depois comecei a escrever as cartas. Já escrevi ao Karol [Brzezina] e longamente ao Wolny, transmitindo-lhe todas as instruções. Eu pedi ao Adolf para escrever para a Woj[narowska] sobre o mandato do Julek. E agora escrevo a você, meu único amor. Pensei em você durante toda a viagem, tenho muito a dizer-lhe, mas vou resumir em algumas palavras as conclusões a que cheguei: quanto maior for o meu sucesso e as minhas aparições em público, *mais podem envenenar o nosso relacionamento* – por causa do seu orgulho e desconfiança. Por isso, começo a duvidar da minha viagem para a Alemanha. Se, após um longo amadurecimento, eu chegar à conclusão de que tenho diante de mim duas alternativas – abandonar a atividade política e viver em paz com você em algum lugar afastado; ou ter uma atividade em larga escala e romper com você –, escolherei a primeira.

Executo rigorosamente nossos planos. Depois de escrever as cartas, vou imediatamente até o Kriczewski e a Cezaryna por um momento para resolver alguns problemas, depois volto e dedico a noite a redigir a Resolução. Adolf lhe escreverá sobre as novidades daqui. Lafargue me elogiou bastante algumas vezes(!); a *Neue Zeit* o impressiona muito. Allemane observou que a *citoyenne* [cidadã] L. é a mesma pessoa que queriam excluir do Congresso de Zurique, mas os seus camaradas já tinham, então, me defendido. Em resumo, quase toda a França é nossa. Irei ao Allemane. Com o Lavrov não sei se vai dar tudo certo. Adolf me disse que ele começa a ser "neutro" e quer se esquivar. Mas Rubanowitsch é nosso como sempre, e com ele podemos fazer muitas coisas, afinal o velho não vai sozinho, e para conquistar o Vaillant até ele serve. Veremos. – *À propos*: a mulher do Sarraute, Lourie, disse ao Adolf que uma vez ficou muito brava com você, mas agora não tem mais nada contra você, e perguntou gentilmente por você e por mim. Na estação, junto com o Adolf, me esperava o Urbach! Ele goza de grande respeito por parte dos franceses, e foi convidado duas vezes para almoçar, durante o Congresso, na casa da "Tia" Avelling. – Adolf já leu o meu último artigo e o avaliou como excelente. Ora, ora, o nosso herói da viagem a Londres! Aconteceu que, naquela reunião, o Julek balbuciou contra o Motteler apenas algumas palavras que o Adolf teve tempo de lhe sussurrar, então o Adolf interveio e censurou energicamente *em alemão* o Motteler por sua insinuação sobre o pan-eslavismo etc., e lhe gritou: *sie wollen beeinflussen das Gericht* [o senhor quer influenciar o julgamento]. *Por favor*, faça isso para mim e pergunte ao Julek diretamente se o Adolf disse alguma coisa em alemão na reunião. Eu não gosto de revelar mentiras como estas, que o covarde ao menos se envergonhe um pouco. Depois com Bernstein, Adolf, já sabendo quem é o Julek, falou o tempo todo, para não deixar que o Julek tomasse a palavra. A melhor prova de que Bernstein teve Adolf como interlocutor é que ele disse ao Longuet: *c'est un gentil garçon, nous nous sommes quittés d'accord* [é um rapaz gentil, nós nos despedimos em harmonia], enquanto o Julek não foi nem lembrado.

Kriczewski tem um filho(!). Mas parece que, além disso, terá uma *szwarcen sof* [vida dura] comigo. Como o Adolf me disse, ele mantém excelentes relações com os franceses (ele os conheceu através do Adolf!!) e poderia nos ajudar muito; esteve também todo o tempo com o Liebknecht e se despediram amigavelmente, porém não quer se envolver com as nossas questões. Vou averiguar isso hoje mesmo, se ele me disser que não quer se envolver com nossas questões, falarei *kurzem prozess* [sem muita cerimônia] que não quero me envolver com ele e, em geral, não tenho amizade com filisteus. Moro com o Adolf e a Jadzia. Eles têm quatro quartos: dois para eles e dois livres (a Joffe foi para as cercanias tratar da saúde). Tenho um lindo quarto limpo e silencioso, o ar fica fresco o dia inteiro e a criança, como deveria ser com Adolf e Jadzia, não chora nunca. A casa deles é, como sempre, agradável, é até mesmo mais agradável que antes, ambos estão alegres, Jadzia e a criança estão com uma aparência ótima. Enfim, como sempre. Adolf tem um emprego prometido.

Encontrei-me hoje, na caixa do correio, com o Barel, ele manda cumprimentos.

Envio-lhe uma carta sem selo, pois hoje é domingo e está tudo fechado. Adolf só tem dois selos, e estes eu usarei nas cartas ao Wolny e ao Karol.

Tesouro, já são cinco e meia, e tenho de enviar as cartas, saúde e me escreva. Estou tranquila, me sinto forte e cheia de energia.

Esqueci de lhe dizer, já enviaram os mandatos [para o Congresso de Londres], são três. Leia mais uma vez atentamente no *Vorwärts*: se é necessário preenchê-los e enviar para Londres; o que devo fazer no mandato, se devo preencher o número de membros da organização, quantos devo inscrever da *Causa* [*Operária*] e se não vai ter problemas com isso.

Sua [...]

Procure *sem falta* o documento do Lavrov sobre o Adolf, será importante. O Adolf não tem cópia, e o Lavrov não quer dar outro.


## LEO JOGICHES

[Suíça, 16 de julho de 1897]

Não, não posso mais trabalhar. Penso o tempo inteiro em você e isso me distrai. Preciso lhe escrever algumas palavras. Amado, caríssimo, você não está ao meu lado, mas toda a minha alma está plena de você e o abraça. Poderá parecer extravagante, talvez ridículo que eu lhe escreva esta carta, morando a dez passos de distância e nos vendo três vezes ao dia e, além disso, sou sua mulher, então por que esse romantismo – uma carta escrita à noite para o marido? Oh, meu tesouro, que seja ridículo para todo o mundo – mas não para você, que somente você leia esta carta com o coração e com o sentimento com o qual lia as minhas cartas – antes em Genebra, quando eu ainda não era sua mulher. Pois eu escrevo com o mesmo sentimento de então, da mesma maneira a minha alma se atira em sua direção e da mesma maneira os meus olhos se enchem de lágrimas (você com certeza vai rir agora – "ultimamente eu choro por qualquer coisa"!).

Dziodzio, meu querido, você sabe por que lhe escrevo esta carta, em vez de lhe falar pessoalmente? Porque não sei, porque já não consigo falar abertamente com você sobre essas coisas. Tornei-me sensível e desconfiada como um coelho. O menor gesto ou palavra de indiferença me aperta o coração e me cala a boca. Eu consigo falar abertamente com você somente se sinto uma atmosfera afetuosa, recíproca, e agora isso raramente ocorre entre nós! Olhe, hoje estive repleta de um estranho sentimento que foi desencadeado nesses dias de isolamento e meditação, tinha tantas coisas para dizer-lhe, e você estava desligado, alegre, e não queria nada de "físico", e era justamente disso que eu estava precisando naquele momento. Isso me magoou, e você pensou que eu estava insatisfeita com o fato de você ir embora tão rápido. Talvez não conseguisse mesmo escrever esta carta agora, mas o que me encorajou foi o carinho que você demonstrou ao se despedir, me recordei do passado, passado cuja lembrança me faz sufocar de choro no travesseiro todas as noites antes de adormecer. Meu querido, meu amado – você com certeza já está irrequieto, procurando entender "o que ela наконец [quer afinal]?" Se eu mesma soubesse o que quero… Quero amá-lo, quero que entre nós exista um clima doce, confiante, ideal, como existia naqueles tempos. Você, meu querido, geralmente me compreende de modo muito simplista, e pensa que eu sempre дуюсь [me aborreço] porque você vai embora ou coisa parecida. Você não pode imaginar o quanto isso me magoa profundamente, pois para você nossa relação é algo puramente exterior. Oh, não diga, meu querido, que eu não entendo isso, que não é exterior, da maneira como eu penso. Quando, no passado, você me dizia essas coisas, eram para mim palavras vazias, agora é uma dolorosa realidade. Oh, eu sinto muito bem essa superficialidade – sinto-a quando vejo como você está sombrio e silencioso, guardando para si algum problema ou algo desagradável, e me diz com o olhar: не твое дело, смотри себе свои дела;[8] sinto-a vendo como depois de alguma de nossas maiores brigas você sente alguma emoção e pensa sobre nossa relação, e chega a alguma conclusão, e toma alguma decisão, e procede comigo de alguma maneira, e eu permaneço exterior a tudo isso e só posso com o meu próprio cérebro calcular como você está pensando; sinto-a depois de cada união nossa, quando você me afasta e, fechado em si mesmo,

8    Do russo: "não é assunto seu, cuide dos seus assuntos". (N. E.)

começa a trabalhar; sinto-a, enfim, quando penso sobre toda a minha vida, o meu futuro, que se apresenta como um manequim movido por algum mecanismo exterior. Meu caro, meu amor, eu não reclamo, eu não quero nada, só quero que você não compreenda cada choro meu como uma cena de mulher. Enfim, será que eu sei realmente? Pode ser com certeza que muito, até mesmo a maior parte, seja eu mesma culpada disso, que entre nós não exista uma relação calorosa e harmoniosa. Mas o que posso fazer? – Eu não sei, não sei como agir! Eu não sei como, não consigo nunca analisar uma situação, sou incapaz de tirar conclusões, não consigo seguir uma decisão tomada, a cada momento ajo segundo uma emoção; quando sinto muito amor e tristeza na alma, me jogo nos seus braços, quando você me fere com a sua frieza, a minha alma se parte e eu odeio você, acho que o mataria. Meu querido, você é capaz de entender e pensar, você sempre agiu por mim e por você em nossa relação! Por que você me deixa sozinha? Oh, Deus, estou lhe implorando, mas talvez seja mesmo verdade, tenho essa impressão cada vez mais frequentemente, pode você não me amar mais como antes? Verdade, verdade, sinto isso cada vez com mais frequência.

Agora você acha em mim tudo de ruim e de feio. Cada vez menos sente necessidade de ficar comigo. Enfim, se eu ao menos soubesse por que tenho esse pensamento... Só sei que quando, em geral, eu penso, quando imagino tudo isso junto, alguma coisa me diz que você seria mais feliz agora sem isso, que você preferiria fugir e largar todo esse negócio. Oh, meu querido, eu entendo isso muito bem, eu vejo quão pouca luz existe para você nessa relação, como irrito você com essas cenas, com essas lágrimas, com essas tolices, até mesmo com a desconfiança no seu amor. Eu sei, meu querido, e quando penso nisso gostaria de estar em outro lugar – no inferno, ou melhor, não existir em geral, tanto me faz mal esse pensamento de ter invadido sua vida orgulhosa, solitária e pura com essas histórias de mulher, com minha instabilidade, com minha falta de jeito, e por que, por que diabo? Oh, Deus, por que eu comecei a falar sobre tudo isso? Meu querido, você deve estar novamente se perguntando o que eu quero, afinal? Nada, nada, meu querido, quero apenas que saiba que não sou cega e que canso você com a minha pessoa, quero que você saiba que choro amargamente por essa razão e novamente não consigo, não sei como agir, como dar conta disso. De vez em quando penso que o melhor seria nos vermos o menos possível, outras vezes me levanto e quero esquecer tudo, e jogar-me nos seus braços e chorar, mas novamente aparece esse pensamento desgraçado e me diz: "deixe-o em paz, ele aguenta tudo isso só por delicadeza, e dois, três detalhes confirmam isso", e fico com um ódio que quero provocá-lo, mordê-lo, mostrar que não preciso do seu amor, que eu me viro, e novamente me martirizo e me mordo, novamente, em círculo, em círculo.

"Сколько драм!" правда? "Скучно! Вечно одно и то же." А мне так, как будто я и десятой доли того не сказала и совсем не то сказала, что хотела.[9]

A língua desmente a voz, e a voz desmente os pensamentos;
o pensamento voa rápido da alma, antes de entrar na palavra.[10]

Ну, прощай. Я уже как будто жалею, что написала. Может будешь злиться? Может будешь смеяться? О нет, не смейся.[11]

Mas você, oh, minha querida, o espectro
saúda como nos velhos tempos![12]

Dziodzio, Dziodzio!

Kiedyś z daleka – tęsknię i żądam
Wyciągam do Cię ramiona
W duszy najmilszy obraz oglądam

---

9 Do russo: "Quanto drama!" – não é verdade? "Que aborrecido! Sempre a mesma coisa." E eu tenho a sensação de não ter falado uma décima parte daquilo que queria falar". (N. E.)
10 Adam Mickiewicz, *Dziady* [Os antepassados]. (N. T.)
11 Do russo: "Adeus. Estou quase arrependida de ter escrito. Talvez seja pior? Talvez você vá rir? Oh, não, não ria". (N. E.)
12 Mickiewicz, *Dziady*. (N. T.)

Daję najsłodsze imiona.

Chojna i tkliwa, wyrywam z uśmiechem
Z serca pokrzywę urazy,
Pieszczę się głosu Twojego echem,
Powtarzam Twoje wyrazy.

Lecz gdy przychodzisz, zmrożona stoję
Zamiast się rzucić w objęcia,
Czemuś drży serce, czegoś się boję
Jakiego doznam przyjęcia.

Oczyma badam, co mi przynosisz,
Z jakim przychodzisz obliczem,
Czekam, czy o mój uścisk poprosisz,
Ruchy i słowa obliczam.

I nie wiem, jaka siła kieruje
Przędzą mej myśli i mowy
Myślą swą kłamię temu, co czuję
A myśli swojemi słowy.

Ty siedzisz sztywny, ja siedzę niema
Ranimy się ciągle wzajem
Jednako słowem, jak i milczeniem
W półsłów zrażeni przestajem…

Co się to stało? Co się to stało?
Myśmy się tak kochali!
Zawsze bywało nam czasu mało
Gdyśmy raz sami zostali.

Byliśmy dobrzy, byliśmy prości,
Witali, żegnali się z wiarą,

Przysłuchiwali w słowach miłości
Nie przyczajonym zamiarom.

Dziś, gdy odchodzisz, znużon zatargiem
Chcąc wołać: zostań, Kochany!
Szepcę "dobranoc" zimnemi wargi
I wracam – łzami zalana.[13]

## LEO JOGICHES

[Berlim,] Terça-feira à noite [17 de maio de 1898]

Meu querido!

Tenho o primeiro momento de relativa tranquilidade, quando estou sozinha e posso lhe escrever mais detalhadamente, uma vez que ontem e hoje corri o dia inteiro com a minha "prima" atrás de um lugar para morar. Você não tem ideia do que significa procurar um lugar em Berlim. Procuro "somente" em três bairros – em Charlottenburg, no Oeste e no Nordeste (nos outros é impossível morar durante o verão) –, e as distâncias são tão grandes que ando horas apenas em um par de ruas, ainda

---

13 Quando você está longe – fico com desejo e saudade,\ Quero te abraçar\ Vejo na alma a mais querida imagem\ Dou-lhe os nomes mais doces\\ Generosa e carinhosa com um sorriso arranco\ Os espinhos da ofensa do coração\ Eu me acaricio com o eco da sua voz\ Repito suas palavras\\ Mas quando você chega, fico gelada\ Em vez de me atirar nos seus braços\ Por alguma razão o coração treme, temo alguma coisa\ Como serei recebida\\ Com os olhos examino o que traz\ Com que humor você se aproxima\ Espero que você peça o meu abraço\ Conto os passos e as palavras\\ E não sei qual a força que rege\ O fio do meu pensamento e da minha fala\ O pensamento trai meus sentimentos\ As palavras traem o pensamento\\ Você está sentado rígido, eu estou sentada muda\ Nos machucamos reciprocamente\ Tanto com a palavra, como com o silêncio\ No meio das palavras paramos desencorajados\\ O que aconteceu? O que aconteceu?\ Nós nos amávamos tanto!\ Sempre sentimos que o tempo era pouco demais\ Quando estávamos a sós.\\ Éramos meigos, éramos simples\ Nos saudávamos e nos despedíamos com fé\ Escutávamos nas palavras o amor\ Sem intenções escondidas\\ Hoje quando partes, cansado com a discussão\ Quero chamar: fique, querido!\ Sussurro boa noite com lábios gelados\ E volto – toda em lágrimas. (N. T.)

mais que tenho de ir de prédio em prédio, subir nos andares (de acordo com os avisos na entrada), a maioria das vezes em vão. Os quartos estão muito caros em todos os lugares, até mesmo aqui, em Charlottenburg, o quarto mais barato, que serviria para mim, custa 28 marcos. Uma sala com um quarto de dormir separado, nem sonhar: o único lugar onde encontramos tal aposento – *allerdings* [realmente] mobiliado maravilhosamente – era por 80... marcos!! Por enquanto tenho um quarto por 1 marco por dia. Organizo-me de tal maneira para dormir no sofá-cama e, além disso, ter um sofá, de outro jeito não dá. Tenho de confessar que meu apartamento em Zurique era uma verdadeira raridade. Apesar disso, fique tranquilo, não vou pegar qualquer coisa e faço muitas exigências; a minha "prima", que ficou encantada com o apartamento de Zurique, também procura com aquele ideal em mente. Amanhã finalmente me decido, apesar de a escolha ser tão difícil que até me assusta, uma vez que num apartamento живот ноет [me dá dor de barriga], enquanto no outro солдат был [esteve um soldado] – grandezas totalmente desproporcionais que até minha cabeça fica estourando, antes que eu decida alguma coisa. A propósito do солдата [soldado], ele realmente был и есть [esteve e está] em todo lugar. De fato, os oficiais são a categoria dominante aqui: também moram em quartos mobiliados e em todo lugar se encontra um quarto que foi de um oficial ou tem um oficial como vizinho. Em razão do perigo que significaria para você e do seu constante medo de que a sua mulher не удрала с офицером,[14] naturalmente evito esta vizinhança como a peste. Agora imagine que os desenhos de Thöny não são caricaturas, mas simplesmente fotografias naturais – andam aqui milhões pelas ruas. Entre as pessoas encontrei somente de passagem a sogra do Szmujlow, o seu genro sub-redator do *Neue Welt* (Kühl) e Szmujlow. Este último não conseguiu me apresentar ao Gradn[auer], o que me deixou aliás bastante contente. Soube dele apenas que atualmente Parvus é considerado no Partido uma pessoa cômica, e que todos se distanciaram dele (Gradn[auer], Zetkin, Auer etc.), *es heisst* [isto é], ele perdeu tudo o que tinha conseguido até então. Isso significa que nós

---

14   Do russo: "não fugisse com um oficial". (N. E.)

dois temos um ótimo faro, mas, enfim, é muito triste. Sobre o Juleczek [Marchlewski], parece que pensam que ele é *unbedeutend* [insignificante] e que escreve "*fad*", ou seja, insípido e vazio, pelo menos foi o que disseram Szmu[jlow] e Gradnauer. Do Adolf, sei que o Juleczek há tempos procura um passaporte estrangeiro em Mun[ique] para fazer agitação na Silésia, mas isso acabou em nada. Bebel e Auer estão aqui. Ainda não escrevi a B[ebel] porque, no caso de encontrar-me com ele, quero ter um quarto e eu mesma estar com um aspecto decente. Enfim, faço aqui uma impressão muito boa, pelo menos na minha locadora, e o que é mais estranho, todos pensam que sou muito mais jovem e admiram que já tenha me formado [nos estudos universitários]. Isso para tranquilizá--lo. Jadzia e o marido me acharam "charmosa" com o vestido preto e o chapéu novo. Isso é tudo em relação à minha aparência. O meu aspecto interior é um pouco menos encantador, mas igualmente escuro; a razão é a esmagadora grandeza de Berlim. Sinto-me como se tivesse chegado sozinha, estranha, para "conquistar" Berlim, e, medindo-a com os olhos, sinto-me um pouco medrosa diante de sua potência fria e indiferente. Ao mesmo tempo, entretanto, consolo-me que de toda Berlim me importa [...][15] Consegui com a locadora mais um pouco de papel, pois não posso me separar de você, escreveria ainda a noite inteira, mas tenho medo de que você me reprove porque coloquei papel demais no envelope. Volto ao que importa. Disse que sinto de todos os lados um peso na alma, já lhe explico como sinto isso. Ontem à noite, já deitada numa casa estranha, no meio de uma cidade estranha, senti-me um pouco pusilânime e pensei assim no mais profundo da minha alma: não teria sido melhor, em vez dessa aventura, viver com você em algum lugar na Suíça, nós dois juntos em um canto calmo e agradável e aproveitar a juventude, alegrando-nos mutuamente? Mas quando olhei para trás por um momento, para ver o que tinha deixado, enxerguei só o vazio, e de repente entendi que tudo era uma ilusão... Pois nós não vivíamos juntos, nós não nos alegrávamos juntos, nem nada de feliz existia (digo tudo isso somente de nossa relação pessoal, abstraindo as dificuldades da causa, pois essas não podem impe-

15  Nesse lugar terminou a folha de papel. (N. T.)

dir de sermos felizes). Ao contrário, relembrando o último semestre, até mesmo o passado mais distante, senti apenas uma mistura de impressões de desentendimento, alguma coisa para mim de incompreensível, de tormentoso, de sinistro; senti uma forte pontada na fronte, e então tive quase uma sensação física de ferida na alma, que me impedia de virar de um lado para o outro. O mais tormentoso nisso foi uma sensação de incompreensão, como um ruído surdo na cabeça que me impede de saber por que aconteceu tudo o que aconteceu...

E imagine que justamente essa ferida na alma me deu logo coragem para uma nova vida. Ficou claro que não deixei nada de bom para trás, que nada seria melhor, que até se vivêssemos juntos eu estaria da mesma maneira cercada de uma atmosfera que me esforçaria em vão e com sofrimento para entender, e seria uma constante desarmonia. Do que por um momento, por um instante tive saudades foi somente da minha própria fantasia, e me senti como aquele gato (lembra-se?) em Weggis, que ficou encurralado por um cachorro entre o lago e a montanha. Imagine o cachorro – como a vida que me empurra –, a montanha – como o seu "coração de pedra", fiel e sólido como a rocha, mas também duro e inacessível como ela –, e por fim, o lago como essas ondas da vida em que me joguei aqui em Berlim. A escolha *zwischen zwei Trachten-Prügel* [entre dois flagelos] não é difícil, e resta-me somente evitar que eu acabe nas ondas berlinenses como aquele gato...

Uma vez que *ça me touche toujours quand je parle de moi-même* [eu sempre me emociono quando falo de mim mesma], essa é a ocasião de choramingar, mas o ouvido acostumado escuta a sua voz irrequieta: да перестань же плакать, ты будешь выглядеть, как чёрт знает что такое,[16] e, obediente, deixo o lenço de lado, para amanhã выглядеть, как чёрт знает что такое![17]

Um diálogo de surdos,[18] não é verdade? Apesar de tudo o que você me disse antes da partida, eu, teimosa, reclamo que quero ser feliz. É

---

16  Do russo: "pare de chorar, para que amanhã não fique parecendo como o diabo sabe o quê". (N. E.)
17  Do russo: "não ficar parecendo não sei como". (N. E.)
18  A expressão polonesa original "Czort swoje, pop swoje" significa "O diabo diz isso, o pope diz aquilo". (N. T.)

verdade, tenho uma vontade desgraçada de ser feliz e estou disposta a negociar diariamente a minha *Portiönchen Glück* [dose de felicidade] com uma insistência de surdo. Mas isso já é quase o fim, essa vontade diminui em mim cada vez mais diante da impossibilidade, clara como o sol – ou melhor, escura como a noite –, de poder ser feliz. *Kein Glück ohne Freude* [nenhuma felicidade sem alegria], mas talvez a vida, isto é, a nossa relação (para mim isso é idêntico, *vous savez: les femmes...* [você sabe: as mulheres...]), seja *ein freudeloses, düsteres Ding* [uma coisa triste, sem alegria]). Começo, enfim, a entender que na vida se pode тащить и не пущать,[19] e que não há outro jeito. Começo a me acostumar a pensar que, para mim, existe apenas uma questão: refletir agora sobre as eleições e o que acontecerá depois delas. Uma vez que nós dois juntos temos aproximadamente 60 anos, tenho uma sensação parecida com a das mulheres de 40 anos, que começam a perder a sua capacidade física para a vida sexual.

É natural que você, lendo toda a oração acima, pense: que egoísmo repugnante pensar somente na sua "felicidade" diante da sua perda, que é cem vezes maior do que a perda dos abraços do amante.

Você pensará e... não terá razão. Eu não só não esqueço nem por um momento a *sua* contabilidade interior, que neste momento só registra "débitos"; não só tenho essas sensações o tempo todo, como também tenho, entre as minhas reclamações, aquela de que não posso participar da sua contabilidade e de me permitir apenas – calar-me! Como disse, você é como o Rigi, mas infelizmente eu não sou como a Jungfrau, que, do outro extremo do céu, sabe olhar majestosamente do [alto do] seu pico nevado e calar-se; eu sou um simples gato que gosta de ser acariciado e acariciar o outro, ronrona quando está bem e mia quando está mal, e não sabe se expressar de outra maneira. Uma vez que você não me permite miar, só posso escrever sobre mim e minhas questões insignificantes. Mas se por isso você quiser me chamar de egoísta, *wirst fehlschlagen* [engana-se].

Gostaria, raios!, de acabar logo com o problema da casa, para começar a trabalhar e poder lhe enviar os первые боевые звуки [primeiros

---

19  Do russo: "segurar, mas não largar". (N. E.)

gritos de guerra]. Ficaria orgulhosa se pelo menos isso o deixasse feliz. Infelizmente, no momento, ainda não tenho nada para escrever sobre a causa e por isso lhe envio uma carta insípida.

Você tem ideia de quanto o amo?

O meu trem antes de Berlim à meia-noite atropelou um homem. Por isso ficamos parados quase quinze minutos e, desperta do sono, logo escutei gemidos humanos. Era um camponês que atravessava os trilhos no escuro com seus bois e, à minha pergunta, se ele vive, me responderam que *lebt noch a bissele* [ainda vive um pouco].

É um mau sinal.

Termino já, meu amado. Se puder, escreva o máximo possível sobre você. De tudo o que me escreveu até agora, o que mais me agradou foi a promessa de que você vai se cuidar melhor. Escreva-me com detalhes, se você bebe chocolate às quatro e se toma leite todos os dias... Favor escrever sobre tudo.

Meu querido, não se irrite porque o papel é grosso e a carta vai ser pesada, ainda não tenho aqui nada meu.

Fique bem, escreva para a Kantstr. 55, mas sem o meu sobrenome, só nome e отчество (Ильинишна),[20] porque aqui vigiam bastante.

Sua.


Você sabe alguma coisa sobre a Anna [Gordon]?

Tenho, por enquanto, um quarto por 1 marco por dia.

Você sabe alguma coisa da costureira? Estou com um peso na consciência porque fiz esse vestido, o que só trouxe gastos para você e aborrecimentos para a costureira, sinto muita pena dela. A Jadzia achou o chapéu maravilhoso.

Vou escrever hoje para casa pedindo um empréstimo.

Você esteve com o Herkner, já começou a ir para as aulas? Você não tem ideia de como eu gostaria que você terminasse com tudo isso – quando penso em seus estudos, me dá até dor de barriga.

---

20  Do russo: "patronímico (Iliniszna)". (N. E.)

Imagine só que a sra. Augspurg tem 40 anos! Mora agora em Mun[ique], conheceu a sra. Szmujlow, e parece ser uma pessoa *mit einer bewegten Vergangenheit* [com um rico passado]; em geral, lá em Mun[ique], a boêmia artística e literária parece ser uma bela nojeira. Helene Dönniges também está lá com o marido, aquele Szewicz está no "Simplicissimus".[21]

Szm[ujlow] ficou espantado que o meu trabalho seja publicado no D[uncker] e H[umblodt][22] e afirmou que eles, com certeza, têm alguém que conhece a literatura atual, por isso ouviram falar de mim; que é uma editora procurada por todos que querem "fazer carreira" nesse ramo.

A mulher do Daszyński fugiu com outro. Dizem que era uma pessoa, até mesmo antes disso, com hábitos não muito rigorosos, e ele parece que casou com ela porque começaram a aparecer os resultados da relação entre eles. Parece que não gostam muito dele no Partido na Galícia, porque faz muita farra e quer viver como um senhor.

## ROBERT SEIDEL

[Berlim,] 23 de junho de 1898

Caro amigo!

Que miséria! Sinto necessidade de conversar com você, mas não tenho uma única folhinha de papel de carta. Você terá de se contentar com esta.

É tarde da noite, estou sentada na minha cadeira de balanço junto da escrivaninha, sobre a qual se encontra um abajur com uma grande cúpula vermelha feita por mim, e leio Börne. Diante de mim

---

21  Semanário satírico alemão publicado em Munique a partir de 1896.
22  Editora de Leipzig que publicou a tese de doutorado de Rosa Luxemburgo, *O desenvolvimento industrial da Polônia*.

se abre a porta da sacada, e por ela entra um vento frio – de quando em quando se vê o clarão de um relâmpago e começa a cair um temporal. (Deus me perdoe esta má prosa poética!...) Como a solidão pode ser boa às vezes!... Imagine: nem um único amigo na grande cidade de Berlim, com seus dois milhões e meio de habitantes. Neste momento, tal ideia me faz tão bem que sorrio de satisfação. Não sei se sou feita de um material ruim que absorve com demasiada facilidade a atmosfera ao redor, mas não posso estar nem um dia no meio da multidão sem descer ao menos um degrau em meu nível espiritual. E isso não depende tanto do tipo de pessoas com quem trato, é o próprio trato, o contato com o mundo exterior que, por assim dizer, lima e borra as arestas e as linhas nítidas do meu eu – claro que apenas por um momento. Um dia de solidão basta para que me encontre novamente, mas é inevitável que me traga a amarga sensação de arrependimento, como se eu tivesse perdido um pedacinho de mim mesma, como se eu tivesse me rebaixado. Em momentos como esse sempre me vem a vontade de me separar completamente do mundo por meio de tapumes.

Agora mesmo um rapaz passa pela rua e assobia uma cançãozinha banal – apenas esse som estridente de um outro, que penetra em meus ouvidos com tanta violência e compromete meu sossego, já me ofende.

Você talvez estranhe que eu leia o velho Börne; até hoje não encontrei nenhum alemão que ainda o leia. Mas sobre mim ele continua a ter o mesmo efeito poderoso e continua a despertar-me ideias novas e sentimentos vívidos. Sabe o que não me tem dado sossego? Estou insatisfeita com a maneira e o estilo com que no partido se escreve a maior parte dos artigos. É tudo tão convencional, tão empolado, tão rotineiro. A palavra de Börne soa agora como que vinda de outro mundo. Eu sei: o mundo é outro, e outros tempos pedem outras canções. Mas "canções", justamente – e nossa escrevinhação quase nunca é uma canção, e sim um zumbido incolor e sem melodia, como o som da roda de uma máquina. Penso que isso se dá porque as pessoas, ao escrever, quase sempre se esquecem de lançar mão do que têm no mais profundo de si e sentir toda a importância e a verdade do que é escrito. Penso que a cada vez, a cada dia, em cada artigo se deve vivenciar a coisa novamente em plenitude, senti-la em plenitude, e assim se encontrariam palavras novas para as coisas velhas e conhecidas, palavras vindas do coração e dirigidas ao coração. Mas nos acostumamos tanto a uma verdade que recitamos as coisas mais grandiosas e mais profundas como se rezássemos um *Pai Nosso*. Quando escrevo, procuro não esquecer jamais de me entusiasmar pelo que está sendo escrito e de refletir sobre o assunto. E é justamente por isso que de tempos em tempos leio o velho Börne, ele me faz lembrar fielmente de meu juramento.

O pobre Fredi [Seidel]!... Eu sempre tive uma simpatia especial por pessoas que não têm nenhum talento para organizar a vida prática, ganhar dinheiro etc. (talvez porque eu mesma não tenho a menor ideia de como fazer isso). Tenho sempre a suspeita de que elas têm algo de um artista, ou ao menos de uma pessoa muito boa.

Entendo que, para você, isso não passe de um pequeno consolo. Espero algumas linhas de Mathilde [Seidel], ela ainda está em Gugi? Ainda uma palavra sobre mim: não posso suportar Berlim e a Prússia, jamais poderei.

Um cordial aperto de mão.
Sua Ruscha

## LEO JOGICHES

[Berlim, entre 12 e 20 de julho de 1898]

Ciuciuchny, meu único, por que está tão triste assim? – Meu monstrinho querido, meu Kukuchna, por que está tão mal-humorado? Kukasia só precisa ser otimista, pois tem uma mulherzinha valente. Sua esposa vai trabalhar bastante, vai ganhar bastante dinheiro e vai ter não só o suficiente para ela, mas também vai ter um pouco todo o mês para enviar para o seu paizinho, e também um pouco para o seu Dziodzio, e sem muita dificuldade, se divertindo no trabalho. Estou falando sério, minha ideia de escrever para Parvus pequenas notas sobre a Polônia, a França e a Bélgica é algo verdadeiramente genial, porque, se não bastasse, me tomará em geral pouco tempo e me custará pouco esforço intelectual; ganharei dinheiro para a assinatura de jornais, e além disso o salário; graças a essas notas terei de seguir sistematicamente e com atenção os jornais, e graças a isso estarei *au courant* da vida política. Além do mais, Parvus está contente, e me agradece enormemente. Portanto, tudo em ordem nesse sentido. No tocante a minha ideia com o *Leipziger* [*Volkszeitung*], amanhã de manhã, após ter recebido a resposta de Sch[önlank], acrescentarei os resultados na carta. Ainda não vou dizer tudo, somente *summarisch* [sumariamente] se bom ou ruim. Então, Dziodzio, nem pense em retirar a sua caução da prefeitura! Sua esposa o proíbe rigorosamente. Seu bobinho, esse dinheiro será para o seu doutorado e, mesmo após receber a cidadania, esse dinheiro estará trancado no Banco, até que preste o exame. Para a sua vida, o seu dinheiro é suficiente, e eu, como calculo, terei todo mês (se o negócio com Sch[önlank] der certo) no mínimo 100 marcos. Epa, epa! Não ria, no fim do mês eu vou contar e pôr na mesa.

Dá para ver que nesses dias você ficou sem um centavo, mas você não podia ter me escrito antes, hein? Eu lhe mandaria imediatamente 10 marcos das minhas reservas, pois vivo bem agora, não gasto tudo que me manda, apesar de já ter pago as assinaturas dos jornais do meu próprio bolso e, com licença, de comer feito um cavalo.

Quer saber como passo o dia? Então está bem. Pela manhã, antes das oito, acordo, pulo no corredor para pegar os jornais e as cartas, depois pulo para baixo das cobertas e leio as coisas mais importantes. Depois me lavo com água fria (regularmente, todos os dias), então me visto, bebo uma xícara de leite quente e pão com manteiga (trazem para mim leite e pão em casa toda manhã) sentada ao balcão, depois me visto bem e vou passear por uma hora no Tiergarten (diariamente, regularmente, independente do tempo). Depois volto para casa, tiro a roupa e escrevo minhas notas para Parvus, ou escrevo cartas. Almoço às 12h30 por 60 centavos no meu quarto, um ótimo almoço e especialmente saudável. Depois do almoço, pulo no sofá para dormir! Às três, aproximadamente, acordo, bebo chá e sento para escrever notas ou cartas (dependendo do que fiz pela manhã), ou leio livros. A saber, tenho da biblioteca: *Geschichte des Staatsrechts*, de Bluntschli, *Crítica da Razão Pura*, de Kant, *Geschichte der soz[ial-]p[olitischen] Bewegungen*, de Adler, e, é claro, *O capital*. Às cinco ou seis bebo cacau, continuo trabalhando, ou, mais frequentemente, vou ao correio levar as cartas ou as notas (gosto muito dessa atividade). Às oito, janto: (não se espante!) três ovos moles, pão com manteiga, com queijo ou frios, e ainda uma xícara de leite quente. Depois sento para o Bernstein (Oh!...).[23] Por volta das dez, bebo mais uma xícara de leite (um litro por dia). Gosto muito de trabalhar à noite. Fiz um abajur vermelho e sento na escrivaninha, perto do balcão aberto. O quarto na penumbra cor de rosa parece lindo e pelo balcão entra o ar fresco do jardim. À meia-noite, aproximadamente, ligo o despertador, cantarolo alguma coisa, depois arrumo a bacia de água para me lavar pela manhã, me dispo e pulo embaixo das cobertas. Contente, Dziodzio? Eu também. Dziodzio, tesouro, deixe-me em paz com a senhorita [Frau] Ihrer e sua gente. Primeiro, vai chegar a minha irmã, depois nós vamos nos encontrar, em terceiro, agora aqui é tempo morto. Até o início das sessões parlamentares e períodos dos discursos, não preciso e não posso encontrar pessoas que nos interessam. Além do mais, mantenho contato com os mais importantes: Br[uhns], Sch[önlank] e Par[vus], através dos quais depois posso fazer tudo o que for necessário. Quando Sch[önlank] vier aqui, ele me apresentará *mit den Besten im Lande* [aos melhores do país]. Por enquanto descanso tranquila de todos os *Schwaben* [suábios].[24] Está de acordo? Agora sobre o nosso encontro.

---

23 Referência aos artigos de Eduard Bernstein, publicados na *Neue Zeit* (1896-1898), em que ele questionava o marxismo como teoria revolucionária. Os artigos de Rosa Luxemburgo contra Bernstein foram publicados no *Leipziger Volkszeitung* (21/28 set. 1898) com o título "Reforma social ou revolução?".

24 Rosa Luxemburgo refere-se, irônica e pejorativamente, aos alemães em geral. Para os poloneses, os alemães caracterizam-se pela pontualidade exagerada, a falta de humor, o pão-durismo e a rigidez. Agradeço a Holger Politt o esclarecimento.

Decididamente eu não irei para a Suíça, será você que virá aqui; você e eu precisamos deixar de lado aquelas impressões; aliás, repito, espero que o campo lhe faça bem e quero ao seu lado, só para provocá-lo, colher flores no campo. Não tenho dúvida de que você vai poder ficar lá. Durante todo o tempo em que estive na Alta Silésia ninguém me pediu nenhum documento, apesar de ter abertamente me ocupado com o trabalho de agitação. Mas ainda vou me informar de tudo detalhadamente com o Bruhns e, na pior das hipóteses, conseguirei para você um documento de algum *Schwab* por alguns dias; vamos morar sozinhos em uma pequena aldeia entre campos e bosques, como Adão e Eva, e no mesmo quarto. Mas tudo isso só depois da estadia da minha irmã. Ciucia, está feliz que vamos nos encontrar, hein?

Agora duas palavras sobre os negócios. Escreva-me para quem devo enviar a dissertação. Enviarei para você, ainda amanhã, algumas provas, logo que o Humblot me devolva. Você quer que eu lhe envie alguns dos meus jornais? Apesar de me alegrar muito por você precisar ir à *Leseverein*,[25] lá não dá para ler muita coisa de uma vez. Posso enviar a você o *Vorwärts* no dia seguinte? Pois eu o leio rápido, e geralmente não tem nada para recortar. Ou o *Leipziger* [*Volkszeitung*]? (Que jornal maravilhoso.) Agora, Dziodzio, escreva-me em detalhes o que faz diariamente, a que horas se levanta, o que come e se vai passear. E também sobre o doutorado. E, Dziodzio, leia frequentemente livros sérios, porque eu não quero ter um marido burro. A respeito do trabalho sobre o Bernstein, escreverei na próxima carta.

Beijinhos na boquinha
Sua esposa.

Com os Seidler está tudo bem, recebi hoje uma carta deles. Desagrada-me que você tenha se desentendido com os dois, temo que você tenha se comportado de forma mesquinha. Com eles você não deve fazer contas tão precisas, uma vez que me ajudaram bastante.

---

25 Uma biblioteca em Zurique.

Eles não nos separam, e a falta de cerimônia em relação a você é, em grande parte, por minha causa.

## LEO JOGICHES

[Berlim,] 10 de setembro [1898]

Meu querido tesourinho, recebi ontem à noite a sua carta. É ótimo que você já tenha os dois fiadores (é evidente – *curiosum*! – que o Seidel me escreveu sobre a sua *"guter Tat"* [boa ação] antes mesmo de a ter feito!). Mas o seu plano de vir *agora para cá* parece-me pior do que o da minha ida a Zurique. Isso porque Józio [Luxemburgo] e sua mulher chegarão aqui em breve e talvez fiquem a semana toda (ela quer encontrar uma babá para a criança e fazer algumas compras). Ora, nem preciso dizer que você teria simplesmente que desaparecer nesse período, uma vez que eles ficariam o dia todo na minha casa; mas o pior é que antes eles já ficaram, portanto, vão querer também agora ocupar o quarto ao lado do meu, justo onde quero hospedá-lo, pois de outra maneira não teríamos nenhuma liberdade. Então, se eu o puser lá agora e, supondo que quando eles chegarem você tenha que sumir para dar-lhes o lugar, eu não poderei fechar o bico da proprietária para evitar que ela fale de você. Compreende como isso ia aparecer!? (NB. Eles sempre me incomodam, porque eu não me caso, e creio que imaginam que algo me impede. Fazem alusões também *a você.*) Portanto, por conta da chegada deles, sua estadia estaria limitada, e se eles ficarem sabendo que você esteve aqui e, depois, sumiu de vista, começarão a fazer suposições desagradáveis. Acrescente-se a isso que perderemos uma semana *inteira* pela estadia deles e verá que, com a *antecipação do nosso encontro*, não vamos ganhar nada. Naturalmente, seria bem mais agradável ter você na minha bagunça do que ser sua hóspede; gostaria que você visse como estou instalada; eu também tenho muito medo da própria viagem (de trem), mas tendo em conta tudo o que disse, é ainda bem melhor do que você se esconder aqui. Outra coisa: seria impossível esconder da filha da proprietária, não importa onde você morasse, sua estadia aqui diariamente, pois é justamente ela quem deve ir com Józio e a mulher para Varsóvia como babá. Ela conhece bem minha irmã e pedir para que não mencione você, é impossível, você entende. Só Deus sabe que os nossos planos de nos encontrarmos neste verão me lembram aquele romance publicado no *Gartenlaube*: *Träume sind Schäume oder stille Liebe mit Hindernissen* [Os sonhos são como espuma, ou um amor tranquilo e seus obstáculos]. – Planejo ficar aí com você mais de um mês, pois espero que possamos trabalhar bastante e preparar para mim duas intervenções, de tal maneira que chegarei aqui com todo o material pronto para os discursos e não perderei mais tempo. E você não perderá o começo do semestre… Não se preocupe que Zurique não me agrade, pois estaremos todo o tempo juntos; Zurique não me importa. Aliás, a ideia de passeios diários a Zürichberg me agradam até muito. – Responda *imediatamente* (e definitivamente) o que decidiu.

Você me escreveu dizendo que надо будет дать на орехи[26] no Barão. Mas como? Por isso mandei a você o *D[evenir] s[ocial]*, para que você me respondesse logo. Envie-me o *D[evenir] s[ocial]*, pois tenho de devolvê-lo ao pobre do Urb[ach], o exemplar não é dele. (Eu copiarei as duas páginas.) Eles ficaram impressionados com aquele artigo, não é verdade? Nota-se que estão enfurecidos porque escrevi aquele artigo. – Estou lhe enviando agora o último número da *Gazeta Operária* [*Gazeta Robotnicza*]. É o primeiro ataque contra mim desde que estou aqui. Aconselhe-me, por favor, sobre o que devemos fazer com esses animais?! Escrever para eles é *verlorene Mühe* [tempo perdido]. Escrever no *Vorwärts*? Lá não poderei atacá-los como eles merecem; em segundo lugar, envolver-me novamente em uma *Krakeel* [discussão] tão baixa me dá até nojo; em terceiro,

---

26  Do russo: "é preciso dar uma lição". Alusão a Kasimierz Kelles-Krauz que, em *Le Devenir Social*, escreveu sobre "A política internacional do proletariado e a questão do Oriente", mencionando a polêmica entre Rosa Luxemburgo e Wilhelm Liebknecht no fim de 1896. (N. E.)

eles aceitarão? É verdade, se houver alguma necessidade vou até o *Vorstand* [direção]. Tudo isso me agrada tanto quanto beber um litro de vinagre. Escreva rápido o que fazer. – O *Leipziger Volkszeitung* me pediu para escrever uma *Besprechung* [resenha] do livro de Issaïeff sobre o Finanzministerium [Ministério das Finanças][27] e já o enviaram. Talvez seja necessário aceitar (o Schönlank já me lembrou algumas vezes sobre enviar algum artigo). Ele ainda não publicou a resenha sobre o meu [livro]. Encomendei o *Kölnische Zeitung* que envio a você, mas foi *Mumpitz* [bobagem]. Sch[önlank] deve ter se enganado sobre o título do jornal, vou perguntar-lhe. Com a saúde, agora está tudo bem, saio na rua há três dias, a filha da proprietária cuidou muito bem de mim, melhorei rapidamente. Abraço Ciucia carinhosamente e espero sua resposta.

Rózia

Władek [Olszewski] já foi para Munique. Esqueci totalmente de escrever sobre o Nieriker. Mas você, Deus me livre, fez todo esse escândalo sem necessidade. Como é que alguém pode fazer tanto barulho por nada? Quando eu estiver em Zurique, escreverei para ele, está bem?

## LEO JOGICHES

Berlim, 6 de março de 1899

Meu caro, meu querido Dziodzio. Beijo-o mil vezes pela carta carinhosa e pelo presente, que ainda não recebi. Neste ano que cai sobre mim aconteceram tantas dádivas! Imagine você que, dos Schönlank,

---

27  Referência a Issaïeff, *Zur Politik des Russischen Finazministeriums seit Mitte der Achziger Jahre* [Sobre a política do ministério das finanças russo desde meados dos anos oitenta].

ganhei os catorze volumes do Goethe em *Luxuseinband* [encader-nação luxuosa]! Junto com os seus já formam uma biblioteca inteira de uma só vez; a dona da casa precisará me dar uma nova prateleira, além destas duas que já tenho. Você pode imaginar como estou feliz com a sua escolha, Rodbertus é o meu escritor preferido de economia, o qual, para satisfação intelectual, poderia ler umas cem vezes. E o *Handwörterbuch* ultrapassa até os meus desejos mais ousados. Tenho a impressão de que não ganhei um livro, mas uma *propriedade*, alguma coisa como uma casa ou um terreno. Você sabe que, se reunirmos tudo em uma biblioteca muito bonita, teremos que, quando nos instalarmos de forma civilizada, comprar uma estante com vidros para os livros.

Meu tesouro, meu querido, como sua carta me deixou feliz, já a li umas seis vezes do começo ao fim. Então é verdade que você está satisfeito comigo! Você me escreveu que só no meu foro interior eu sei que existe em algum lugar uma pessoa chamada Dziodzio, que me pertence. E você não sente que tudo aquilo que faço, faço somente com o pensamento voltado para você; quando escrevo um artigo, o meu primeiro pensamento é se ele vai lhe agradar, e quando tenho alguns dias, quando duvido das minhas forças e não consigo trabalhar, o único pensamento que me atormenta é qual será o efeito em você, se o estou decepcionando. Quando tenho uma confirmação do meu sucesso, como uma carta de K. K[autsky], considero isso simplesmente como meu *"moralische Steuer"* [tributo moral] a você. Dou-lhe minha palavra, pelo amor da minha mãe, que sou indiferente à própria carta de K. K[autsky], mas me deixa imensamente feliz somente porque, quando a abri, a li com os seus olhos e senti como lhe traz alegria. Espero também impaciente a sua resposta. (Com certeza amanhã a receberei junto com os livros, e será uma dupla alegria.) Falta-me somente uma coisa para a tranquilidade interior: a organização externa da sua vida e do nosso relacionamento. Você sente que em breve minha posição (moral) será tal que poderemos viver juntos com tranquilidade, abertamente como marido e mulher. Você com certeza entende isso. Estou feliz por sua cidadania, enfim, estar próxima e por você ter avançado decididamente no doutorado. Sinto, nas suas últimas cartas, que você está com boa disposição para o trabalho; aliás, as suas cartas durante a campanha do Schippel foram para mim um incentivo para a reflexão, a última me deu diretamente uma parte inteira, que é a maior (pérola) dos artigos (a passagem sobre as graves consequências *der Entlastung* [demissão] para os trabalhadores traduzi direto e literalmente da sua carta.)

Você pensa que não vejo e não reconheço isso, que desde o primeiro звуки боевые [grito de guerra] você está ao meu lado com sua ajuda e me incentiva, esquecendo todas as minhas упущениях [debilidades]? Você não tem ideia da alegria e do desejo com que leio agora cada uma das suas cartas; sei que cada uma delas me traz força e alegria, apoio e coragem.

Mas o que mais me alegrou na sua carta é a parte em que você escreve que nós ainda somos jovens e que ainda conseguiremos organizar a nossa vida pessoal. Oh, Dziodzio, tesouro, se você mantivesse essa promessa... Nossa pequena casa, nossos próprios móveis, nossa biblioteca, trabalho tranquilo e regular, passeios juntos, de vez em quando ópera, um pequeno, *muito* pequeno círculo de amigos, que convidamos algumas vezes para jantar, todo ano viagem para o campo durante um mês, totalmente sem trabalho!... (E talvez ainda um pequeno, pequenino bebê? Nunca nos será permitido? Nunca? Dziodzio, você sabe o que aconteceu ontem, durante o passeio no Tiergarten? Sem nenhum exagero! Uma criança de 3-4 anos com um vestidinho lindo, os cabelos loiros, encostou-se nas minhas pernas e começou a me olhar. De repente, senti uma tentação de pegar essa criança e fugir rapidamente com ela para casa e escondê-la como se fosse minha. Oh, Dziodzio, será que nunca vou ter um bebê?!) Mas jamais vamos brigar em casa, não é verdade? A nossa casa precisa ser quieta e tranquila, como a casa de todo mundo. Você sabe o que me preocupa? Sinto de alguma forma que já estou velha e feia. Você não vai ter uma mulher bonita quando for passear com ela de braço dado pelo *Tiergarten*. – Dos alemães, vamos viver totalmente à distância. – Eu, apesar do convite de K. K[autsky] para *Anschluss* [aderir], vou agir agora e sempre para que sintam que não me interesso por eles.

Dziodzio, se você 1) conseguir a cidadania, 2) concluir o doutorado, 3) morar abertamente comigo em nossa própria casa e nós dois trabalharmos, vai ser o ideal!! Nenhum casal no mundo tem tantas condições para ser feliz como nós. E se houver um pouco de boa vontade de nosso lado, nós vamos, precisamos ser felizes. Não fomos sempre felizes toda vez que ficamos um pouco mais juntos... e quando tinha trabalho? Você se lembra de Weggis? Melide? Bougy? Blonay? Lembra-se que então esquecíamos o mundo inteiro quando estávamos sozinhos e vivendo em harmonia? Ao contrário, eu sentia então um temor frente ao menor contato com outra pessoa. Lembra-se da última vez em Weggis, quando escrevi *Von Stufe zu Stufe* (sempre me lembro disso com orgulho, que pequena obra-prima!); estava doente, deitada na cama escrevendo e ficava nervosa, e você tão tranquilo, tão bom, carinhoso, me tranquilizava, me beijava e falava com sua voz calma que escuto até agora: "Fique tranquila, Ciućka, *vai dar tudo certo*". Nunca me esqueço disso. Ou lembra-se como em Melide, depois do almoço, você sentado no balcão, bebendo aquele café forte, como um besouro suado naquele sol terrível, e eu descia para o jardim com o meu caderno de *Verwaltungslehre* [teoria da administração]? Lembra-se ainda daquela vez em que os músicos vieram domingo ao jardim e não nos deixaram ficar sentados, e fomos a pé até Maroggia e voltamos a pé, e então sobre o San Salvatore nascia a lua e nós falávamos justamente sobre se eu deveria ir para a Alemanha, paramos abraçados no escuro, na estrada, e olhávamos para a face da lua sobre a montanha? Lembra-se?! Quase sinto ainda o cheiro daquela noite. Ou lembra-se de como você chegava de Lugano às 8h20 da noite com as compras, eu voava até embaixo com o lampião e carregávamos até em cima os pacotes, e depois eu punha na mesa laranjas, queijos, salame, tortinhas; oh, você sabe que talvez nunca tenhamos feito jantares tão deliciosos como então, naquela mesa pequena, naquele quarto vazio, com a sacada aberta, e com o cheiro que vinha do jardim; você fritava artisticamente os ovos na frigideira, e de longe no escuro passava pela ponte com um forte ruído o trem para Milão...

Oh, Dziodzio, Dziodzio! Venha logo, vamos nos esconder de todo o mundo em dois quartinhos, vamos trabalhar, cozinhar nós mesmos, e será tão bom, tão bom!…(E você se lembra: "Não há nada, só cães de trenó, e muito pequenos".)[28]

Dziodzio, querido, bebê, me jogo ao seu pescoço e o beijo mil vezes, gostaria, como algumas vezes tenho vontade, que você me carregasse nos braços. Mas você sempre tem a desculpa de que sou muito pesada.

Hoje não quero falar mais nada sobre negócios. Escrevo amanhã logo depois da visita a K. K[autsky]. Vou sem o artigo, pois estou esperando sua carta.

Eu abraço e beijo você na boquinha e no meu queridíssimo nariz e quero, sem falta, que você me carregue nos braços.

Sua Ciucia

## LEO JOGICHES

[Berlim-Friedenau, 24 de outubro de 1899]
Terça feira

Dziodziuś, amado!

Recebi hoje pela manhã a sua cartinha verde de Mun[ique]. Alegra-me saber que você vai ficar dois dias na casa do Adolf e da Jadzia, sinto somente por não ter sabido disso antes, porque eu lhe escreveria ainda para Munique. Agora, em todo caso, já é tarde demais. Você não me escreveu se precisou fazer baldeação em Leipzig, quero saber!

Hoje, enfim, aluguei o apartamento na Wielandstr. 23, o segundo portão depois da esquina. Um salão com móveis de veludo e uma grande varanda, no segundo andar, com uma entrada elegante, custa, com a "pensão", 80 marcos. É muito barato. Askew paga na

---

28  Alusão a um total isolamento.

Feurigstr., por um pequeno cubículo com pensão, 90 marcos. Vou ter café da manhã e almoço, e um jantar às oito horas. Com certeza, às quatro horas vou precisar acrescentar alguma coisa, mas pelo menos me alimentarei regularmente. Além disso, aceitei provisoriamente por um mês, e caso não me agrade, posso ficar só com o quarto e com o almoço. Aquecimento e luz, naturalmente, precisarei pagar separado. Em todo caso, não tinha outra escolha, e já era tarde.

Estou com uma tosse terrível, tenho dores por toda parte. Fui convidada hoje para dar uma conferência em Stralau-Rummelsburg, naturalmente vou ainda hoje redigir a recusa, e também para Magdeburgo.

O Antrick, como me escreveu sua mulher, está internado no hospital. Não há o que esperar, envio hoje minha *Erklärung* [Declaração] ao *L*[*eipziger*] *V*[*olkszeitung*], estou totalmente certa e tranquila, pois não me engano no meu voto.

Ontem já organizei parte dos jornais – aqueles que estavam na mesa e nas prateleiras. Hoje me ocuparei seriamente das "Glossen" [Notas], embora tenha tanta vontade quanto a de um aleijado para dançar.

À noite irei por uma hora à casa de K. K[autsky].

Gostaria de receber uma carta sua mais longa. Escreva sobre tudo o que pensou no caminho.

Ontem escrevi sobre nós para casa e para papai (posta restante). Escrevi que talvez nos casemos na primavera. Ainda não conversamos sobre esse aspecto da questão, mas não poderemos evitá-lo: teremos de fazer um tipo de casamento e convidar o seu irmão e o meu pai. Não posso recusar isso ao meu pai, é a única alegria que ainda espera da vida. Mas para isso é preciso bastante dinheiro!! De onde vamos tirá-lo?

No dia 1º ficarei sem um tostão, pois no apartamento novo preciso pagar antecipadamente pela moradia e parte da pensão. Pediram todos os 80 marcos, mas consegui negociar uma parte. – Com a escrita não ando bem: o quarto está vazio e não consigo, depois da sua visita, voltar ao ritmo normal. Escreva. – Beijos afetuosos!

Sua R.

## LEO JOGICHES

[Berlim-Friedenau, cerca de 13 de janeiro de 1900]

Querido Dziodzio!

Você é mesmo engraçado! Primeiro você me escreve uma carta com o tom mais agressivo, mas quando envio a resposta breve e mal humorada, *da heisst es* [você me diz] твое открытое письмо в тоне не располагающем меня писать более подробно...[29]

Em geral, você não percebe que toda a sua correspondência adquire sistematicamente um ar desagradável: contém unicamente uma *pregação* tediosa, pedante, como acontece com "as cartas do professor ao querido aluno". Eu entendo que você queira me fazer suas observações críticas, entendo a utilidade em geral e até a necessidade delas em certos casos. Mas, pelo amor de Deus, em você isso se transformou em *doença*, em vício! Não posso lhe escrever sobre nenhuma coisa, nenhum pensamento, nenhum fato que não receba como resposta os mais tediosos e aborrecidos discursos. É indiferente que se trate dos meus artigos, minhas visitas, minha estadia nos Winter, dos jornais que assino, dos meus vestidos, do meu relacionamento com a minha família, enfim, não existe de fato nenhuma coisa importante para mim que eu lhe escreva que você não me responda com ensinamentos e orientações. É verdadeiramente chato! Em especial porque é unilateral, pois você não me fornece nenhuma matéria para que eu lhe ensine e o critique, nem tenho a vontade e o mau gosto de fazê-lo, nem você escutará – se é que lhe dou alguma orientação. Por exemplo, qual é o sentido do seu sermão na carta de ontem: "насчет твоих задач в немецком движении и в литературной деятельности, а

---

29 Do russo: "o tom da sua carta não me inspira a vontade de lhe escrever mais detalhadamente". (N. E.)

также касательно занятий дома для себя,[30] '*um nicht auf den Hund zu kommen sowohl geistig wie politisch*'[31]...??

Teria sido muito mais interessante se você, pelo menos uma vez, finalmente escrevesse o que pensou насчет задач [sobre as tarefas] para você mesmo e o que costuma ler para não se desmoralizar. Temo que, avaliando pelo tom e pelo conteúdo das suas cartas, você aí em Zurique corra um risco muito maior de "desmoralizar-se" do que eu aqui em Berlim. Que ideia repugnante querer me salvar da desmoralização a cada duas ou três semanas!

Tudo isso é consequência do seu velho costume que me incomodou desde o início em Zurique e prejudicou muito a nossa convivência, a saber: sua mania de mentor, que fazia você se sentir autorizado a corrigir-me sempre e em tudo e a fazer o papel do meu mestre. Seus atuais conselhos e críticas à minha "militância" aqui estão de novo ultrapassando os limites de um amigo íntimo para se tornar uma pregação sistemática. Deus é testemunha de que, diante disso, eu posso apenas sacudir os ombros e limitar-me em minhas cartas a mencionar o que é realmente necessário, a fim de não provocar os seus chatos ensinamentos em resposta. E, além do mais, que valor podem ter, aos meus olhos, as suas pregações morais, se elas em geral dependem do seu humor? Eis um pequeno exemplo: na semana passada queixei-me em uma carta que, sem querer ou até *contra* a vontade, envolvi-me em uma amizade pessoal com os K[autsky], ao que você respondeu que estava *muito satisfeito* com essa amizade. *Meinetwegen* [está bem]. Em sua última carta, por causa da noite na casa dos K[autsky] que eu descrevi, é claro, *não* para a sua "avaliação crítica", você escreve longa e detalhadamente sobre como é nociva e inútil a amizade com os K[autsky] etc. Como uma coisa está de acordo com a outra? Simplesmente na primeira vez você estava bem humorado e na segunda, mal humorado, então pintou tudo de preto e já queria me salvar da "desmoralização"

---

30  Do russo: "sobre as suas tarefas no movimento alemão e na atividade literária, e também sobre suas ocupações na sua própria casa". (N. E.)

31  Do alemão: "para não se desmoralizar espiritual e politicamente". (N. E.)

etc. E ainda uma observação: me impressionam apenas conselhos e princípios que o conselheiro aplica a *si mesmo*. Assim, escrevendo-me as suas observações, faça sempre a gentileza de acrescentar informações sobre como *você* se comporta a respeito (p.ex., do progresso no doutorado, do trabalho intelectual sistemático, da assinatura e leitura dos jornais "da pátria" etc. etc.).

Gostou da bronca que eu lhe dei? Tantas vezes vai o cântaro à fonte que um dia se quebra a asa, de tostão em tostão se faz um milhão, não meta o nariz onde não é chamado, em casa de ferreiro, espeto de pau – eu poderia ainda citar muitos outros provérbios *autenticamente poloneses*,[32] mas temo que você não iria entender justamente esse polonês autêntico. Acrescentarei só mais um, composto pelo senhor Jowialski:[33] quanto mais velho o gato, mais duro o rabo... Todas as conclusões resultantes deixarei por conta da sua própria inteligência porque, como se diz na Polônia, para bom entendedor, meia palavra basta...

Agora algumas questões para sua condescendente avaliação:

1. Jantaram ontem na minha casa Sch[önlan]k e três K[autsky]; Sch[önlan]k saiu às dez da noite (ia viajar de trem), os K[autsky] ficaram até quinze para a uma.

2. Enviei a você a avaliação da senhorita Zastrabska justamente naquela primeira carta de Bytom: eu a tinha recebido logo antes da viagem, levei comigo e anexei já no dia 27 à carta que infelizmente se perdeu. A avaliação foi bastante *favorável* a ela. É uma jovem muito promissora que já se apresentou algumas vezes em concertos no Conservatório de Leipzig.

---

32 Rosa Luxemburgo reproduz nesta passagem uma série de provérbios poloneses, nem sempre de fácil tradução. Procuramos aqui – sempre que possível – o correspondente brasileiro. (N. T.)
33 Referência à comédia de Aleksander Fredro: "Pan Jowialski". (N. T.)

3. Envio-lhe a *Gazeta Operária* com o relato do meu discurso, recebi-a somente hoje. Naturalmente eu não me responsabilizo pelo relato. Essas tolices são obra do homem de confiança, Marek. Enviar para a *Gaz[eta]* os comentários sobre isso seria ridículo, porque lá não há afirmações falsas, somente conversa ingênua, como sempre nos relatórios da *Gazeta Operária*, o que, aliás, os leitores sabem por experiência própria.

4. Pretendo trabalhar com K. K[autsky] no lugar de Cunow,[34] de quem ele quer se livrar. É pouco trabalho e um salário fixo. Os artigos são pagos *separadamente*. Eu faria isso, é claro, somente pelo dinheiro, isto é, pelo meu pai. Ainda não mencionei nada para o K. K[autsky], somente ontem essa ideia me veio à cabeça. Você tem algo contra isso? Responda imediatamente.

Abraços carinhosos!

Sua Rózia


## LEO JOGICHES

[Berlim-Friedenau,] 24 de abril de 1900

Meu querido Dziodzio! Sua carta chegou bem na hora em que eu não parava de me preocupar quando acabaria essa confusão entre nós.

Vou explicar-lhe em poucas palavras meu estado de espírito e meu comportamento nesses últimos tempos: concluí, após todo o último período e especialmente após a estadia em Zurique que... você parou de me amar, quem sabe você esteja interessado em outra pessoa, enfim,

---

34 Heinrich Cunow era, nessa época, redator da *Neue Zeit*.

senti que eu não era mais aquela que podia fazê-lo feliz – se é que é possível fazê-lo feliz.

Essa ideia me veio uma noite na casa da Zetkin quando fiquei deitada no sofá sem conseguir pregar olho de tantos pensamentos que me vinham à cabeça. De repente tudo se tornou muito claro: sua relutância em vir para Berlim, seu recente comportamento nos últimos tempos apresentaram-se de forma tão clara à luz *deste* fato que – queira Deus – senti até um certo alívio no peito, como alguém que, após infinitos mistérios, complicações, confusões e enigmas, enfim encontrasse uma resposta simples e clara, por mais dolorosa que fosse, para *todas* as perguntas.

De imediato resolvi agir de maneira a facilitar-lhe o nosso rompimento. Antes de tudo, interromper a correspondência para não reatar os laços e não influenciar o seu estado de espírito com as minhas cartas. Disse para mim mesma: agora a questão se resolverá. Se ele me amar e quiser viver comigo, ele virá. Se não, aproveitará o silêncio e a nossa relação lentamente vai se "dissolver".

Comecei então a viver aqui na mais completa solidão, pensando que estava e sempre estarei sozinha. Senti um pouco de frieza, mas também orgulho. Quantas vezes, observando a convivência dos outros casais, percebendo como é belo viver na primavera, lembrando que não existe ninguém com quem você pudesse viver da *mesma* maneira que viveu comigo, eu começava sem querer a alimentar planos e esperanças. Mas sempre um simples pensamento – "ele já vive outra vida", ou: "eu não sou capaz de oferecer nada *para ele*" – era suficiente para abandonar os sonhos e voltar obstinadamente ao trabalho.

Entendi pela sua carta que tinha me enganado (eu também não tenho condições de me expressar sobre alguns assuntos) e que a nossa relação tem ainda algumas bases e esperança para o futuro. Mas você mesmo tem certeza disso? Você sabe o que está acontecendo dentro de você? Isso não seria inércia? Dziodzio!...

Se tudo estiver bem, então não fale mais nada sobre o que era e como era; só escreva quando e como vamos viver juntos; isso é urgente sob vários aspectos.

Agora voltarei rapidamente às outras questões. Dziodzio, querido, se eu о выталкивала [excluía] das minhas atividades, era *exclusivamente* porque no fundo me culpava por sua situação atual. Achei que o envolvi demais no trabalho polonês e que, se eu não interrompesse isso, você seria capaz de se perder para sempre por meu simples egoísmo. Lembre-se também de quantas vezes você me disse que, para a normalidade das nossas relações pessoais, você precisa saber se eu consigo viver sem você?! Então fiz o que pude para me virar sozinha, para libertá-lo de mim. E você entendeu tudo isso como выталкивание [exclusão]?!... Se você soubesse como às vezes é doloroso para mim não ter ninguém para me aconselhar, para me apoiar, para compartilhar minhas dúvidas. Mas sufoquei tudo isso com o pensamento de que não é preciso envolvê-lo, pois dessa forma você morreria. Se você quisesse, nós poderíamos viver e trabalhar juntos de maneira maravilhosa! Aqui tem muito trabalho, e eu sozinha não consigo fazer nem um décimo.

Agora, além da [causa] alemã, tenho também a polonesa. Sobre o Congresso, posso apenas contar para você, descrever é impossível.[35] Foram dois dias inteiros de luta de todo o Congresso contra mim. Eu dominei o Congresso inteiro e finalmente eles próprios caíram nas minhas mãos. O relato do segundo dia para o *Vorwärts* fui *eu* quem fiz (a pedido da redação), portanto, não podia fazer uma autopromoção e, enfim, não queria provocar os derrotados. O resultado: uma vitória completa, convenci até os mais agressivos adversários. No setor intelectual do PPS isso provocou смятение [pânico]. Já estão tentando distorcer os fatos, o que é confirmado pelo artigo na *Gazeta Operária* que estou lhe enviando (me devolva imediatamente); no próximo número virá a minha resposta.

A *Neue Zeit* publicará minha resenha daquele livro do Schüller.[36] Recebi duas homenagens: 1) K. K[autsky] me deu de presente a tradu-

---

35  V Congresso do Partido Socialista Polonês, na região anexada pela Prússia.

36  Alusão a Richard Schüller, *Die Wirtschaftspolitik der historischen Schule* [ A política econômica da escola histórica], Berlin, 1899. A resenha de Rosa Luxemburgo foi publicada na *Neue Zeit*

ção francesa do livro dele contra Bernstein com a dedicatória: *"Meiner lieben Freundin* R...L... – K...K..." ["Para a minha querida amiga R...L... – K...K..."] 2) Ele me propôs que eu seja a editora, se eu estiver de acordo, do "volume IV" de *O capital* e de alguns manuscritos do *Nachlass Marx* [Legado de Marx]; é óbvio que concordei. Nesses dias ele vai a Paris pegar o *Nachlass* com Lafargue.

Escrevi pouco no *L[eipziger] V[olkszeitung]* porque a viagem para Poznań,[37] depois a doença (fiquei de cama uma semana), em seguida o Congresso consumiram o meu tempo. Agora enviei três artigos, e estou terminando o quarto, e o meu orçamento ficará bem (junto com a *Neue Zeit*).

Aliás, aquela vez em Poznań foi ótima: acabei com uma reunião católica e discursei em três reuniões: dos sapateiros, dos alfaiates e do partido. Apresentei aquele manifesto que você leu outro dia no *Vorwärts*. Foi um sucesso geral, o movimento lá se desenvolve maravilhosamente bem, Kasprzak é o mais atuante.

Como Mehring não escrevia no *L[eipziger] V[olkszeitung]*, o sinal dele passou para outra pessoa.[38]

Vejo frequentemente Trus[iewicz], com ele já está tudo em ordem: rompeu com o Mill e acredita somente em mim, e eu, não pertencendo a nada, conduzo a causa inteira. Com Julek e Adolf mantenho também uma constante e frequente correspondência, Juleczek não dá um passo sem mim. Esteve de passagem por aqui na sua viagem a Toruń (para uma reunião familiar).

Com Lopek [Bein], eu me encontro aos domingos e costumamos passear como dois aposentados. Ele é a minha única companhia.

A casa de K. K[autsky] visito raramente e por pouco tempo, é ele que vem aqui mais frequentemente. Eles me aborrecem muito. Toda a humanidade, em geral, provoca em mim náusea, e você, seu malandro malvado, dores no meu coração.

---

(18ª ano, 1899/1900, v.2) em maio de 1900 com o título *Zurück auf Adam Smith* [De volta a Adam Smith]. (Ver *Gesammelte Werke*, v.1/1, Berlim, 1979, p.728-737.)

37  De 24 a 27 de março de 1900 Rosa Luxemburgo falou em várias reuniões em Poznań.

38  Franz Mehring assinava os artigos sobretudo com o símbolo do sagitário.

Quando você deixará de vagabundear pela Suíça?!

Beijinhos na boquinha!

Sua R.

Tenho notícias muito dolorosas da minha família, mas é melhor não falarmos nisso.[39]


## LEO JOGICHES

[Berlim-Friedenau, 30 de abril de 1900]
Segunda-feira

Meu querido Dziodzio!

Ontem pela manhã, recebi sua carta expressa, nesta manhã, sua carta particular, e ao meio-dia, a segunda. Dziodzio, eu queria já no sábado ter lhe escrito uma segunda carta, sem ter esperado por sua resposta, mas você não vai acreditar no trabalho que tenho agora, seja pelo fato de aquele Comitê de Imprensa[40] estar se constituindo, seja porque eu ia ao Janiszewski por causa do meu artigo etc. E na confusão entre um negócio e outro, não era capaz de lhe escrever sem ter sua resposta. A partir de agora, vou escrever quando quiser e o tempo permitir.

Antes de tudo, brevemente sobre as questões polonesas. Meu tesouro, estando longe e não vendo a direção que as coisas assumiram, você me aconselha uma tática não muito adequada. Escrever *à la* Marysia

---

39 Rosa Luxemburgo refere-se à doença do pai, que viria a falecer em 30 de setembro de 1900.
40 Referência ao Comitê de Imprensa do PPS para a *Gazeta Operária* na região da Polônia anexada pela Prússia, para a qual ela foi eleita com Stanislaw Rybicki e Adam Wojciechowski.

ou entrar numa acirrada polêmica sobre a ind[ependência] da P[olônia] significaria cair na armadilha preparada para mim pelo *Przedświt*.[41] Eles querem promover a discórdia entre mim e os operários daqui e não posso permitir isso. Quando recebi sua carta, eu já tinha dado, fazia tempo, minha resposta nas mãos de Morawski. Nas respostas da redação no último número, você poderia ter lido a respeito! Eles realmente não tiveram tempo de incluir dentro do corpo do número. Se você ficará satisfeito com minha resposta, não sei. Eu acho que esse tom foi o mais apropriado para a situação daqui. Graças ao Comitê de Imprensa poderei de fato conduzir a *Gazeta* [*Operária*] e me desfazer do *Przedświt*. No próximo domingo teremos uma segunda reunião – com Morawski – e aí vai se decidir a questão. Você se irrita enquanto o importante é *nicht provozieren zu lassen* [não se deixar provocar] e ter uma tática tranquila, como a que iniciei no Congresso, e me fortalecer a tal ponto que nenhum *Przedświt* possa me prejudicar.

Mas não quero mais escrever sobre essas questões. Só vou acrescentar que essa tática de pressionar, por meio das declarações de Poznań, Alta Silésia e por meio dos alemães, é simplesmente contrária à necessária. É preciso que os daqui descubram em mim uma defesa contra os alemães e não o contrário; e, no que diz respeito a Poznań e à Alta Silésia, já escrevi a você mais de uma vez, meu tesouro, que esse caminho não leva a lugar nenhum; as pessoas são uns animais: ou não fazem nada ou fazem de maneira que só dá dor de cabeça (como aqueles de Poznań que fizeram a proposta idiota de dissolver o PPS). Posso contar somente com aquilo que eu mesma faço.

Agora, os assuntos pessoais. Naturalmente, você tem razão quando diz que já há muito tempo vivemos vidas espirituais separadas, mas não foi em Berlim que isso começou. Já em Zurique, havia anos, éramos estranhos espiritualmente; de modo particular, os dois últimos anos da minha estadia em Z[urique] me deixaram

---

41 Órgão do PPS, de tendência social-nacionalista, que defendia a independência da Polônia, ao passo que Rosa Luxemburgo e seu grupo consideravam que o interesse nacional dos trabalhadores poloneses só podia ser efetivamente realizado por um programa socialista.

uma lembrança de uma solidão terrível. Contudo, não era eu quem se fechava e se distanciava, muito pelo contrário. Você me questiona se eu nunca me fiz as perguntas "como *você* vive?", "como se sente interiormente?". Posso somente responder a isso com um sorriso amargo. Oh, sim, eu perguntava milhares de vezes, não só a mim, mas também a *você*, em voz alta e insistindo, mas encontrava sempre como resposta que não iria entendê-lo, que você não contava comigo, que eu não conseguiria lhe dar nada etc. Até que parei de perguntar e não deixei mais transparecer que enxergo alguma coisa ou que algo me interessa. Você escreve como eu podia pensar que você estivesse interessado em outra, quando nenhuma outra mulher poderia satisfazê-lo nem entendê-lo. Era assim que eu, antigamente, respondia a mim mesma.

Mas será que você esqueceu que nos últimos tempos você me repetiu umas cem vezes que *eu* também não o entendo, e que *comigo* você também se sente completamente solitário? Então, qual é a diferença? Somente quando percebi *isso* comecei a acreditar que para você eu não existo mais. E que eu, em 1893, reagia diferentemente a esses mesmos pensamentos? Será que não mudei daquele tempo para cá? Eu era uma criança, hoje sou uma pessoa adulta e madura que sabe muito bem se controlar e está preparada, apesar de por dentro ranger os dentes de dor, para não deixar transparecer nada. É você que não quer acreditar de maneira nenhuma que amadureci e que não sou a mesma que era há oito anos.

E ainda uma coisa. Você sempre pergunta "como é que eu podia, de maneira tão tranquila, renunciar, em pensamento, à nossa relação". Se era "de maneira tranquila", aqui eu não digo nada. Mas, em geral, como consegui fazer isso? Vou lhe contar todo o segredo: durante a minha última estadia em Z[urique], percebi com muita clareza que você perdeu completamente de vista a minha vida espiritual, que eu era para você simplesmente a fulana de tal que, no máximo, se diferenciava das outras porque escreve artigos. Eu, em relação a você, especialmente daqui, percebendo a cada passo *com quais* mulheres vivem os outros homens, como eles as veneram e, só Deus sabe, como as consideram, eu me lembrava a cada instante como você me tratava, e tornou-se óbvio para mim que você perdeu qualquer noção e recordação do meu ser espiritual. E essa certeza foi para mim a prova mais viva e a mais dolorosa de que os seus sentimentos por mim esfriaram.

Você pergunta se *eu quero* ter novamente uma vida espiritual em comum. A resposta é óbvia, mas lembre-se de que colocá-la em prática depende de *você*. Do jeito que vivemos nos últimos anos é impossível construir uma vida espiritual *em comum*. O entendimento entre nós somente será possível quando você abandonar sua descrença de que sou incapaz de entendê-lo, que não me interesso por sua vida interior etc.

Eu teria ainda tanto, tanto a dizer-lhe, mas Deus é testemunha que não tenho mais forças para escrever sobre tudo isso. Quando você estiver aqui, quando finalmente começarmos a conviver, falaremos de tudo. Ou, quem sabe, não seja mais preciso falar.

Nos próximos dias vou escrever a Forrer, essa coisa se prolonga de maneira insuportável.[42] Sabe, pensando em como vamos nos arranjar, volto, de novo, ao velho projeto: não seria bom morar no sul por um semestre? Porque aqui é impossível vivermos abertamente juntos; e, sem isso, vai se criar uma caricatura que temo mais que a solidão. Pois nós precisamos de paz em nossa vida, e como consegui-la vivendo escondidos? Pense nisso. Como vai Anna [Gordon]? Eu não escrevi a ela, você sabe por quê. Centenas de beijos.

Sua R.

---

42 Referência ao processo de divórcio iniciado por Rosa Luxemburgo para se separar de Gustav Lübeck, acompanhado pelos advogados Arthur Stadthagen, em Berlim, e Ludwig Forrer, em Zurique. Em 1898 ela havia contraído um casamento de fachada com Gustav Lübeck, a fim de obter a cidadania alemã e poder militar no SPD. Ela só obteria o divórcio em 1903.

## LEO JOGICHES

[Berlim-Friedenau,] 17 de julho de 1900

Meu caríssimo, único Dziodzio!

Em primeiro lugar, muitos parabéns. Tinha a esperança de que pudéssemos festejar o dia de amanhã[43] juntos aqui, entretanto precisamos nos limitar a uma carta. E você também estará aí sozinho, trabalhando na palestra, e nem sentirá o dia passar. Eu cheguei à conclusão de que se deve, como todo mundo, celebrar solenemente toda festa, pois esses são momentos felizes em que, em meio a um trabalho monótono, sentimos verdadeiramente que vivemos. Nós dois, sozinhos, ainda não tivemos "tempo" nem cabeça para comemorarmos juntos nossas festas (seu boboca, agora você ri ironicamente e acrescenta que isso só se refere ao seu aniversário, mas não é verdade, pois nós juntos nunca festejamos nada como deve ser). Você vai ver: é seu último aniversário no "estilo antigo". A partir de agora vamos viver segundo um "novo estilo", ou seja, como todos.

Ou melhor, nós iremos viver *melhor* que "todos". Pois sinto que nós temos na alma uma diversidade muito maior que as outras pessoas. Eu sonho, por exemplo, entre outras coisas, que nos momentos livres estudamos arte juntos, o que tem me absorvido de maneira intensa recentemente. Seria um prazer, não? Nós dois, depois de um trabalho sério, poderíamos ler História da Arte, visitar as galerias e as óperas!

Tesouro, você não pode imaginar como a sua última [carta] expressa me alegrou. Já a li uma porção de vezes. Acho que podemos agora, sem medo, olhar o futuro de nossa vida em comum, pois já temos todas as condições de sermos felizes.

Infelizmente, hoje só posso escrever brevemente, você sabe por quê? Estou copiando rapidamente a sua palestra que recebi ontem. Além da cópia, não vejo nenhum trabalho para mim, pois tanto a lin-

---

43  Leo Jogiches nasceu em 18 de julho de 1867.

guagem quanto o conteúdo estão perfeitos. Na verdade, também não vejo o motivo pelo qual devo copiar, pois o manuscrito para a palestra está, além de tudo, limpo; mas, como você deseja, eu copio. Eu gostaria de enviá-lo ainda hoje, sem falta, portanto me apresso. Por isso, Dziodziozinho, tesouro, finalizo e o beijo na boquinha. Escreva-me!

Sua Rosa

Esqueci uma coisa importante: Clara [Zetkin] me escreveu dizendo que, no fim deste mês, vai sair por algum tempo de Stuttgart, portanto, se você não enviar *imediatamente* os papéis do Gustav [Lübeck], a autorização de residência não sairá e a coisa vai demorar ainda alguns meses.[44] Oh, Deus!, esse problema não terá mais fim?!!!


## LEO JOGICHES

[Berlim-Friedenau,] 11 de fevereiro de 1902

Querido Dziodzio! Hoje recebi o n.20, do dia 7, com as ilustrações e a *P[etite] Rép[ublique]* (como todos os anteriores, respectivamente).

Li, com tristeza, que vocês dois alimentam uma fantástica esperança nesse aparelho do Veigert,[45] enquanto já está a caminho uma carta minha destruindo todas essas ilusões. Estou com vontade de telegrafar-lhes, em breve, para que não fiquem iludidos e impacientes em vão. Acho, entretanto, que as notícias de Senator [médico] que ontem enviei a vocês são otimistas, e fico impaciente sabendo que têm de esperar ainda quatro dias para recebê-las.

---

44  Ver nota 42.
45  Referência ao aparelho de Veigert, inventado para o tratamento da tuberculose. Em dezembro de 1901, Leo Jogiches partiu com o irmão Osip, que estava tuberculoso, para a Argélia, numa inútil tentativa de cura. Osip morreu em março de 1902.

Eu não lhe havia contado onde e quando as palestras iriam ocorrer? Então, *diariamente*, a partir do dia 4: em Crimmitschau, Glauchau, Reichenbach, Meerane e Werdau. Das oito cidades propostas por Jäckel, ele conseguiu cinco, mas já em Crim[mitschau], e depois em Glauchau, encontrei forte exigência para oito novas cidades, particularmente em Chemnitz, onde pedem quatro comícios. O redator do *Volksstimme*, jornal de lá, enviou-me uma carta particularmente gentil, mas, como é natural, recusei temporariamente. Se eu me lembro bem, por causa daquela "Nüllen-Geschichte", me atacaram terrivelmente, tanto no *Volksstimme*, de Chemnitz, como no *Sächsisches Volksblatt* (Zwickau). E agora os redatores de ambos os jornais me cortejam. Albert e Pokorny, do *Sächsisches Volksblatt*, de Zwickau, com suas esposas, vieram especialmente a Werdau para o meu comício. Os dois falaram bastante sobre a discussão, elogiando muito minha *trefflichen Ausführungen* [correta argumentação] etc. (Naturalmente, também fui convidada para Zwickau.) Recebi o reembolso da passagem de trem e 10 marcos por dia para as despesas (após demoradas negociações, porque queriam me pagar 15 marcos). Como consegui economizar 5 marcos por dia, tenho, portanto, exatamente 25 marcos "ganhos" para seis camisas, as quais comprarei imediatamente no Israel[46] porque preciso muito delas.

Como sempre, durante a viagem, tive alguns episódios cômicos. Após o comício em Reichenbach (eu era obrigada a ficar em *cada* uma das cidades com os camaradas depois do comício, em um círculo menor, até as 2 horas da madrugada! E, enfim, não estou nem um pouco arrependida) – então, em Reichenbach, um dos líderes de lá, depois de ficar me observando por muito tempo, finalmente disse: "*Na, Sie werden doch höchstens 27 Jahre alt sein. Und ich dachte, Sie seien so 42*". "*Warum denn?*", pergunto surpresa. "*Na, nach dem Bild im Süddeutschen Postillon.*"[47] Imagine só a minha risada. Eles, na sua

---

46 Famosa casa de comércio de têxteis em Berlim.
47 Do alemão: "Mas você tem, no máximo, 27 anos, e eu pensava que tivesse pelo menos 42". "Por quê?", pergunto surpresa. "Com base naquela imagem do *Süddeutschen Postillon*". (N. T.)

ingenuidade, tomaram a minha caricatura por um verdadeiro retrato, e cada um guardou religiosamente um exemplar.

Depois, em Meerane, após o comício, fui interpelada sobre a questão feminina e sobre o matrimônio. Um magnífico jovem tecelão, Hoffman, que se ocupa dessa questão com toda a dedicação, leu Bebel, Lili Braun e a "Gleichheit", e trava acirradas polêmicas com os camaradas mais velhos do lugar, que afirmam que *die Frau gehört zum Haus* [a mulher deve permanecer em casa] e que devíamos exigir a proibição do trabalho feminino nas fábricas. Quando dei razão a Hoffman, foi um triunfo! *"Na seht Ihr"*, exclamou, *"die Autorität hat sich für mich ausgesprochen!"*[48] E respondendo à afirmação de um dos mais velhos, que é vergonhoso uma mulher grávida ter de permanecer numa fábrica na companhia de homens jovens, ele gritou: *"Das sind verkehrte moralische Begriffe! Was meinst Du, wenn unsere Luxemburg heute bei ihrem Referat noch schwanger wäre, dann würde sie mir noch besser gefallen!"*[49] Fiquei com uma vontade enorme de rir, mas eles estavam tão sérios que tive de morder os lábios.

De qualquer maneira, preciso na próxima vez tentar ir a Reichenbach *im schwangeren Zustand* [grávida], entende? Esse jovem ainda me parou, por um instante, na despedida (às duas da madrugada), para que eu desse uma resposta a uma importante questão: se ele devia casar-se, mesmo que *die heutige Ehe ist eine verkehrte Einrichtung*.[50] Por sorte, respondi que ele devia se casar, o que o deixou bastante contente, porque, como ficou claro depois, primeiro através de sussurros e risadas dos outros, e depois por sua própria confissão, ele estava prestes a se casar e já era *höchste Zeit* [a hora apropriada], pois sua noiva encontrava-se justamente naquele estado especial de que ele tanto gostava.

Em Crimmitschau, logo me perguntaram por que o meu nome ainda consta na lista dos colaboradores do [*Sozialistische*] *Monatshefte*, e precisei explicar.

---

48  Do alemão: "Vejam só", exclamou, "a autoridade está do meu lado!". (N. T.)
49  Do alemão: "Esta é uma falsa moral! O que pensam, se a nossa Luxemburgo desse a palestra grávida, eu gostaria ainda mais dela!". (N. T.)
50  Do alemão: "o casamento seja hoje uma falsa instituição". (N. T.)

Todas as reuniões foram seguidas de numerosas filiações ao *Gewerkschaft* [sindicato] e assinaturas dos jornais do partido. Em geral, essa viagem me animou espiritualmente, embora tenha me cansado fisicamente. Em Glauchau, visitei detalhadamente a *Webschule* [escola de tecelagem] de lá e o seu diretor me acompanhou de forma muito gentil, e aprendi muitas coisas interessantes. Preciso terminar, pois tenho ainda que escrever a Clara e a Mehring! Abraços.

Sua R.

## CLARA ZETKIN

[Friedenau,] 16 de março de 1902

Caríssima Clara!

Muito obrigada por suas amáveis cartas, especialmente pela registrada ontem. Ela me disse pouca coisa de novo, pois eu me atenho firmemente à sua advertência de alguns meses atrás e também à minha impressão pessoal. Talvez seja ridículo, mas tenho uma confiança inabalável, canina, em meu "faro" moral, e minha primeira impressão dessa pessoa foi: pulha. Isso torna ainda maior minha alegria por poder enviar sua carta ao nosso Franziskus [Mehring], pois foi a ele especialmente que o sujeito visou com suas lisonjas e seu servilismo cerimonioso. Não pude deixar de rir ao constatar o quanto o retrato de J[aeckh] descrito pela senhora combina perfeitamente com a carta bajulatória que ele endereçou a Fra[nziskus], e que este me enviou como prova de que não vai ser fácil lidar com J[aeckh]. O homem sedento de conhecimento, desejoso de instrução, arrependido, "ingênuo" que ele tenta aparentar nessa carta! Espero que as suas glosas sejam um banho de água fria para Fr[anziskus], apesar de que eu, de qualquer modo, já o tenha advertido durante todo esse tempo e ele mesmo, na verdade, ache suspeito tanto servilismo.

Mas de que serve "ser prudente"? Ele está firmemente estabelecido em L[eipzig], se aninhou na família e, além disso, não se pode negar que seja um escritor de talento. Há, portanto, pouca esperança de pô-lo para correr! E colaborar com ele é, ao menos para mim, um tormento, pois ainda não aprendi, e provavelmente jamais aprenderei, a ignorar o homem ou, mais exatamente: o pulha no "camarada". O que pensa a senhora, afinal, que poderíamos ou deveríamos fazer em relação a ele? Por ora não me ocorre nada de concreto.

A situação, aliás, é que por enquanto sou apenas uma colaboradora assídua e, embora a maioria em L[eipzig] insista em que eu apresse minha mudança para lá, ainda não me decidi a dar um passo tão importante. Como já lhe disse, tenho pouca vontade de me lançar no tumulto da redação[51] e me deixar absorver completamente por isso. Talvez seja um egoísmo mesquinho de minha parte, mas, Clarinha, eu ainda tenho tanta fome de cultura, de conhecimento, os trabalhos científico-teóricos ainda exercem uma atração tão grande sobre mim! E esses trabalhos também são, afinal, necessários e úteis para o movimento. Que uma direção de redação conscienciosa não é compatível com o autodidatismo e a produção científica a senhora sabe tão bem quanto eu. Isso então significaria para mim: adeus, teoria e livros, e justamente na melhor idade, quando a pessoa ainda não é totalmente uma múmia intelectual. Essas são as ponderações e preocupações mais secretas que me impedem o ousado salto para a Tauchaer Strasse e me fazem protelar e hesitar. A senhora é a única a quem abro meu coração sobre isso, não deixei que nem mesmo Franziskus percebesse alguma coisa. É que me parece tão arrogante e egoísta recorrer a ponderações dessa natureza como justificativa. Só com a senhora eu não tenho nenhum medo de falar com total liberdade, pois compreende todas as facetas da frágil alma humana, e *nihil humanum* etc.

---

51  Rosa Luxemburgo refere-se ao *Leipziger Volkszeitung*, um dos órgãos dirigentes do SPD com posição de relevo na imprensa alemã, cuja direção ela ocupou, a partir de fins de 1901, ao lado de Franz Mehring. No final da primavera de 1902, em virtude de brigas entre eles, Rosa pediu demissão, mas continuou colaborando com o jornal.

Por agora, portanto, alcançamos o objetivo principal. Fr[anziskus] e eu assumimos expressamente a direção política e recebemos *carte blanche* para fazer e acontecer no jornal e introduzir todas as reformas necessárias! Afastar e contratar colaboradores etc. Desde agora, portanto, podemos realizar muita coisa, e começamos já em 1º de abril. Nossa viagem de uma semana para Leipzig tem justamente o objetivo de pôr diversas coisas em ordem, distribuir o trabalho etc., a fim de continuar o restante a partir daqui, por meio de artigos e sumários.

Mudando um pouco de assunto: o relato (no *Vorwärts*) sobre o Congresso das Mulheres na Bélgica[52] me alegrou imensamente! Por Deus, as mulheres impõem respeito! E como ao lado delas parecem deploráveis as covardes almas masculinas do nosso partido. O falso Vandervelde, que ao mesmo tempo que pregava o direito de voto para as mulheres instigava sua Lalla ao vergonhoso golpe contra elas. Essa Lalla deve ser um exemplar *à la* nossa Lily [Braun]; ninguém sequer ouviu falar de sua atividade e ela já quer se impingir como líder – e ainda mais por meio de intrigas infames. É claro que a Beuthstrasse[53] se guardou de acrescentar uma só palavra de aplauso a esse relato! E eu lamento profundamente ainda não ter escrito no *Leipziger Volkszeitung* para soltar um jubiloso "bravo!" às valentes mulheres da Bélgica.

Caríssima, em vista do que foi tramado com Leipzig, eu quase não ouso acompanhar seus planos relativos à comissão de imprensa daqui. Isso exige, pelo menos nesses dois meses, frequentar assiduamente as reuniões; mas o pessoal de Leipzig quer que viajemos frequentemente para lá com Fr[anziskus], quase todo mês, a fim de manter as atividades em curso. Portanto, poderia acontecer que eu comparecesse às reuniões sem nenhuma pontualidade e apenas provocasse a insatisfação das camaradas. Agora terei de me apresentar em Leipzig em diversas ocasiões e fazer palestras, de modo que não posso fazer muita coisa em Berlim.

---

52  Terceiro Congresso Nacional Belga das mulheres socialistas, que se reuniu em Bruxelas em 9 de março de 1902, centrado na reivindicação do direito de voto das mulheres.
53  Rosa Luxemburgo refere-se à redação do *Vorwärts* que ainda em 1902 se mudou para a Lindenstraße, 69.

Já fui apresentada a Motteler, ele demonstrou grande simpatia por mim e por Fr[anziskus]. Claro que vou procurar Pinthus,[54] a fim de conseguir um retrato da senhora.

O que a senhora escreve sobre Gustel [Schoenlank] e as crianças soa como que vindo de nossa alma. No caminho de volta nós dissemos exatamente o mesmo, palavra por palavra. Esses pobres, queridos bichinhos! Já naquela época sugeri a Gustel trazer Clara comigo. Acredito que no fim ela a dará a uma de nós – à senhora ou a mim.

Fr[anziskus] vai lhe escrever em breve, ele tem uma infinidade de coisas para fazer, mas nós falamos sempre da senhora e de Friedel.[55]

Minhas mais cordiais saudações a todos vocês

Sua Rosa


## LUISE KAUTSKY

[Zwickau, setembro de 1904][56]

Caríssima!

Muito obrigada pela foto de Karl com a encantadora dedicatória! O retrato é magnífico, o primeiro retrato dele verdadeiramente bom que eu vejo. Olhos, expressão facial – tudo excelente (apenas a gravata, a gravata salpicada de feijões brancos que literalmente fascinam os olhos! – Uma gravata dessas é motivo de divórcio. Sim, sim, as mulheres – mesmo no espírito mais elevado notam, antes de mais nada, a gravata…). O retrato

---

54 Rosa refere-se provavelmente ao fotógrafo Pinkau, de Leipzig.
55 Friedrich Zundel, segundo marido de Clara Zetkin.
56 Quando regressava do Congresso da Internacional Socialista em Amsterdã, Rosa Luxemburgo foi presa e levada para o presídio feminino de Berlim-Zwickau. Ela ficou encarcerada de agosto a outubro de 1904, sob a acusação de insultar o imperador Guilherme num discurso público.

me alegrou imensamente. Ontem chegou a carta da vovó,[57] ela escreve amavelmente a fim de me animar, mas mal consegue esconder a própria depressão. Transmita-lhe minha saudação cordial, espero que esteja mais bem disposta, aqui pelo menos reina um clima dos mais agradáveis. Mas parece que, assim que eu parto, o mundo sai dos eixos. É verdade o que li no jornal? Franziskus se demitiu?![58] Isso seria um fracasso – um triunfo de todo o quinto estado! Não se poderia impedi-lo de dar esse passo? A notícia me atingiu em cheio e me abateu. E você não me escreve nada de mais detalhado a respeito, seu monstro! – Agora é noite, e de cima sopra uma suave brisa pela abertura da janela para dentro da cela, balança levemente a cúpula verde do meu abajur e folheia delicadamente o Schiller aberto. Lá fora, ao lado da prisão, alguém conduz lentamente um cavalo para casa, e no silêncio da noite as ferraduras batem calmas e ritmadas no pavimento. De longe chegam quase inaudíveis os sons caprichosos de uma gaita na qual algum aprendiz de sapateiro "sopra" uma valsa enquanto perambula. Uma estrofe que li recentemente em algum lugar ressoa na minha cabeça: "Deitado entre frondes – estende-se seu tranquilo jardinzinho, – onde as rosas e os cravos há muito esperam sua amada – deitado entre frondes – se estende seu jardinzinho…". Eu não entendo o sentido dessas palavras, não sei nem mesmo se elas têm algum sentido, mas, junto com a brisa que sopra em meus cabelos como uma carícia, elas me embalam num estranho estado de ânimo. Essa brisazinha, essa traidora, já me chama novamente para longe – sem que eu mesma saiba para onde. A vida brinca de pega-pega comigo, eternamente. Sempre me parece que ela não está em mim, não está onde eu estou, e sim em algum lugar distante. Antigamente, em casa, às primeiras horas da manhã, eu caminhava furtivamente para junto da janela – pois era rigorosamente proibido se levantar antes de meu pai –, abria-a de mansinho e espiava para o grande pátio lá fora. Claro que não havia muito o que ver. Tudo ainda dormia, um gato deslizava sobre suas patas macias pelo pátio, alguns pardais brigavam pipilando atrevidos, e o comprido

57  Minna Kautsky.
58  Do *Leipziger Volkszeitung* e da *Neue Zeit*.

Antoni com o curto casaco de pele de ovelha que usava no verão e no inverno estava junto à bomba, com ambas as mãos e o queixo apoiados no cabo da vassoura, com uma expressão de profunda reflexão no rosto sonolento e por lavar. Esse Antoni era, aliás, um homem de elevadas inclinações. Toda noite, depois que o portão se fechava, ele se sentava no banco em que dormia no corredor da casa e soletrava alto à luz fraca da lâmpada as "Notícias Policiais" oficiais, que se ouviam na casa toda como uma surda ladainha. Mas o que o levava a fazer isso era o puro interesse pela literatura, pois ele não entendia uma palavra e apenas amava o soletrar em si e para si. Apesar disso ele não era fácil de contentar. E certa vez, quando me pedira algo para leitura, lhe dei os *Anfänge der Zivilisation* [Primórdios da civilização], de Lubbock, que eu acabara de estudar de ponta a ponta a duras penas, como meu primeiro livro "sério"; ele o devolveu depois de dois dias com a explicação de que o livro "não valia nada". Eu, por minha vez, só muitos anos depois me dei conta de como Antoni estava certo. Assim, Antoni sempre ficava durante algum tempo mergulhado em cismas, das quais saía inesperadamente com um bocejo espantoso, ruidoso, que ressoava ao longe, e toda vez esse bocejo libertador significava: é hora de trabalhar. Ainda ouço o som rascante, crepitante com o qual Antoni esfregava a vassoura molhada que apertava obliquamente sobre as pedras do pavimento enquanto desenhava, sempre com uma preocupação estética, graciosos arcos de margens minuciosamente simétricas, que podiam ser tomados por renda de Bruxelas. Varrer o pátio para ele era poetar. E esse era também o momento mais bonito, antes ainda que a vida vazia, barulhenta, pulsante, martelante do grande conjunto habitacional acordasse. Um silêncio solene pairava na hora matutina sobre a trivialidade do pavimento: em cima, no vidro das janelas, cintilava o ouro matinal do jovem sol, e bem lá em cima boiavam vaporosas nuvenzinhas rosadas, antes de se dissolverem no céu cinzento da metrópole. Naquela época eu acreditava firmemente que a "vida", a vida "verdadeira", estava em algum lugar distante, lá longe, por cima dos telhados. Desde então viajo em seu encalço. Mas ela sempre se esconde por detrás de um telhado qualquer. Não terá sido tudo no fim das contas apenas um jogo perverso comigo, não terá a vida verdadeira ficado justamente lá no pátio, onde lemos pela primeira vez os *Anfänge der Zivilisation* com Antoni?

Um abraço cordial a todos vocês

Rosetta

A "Kumedi" de Basileia me divertiu. Wullschläger trazendo a benção de Roma, e ao lado Son Excellence Miller[an]d entoando loas a Berlim... Como é mesmo que se diz no velho cântico monacal? *Et pro rege et pro papa bibunt vinum sine acqua.*[59] Uh-lá-lá! Esse mundo se torna mais belo a cada dia.

## LEO JOGICHES

[Zwickau,] Sexta-feira, 23 de setembro de 1904[60]
(13. 4=9)

Caríssima Leonie!

Antes de mais nada, decifre para mim a fórmula cabalística acima. E depois, obrigada pela remessa. A blusa é excelente, eu a ajustei para mim e a uso sempre. O gorro é "também um belo ponto". Mas não escreva de modo tão longo e detalhado sobre essas coisas como uma solteirona pedante, minha cabecinha loura, ou então ficarei impaciente de verdade. Quando finalmente recebo uma carta de fora, quero ouvir outras coisas que não a odisseia da compra de uma blusa. – Não consentiram que eu recebesse o manifesto, e também não recebi o recorte (o artigo de Karl) com a carta de Luise; diga a ela que é inútil mandar recortes. Talvez

---

59 E como rei e como papa, bebemos vinho sem água.
60 Quando estava presa em Zwickau, Rosa era obrigada a escrever em alemão por causa da censura. Ela evitara, assim, revelar que se correspondia com Leo Jogiches.

você pudesse arriscar enviar-me o *Kladderadatsch*. Creio que o receberia. Assim, só tenho o "*Ulk*" para dar uma pausa nas preocupações, o último estava realmente magnífico. – Que você viva tão solitária é uma loucura e uma aberração, fico muito contrariada com isso. Especialmente no meu atual estado de ânimo, todo tipo de "ascese" me é odiosa. Aqui caço com a maior avidez, no folhetim, nas críticas de teatro etc. da folha de Mosse,[61] qualquer sinal de vida, qualquer feixe de luz, qualquer som, e prometo *viver* lá fora com toda plenitude, e você fica aí sentada em meio à abundância se alimentando de mel silvestre e gafanhotos como Santo Antônio no deserto! Desse jeito você vai terminar por se embrutecer completamente, minha menina, e quando eu sair daqui haverá um violento conflito entre seu nazaretismo de rosto chupado e meu exuberante helenismo. "Tome cuidado, Büseli", como costumava dizer a senhora Löwe ao gatinho, lembra-se? Gostaria de também poder sacudir ameaçadoramente o espanador como ela fazia.

E ainda tenho de lhe descrever minha cela? Está pedindo demais, *my darling*. Onde eu poderia encontrar os pincéis e as tintas necessárias para representar tanta riqueza? Aliás, recentemente encontrei colado na parede um inventário hectografado de minha cela que, para meu grande espanto, relacionava uns vinte objetos nela existentes. E eu tinha certeza de que esta cela estava absolutamente vazia! Moral da história: sempre que uma pessoa se sentir verdadeiramente pobre nesta vida, deve se sentar e fazer um "inventário" de seus bens terrenos, e só então descobrirá o quanto é rica. Você também poderia fazer com mais frequência um inventário de suas riquezas e, se não se esquecer de incluir nele minha insignificante pessoa, como infelizmente costuma fazer tantas vezes, você se sentirá um Creso.

Não tive mais enxaqueca, e também a nevralgia se apresenta com a maior discrição; continuo a manter relações tensas apenas com meu honorável estômago (uma verborragia digna do Parlamento da Baixa

---

61    Rosa Luxemburgo se refere à revista *Berliner Tageblatt*, fundada por Rudolf Mosse e publicada pela Editora Mosse.

Áustria). Ele visivelmente quer me dar uma demonstração da insípida sabedoria de Menênio Agrippa. Mas eu o puno com total desprezo.

Por diversos motivos não seria possível trabalhar aqui para a editora de Adolf [Warski],[62] inclusive porque infelizmente não posso me multiplicar. A economia política me devora por inteiro, e também creio que ela o merece. Dê lembranças minhas a Luise [Kautsky] e divida honestamente com ela tudo o que você tem.

Lily [Luxemburgo] não me enviou uma saia e sim, para falar com respeito, um saiote bem quentinho. Ele também me presta um bom serviço, mas não pode substituir uma saia, e minha saia azul-celeste já tem uma aparência tão desoladora quanto a do céu em novembro. Se lhe sobrar uma pratinha você poderia me... "comprá" uma, como diz o impagável Bendix. O melhor seria tomar como base as medidas da velha cinza que compramos juntas no magazine há um ano. Mais uma coisa importante: você foi buscar a carta que Körsten (da sede do sindicato) recebeu para mim? Faça-o *imediatamente*! Muitos beijos.

Sua Rosa

Mande lembranças minhas a Parvus. Diga-lhe que me escreva.

Se quiser contratar Anna novamente, com o que eu ficaria muito feliz, diga-o sem rodeios à porteira!

Caríssima, na próxima carta não me faça dez perguntas nem me dê vinte conselhos por causa dessa história com meu estômago. Eu os sei de cor, e a coisa não vai melhorar enquanto eu não der adeus às "panelas de carne do Egito". Apenas lhe comuniquei esse evento de repercussão universal para que você ganhe maior confiança em meus "relatos kuropatkianos"[63] e não julgue tudo "bonito demais". Fico mui-

---

62 Com essa fórmula, Rosa Luxemburgo se refere à sua colaboração para as publicações do Partido Social-Democrata da Polônia e da Lituânia (SDKPiL).

63 Rosa alude ao general A. N. Kuropatkin, comandante das tropas russas durante a guerra russo-japonesa de 1904-1905, cujos relatos exageradamente otimistas fizeram que as forças japonesas fossem subestimadas e colaboraram para a derrota do exército tsarista.

to feliz em saber que você também cuida de seu guarda-roupa, mas, por favor, nada de tecidos grossos e felpudos, isso é muito provinciano; use um tecido inglês fino e macio, cinza-escuro, talvez com listrinhas brancas bem fininhas, mas o sobretudo *preto* e largo, de corte elegante, como eu gosto.

## LEO JOGICHES

[Zwickau,] 4 de outubro de 1904
Terça-feira

Minha cara!

Alegre-se por receber novamente uma carta minha, escrita especialmente para tranquilizar seu coração, que tanto teme por meu estômago. Pedi para voltar do restaurante para o refeitório do estabelecimento, e isso me fez bem. É que meu estômago estava farto da alta cultura e foi tomado de entusiasmo por Rousseau. Há uma semana eu me refestelo todos os dias com iguarias vegetarianas, como o rei Nabucodonosor quando, por punição divina, teve de se pôr de quatro e comer capim (Heine diz que era salada). *Notabene*: toda noite recebo no jantar também um pedaço de carne. Portanto, pode ficar tranquila e esquecer de vez esse assunto. E se você quisesse também deixar de lado seu "ofício de titia", a preocupação com meu bem-estar físico, o projeto das remessas de frutas etc., coisas a respeito das quais eu poderia dizer no latim macarrônico de Bismarck: *nescio, quod mihi magis farcimentum esset* – e em bom alemão: Tudo isso para mim vale tanto quanto um "figo seco". – Ouviu como gritei essa noite? Imagine que às duas e meia acordei de repente de um sono profundo, não reconheci minha cela, não conseguia ter ideia de onde estava e então, naturalmente, gritei cheia de medo – "mamãe", mas com uma voz tão estridente que deve ter sido ouvida em Friedenau. E levei uns dez minutos para me lembrar de que gritava com um atraso de sete anos. Você não pode imaginar que sensação de desconforto e angústia tomou conta de mim; a sombra desse incidente noturno ainda pairou sobre mim o dia todo, e eu via o dia maravilhosamente ensolarado como que através de um véu. Certamente a culpa não é da pobre cela, pois uma vez em Friedenau eu passei pela mesma experiência, mas daquela vez minha querida irmãzinha, mergulhada em seu "merecido" sono, não ouviu nada e eu também não quis contar nada a você, pois era um dos sete dias da semana em que estávamos "rompidas". – Agora tenho de lhe pedir uma coisa: envie-me a série de artigos de Cunow sobre os cartéis; foram publicados no *Neue Zeit*, creio que na primavera. O tema é um osso duro de roer, e nos livros que eu trouxe quase que não encontro senão conversa fiada. E olhe que entre eles estão os "fundamentais" sobre o tema! O assunto ainda é simplesmente um terreno inexplorado. – Se posso trabalhar aqui? Claro, ao redor reina uma calma absoluta, exceto por uma tagarelice de crianças com um divertido sotaque saxão em algum lugar lá fora (não faço a menor ideia do que há diante da minha janela) e um ativo grasnado de patos que, imagino, vem do lago do parque perto daqui. Todos esses patos devem ser do sexo feminino, pois não podem ficar "de bico fechado" nem por uma hora, e mesmo durante a noite mantêm uma intensa conversação, escandindo o "qua, qua!" num tom tão baixo da escala que, mesmo com toda a irritação que isso me causa, não posso deixar de rir. Não pude receber a carta de Lavigne. Sobre Karl [Kautsky] e August [Bebel], eu pensava o mesmo que você me escreveu. Vá visitar Luise [Kautsky], como sempre.

Você deveria, sim, ter conversado com a Anna. Mesmo que eu vá contratá-la a partir do ano-novo, por que a pobre moça deveria trocar duas vezes de emprego e estragar seu livro de referências? Ela não poderia ficar lá onde está até o ano-novo?

Mas basta, agora você pode esperar bastante, a próxima carta irá para Varsóvia; vamos ver se vocês sozinhos encontram "força e assunto" para me escrever!...

## LEO JOGICHES

[Berlim-Friedenau, 17 de setembro de 1905]
Domingo de manhã

Querido! Acabei de enviar para você um telegrama *dringend* [urgente]. Só Deus sabe quando você vai recebê-lo. Hoje pela manhã quase mordi a mão quando encontrei o seu telegrama de ontem embaixo da porta. Ainda mais, hoje pela manhã não tocaram a campainha, simplesmente o deixaram e o achei somente às nove horas, quando o *Briefträger* [carteiro] tocou a campainha e me tirou da cama (*a mulher não veio hoje*, sua semana acabou ontem, ela volta novamente na próxima semana). *Querido, meu querido, por que* este Qualen *[sofrimento], por quê? Agora devemos pensar somente* com бодро [coragem] *nas tarefas, no trabalho.* Você, eu, nós todos precisamos agora de paz. *Quanto às decisões, como lhe telegrafei hoje, não tenho nenhuma dúvida, então fique tranquilo e pense somente no futuro.* Passei esses últimos tempos e *ontem ainda por um enorme sofrimento,* mas ao mesmo tempo sinto algum embrião de tranquilidade e paz dentro de mim. Quando W[itold][64] chegou, já sabia que a decisão tinha sido tomada e não disse uma palavra para que eu mudasse de opinião. Ele quer ir morar em Cr[acóvia], é preciso impedi-lo. Faça o que puder a respeito disso.

Ontem o dia inteiro queria lhe escrever algumas palavras, mas parece que os Kautsky sentiram anteontem, quando fui almoçar na casa deles, que você tinha partido e então desde ontem de manhã começaram as ininterruptas visitas: ele e ela, e os filhos, e Wurm, e a mulher do Wurm – mais de uma vez –, além disso, o outro alemão de Łódź, depois fui à lavadeira etc. Depois W[itold]. E, ainda por cima, as terríveis dores da indisposição.

---

64 Władisław Feinstein. Elżbieta Ettinger supõe que Rosa Luxemburgo tenha passado por um grande conflito pessoal nessa época, provocado pelo aparecimento desse rapaz, dez anos mais jovem, em sua vida. Cf. Ettinger, *Rosa Luxemburgo: uma vida*, p.143 ss.

Hoje, às duas horas, Luise [Kautsky] vem me buscar para viajarmos juntas.[65] Já recebi a carta de Clara [Zetkin]. Nós duas vamos ficar juntas com os Kautsky no Hotel Kaiserhof. Escreva diariamente pelo menos duas palavras, mas pelo correio da manhã ou da noite, porque não sei se voltarei durante o dia.

Aquela noite na estação, a luz da sua janelinha brilhou por muito tempo, até o trem fazer a curva. De propósito, fiquei parada ao lado do poste de luz na plataforma para que você pudesse me ver. Como eu queria nesses últimos momentos estar melhor, mais alegre, mas não conseguia; e você parecia horrível. *Você tem que melhorar sua aparência agora, lembre-se!* Бодро [coragem]*: Dziodzio,* бодро! *Agora o pior já passou, agora só haverá paz e trabalho árduo.* Como eu preciso de descanso!!

Provavelmente tanto quanto você.

*Querido*! *Responda sem demora se você já está mais calmo.* Que tormento com esse artigo sobre Kasprzak[66] no meio de todas essas coisas!

*Querido, fique calmo e seja otimista. Abraço-o de todo o coração.*

R.

## LEO JOGICHES

[Berlim-Friedenau, 13 de outubro de 1905]

Querido Dziodzio! Ontem não recebi a sua carta e hoje você não recebeu a minha. Mas isso não é vingança. O dia inteirinho as "visitas" não acabavam. Logo depois do almoço chegou aquela senho-

---

65 Para o Congresso do SPD em Jena, de 17 a 23 de setembro de 1905.

66 Em abril de 1904, Marcin Kasprzak matou três policiais defendendo a gráfica clandestina da SDKPiL em Varsóvia. Encarcerado na citadela de Varsóvia, foi condenado à morte e enforcado no dia 7 de setembro de 1905. O artigo de Rosa Luxemburgo foi publicado anonimamente com o título Es lebe die Revolution! [Viva a revolução!] em Z *Pola Walki*, n.12, 30 de setembro de 1905.

rita (social-democrata) que herdamos do Antoni – uma moça muito agradável, percebe-se que é uma valente e fervorosa social-democrata. Diga aos nossos para a tratarem bem. Depois veio Luise [Kautsky], depois os meninos, e depois já eram 8 horas, e eu não tinha forças de ir à estação ferroviária e estava nervosa. Anteontem à noite Riazanov esteve aqui, parece-me que já lhe disse. Não vejo a hora de "devolvê--lo" assim que você estiver aqui, pois não sei por que o devo *geniessen* [desfrutar]. NB, ele se пуṭaл [confundiu] um pouco na questão da Duma, e somente aqui comigo adquiriu a certeza. Ele ainda estava aqui quando, lá pelas 9 horas, passaram Karl [Kautsky], Luise e um *Genosse* [camarada] de Friedenau para me levarem junto: imagine que Karl, a pedido dos *Genossen* [camaradas] de Friedenau, teve uma conferência sobre... "Marx' Ökon[omische] Lehre" [*A doutrina econômica de Marx*] – adivinhe onde? – naquela obscura cantina na esquina da Menzel com a Beckerstr., onde há aqueles dois lindos cachorrinhos parecidos com tigres e que se revelaram ser *"eine Hochburg"* [uma fortaleza] da social-democracia local. Naturalmente eu fui com eles e entramos numa salinha cheia de fumaça onde estavam sentadas, espremidas e concentradas, 25 *Mann* [pessoas]. Karolus[67] começou a expor o que é *Wert* [valor] e *Tauschwert* [valor de troca] – NB de uma forma tão pouco popular que eu até me admirava. Falou assim mais ou menos uma hora. Coitados, lutaram bravamente contra os bocejos e o cochilo. Depois começou a discussão, eu me intrometi e de imediato houve uma grande animação, as pessoas começaram a repetir que eu devia vir frequentemente, estava muito *gemütlich* [agradável] e, finalmente, nós nos divertimos muito. Karolus arregalava os olhos de admiração: *woher Du alle diese Tatsachen weisst* [de onde você conhece todos estes fatos] (prática variada *mit Tarifverträgen* etc. [com os sistemas de tarifários etc.]) *und woher verstehst Du, so mit den Leuten umzugehen* [e como você sabe lidar com as pessoas] etc.

Hoje tive dois momentos agradáveis entre uma sequência de momentos desagradáveis: primeiro o seu pacote da manhã com *Die*

---

67 Karl Kautsky.

*Kunst*,[68] segundo a sua carta da tarde com o *Z P[ola] W[alki]* [Do campo de luta]. Agradeço-lhe muito pela *Kunst. Wie Du mich kennst* [como você me conhece] – mal levantei da cama e comecei a folhear a *Kunst* página por página. As reproduções são maravilhosas e ainda me espera muita alegria com a leitura do texto. Pode ser que finalmente eu aprenda alguma coisa sobre Lenbach. Vou levá-la comigo à casa dos K[autsky] e vamos folheá-la juntos. O *Z P[ola] W[alki]* está muito bem feito, e a foto na primeira página saiu simplesmente incrível. O conjunto está muito impressionante, só me preocupa que esteja atrasado um mês e por culpa minha! Fazer o quê, nosso povo em Varsóvia não é tão exigente e ainda vão aproveitá-lo!

Agora precisamos publicar rapidamente o número seguinte do *Z P[ola] W[alki]* e da *Czerwony Sztandar* [Bandeira vermelha]. Prometo melhorar e, como prova disso, hoje iniciei "O que [queremos]".[69] Acrescentei algo sobre a autogestão que estou anexando. Queria já fazer o resto e enviar, mas vou esperar *os seus últimos comentários*. Envie- -me imediatamente!! E me escreva o que ainda preciso fazer para a *Przegląd Robotniczy* [Revista Operária], para que você possa terminar e imprimir em aproximadamente uma semana. Isso ajudaria a reparar a nossa imagem em relação à opinião pública. NB de novo me preocupa o que vai acontecer com as publicações quando você não estiver aí. Pois você mesmo escreveu que tinha muitas dificuldades técnicas com o *Z P[ola] W[alki]*, e que precisou passar o dia todo na gráfica, apesar de ter revisado o número inteiro! O que vai acontecer quando você estiver aqui? Eterna reclamação por causa das falhas técnicas! Na minha opinião, me parece que a única pessoa que teria a pontualidade e a настойчивости [persistência] suficientes para essas coisas é o

---

68 Provável referência a *Moderne Kunst* [Arte moderna], uma revista ilustrada com um suplemento de arte.

69 Rosa Luxemburgo refere-se à segunda parte de seu texto "O que queremos?" (original polonês), publicado em *Przegląd Robotniczy*, n.6. Junto à primeira parte veiculada em 1904, no n.5 do periódico, o trabalho foi impresso como brochura em 1906 em Varsóvia, sob o título *Czego chcemy? Komentarz do programu Socjaldemokracji Królestwa Polskiego i Litwy* [O que queremos? Comentário sobre o programa da Social-Democracia do Reino da Polônia e Lituânia]. (Ver p.207 do v.I desta coletânea.)

Wit[old-Leder],[70] se você o iniciasse nesta cabalística. Mas nem Julek [Marschlewski] e muito menos Ad[olf Warski]!

Essa maldita pintura acabou, mas precisa "secar" até amanhã e depois começar a volta dos móveis para a cozinha, e então iniciar uma boa limpeza nos quartos. Você não vai reconhecer a cozinha, ela agora envergonha os quartos e talvez seja a nossa "sala".

O que você achou do fiasco do PPS em Katowice? *Etwas krachendes geradezu!* [Isso é simplesmente chocante!]. Servirá maravilhosamente bem como ilustração dos resultados da tática do PPS. Não se esqueça de mencionar isso no *Czerwony Sztandar.*

Mas ainda algo sobre as pendências: o que está acontecendo com o livreto sobre o Kasp[rzak]? Pois não é possível demorar mais!!!

Escreva-me como ele está, quando deve sair e o que devo escrever para ele.

De novo você vai ficar triste por eu escrever somente sobre os negócios "externos", mas você está enganado. É verdade que todos *estes* negócios agora constituem a minha внутренний мир [persistência], porque eles, sem parar, me preocupam e afligem. Você não imagina como aquelas pendências partidárias (por exemplo, o livreto sobre o PPS, sobre a autonomia) me aborrecem. Não sou capaz de pensar livremente sobre qualquer assunto por causa dessas coisas. E quando vou conseguir fazer tudo isso? E se for tarde demais? *Zu allen Teufeln!* [Com todos os diabos!]

Aqui Karolus recebeu repentinamente uma carta de Singer, dizendo que foi molestado por um tal Natan (*ein Parteijude aus der Bernstein-Mischpoche*) [um judeu do partido da turma do Bernstein] e queria que eles, Karl [Kautsky] e August [Bebel], tentassem "influenciar" os russos para que não houvesse *Zersplitterung* [divisões] por ocasião das eleições para a Duma, porque é muito importante eleger "radicais" etc. etc. Naturalmente, Paul [Singer] precisa se meter nisso e repete essa recomendação a Karl. Karolus respondeu *sehr kühl* [muito friamente] que ele nem sonha em "influenciar" nesse sentido, "muito pelo contrário".

---

70 Władisław Feinstein.

O curioso em tudo isso é quem está por trás do Natan, pois um pedido desses só poderia ter vindo dos partidários da Iskra.

Obrigada pelo envio dos jornais [clandestinos] russos *Osv*[*obojdénie*] etc.; vou ler, apesar de já conhecer de antes o *Proletariat* e a *Iskra*.

Uma coisa engraçada: Luise [Kautsky] veio ontem "um *vorzubeugen*" [me prevenir] com uma risada "para que eu não vá, por acaso, à casa deles à noite". Chegou a carta de Victor-Leben [Adler] anunciando a visita dele ontem à noite, certamente com o desejo não manifesto de não me encontrar lá novamente. Ele chegou especialmente para ter com Karl uma conversa по душе [franca] por causa da carta que este enviou a Hilferding, na qual chamou Adler de *ein Verräter am Marxismus* [traidor do marxismo], recomendando mostrá-la a Victor. Karolus ficou irritado por causa do desprezível artigo de A[dler] no *W[iener] Arb[eiterzeitung]* – "Zum Jenaer Parteitag" com uma agressiva polêmica *gegen den Generalstreik* [contra a greve geral] totalmente no estilo de Eisner e Gradnauer.

O tempo aqui está terrível, chove quase sem parar, está tão frio e escuro que dá até raiva. Não aqueço ainda a casa e fico com uma blusa de verão na frente da janela aberta – "aproveito" enquanto você não está aqui e não começa sua guerra contra "o ar fresco" (viu?...).

Hoje vou escrever a Pfannkuch perguntando sobre o dinheiro. Já somam mais de 110 mil, portanto, deve ter alguns 60 em dinheiro. Pode ser que domingo eu esteja com melhor humor. Se ao menos o trabalho avançasse!! Abraços, descanse um pouco agora, após essa гонке [maratona].

Sua

Você terá que ler aqui o Benvenuto Cellini[71] e eu, com prazer, lerei novamente com você. É maravilhoso, dá a impressão de algo parecido

---

71  Goethe, *Leben des Benvenuto Cellini. Von ihm selbst geschrieben. Übersetzt von.* [Vida de Benvenuto Cellini. Escrita por ele mesmo].

com o *Jürg Jenatsch*.[72] Só me irrita o fato de normalmente lermos tão pequenos fragmentos [...].[73]

Achei a foto do Gurcman[74] muito simpática. Ele deve ser um rapaz muito bonito.

Leia o anexo "O que [queremos]"[75] antes de mandá-lo publicar.

## LEO JOGICHES

[Berlim-Friedenau,] 17 de outubro de 1905

Querido, corri hoje feito louca e não consegui chegar a tempo com este manuscrito[76] na estação, atrasei dez minutos. Estou brava, você tem um dia de atraso.

Você ficará surpreso que eu tenha escrito tanto, mas foi engano seu pensar que bastaria escrever três palavras. É inconveniente intervir de maneira tão modesta numa questão como essa. Sobretudo após o fracasso na questão da Duma era agora necessário escrever um artigo um pouco melhor.[77] Enfim, não gastei muito tempo com ele, desde antes do almoço até agora (após as quatro da tarde). Mas a noite de ontem me deixou morta. Eu estava concentrada no trabalho, concluindo a revisão

---

72 Romance do escritor suíço C. F. Meyer.

73 Uma palavra ilegível no original. (N. T.)

74 Referência ao n.12 de *Z Pola Walki*, de 30 set. 1905. Nesse número foi publicado o editorial de Rosa Luxemburgo "Viva a revolução!", dedicado a Marcin Kasprzak, com fotos dele e de Benedykt Gurcman.

75 Ver nota 69.

76 Referência ao artigo de Rosa Luxemburgo "À luta contra a 'Constituição' do chicote!" (original polonês), publicado anonimamente em *Z Pola Walki*, n.13, de 18 out. 1905.

77 Depois do "domingo sangrento" de janeiro de 1905, estopim da revolução, o descontentamento na Rússia se alastrou de tal modo que em agosto o tsar anunciou a convocação de um parlamento (Duma) consultivo, eleito pelo sufrágio restrito e indireto, o que foi considerado uma farsa por todos os partidos socialistas da Rússia e da Polônia. No começo de outubro uma vaga de greves se espalhou pelo império e, em 30 de outubro, o tsar foi obrigado a fazer concessões constitucionais. Rosa Luxemburgo não está satisfeita com o que escreveu até o momento sobre a Duma e pensa que chegou a hora de fazê-lo.

da tradução, quando apareceram os meninos de K. K[autsky] para me levar urgentemente com eles. Pensei que August [Bebel] tinha algum assunto para tratar comigo, mas era o aniversário de Karl. Você sabe que fugir era impossível, perdi a noite inteira e fui dormir com uma *z katzenjammerem*[78] [com um mal-estar]. Esta carta e a tradução os meninos iam levar ao correio, mas os malandros não levaram, então você só vai receber amanhã de manhã. E assim você ficará hoje completamente sem carta. Ontem, Parvus me ocupou metade do dia. Nós nos despedimos quase brigados por causa da Duma, discordei dele, porque, em geral, ele vai *zum Nordpol* [ao Polo Norte][79] com projetos malucos de legalizar o movimento (congresso legal de trabalhadores, criação de um partido operário legal etc.). Eu lhe avisei de que ia se dar mal e comprometeria o socialismo na Rússia. Ele ficou sensibilizado, mas isso é bom, saudável.

NB: como eu conheço os meus *Pappenheimer* [sei com quem lido]? Ontem à noite August me confessou que é a favor da participação nas eleições da Duma (provavelmente Adler o convenceu) e começou a polemizar comigo. E o meu Karolus? Timidamente, é verdade, mas ele também lhe dá razão. Isso me irritou um pouco. NB, August, embora muito amigavelmente, acusou-me de *Ultraradikalismus* [ultrarradicalismo]. Ele disse: *"Paßt auf, wenn die Revolution in Deutschland kommt, dann steht die Rosa auf der linken Seite und ich auf der rechten!"* [Atenção, quando a revolução chegar à Alemanha, a Rosa vai ficar à esquerda e eu à direita]. E acrescentou brincando: *"Aber wir hängen sie auf, wir lassen uns nicht von Ihr die Suppen versalzen"* [Mas nós a enforcaremos, não deixaremos que ela nos salgue demais a sopa]. Ao que respondi tranquilamente: *"Sie wissen ja noch nicht, wer wen dann aufhängen wird"* [Vocês ainda não sabem quem enforcará quem]. Significativo!

Imagine que ainda não comecei o artigo para a *Neue Zeit!*. Mas hoje e amanhã vou escrevê-lo. Agora escrevo com facilidade, me passou aquele *Erstarrung* [estupor] mental que tive a semana inteira (aliás,

---

78 Como se pode observar, em diferentes passagens da correspondência, Rosa Luxemburgo utiliza palavras e expressões alemãs, francesas e russas, mas muitas vezes declinando-as de acordo com a gramática polonesa. (N. T.)

79 Referência à viagem para São Petersburgo.

por razões físicas). Para *Unglück will es* [minha infelicidade], Hans [Kautsky] e Luise querem ainda roubar a minha noite e me levar à ópera. *O ich unglückliche* [Oh, como sou infeliz]. Não posso recusar.

Agora escute. Eu seria a favor de riscar aquela frase inteira sobre a "condenação", *der Einigkeit zuliebe* [em nome da unidade]. Você poderia então comunicar-se rapidamente através de carta com o Bund e os bolcheviques? Enfim, escrevi o que você queria.

Na tradução mudei algumas pequenas palavras porque em polonês soava muito estranho, como por exemplo aquele começo "Nós" (Alexandre III) etc. Você vai achar facilmente essas passagens.

Estou muito contente que *Z Pola Walki* saia daqui a pouco. Logo após o artigo para a *Neue Zeit*, escreverei para o [*Czerwony*] *Szt*[*andar*]. Hoje chegou o seu pacote, com certeza é o *Assiette au Beurre*,[80] obrigado por enquanto. Abraços apressados.

R.

## LEO JOGICHES

[Berlim-Friedenau, 20 de outubro de 1905]

Querido! Estou lhe escrevendo muito apressadamente, porque, neste instante, após ter recebido sua carta com as observações para o *Czego* (*chcemy*) [O que queremos], comecei imediatamente a trabalhar para enviá-lo pelo correio de retorno e terminar logo com este problema. Levei em consideração *todas* as suas observações com exceção de duas:

1. A respeito de detalhes como *Zwei-Kammersystem, Verantwortlichkeit der Minister* [sistema bicameral, responsabilidade dos ministros] etc., não tenho clareza *se* eles realmente estão no lugar

---

80 Semanário satírico francês.

aqui nem onde colocá-los. De qualquer maneira, isso pode-se deixar para o livreto e até lá nós nos entendemos.

2. A respeito da Duma, você está absolutamente *auf dem Holzweg* [no caminho errado], achando que nós precisamos falar aqui sobre ela. Você está louco, meu tesouro. *Pois isto é um comentário ao programa,* que tem significado *permanente e geral* – nossas reivindicações *afirmativas* –, e não um artigo ou um folheto de agitação, com validade de algumas semanas ou meses. O livreto do Julek deve falar tudo o que é necessário sobre a Duma, aqui eu nem penso em mencioná-la. Quando você enviar mais observações, também vou atendê-las imediatamente.

Ontem à noite, por um estranho acaso, tirei a caixinha com as últimas cartas da mãe e do pai e com as cartas daquela época da Andzia [Luxemburgo] e do Józio [Luxemburgo]; li todas, chorei até ficar com os olhos inchados e fui dormir com uma grande vontade de não acordar mais. Fiquei *insbesondere* [especialmente] com ódio de toda "política", por culpa da qual (redação do *Von Stufe zu Stufe*) não respondia por semanas às cartas da mãe e do pai; nunca tive tempo para eles por causa dessas *weltbewegende Aufgaben* [tarefas que abalam o mundo] (e que continuam até hoje) e odiei você por ser aquele que sempre me acorrentou a essa maldita política. (Lembrei-me de que, sob sua influência, desencorajei a vinda da senhora Lübeck a Weggis, para não atrapalhar a conclusão *"den epochenmachenden Artikel"* [do artigo que marcará época] para os *Sozialistischen Monatshefte,*[81] e ela vinha com a notícia da morte da minha mãe!) Veja, eu escrevo isso com toda sinceridade. Hoje caminhei ao sol e estou um pouco melhor. Ontem estive próxima da decisão de abandonar de uma vez toda esta *gottverdammte Politik* [maldita política], ou melhor, esta paródia cruel de vida "política" que nós conduzimos, *und pfeife auf die ganze Welt* [e de mandar o mundo inteiro aos diabos].

---

81 Referência ao artigo "Der Sozialismus in Polen", publicado em *Sozialistische Monatshefte*, n.10, out. 1897. (Cf. *Rosa Luxemburgo: Gesammelte Werke*, v.1/1, p.82-93.)

É um estúpido *Baal-Dienst* [culto ao deus Baal] e nada mais, no qual se sacrifica toda a existência humana sobre o altar da própria deficiência intelectual, da própria confusão mental. Se eu acreditasse em Deus, teria certeza de que Ele nos puniria severamente por esse *Qual* [sofrimento].

Abraços.

Sua R.

*À propos*, um pequeno drama. O Feldman, do Potemkin, um jovem de 19 anos de idade (que agora está verdadeiramente a salvo no exterior), era noivo de uma jovem de 18 anos. Em Genebra, ela, após receber falsas notícias sobre a prisão dele (antes de sua partida para o exterior), atirou-se pela janela e morreu imediatamente.

## LUISE E KARL KAUTSKY

[13 de março de 1906]

Meus muito amados!

No domingo, dia 4, à noite, o destino me alcançou: fui presa.[82] Já tinha obtido o visto em meu passaporte para a viagem de volta e estava em vias de partir. Bem, terá de ser assim. Espero que vocês não se aflijam com isso. Viva a Re...!, com tudo o que ela traz. Em certa medida eu prefiro ficar aqui presa a... discutir com Pëus. Encontraram-me numa situação bastante desconfortável, mas vamos passar uma borracha sobre isso. Estou detida aqui no paço municipal, onde se amontoam

---

82   Em 28 de dezembro de 1905, Rosa Luxemburgo viajou de Berlim para Varsóvia sob o pseudônimo de Anna Matschke, a fim de participar diretamente da revolução que havia começado no início do ano. Em 4 de março foi presa, junto com Leo Jogiches, pela polícia tsarista.

presos "políticos", pessoas comuns e doentes mentais. Minha cela, uma preciosidade nesta guarnição (uma cela simples comum, destinada em tempos normais a uma só pessoa), abriga catorze hóspedes, por sorte todos políticos. Junto da nossa há ainda duas grandes celas duplas, com cerca de trinta pessoas em cada, todas misturadas. E estas já são, segundo me dizem, condições paradisíacas; antes havia sessenta pessoas em apenas uma cela, que tinham de dormir em escalas, duas horas por noite, cada um, enquanto as outras "passeavam". Agora dormimos todos como reis em camas de tábuas, de través, uns ao lado dos outros, como arenques, e tudo corre muito bem – desde que não se acrescente uma música extra, como ontem, por exemplo, quando recebemos uma nova colega, uma judia colérica que nos manteve tensos em todas as celas por 24 horas com seus gritos e suas andanças, e levou uma série de presos políticos a um choro convulsivo. Hoje finalmente ficamos livres dela e temos apenas três *myschuggene*[83] mansas conosco. Não sabemos aqui o que são passeios no pátio, em compensação as celas ficam abertas durante o dia e podemos passear o dia todo no corredor, zanzar no meio das prostitutas, ouvir suas belas cançõezinhas e seus belos ditos e desfrutar da fragrância do 00[84] igualmente escancarado. Mas tudo isso só para caracterizar as condições daqui, não meu estado de ânimo, que é, como sempre, excelente. Por enquanto ainda estou incógnita, mas isso provavelmente não vai durar muito, não acreditam em mim. A coisa, no todo, é séria, mas vivemos tempos movimentados, em que "tudo que existe é digno de perecer", e por isso não acredito em letras de câmbio [*Wechsel*] e obrigações a longo prazo. Portanto, tenham confiança e se lixem para o resto. De modo geral, no meu tempo de vida, a coisa para nós transcorreu *de maneira excelente*. Estou orgulhosa disso; foi o único oásis em toda a Rússia, onde, apesar de tempestade e ímpeto, o trabalho e a luta continuaram brava e alegremente e fizeram progressos como no tempo da mais livre "Constituição". Entre outras coisas, a obstrução, que permanecerá exemplar para os tempos futuros em toda a Rússia, é obra

---

83  Do iídiche: loucas. (N. T.)
84  Toalete. Rosa Luxemburgo substituiu a palavra por um desenho abstrato.

nossa.[85] No que se refere à saúde, estou muito bem. É provável que em breve me transfiram para outra prisão, pois a coisa é séria. Eu os manterei informados. Como estão vocês, meus queridos? O que fazem vocês e os meninos e Granny[86] e Hans [Kautsky]? Saúdem o amigo Franziskus [Mehring] do fundo do meu coração. Espero que as coisas estejam novamente bem no *Vorwärts* graças ao firme Block. Agora, pedidos a você, Luisinha: 1º pague meu aluguel, eu a reembolsarei pontualmente com a maior gratidão; 2º envie imediatamente, por ordem de pagamento, 2 mil coroas austríacas ao sr. Alexander Ripper na gráfica de Teodorczuk, Cracóvia, Ulica Zielona n. 7, como remetente escreva Sr. Adam Pendzichowski. *Desconsidere* todas as *outras* eventuais solicitações desta parte; 3º do mesmo modo, por ordem de pagamento, 500 marcos a Janiszewski, Gráfica Berlin, Elisabethufer 29, remetente Adam; 4º além disso, não dê nenhum dinheiro sem *minha* solicitação e, em todo caso, da conta em separado, nunca da principal. Eventualmente, apenas por solicitação de Karski [Marchlewski], do contrário não. Também não da conta aos cuidados de Hans; 5º exija dos velhos e de Huysmans nossa parte e deposite na conta principal; 6º Karl, meu caro, por ora, você precisa assumir a representação da social-democracia da Polônia e da Lituânia no Bureau, faça-lhe um comunicado formal, eventuais despesas de viagens para reuniões lhe serão reembolsadas; 7º minha prisão não deve ser tornada pública até que meu disfarce seja definitivamente descoberto. Mas *então* – eu o informarei quando acontecer – façam barulho, para que a gentinha daqui tenha um susto.

Preciso parar. Mil beijos e saudações. Escrevam diretamente para meu endereço: sra. Anna Matschke, Prisão do Paço Municipal de Varsóvia. Afinal, eu sou colaboradora da *Neue Zeit*. Mas escrevam direito, é claro. Uma vez mais, saudações. Vão fechar a cela, um abraço cordial para vocês.

Sua Anna

---

85  Rosa Luxemburgo pensa provavelmente na greve desencadeada em Varsóvia nessa época.
86  Minna Kautsky.

## LUISE E KARL KAUTSKY

[Varsóvia,] 7 de abril de 1906

Meus amados!

Há muito que não escrevo a vocês. Primeiro porque dia após dia eu alimentava esperanças de que logo poderia lhes telegrafar: "Até a vista!"; e, em segundo lugar, porque fui aplicada e ontem terminei a terceira brochura desde o início de minha permanência aqui (duas logo sairão do prelo, a terceira será "contrabandeada" em três dias).[87] No alojamento anterior era impensável trabalhar, e por isso foi necessário recuperar aqui o tempo perdido. Também aqui tenho para meu uso pessoal apenas algumas horas da noite, das nove, mais ou menos, até as 2 horas; pois durante o dia, a partir das 4 horas da manhã, temos na casa toda e no pátio um espetáculo infernal: as colegas "comuns" brigam o tempo inteiro e berram, e as *myschuggenen* [loucas] têm acessos de cólera que, naturalmente, no belo sexo são aliviados principalmente por meio de uma notável atividade da língua. Obs.: aqui, como também no Paço Municipal, eu dei provas de ser uma *dompteuse des folles* [domadora de loucas] extremamente eficiente, e todos os dias tenho de entrar em ação a fim de acalmar, com algumas palavras mansas, uma oradora raivosa que põe todo mundo em desespero (isso é obviamente uma *hommage involontaire* [homenagem involuntária] a uma loquacidade ainda mais poderosa). Assim, só posso me concentrar e trabalhar tarde da noite e, por isso, também negligencio em parte a correspondência. As notícias de vocês me dão toda vez uma grande e duradoura alegria, eu leio cada uma das cartas várias vezes do começo ao fim – até que chegue uma nova. Também as amáveis linhas de Henriette [Roland-Holst] me alegraram muito. Escreveria especialmente a ela se – bem, se não me tivessem hoje de novo trazido flores

---

87  Trata-se das seguintes brochuras: *As jornadas de julho de 1848* (Varsóvia); *O primeiro de maio, festa do proletariado* (Łódź, 1906); e uma brochura sobre Marcin Kasprzak (Varsóvia).

"pela última vez"[88] (é verdade, eu recebo aqui flores novas quase todo dia)... Esperemos, pois, o que virá amanhã! Estou bastante cética e trabalho como se nada disso me dissesse respeito. Hoje me trouxeram sua carta, querida Lulu. Nela você toca na questão do meu apartamento. Queria pedir que você continuasse a pagar o aluguel para mim, eu me alegro tanto com a esperança de estar novamente no meu quarto "vermelho" e no "verde", e o prazo para a mudança vai até o final do outono, o do aviso de rescisão até 1º de julho. Até lá estarei dez vezes pronta para içar velas e então poderei me decidir. Meus outros planos de partida daqui estão no seguinte pé: eu preciso urgentemente, no menor prazo possível (na verdade já para a Páscoa), procurar não um clima mais ameno, e sim um muito mais *rigoroso*, para o qual eu provavelmente irei por um pequeno desvio passando pelos postes preto-e-branco.[89] Mas minha permanência lá não deverá ser muito longa – cerca de três semanas. E depois – para onde? É claro que não penso em sair do caminho do tio de Weimar,[90] não importa o que ele esteja tramando – se ele ao menos me desse, como costuma acontecer, um pouco de sossego e empurrasse a batata quente com a barriga (uma imagem plástica!). Pois, para cair assim de repente em seus braços hospitaleiros – para isso eu sinceramente não tenho tempo, além de ter coisa muito melhor para fazer. Assim, meus queridos, procurem saber, através de tebanos bem informados, não o resultado final que eu devo esperar, pois não estou ligando a mínima para isso, mas se, assim que meu nariz começar a sentir o cheiro da liberdade real-prussiana (pois comigo é sempre o nariz que chega na frente de qualquer outra coisa), não serei apanhada pelo dito nariz e engaiolada, como castigo, pela escapada. É só isso que me interessa. Terei inúmeras coisas para

---

88  Rosa Luxemburgo corria o risco de ser condenada à morte. O pagamento de uma fiança pelo SPD libertou-a da prisão em 28 de junho de 1906.

89  Postes que assinalam a fronteira do Reich. Ela esperava poder participar do IV Congresso do SDAPR em Estocolmo, de 23 de abril a 8 de maio de 1906.

90  Rosa estava sob ameaça de um processo na cidade de Weimar devido a um discurso sobre a greve de massas no Congresso do SPD em Jena (17-23 de setembro de 1905). Condenada no final de 1906, cumpriu pena no presídio feminino de Berlim, na Barnimstrasse, de 12 de junho a 12 de agosto de 1907.

lhes contar sobre as minhas "impressões de viagem" quando voltarmos a estar juntos, e vamos todos rir às gargalhadas, especialmente os meninos. Eu acho tudo muito divertido. Sinto uma alegria malévola especial pelas "indecências" que ponho para fora diariamente, e em ver como depois de um ou dois dias as recebo de volta, "preto no branco". A única coisa melancólica são as notícias do Polo Norte.[91] Notícias autênticas – que infelizmente anunciam um grande caos e a falta de qualquer resolução ou energia. "Para lá, para lá eu gostaria de ir o mais rápido possível"...[92] Raios me partam se eu não haveria de sacudir aquela gente até despertá-la. Espero que isso ainda venha a acontecer. Ai, que burra, que rinoceronte, que Bernstein! Do mais importante me esqueci até o fim: estou lendo sua *Ética*,[93] claro que já pela segunda vez; assim que fui enterrada aqui eu a pedi e a recebi imediatamente. Eu me alegro a cada linha e o congratulo! Tenha pronto um exemplar autografado para mim! Abraços e beijos carinhosos para todos vocês, Granny, Karolus, Lulu e todos os meninos, Hans [Kautsky] à frente (se vocês acharem que a moral dele ainda suporta mais esse golpe). E também "esse beijo para todo mundo"[94] que pergunta por mim.

Com carinho

Sua R.

Escrevam logo.

Uma saudação especialmente carinhosa para o amigo Franziskus [Mehring] e sua mulher. Como vai o *Leipziger Volkszeitung*? Aqui eu não ouço falar nada a respeito dele. Que August [Bebel] pode falar até as pessoas caírem desmaiadas eu já disse há muito tempo, e agora pudemos ver. Tenho, no entanto, um pressentimento

---

91  Referência a São Petersburgo.
92  Citação paródica de um poema de Goethe, "Mignon".
93  Brochura de Kautsky, *Ethik und materialistische Geschichtsauffassung. Ein Versuch* [Ética e concepção materialista da história. Uma tentativa].
94  Verso do *Hino à alegria*, de Schiller.

de que esse desmaio – tenha salvo o paladino da queda política e o tenha recolocado sobre as pernas, que estavam bambas. Vocês sabem qual foi o nome mais citado na ala 3 do Paço Municipal, reservada aos "políticos"? Kautsky. É que circulavam várias brochuras desse senhor traduzidas, e como quinze almas sedentas de saber as disputavam ansiosamente, não se passava nunca um quarto de hora sem que se ouvisse pelos cantos: "Você não sabe onde está o Kautsky?" Como isso não tinha fim, eu tive muitas vezes vontade de gritar: "Querem parar com o estúpido desse Kautsky?!" Mas fiquei quieta. Só uma vez, quando a frase se fez ouvir passados cinco minutos das dez horas da noite, não pude me conter e disse: "Oh, suas mocinhas bobas, eu sei onde está Kautsky: ele está na cama e ronca de fazer as paredes tremerem!"[95]

Com relação às minhas finanças, mantenham-nas sob sua proteção pessoal e não se esqueçam do ditado: "Para esse sistema, nenhum homem e nenhum centavo!"[96]


## LUISE E KARL KAUTSKY

[Varsóvia, antes de 23 de abril de 1906]

Meus caríssimos!

Recebi a carta de vocês do dia 16. Podem me escrever tranquilamente tudo o que for possível pela mesma via e por carta registrada, funciona perfeitamente. Aqui as condições são incomparavelmente melhores, semelhantes às de Zwickau: sossego e ordem, solidão; comida eu recebo mais do que preciso, e também caminhada todo dia. Mas o principal é: comunicação constante com o mundo ex-

---

95  Alusão ao hábito de Kautsky de dormir cedo.
96  Célebre mote de Bebel.

terior, de modo que estou em contato permanente com os amigos e – posso escrever! Não tenho a menor ideia de como está minha situação, meus amigos esperam me ver em breve na casa de vocês. Pelo que ouvi dizer, Ede [Bernstein] empunhou uma lança quente pela Duma. Se pudesse, do fundo da alma, eu o faria em pedaços na *Neue Zeit* com o maior prazer. Para mim é constrangedor que meus parentes façam tanta celeuma por conta do meu caso e o tenham até mesmo arrastado para a presença de nossos *Patres conscripti*; eu me teria dispensado disso. Mas uma pessoa "retida", infelizmente, fica logo posta sob a tutela não apenas da autoridade, mas também dos próprios amigos, e é tratada sem nenhuma consideração, segundo as inclinações deles. Em todo caso, peço-lhe encarecidamente, querido Karolus, que não recorra, por exemplo, a Bülow;[97] eu não gostaria *de maneira nenhuma* de ficar devendo a ele fosse o que fosse, pois neste caso não teria mais liberdade para falar sobre ele e o governo nos embates políticos, como é necessário. Da situação geral se pode constatar que também em toda a Rússia as "eleições" vão pelo ralo. Nove entre dez trabalhadores russos declararam boicote, e isso contra a orientação de metade da social-democracia! Nesse caso, a massa novamente se mostrou mais madura que seus "guias". No primeiro (e até agora único) número do novo órgão do partido russo, de final de fevereiro, eu vejo que a confusão e as hesitações lá são terríveis. O cavaleiro "Georges",[98] de triste figura, por sua vez, colaborou bravamente para a vergonha do partido. Eu gostaria de estar lá de *qualquer forma* para a festa em família (no mais bonito dos meses), para fazer o circo pegar fogo. Espero que até lá eu já tenha batido as asas daqui. Mil vezes obrigada por tudo de bom e amável que vocês me dão, e muitas saudações carinhosas a todos, especialmente ao amigo Franziskus [Mehring] e à esposa, a Clara [Zetkin] (ela está bem de

---

97 Chanceler alemão. Rosa Luxemburgo, pelo seu casamento com Gustav Lübeck, tinha nacionalidade alemã. Por isso sua família cogitou fazer um apelo ao príncipe Bülow.

98 Georgi Plekhanov, chamado de Georges na social-democracia.

saúde?). Um abraço apertado a sua *gens*, do calvo chefe à matriarca Granny até o menor dos meninos.

Sempre

Sua R.

Nos jornais daqui há a notícia de que fui levada ao Tribunal de Guerra. Não sei nada a respeito, portanto, fiquem tranquilos, provavelmente é um boato.

## COSTIA ZETKIN

[15 de janeiro de 1907]

Costik, meu filho![99]

Halberstadt é provavelmente uma bela cidade. Dela eu só vejo a sala de espera da segunda classe, e ela está tão vazia e tão enervante quanto todas as salas de espera do mundo. Isso é, de resto, outra ideia falsa. Eu me lembro exatamente de que algumas vezes, em viagem, qualquer mesinha com guardanapos sujos na sala de espera me parecia um pequeno oásis, e qualquer garçom de cara entediada era um anjo sorridente no paraíso. Tudo depende do... clima. Aqui, a cada dois minutos aparece o porteiro – um homem baixinho, de barba, com um grande nariz semita e lábios grossos –, toma posição, faz ressoar o seu sino e então recita em voz grave e dando grande ênfase a cada palavra: "Braunschweig, Goslar, Halle, Hildesheim, Hannover, Jerxheim... Plataforma 3!" Ao mesmo

---

99  Rosa Luxemburgo, tendo saído da prisão no final de junho de 1906, retoma a militância a favor da greve de massas na Alemanha e retorna a Berlim no outono. Enquanto estava presa em Varsóvia, Costia Zetkin, filho mais novo de Clara Zetkin, que tencionava fazer cursos na universidade de Berlim, ocupa um quarto em seu apartamento. Eles tornam-se amantes no começo de 1907. A ruptura definitiva com Leo Jogiches ocorre em setembro daquele ano.

tempo ele revira os olhos saltados na cabeça imóvel, como se fosse proferir uma sentença condenatória contra todos os pecadores aqui presentes. Ele tem razão, todos esses terríveis nomes de estações me soam exatamente como tantas estações de sofrimento da vida humana... Para que, afinal, existem tantas cidades no mundo, você não sabe me explicar, meu filho? Como se não bastasse, uma família feliz sentou-se à minha mesa, com dois viçosos rebentos de 4 ou 5 anos; muita preocupação com os narizes, com o leite derramado, com o gorro torto e com o demais bem-estar dos adoráveis garotos! Para que as pessoas põem tantas crianças no mundo, você não sabe me dizer, meu filho? No outro extremo da sala um padre está sentado à mesa, e eu não posso deixar de observar involuntariamente seu rosto redondo e assexuado. Não será apenas fruto da imaginação da minha alma doente, existe mesmo uma tal espécie de homens que, entre outras coisas, imagina servir a um Deus ao se castrar por amor a Ele, segurando um livrinho de bordas douradas entre os dedos gordos e murmurando algo ridículo, como esse padre lá no outro extremo da sala de espera? Aliás, que tenho eu com tudo isso?, pergunto a mim mesma, mas minha atenção vive agora, como todas as cordas isoladas de minha alma, uma vida própria, e isso produz uma sinfonia, meu filho!... Você não tem ideia! E por que você deveria ter uma ideia, que lhe importa? Eu também não sei por que lhe escrevo tudo isso. Não! Agora eu sei: só queria dizer que no domingo esqueci de lhe dar toalhas limpas; peça a Helene que lhe dê agora mesmo algumas do meu armário, caso contrário não terei a consciência tranquila, e uma boa consciência, você sabe, é o principal motivo da felicidade humana. Não é verdade, meu filho?

Saudações

R. L.

Hoje encontrei para você uma gramática russa muito boa numa livraria de Magdeburgo.

Ah, sim, a assembleia ontem foi esplêndida.

## COSTIA ZETKIN

[13 de maio de 1907]
Esta é a 3ª carta.
Segunda-feira, à noite

Estou aqui sentada no famigerado Whitechapel, sozinha em um restaurante, e espero há uma hora (já passam das dez). A coisa em si[100] só começa amanhã, até agora é evidente que tudo não passou de uma disputa pelas preliminares, na qual a presença *of my gracious Majesty* não era desejada. Ainda não vi ninguém e fui chamada aqui. Deus sabe por quanto tempo ainda terei de esperar. Passei pelas infinitas estações do escuro metrô num estado de ânimo terrível e desci abatida e perdida no bairro estrangeiro. Aqui é escuro e sujo, a triste luz dos postes tremula e se reflete nos charcos e poças (choveu o dia inteiro), à esquerda e à direita os restaurantes e bares multicores cintilam fantasmagoricamente, bandos de bêbados cambaleiam no meio da rua fazendo um barulho e uma gritaria infernais, entregadores de jornais berram, jovens floristas de uma feiura terrível, viciosa, como se fossem desenhadas por Pascin, berram nas esquinas, inúmeros ônibus rangem, e [cocheiros] estalam os chicotes. É um caos selvagem, e tudo é de uma estranheza tão selvagem. Levei muito tempo até conseguir encontrar o maldito hotel e meu coração se apertou dolorosamente. Por quê, por que eu tenho de caminhar pela vida entre impressões pungentes, cortantes, quando dentro de mim chora o eterno anelo por uma calma harmonia? Por que eu sempre torno a me lançar aos perigos e pavores de situações novas, onde o "Eu" se perde por não conseguir se afirmar diante do belicoso mundo exterior? Finalmente encontrei o "Três freiras". "Três freiras" – já o nome é danado de suspeito. Uma sala de refeições colorida, ainda vazia; respirei quando vi algumas damas em uma das mesinhas. In-

---

100 Ela foi a Londres participar do V Congresso do SDAPR (13 de maio a 1º de junho de 1907) como delegada da SDKPiL e como representante do SPD.

felizmente vejo que todos os hóspedes são conhecidos dessas damas e *sans façon*, de chapéu, tomam lugar à sua mesa por alguns minutos. Do outro lado da parede há obviamente uma *varieté* da mais inequívoca espécie, eu ouço todos os *couplets*, depois de cada um se ouvem aplausos alucinados e pateada, como se viessem de uma horda selvagem. Junte-se a isso um vaivém incessante, no todo um quadro extravagante. Mas, então, de repente, o sangue cigano também desperta em mim, os acordes estridentes da noite da metrópole com sua diabólica magia tocam certas cordas na alma da filha da metrópole. Em algum lugar lá no fundo alvorece um desejo obscuro de se lançar nessa voragem... O que diria o jovenzinho de cabeça grande e profundos olhos escuros? O jovem cujo semblante respira serenidade e firmeza, mas em cuja alma ainda pairam cinzentas névoas matinais, que flutuam indecisas para lá e para cá como se estivessem sobre uma maravilhosa paisagem montanhosa antes da aurora. Quanta besteira, meu jovem, vá dormir ou passear.

*Adieu*!

R. L.

Ah, sim, meu endereço é: London NW, Finchley Rd, 66 Goldhurst Terrace. Pode escrever tranquilamente.

Caso seja manhã (um poema do ano de 1619? 1649?):

> Pack, clouds away, and welcome Day,
> With night we banish sorrow;
> Sweet airs, blow soft, mount larks aloft,
> To give my Love good-morrow.
> Wings from the wind to please his[101] mind,
> To give my Love good-morrow,
> Bird, prune thy wing,

---

101 No original, *her*.

Nightingale sing,
To give my love good-morrow.[102]

RGASPI, Moscou[103]

## COSTIA ZETKIN

[Kilburn,] 23 de maio de 1907

Meu amor,

Já lhe escrevi dizendo que sua carta foi interceptada por L[eo Jogiches]. Ontem houve uma discussão breve e calma, porém terrível –, durante uma viagem de ônibus. Sem falar da carta, falamos de minha intenção de partir amanhã.[104] L. não me deixa ir e declara que antes me mataria: eu ficaria aqui, mesmo que fosse no hospital... acabávamos de entrar num restaurante fino, onde meu irmão me esperava para o jantar. No coro tocava uma boa orquestra, e eram os acordes da última cena da *Carmen*, durante a qual L. me sussurrou baixinho: antes eu te mato...

Meu menino, eu não sei o que acontecerá comigo nos próximos dias, o que será de minha partida, o que será de mim. Sinto uma estranha calma, e essa luta silenciosa, que talvez dê cabo de mim, faz meu coração bater acelerado, quase alegre. Como disse, eu não sei. Só sei de uma coisa: temo terrivelmente por você. Menininho amado, tenha cuidado, eu lhe peço, eu lhe imploro, tenha cuidado, você ainda tem pela frente uma vida

102 Poema de Thomas Heywood (1570-1641) de que Rosa Luxemburgo suprimiu e trocou alguns versos: Desapareçam nuvens, e bem-vindo dia,/Com a noite banimos a tristeza;/Doce ar sopra levemente, alcem voo as cotovias/Para dar bom dia ao meu amor!/Asas do vento para agradar sua mente/Para dar bom dia ao meu amor,/Pássaro, corte a asa, o rouxinol canta,/Para dar bom dia ao meu amor.

103 Sigla que identifica o Arquivo Estatal Russo de História e Política Social (http://www.rusarchives.ru/federal/rgaspi). Ver nota 4.

104 De voltar de Londres a Berlim, antes do final do Congresso (ver nota 100).

inteira. Eu preferiria saber que você está agora em Sillenbuch,[105] na grande floresta umbrosa que o abrigaria com proteção e carinho. Hoje à noite L. quer se instalar aqui na casa de meu irmão a fim de me controlar melhor, por isso é possível que eu não consiga escrever-lhe uma linha ainda antes de minha partida. Portanto, fique tranquilo, fique tranquilo, querido, ouviu, meu pequeno? Você deve ficar tranquilo e alegre. Vá assiduamente à casa de Gertrud [Zlottko] nos próximos dias, pois de algum modo eu a avisarei por telegrama da minha chegada. Mas *não* venha à estação, a não ser que eu telegrafe diretamente a você, pois se não o fizer é porque não chegarei sozinha.

Milhares de beijos para você.


## COSTIA ZETKIN

[Kilburn,] 23 de maio de 1907
Quinta-feira

Menininho amado!

São agora onze e meia da noite, acabei de chegar da reunião indizivelmente, desumanamente cansada. Hoje de manhã enviei-lhe uma carta sem selo, espero que a receba, era muito importante. Nela escrevi que a catástrofe é inevitável, e se aproxima. No que isso vai dar eu não sei. Estou muito tranquila, e na superfície nada se pode notar. Hoje, quando esperava o trem aqui na estação (há um vaivém incessante) e pensava em você, na indefinição e na insegurança de nossa situação, veio-me à consciência com toda a clareza e evidência: você precisa sair desse *affaire* a qualquer custo, você tem de ficar à parte, até que eu tenha levado a coisa a um desfecho. Nosso relacionamento se tornará

---

105 Sillenbuch perto de Stuttgart, onde morava a família Zetkin.

agora, nos primeiros dias, ainda mais impossível que antes, pois L[eo Jogiches] sabe de tudo. Por isso, você tem de esperar com serenidade, até que eu me liberte completamente. Eu o farei, pois tenho de me libertar – *de um jeito ou de outro*. Talvez a coisa tenha um triste fim, mas não posso fazer nada contra isso. Eu só temo por você, e gostaria de saber que você está tranquilo e alegre, eu gostaria de saber que está em segurança, em Sillenbuch. Se houvesse *alguma* possibilidade de você obedecer às minhas palavras, eu imploraria que fosse para lá. Temo tanto por você, menino, e você, afinal, não pode fazer nada neste caso. De preferência, não pense em nada disso, de alguma maneira tudo vai se resolver, estou muito tranquila, venha o que vier. Assim que for possível, volto a escrever-lhe. Menino amado, fique tranquilo e alegre, ouviu?

R.

RGASPI, Moscou

## COSTIA ZETKIN

[Hampstead, 27 de maio de 1907]
Domingo

Menino amado!

Foi totalmente impossível para mim escrever-lhe ontem, e ante-ontem eu estava tão ocupada, de manhã cedo até tarde da noite, que não encontrei um minuto livre. Ontem finalmente foi feito o relato que eu esperava. Infelizmente amanhã ainda tenho o discurso de encerramento,[106] que absolutamente não se pode evitar. Mas então

---

106 Discurso de encerramento no Congresso do SDAPR (13 de maio a 1 de junho de 1907, em Londres).

estarei livre, e então – estará posta a questão de minha partida. Certamente haverá um conflito com L[eo Jogiches], pois ele não quer me deixar partir, [não quer me permitir] viajar sem ele. Eu não sei o que será, menino amado, fique tranquilo e alegre, eu lhe peço. De todo modo, nos vemos em poucos dias. Um beijo para você.

R.

Por favor, vá à casa de Gertrud [Zlottko] perguntar se ela não precisa de alguns marcos, e eventualmente dê-lhe alguma quantia.

RGASPI, Moscou.

## CLARA ZETKIN

[Friedenau,] 4 de junho de 1907

Querida Clarinha!

Antes de entrar no buraco,[107] quero ainda escrever a você. Acabo de chegar de Londres, morta de cansaço e resfriada. O congresso do partido deu-me uma impressão muito deprimente; Plekhanov está acabado e até mesmo seus mais devotos adeptos estão amargamente decepcionados; ele ainda é capaz de contar piadinhas – na verdade piadas bem velhas, que já conhecemos por ele mesmo há vinte anos. Ele daria a mais pura alegria a Bernstein e Jaurès, se eles pudessem compreender sua política russa. Eu briguei pra valer e fiz uma porção de novos inimigos. Plekhanov e Axelrod (com eles Gurwitsch, Martov, entre outros) são o que de mais lamentável a Revolução Russa oferece agora. De trabalho positivo o congresso produziu muito pouco, mas sem dúvida contribuiu para esclarecer as coisas. A maioria,

107 Ver nota 100.

no sentido da política de princípios, era formada por metade dos russos (os assim chamados bolcheviques), os poloneses e os letões. Os judeus da Liga se revelaram os mais sórdidos trapaceiros políticos, que apesar de muitos acenos e frases radicais continuavam a dar sustentação ao oportunismo de Plekhanov. Eu os cobrei por suas posições com palavras candentes, e provoquei sua mais pura ira. Ao final, estava tão cansada e tinha tamanho abatimento que me vieram ideias suicidas – você conhece esse estado de ânimo por experiência própria. Agora tenho a prisão diante de mim, ou melhor, ela me tem diante de si. Imagine, ficarei detida em Berlim, na prisão feminina da Barnimstrasse, 10 – guarde o endereço –, e me alegro muito por isso; vai me fazer bem, afinal, pensar que estou perto de amigos e conhecidos. Ainda não sei o dia em que deverei ir para lá, em todo caso, será algo em torno de uma semana. Escreva de vez em quando para mim lá no buraco, para que eu me mantenha *au courant*, quero saber tudo, especialmente sobre você e sua saúde. Em Londres, me deleitei muito com a sua Balabanova; é uma criatura muito boa, apenas um pouco chorona demais para o meu gosto. Ela me implorou que você se poupe e se cure... o que você com certeza não fará! Você não quer, antes de mais nada, consultar um especialista, para saber se o diagnóstico de Salm[onoff] está correto? Nós duas provavelmente só nos veremos no congresso internacional,[108] quando me hospedarei em sua casa. Até lá me escreva e receba mil beijos.

de sua R.

---

108 O Congresso da Internacional Socialista (18-24 de agosto de 1907) realizou-se em Stuttgart.

## COSTIA ZETKIN

[Zwickau,] 24 [de junho de 1907]

Menininho,

Hoje tive uma alegria dupla, e tão grande. Logo cedo recebi a sua carta e, além disso, ainda tenho esperança de responder imediatamente aproveitando uma oportunidade.[109] Que faz meu queridinho, em quem penso o tempo todo? Durante a refeição me preocupo ao pensar que ele está sendo negligenciado, que ninguém cuida dele e que o meu pobre querido passa o dia meio esfomeado. O que mais me atormenta é pensar que de manhã, quando tem tão bom apetite, ele é tratado com a maior frugalidade. Você vai se irritar muito por eu pensar nessas coisinhas de nada, como a sua alimentação. Mas para mim, neste caso, *nada* é uma coisinha de nada, e, além do mais, *isso* se pode dizer e escrever melhor que as outras coisas. Minha alegria nem sempre resiste à saudade, por vezes tenho de me deitar na cama, não fazer nada e sonhar com... paz, nada senão paz, como daquela vez no sofá, antes da minha despedida. Não posso pensar em bem-aventurança maior do que essa tranquilidade e do que essa doce e saturada paz. Por vezes, os pensamentos rebeldes querem buscar um ponto firme no futuro próximo, onde novamente encontrarei um momento de abençoada paz, e por enquanto não podem encontrar nenhum, irritam-se por isso, confundem-se... Mas então eu logo me chamo "à ordem" – isso vai se arranjar, digo para mim mesma, mas nada desse desalento e dessa covardia vergonhosa diante do futuro! E então, contudo, o automóvel acena para mim... Quantos belos quadros em torno dessas viagens de automóvel já não pintei para mim mesma! À noite, no frescor umbroso e perfumado da floresta, nós voamos como uma flecha para o alto, a três, colados um ao outro, com Baby no meio, não dizemos nada, a rápida viagem nos tira o fôlego, mas como é maravilhoso esse silêncio! E pela manhã, na luz dourada do sol,

---

109 Rosa faz alusão ao envio de cartas clandestinas para fora da prisão.

quando a relva ainda cintila com as gotas de orvalho, torna a descer, no ar fresco... Luise [Kautstky] me disse que você vai diariamente à casa deles; por apenas um momento senti ciúme, mas então me puni por isso e me alegrei de todo o coração por você poder estar um pouco com outras pessoas. Naquela noite, com a ostentação de segredos tão importantes, os dois meninos mais velhos me deram uma impressão muito amável. Eu gostaria que você se relacionasse com eles; as crianças são, afinal, sempre melhores que os adultos.

Menininho, fique alegre e trabalhe muito. Eu abraço e beijo meu querido, meu Baby, muitas, muitas vezes.

Sua

Aqui não podemos receber cartas com muita frequência, por isso escreva de novo apenas em uma semana ou em uma semana e meia.

Minha cunhada está desde ontem em meu apartamento. Diga a Gertrud [Zlottko] que me traga de novo, com os sapatos, algumas flores e meu *sabonete*. O sabonete será o sinal de que você recebeu esta carta.

Se mamãe se oferecer para a visita no domingo, peça a Luise que avise minha cunhada, para que ela adie a visita *dela* para pouco antes de sua partida de Berlim, senão haverá muitas visitas em sequência, e as pessoas aqui ficarão irritadas.

RGASPI, Moscou.

## COSTIA ZETKIN

14 [de julho de 1907]
Domingo

Desta vez eu lhe escrevo sem saber exatamente quando você receberá esta carta, pois a oportunidade se tornou irregular. Além disso, logo ela deixará completamente de existir, e esta carta provavelmente será a minha última por esta via. Talvez eu pudesse lhe escrever novamente de maneira oficial, mas se você partir logo, talvez para Sillenbuch não seja tão fácil. Ou será que sim?

Não posso lhe dizer o quanto sua carta me alegrou recentemente. Eu já a esperava com impaciência. Seu estado de ânimo é para mim uma grande alegria, desde que o corpinho não seja demasiadamente maltratado por conta dele! Eu tenho tanto medo disso. Não posso escrever aqui o que penso e sinto. Acho que você entende. Hoje, involuntariamente, passei o dia pintando um quadro para mim mesma: uma vida inteiramente tranquila, isolada do mundo – como no inverno passado – e ler muito, trabalhar, passear (andar de patins…). Que delícia não seria! Não posso imaginar nada de mais maravilhoso. Mas é só um sonho, e sinto uma dor profunda quando penso na realidade, no futuro próximo. Também tento até com violência afastar de mim tais pensamentos e me concentrar somente no trabalho que tenho pela frente, o que em grande parte consigo. Penso muito em você enquanto trabalho, e gostaria que também lesse tudo o que leio. Por causa de uma expressão que utiliza em sua última carta fico me perguntando se você não virá ainda a escrever romances. Algumas coisas em você me parecem favorecer esta ideia, outras me fazem duvidar da possibilidade (por exemplo, sua tendência à dissecação – que eu certa vez chamei de cinismo – e que é um empecilho à configuração artística). Mas, seja como for, o que vier a acontecer, eu gostaria tanto de ver, de ver de perto, e com isso me alegrar. Ontem me lembrei de que, certa vez, em casa, quando era criança, eu quis *partout* ver como um botão de rosa desabrocha, e fiquei o dia todo diante do vaso de flores observando atentamente o broto. Claro que ele nem se moveu e tive de ir dormir aborrecida. No dia seguinte o encontrei já desabrochado. Será que desta vez também terei de partir? Outra lembrança me veio de repente, não sei como: a de um guarda-chuva que quebrei na neve, e não pude deixar de rir muito. Como você mudou desde então, está tão mais amável! Quando faz bom tempo, me alegro por você poder passear à noite; quando chove, penso com tristeza em como você tem de ficar desconsolado no seu quarto. As *Liaisons*[110] eu gostaria de ler também, traga-as para mim, quando for possível. Você vem antes da partida? Se sim, então vá direto ao diretor (diga ao porteiro que quer falar com ele "em particular") e peça-lhe pessoalmente como um sobrinho. Ele com certeza vai permitir. Peça também para me falar sem "limitações", ele o enviará para a secretaria, onde Luise esteve, aqui é muito mais agradável. Penso continuamente em meu pequeno *baby*, e em meus pensamentos sempre o aperto em meu peito. Que fará o pequenino sem mim? Por vezes fica difícil controlar a saudade. Ver esse menino feliz, afastar dele a menor das dores é meu mais doce pensamento.

Escreva toda semana [...].[111]

Ou será preferível que você não venha? Tenho tanto medo que depois a dor seja maior que a alegria; o constrangimento tem um efeito tão penoso sobre mim, e ter de falar artificialmente – afinal, as pessoas estão presentes. Talvez seja preferível esperar até o dia 15? Como você quiser. No dia 15, espero chegar a Stuttgart à noite. Eu telegrafo. Talvez já no dia 14!

Este recorte da *Neue Zeit* me foi enviado por Franz [Mehring]. Ele deve estar muito orgulhoso da sua resenha.[112] Essa ideia de me casar com o Renner! Guarde essas folhinhas para mim. Eu penso muito na floresta de Sillenbuch, quer dizer, eu sonho tantas vezes...

---

110 Alusão ao romance *Les liaisons dangereuses* [As ligações perigosas], de Choderlos de Laclos.

111 Palavra indecifrável no original.

112 Franz Mehring publicou na *Neue Zeit* (ano 25, 1906/07) uma resenha da brochura de Rosa Luxemburgo, *Greve de massas, partido e sindicatos* e do trabalho de Karl Renner (pseud. Rudolf Springer) *Grundlagen und Entwicklungsziele der österreischisch-ungarischen Monarchie* [Fundamentos e objetivos do desenvolvimento da monarquia austro-húngara].

## COSTIA ZETKIN

[Friedenau,] 17 [de setembro de 1907]
Terça-feira

Meu doce amado!

Ontem, às 7 horas, acompanhei minha última visita até a estação e corri de volta para casa, para perguntar no correio se havia alguma carta. Como uma linha sua me teria feito bem ontem! Estava tão terrivelmente cansada e minha alma estava empoeirada e sedenta. Infelizmente, já eram oito em ponto quando cheguei lá, e o correio estava fechado. Só hoje recebi a carta de Munique.

Você pode agora escrever com tranquilidade diretamente para minha casa: eu estou completamente só; Leocádia[113] se foi, se foi de vez, viajou de fato, para muito longe e por muito tempo. As coisas que ainda ficaram ela vai mandar buscar. Isso tudo foi decidido em definitivo na presença da irmã.

Agora estou novamente sozinha, o apartamento está em ordem e limpo, ao meu redor há silêncio, e o abajur verde está aceso sobre a mesa. Espero que meus nervos se restabeleçam em breve, ainda mais trabalhando com afinco. Queria viajar por uma semana para a casa do gordo[114] na serra para descansar, e escrevi a ele a respeito, mas recebi uma resposta imediata e tão calorosa que fiquei com medo e deixei esse plano de lado. Por conta disso ele hoje me puniu com uma carta muito fria e curta, na qual diz que ficará vários meses longe de Berlim; não acredito nisso.

Não posso lhe escrever dizendo como as coisas se passaram no meu íntimo, já é difícil falar sobre isso pessoalmente, por escrito, então! Muitas vezes peguei as suas fotografias e fiquei a contemplá-las para me acalmar.

---

113 Leo Jogiches.
114 Alexander Helphand (Parvus).

Agora já estão chegando as belas noites de outono, quando o céu fica vermelho escuro ao crepúsculo, mas a atmosfera permanece ainda um pouco clara, e ao mesmo tempo as lâmpadas elétricas já brilham nas ruas com sua luz lilás e rosa; nessas horas gosto muito de perambular pelas ruas e sonhar.

Meu pequeno e doce amado, você ainda tem de me contar sobre Lassalle e sobre tudo. Eu o abraço e ponho sua querida cabeça grande junto do meu peito e o beijo até que você fique calmo e calado. Agora você não precisa escrever numa data precisa, mas apenas quando tiver vontade e necessidade, não vá se forçar; eu não fico brava se você escrever pouco, o que seria terrível para mim é se você se forçasse a escrever.

É doloroso queimar sua carta, mas eu o faço porque você quer e para tranquilizá-lo. Faça o mesmo com a minha.

Um beijo em sua doce boca.


## COSTIA ZETKIN

24 [de setembro de 1907]

Doce menino amado, no dia 21, eu recebi sua querida carta longa e hoje recebi a curta. Você obviamente ainda não apanhou a minha, na qual eu respondia imediatamente à sua inquieta carta do dia 18. Querido, sua preocupação com meu estado é infundada; ela provavelmente foi transmitida a sua mãe por Karl [Kautsky], e a ele por Luise [Kautsky], que, por falta de outros temas, lamenta a diversas pessoas meus sofrimentos imaginários. É verdade que enquanto não estava sozinha eu me sentia muito infeliz, mas era pura depressão espiritual e cansaço; lembre-se de que, fora a breve semana com vocês, ainda não tive nem um pouquinho de descanso depois do tempo que estive em Londres, em Moabit e em Stuttgart, e depois de tudo o que passei. Mas agora poderei me refazer pouco a pouco, retomando minha vida tranquila e regular e trabalhando com afinco. Consegui finalmente me reconciliar com a economia política, já tinha me desacostumado completamente desse modo de pensar e isso me angustiava bastante. Agora, porém, novas mudanças me ameaçam: proibiram o "Rudolf" e também o astrônomo – isso é *estritamente confidencial* – de dar aulas na escola.[115] No dia 1º a escola deve começar, e faltam professores. Agora querem me agarrar pelas orelhas para dar as aulas de economia política. Hoje de manhã Karl me comunicou a ideia e amanhã cedo tenho de dar uma resposta definitiva. Hesitei, e ainda hesito muito. Meu primeiro pensamento, minha vontade era dizer não. Não tenho nem um tiquinho de interesse pela escola, e não nasci para mestre-escola. Mesmo a honra de substituir o belo Rudolf é pequena. Mas outros motivos falam a favor, o principal é que de repente me ocorreu que no final das contas isso poderia finalmente dar uma base material para minha existência. Por quatro aulas semanais num curso de um semestre (outubro-maio) eu receberia 3 mil marcos. São condições esplêndidas, de fato, e eu poderia receber regularmente em meio ano mais do que por um ano inteiro e ainda teria todas as tardes livres e metade do ano só para mim. Isso talvez fosse o mais sensato, caso contrário eu, com minha maneira idiossincrática de trabalhar, viveria apenas de acasos; assim, porém, teria tranquilidade e ócio para me dedicar à ciência. E a coisa também seria conveniente porque estou preparada para o curso em Berlim e poderia utilizar o mesmo plano, apenas mais detalhado. Pena que você não está aqui para deliberar comigo, mas tenho a sensação de que você pesaria os mesmos motivos pró e contra e talvez se decidisse *favoravelmente*. Até março, então, eu estaria ocupada quatro dias da semana das 10 às 12 horas da manhã, e teria todo o resto do tempo inteiramente livre. Claro que teria de mandar às favas o curso de Berlim, pelo qual me sentia tão feliz e que considero dez vezes mais importante; mas não teria sido trabalho perdido, porque escrevi as aulas em forma de brochura; agora só teria de trabalhar por mais duas semanas e elas estariam

---

115 Rudolf Hilferding e Anton Pannekoek, não tendo cidadania alemã, foram proibidos pelas autoridades prussianas de dar aula na escola de formação de quadros do SPD que havia sido aberta em Berlim em novembro de 1906.

prontas. Estou certa de que servirão para alguma coisa. Amanhã, depois de tudo definitivamente acertado, eu lhe envio algumas linhas a respeito.

Temos agora novamente dias maravilhosos; todos os dias às oito da manhã saio para dar um passeio, e penso muito em você. Ontem meus pensamentos (inspirados por uma biografia de Segantini, que nasceu em Arco, junto ao lago Garda) estavam em Maderno e no magnífico Garda, com seu azul profundo. Meu sonho é voltar para lá e passar algumas semanas, mas então gostaria de levá-lo comigo, meu menino amado, e caminhar com você ao redor do lago. Creio que logo terei meios que nos permitirão realizá-lo.

Penso também em seu trabalho sobre as colônias; leia novamente o capítulo correspondente no primeiro volume do *Capital*, o debate em Essen[116] me deu novos estímulos e mostrou o quanto um trabalho desses é necessário. Fico muito feliz em saber que você se encantou com Ferdinand [Lassalle]; eu também sou apaixonada por ele e não deixo que nada nem ninguém me faça desgostar dele. Sempre encontro nele uma fonte de inspiração para o trabalho e para a ciência; esta tem nele uma essência tão vívida, tão genial. Marx é na verdade mais poderoso e profundo, mas nem de longe tão brilhante e colorido.

Luise me contou ontem que Mara[117] virá em breve (acho que em 1º de outubro) e se hospedará provisoriamente (até o ano-novo) na casa de August [Bebel]. Assim, você terá companhia. Hoje eu sonhei que ela o conquistara e você viera me contar... Luise disse ainda que Maxim [Zetkin] também viria agora, ele mesmo o teria dito a Karl. Eu não acredito, depois do que M[axim] falou para mim. – Annie [Luxemburgo] também já está aqui, desde o dia 1º de setembro, ela vem com muita frequência.

Então o gato Misch foi para o reino das sombras? E nosso protegido Mutik ficou com a herança dele. *Le roi est mort – vive le roi*,[118] assim caminha o mundo. Um *pendant* inevitável para isso, infelizmente, é:

---

116 No Congresso do SPD em Essen (15-21 de setembro de 1907) os debates se centraram na posição do partido em relação à guerra e à questão colonial.

117 Filha do casal de médicos Otto Walther e Hope Adams-Lehmann.

118 Do francês: "O rei está morto, viva o rei". (N. E.)

*La reine est morte, vive la reine.*[119] Foi assim, eu creio, que respondi a você no sonho, com amarga ironia.

Menino amado, estou agora muito mais só que você, não vou a lugar nenhum e não vejo ninguém. Aliás, ontem chegou um camarada da Polônia, depois de passar onze meses preso numa cela superlotada(!); ele era um jovem florescente, alegre, uma criança serena; voltou como um neurastênico muito inchado, de mãos trêmulas; deram-lhe "férias" a fim de que se restabelecesse para um novo trabalho. Também Riasanov (acho que você o conhece, o grandalhão de ombros largos e barba grande) chegou da prisão; lá ele contraiu um tumor na mão e lhe amputaram o dedo mindinho. Senti um aperto no coração ao vê-lo assim mutilado, e ele mesmo está abatido.

Tantas figuras tão belas têm chegado daquela voragem. Ontem eu estava tão agitada que durante metade da noite não pude dormir e tive maus sonhos… Um beijo para você, meu doce amado.

COSTIA ZETKIN

[Friedenau, 6 de abril de 1908]

Amado Niuniuku, eu não vou a parte alguma, a coisa com K. K. [Karl Kautsky] foi por água abaixo. A avó o convenceu de que "em vista do que as pessoas dizem" não seria possível… De mais a mais, estou tão desgostosa do falatório na casa dos Kautsky que decidi não tornar a ir lá por nada. Eles que venham a minha casa, se quiserem, estou cheia deles. Ontem Hannes [Diefenbach] almoçou aqui em casa, depois eu me pus a trabalhar e ele passou o resto do tempo sentado estudando com afinco seus rins, ou o que quer que fosse. À noite Felix [Kautsky] veio aqui e quis a todo custo nos levar com ele; não houve remédio, tivemos de ir. Só na Niedstrasse ficamos sabendo que tínha-

---

119 Do francês: "A rainha está morta, viva a rainha". (N. E.)

mos sido chamados à casa de Granny;[120] Felix o escondera de mim, caso contrário eu não teria ido. Praguejei e Hannes gemeu, mas não era mais possível voltar atrás. Na casa da velha estavam August e Julie, os Ledebour e Mara. E graças a K[arl] K[autsky] essa agremiação estivera ali o tempo inteiro a conversar sobre minha viagem de férias. Quando cheguei o plano já estava traçado: eu devia ir a Nordrach com Mara! Imagine que descaramento! Eu, naturalmente, em duas palavras deixei claro que ninguém deveria se preocupar comigo, e pus um ponto final no falatório. Depois Hannes ainda queria ir até minha casa de qualquer maneira, e deu todo tipo de pretexto, mas Mara nos acompanhou até a minha porta, e ele teve de ir com ela, o que fez com a maior descortesia. Eu estava muito nervosa ontem à noite, dormi depois das duas horas, praguejei contra a Alemanha e sufocava de anelo pelos... Pampas, onde não há nenhum falatório, nenhum camarada e nenhuma conversa sobre saúde e banhos na Riviera.

A reunião de maio em Stuttgart foi para mim o mesmo que uma paulada na cabeça: pelo amor de Deus, o que eu teria a dizer lá? Eu sei tanto quanto você. Afinal, não posso fazer discursos "inflamados", e palestras acadêmicas não servem para o Primeiro de Maio. O bom Deus deve ter criado o Westmeyer só para me castigar.

Espero uma cartinha sua já para amanhã, mas em todo caso vou perguntar ainda hoje.

Eu sempre fico feliz em saber que você está aí e tem sossego. Descanse direitinho e aproveite a primavera o mais que puder. Diudiu, fique alegre e me escreva logo.

Sua Niunia

120 Minna Kautsky.

## COSTIA ZETKIN

[Clarens,] 14 de abril [1908]
2 horas da tarde

Amado Diudiu, mal acabei de chegar e aproveito a primeira oportunidade para lhe escrever longamente. Você deve ter recebido minha carta de Frankfurt, uma de Basileia e um telegrama, também de Basileia. Neste momento estou mais tranquila, de lá escrevi tomada por uma terrível agitação. O motivo é que, já em Berlim, eu hesitava muito sobre se deveria partir com K[autsky] e quando deveria fazê-lo; de repente, L[eo Jogiches] invadiu o apartamento, depois meu quarto e falou, aos berros, ter ficado sabendo que eu iria com K. e que isso não ia acontecer, ou eu morreria ali mesmo. Mantive, como sempre, uma gélida tranquilidade, fiquei onde estava e não disse uma palavra. Isso o enfureceu ainda mais e ele correu para a sua casa,[121] depois de exigir que eu lhe desse o endereço (não lhe dei nenhuma resposta, claro) e de obrigar Gertrud [Zlottko] a lhe entregar as duas chaves. Assim que vi isso, fui à casa de K[arl] K[austsky] e passei a noite lá. Não posso lhe descrever como me sentia, foi uma noite horrível. Na manhã seguinte fui com os meninos até o apartamento ver se havia cartas, encontrei-o na rua, não olhei para os lados e subi. Lá em cima encontrei minhas cartas abertas, e quando desci ele estava outra vez em frente ao prédio e me seguiu. Ele estivera na sua casa, a sra. Grossmann lhe teria dado "todas as informações" – obviamente sobre visitas –, "o pássaro havia batido as asas", mas ele ainda o apanharia; além disso eu tinha de prometer não dar nenhum passo para fora de Berlim, caso contrário ele me mataria ali mesmo. E já enfiava a mão no bolso. Eu me mantive calma e fria, não virei a cabeça nenhuma vez, e ele se foi. Mas, no fundo, eu estava tão terrivelmente agitada e tão infeliz com os maus-tratos que tive de voltar para junto de K. K. – para o barulho e a banalidade – e não pude

---

121 Em 1908, quando ia a Berlim, Costia Zetkin hospedara-se na casa da sra. Großmann, em Friedenau, Peschkestrasse, 14.

voltar para minha casa (ela se tornara um horror, desde o momento em que ele se apossou das chaves), e enviei imediatamente um correio pneumático para Hannes dizendo-lhe que fosse me buscar em casa de K. Ele veio me apanhar às três e me levou para sua casa, mas eu sabia que não poderia nem quereria dizer-lhe uma única palavra, ele apenas notou que eu estava muito perturbada, nós lemos e conversamos um pouco, e então ele voltou comigo à casa dos K[autsky]. Eu me sentia tão só, desorientada, sem saída como nunca antes. Sobretudo, eu não conseguia em absoluto tomar uma decisão: devo ir ou não? Pensei comigo que você seria inteiramente a favor de que eu fosse, e à noite, com a ajuda de Hannes, juntei rapidamente minhas poucas coisas, voltei às onze horas para a casa dos K. e, na manhã seguinte, parti. Exteriormente me mantive o tempo todo tranquila e alegre como sempre (por causa dos K.), mas no íntimo estava terrivelmente [eufórica]. À noite, em Frankfurt, fui tomada de uma tal perturbação que senti claramente a proximidade de um acesso de loucura, as ideias e os sentimentos se sucediam com uma velocidade tão estonteante que eu já estava para me levantar e telegrafar a você ou a Hannes. *O que* exatamente eu não sei, só queria me apoiar em alguém. Mas você não deve de modo algum pensar em vir para cá, pois L. virá – isso ficou claro para mim já naquela noite em Fr[ankfurt] –, logo [ele vai] estar aqui. Ele com certeza terá um acesso de fúria quando souber que eu parti, apesar de tudo, e então atirará tudo para o alto e virá para cá se vingar. Ele já foi tão longe com suas ameaças que não pode mais admitir que zombem delas, eu o conheço. No que isso vai dar, não faço ideia. Neste momento estou tranquila, em Laus[anne] eu dormi bem, a fadiga embota minha agitação interior, e o sol aqui é tão suave e tão belo!

Em Clarens, ainda não perguntei por cartas. Escreva para mim aqui na pensão, em meu nome verdadeiro, apenas disfarce um pouco a letra, por causa de K. O endereço você encontra no envelope. Junto com esta carta eu lhe envio florzinhas que eu mesma colhi agora há pouco. Escreva-me logo, meu doce, doce tesouro.

Sua Niunia

Fique tranquilo e alegre, meu menino, estive o tempo todo feliz por saber que você está longe de Berlim, longe desta cruel euforia e longe do perigo. Diudiu, meu doce.

RGASPI, Moscou

## COSTIA ZETKIN

[Friedenau,] 16 [de maio de 1908]
Sábado

Meu doce amado, hoje à noite terei a tediosa reunião com as mulheres. Agora chove a cântaros e eu espero um momento para ir buscar sua carta, se houver alguma. Imagine, Hans K[austy] veio, apesar de minha atitude diretamente hostil para com ele. Ontem à noite esteve aqui, às 8 horas, depois andei com ele um pouco pelo campo, pois no quarto havia um terrível vazio. Quase não sei dizer o que ele contou durante o passeio, pois o tempo todo pensava em você, em nós, e quando olhava para a lua quase chorava de tristeza. Oh, Diudiu, ao me deitar ontem eu estava completamente desesperada. Para lhe dizer a verdade, o motivo era que mais cedo (7-8 horas) L[eo Jogiches] estivera aqui, por causa de assuntos referentes à revista. Mas antes ele declarou que me daria mais um prazo (de vida) porque Adolf [Warski] acaba de ser preso e ele [L.] não pode deixar o trabalho, e porque as coisas que havia em um certo endereço foram levadas embora. Ele já esteve lá. Claro que estas são expressões com as quais ele encobre temporariamente o recuo depois de suas ferozes ameaças de antes de minha partida. Mas ter de ouvir tudo isso sem poder fazer nada me atormentou o coração. Por sorte, Hannes chegou logo depois, o que me obrigou a recompor-me, ao menos exteriormente, e não pude me entregar ao desespero. Mas na cama eu gemia de dor e no íntimo clamava por meu Diudiu, que me tomaria em seus braços e me acalmaria. Agora de manhã, com o dia claro, estou um pouco mais calma. Fique calmo você também, meu amor, nós vamos sobreviver a tudo isso, e eu já me consolo com planos de rever você muito em breve, de passar novamente alguns dias com você. Amado do meu coração, nós precisamos trabalhar, e o tempo desfará todas as confusões ao nosso redor.

Que pena que chove tanto agora, o mundo parece tão triste, e eu estou triste por ter de ir à reunião. Gostaria de me esconder no oco de alguma árvore da floresta e só olhar para fora um pouquinho, para que nenhuma pessoa me visse e soubesse de mim. Só o meu Niuniu poderia ficar ao meu lado na árvore. Nós nos aqueceríamos um ao outro com nosso sopro e ficaríamos bem agarradinhos. Gugu, doce, amado, o que faz o Pequeno Niuniu?...

Senhora Jagugu

## COSTIA ZETKIN

[Friedenau, 5 de junho de 1908]
Sexta-feira, 8 horas da noite

Sinto-me péssima, a depressão me aperta tanto a garganta que fico sufocada. Oh, ver um ser humano agora – não há ninguém aqui –, oh, ter asas agora e voar para junto de Niuniu – ah, nada de asas, apenas ter alguns dias livres para mim, então eu embarcaria hoje no trem noturno e pela manhã bem cedo estaria junto de você. Mas nada é possível. Oh, essa pressão terrível no cérebro e essa agitação no coração. Eu sei o que fazer – vou me sentar e escrever ao amado, ao meu caro amigo que sempre esteve perto de mim com seu amor quando a aflição me prendeu em suas garras. Dudu, coração, doce consolador, eu vivi tanta coisa horrível desde ontem. Pela manhã veio de Varsóvia, enviado especialmente a mim, o mais importante advogado em processos políticos; ele e seus colegas me telefonaram a fim de reerguer *Europa* por causa do horror que ali reina no Tribunal de Guerra, nas prisões, nas câmaras de tortura. Ele relatou e eu anotei o material das 10 horas da manhã às 7 da noite, até que ele teve de partir para poder estar de volta ao tribunal hoje de manhã. Nós dois choramos durante o trabalho. É pavoroso, todo dia várias execuções; nas prisões acontecem coisas de arrepiar os cabelos. Você pode imaginar como eu me senti. E para embelezar mais um pouquinho isso tudo ainda veio o seguinte: ele contou de vários detentos que irá defender, mencionou entre outros o meu rapaz[122] (sem ter ideia do que estava fazendo); eu pergunto: Como está ele? – Oh, diz ele, muito mal. – Como? – Sim, eu estive com ele justamente antes de viajar ao encontro da senhora, o próprio gendarme me chamou dizendo que ele tinha "absoluta" necessidade de mim; e de fato – assim que o vi tive um susto: amarelo, decaído, mal se pode sentar e fala tão baixo que tenho de colar o ouvido a sua boca para ouvi-lo. Creio que ele tem tuberculose, e fui procurar a mãe dele a fim de pô-la a par da situação. – Niuniu, você pode imaginar como eu me senti? Então veio toda a escrita e a correria para enviar aquelas notícias pelo telégrafo a vários jornais, a fim de pôr as pessoas de prontidão. Não pude dormir a noite toda, e hoje corri o dia todo. Agora me sinto totalmente quebrada. Oh, meu caro amigo, se eu pudesse vê-lo agora.

Ainda não partirei no domingo,[123] talvez na terça-feira. Escreva-me, portanto, não me deixe sem cartas. Hoje a sua doce carta foi um consolo tão grande para mim.

Mas, por favor, Diudiu, não fique triste, fique alegre, meu menino amado, talvez eu devesse esconder tudo isso de você, mas não consigo dissimular.

A lua já apareceu, e a estrela da tarde. Eu saúdo você por meio delas, meu caro. {Vá para o berço e sonhe docemente comigo, e esteja tranquilo, minha criança}

---

122 Alusão a um revolucionário polonês, cujo nome não se descobriu.
123 Rosa Luxemburgo viajou com a irmã Anna (11 de junho a 10 de julho de 1908), para que esta tratasse da saúde em Kolberg, no Mar Báltico.

## LEO JOGICHES[124]

### [Berlim-Friedenau, 6 ou 7 de junho de 1908]

Caso se trate do artigo etc., precisamos entrar em acordo. Isso deve ocorrer amanhã, uma vez que terça ou quarta-feira preciso ir com a minha irmã para a praia.[125] O artigo sobre a autonomia (I) para a futura *Revista Social-democrata* [*Przegląd Socjaldemokratyczne*][126] enviarei de lá, o editorial não consigo fazer mais. Em último caso, o artigo sobre a autonomia poderá ser usado como editorial.[127]

Escrevi para o Led[bour].[128]

## COSTIA ZETKIN

### [Kolberg, 15 de junho de 1908]
### Segunda-feira

Amado do meu coração, doce tesouro, recebi hoje suas duas cartas, a de sexta-feira e a de sábado, pois ontem o correio estava fechado. Só hoje lhe escrevo, porque ontem tinha muito o que fazer (por escrito) e não consegui. Dudu, não fique triste, eu já estou mais tranquila e

---

124 Depois do rompimento com Leo Jogiches em 1907, Rosa Luxemburgo adotou um tom totalmente impessoal nas cartas que lhe dirigia e só tratava de assuntos do partido. Nessa época começa seu relacionamento com Costia Zetkin.

125 Rosa estava com a irmã doente em Kołobrzeg. E a acompanhou até o fim do tratamento, ou seja, 10 de julho – ela mesmo dedicando, como testemunham as cartas deste período a K. Zetkin, um intenso trabalho aos artigos para a *Revista Social-democrata* [*Przegląd Socjaldemokratyczne*], em particular a "Questão nacional e autonomia" [Kwestia narodowościowa i autonomia], *AZPH*, 63/IIa, t.29-30).

126 A primeira parte do trabalho de Rosa de Luxemburgo, "Questão nacional e autonomia", foi publicada no número de agosto da *Revista Social-democrata*, n.6, 1908 p. 482-515.

127 O artigo acabou não sendo publicado como editorial.

128 Rosa Luxemburgo se dirigiu a G. Ledebour, pedindo-lhe para escrever para a *Revista Social--democrata*. Está conservada a resposta de Ledebour à carta de Rosa Luxemburgo datada de 10/06/1908 (*ZHP*, 63/IIb, t.1, poz. 13).

alegre. O tempo está bonito, eu na verdade me sinto mal – o ar daqui é muito prejudicial para mim –, mas ainda posso suportar as duas semanas. E também me sinto muito feliz por poder facilitar e alegrar o tratamento da minha irmã.

Duduk, seu estado de ânimo em relação ao trabalho não me daria nenhuma preocupação se eu pudesse estar com você e discutir tudo em minúcias. Seu agudo senso crítico, que o faz perder o gosto por qualquer livro, é para mim o que há de mais caro em seu intelecto; vejo nele a garantia de que você vai penetrar profundamente em tudo e jamais se contentará com banalidades superficiais. Claro que há o perigo de que essa profundidade não conheça medida e você, de tanta análise, nunca chegue à síntese.

Mas isso o tempo dirá. Apesar de esbravejar e xingar, você reúne sim, de cada livro, uma massa de conhecimentos. *Como* você a utilizará, *quando* começará a trabalhar com independência, não podemos dizer antecipadamente com segurança. Quanto a isso não tenho a menor preocupação; espero com toda tranquilidade até que se resolva por si mesmo. É algo que não se pode forçar, mas justamente porque você é tão crítico, ao mesmo tempo que tem uma enorme necessidade de criar e não apenas de devorar livros, que isso vai acontecer, com toda certeza. Eu me sinto tão tranquila a esse respeito! Se estivéssemos juntos poderíamos discutir algumas coisas com calma. Sua ira contra Marx, por exemplo, é injusta, não tenho a menor dúvida; você simplesmente ainda não descobriu como e de que lado abordá-lo, e por isso ele o irrita tanto.

{Meu coraçãozinho, meu menininho bravo, se eu pudesse apertá-lo e cobri-lo de beijos, meu injusto e doce raivoso; não se preocupe com o futuro. Intelectualmente você ainda será alguém, muitos especialistas só descobriram bem tarde seu lado forte. E do ponto de vista material a situação não é ruim; enquanto eu ganhar tanto teremos sempre o suficiente para nós dois, mesmo que você não tivesse nada, e mesmo que você não me amasse mais, ainda assim você continuaria sendo meu pequeno doce amigo.}

Não se preocupe de maneira nenhuma com o futuro, e continue a se concentrar no trabalho. Com o francês você simplesmente tem de se ajudar um pouquinho – paciência e dicionário; ninguém pode se arranjar bem apenas com o alemão. Leia o Owen,[129] se momentaneamente lhe faltarem outros livros.

O Mar Báltico é nojento, eu me consolo pensando nas montanhas, e vejo nós dois a caminhar sob um sol radioso em desfiladeiros entre cumes nevados. Duduk, coração amado...

Suponho, portanto, que apesar de seu mau humor você continue a trabalhar em nossos planos e, antes de mais nada, tente compreender o movimento babouvista. Dê uma olhada se na biblioteca não tem a obra de Buonarroti: *Babeuf et la Conspiration des Egaux* [Babeuf e a Conspiração dos Iguais] em alemão. Se não tiver, obrigue-se a lê-la em francês com o dicionário. Escreva-me, então, o que você está fazendo agora. Gugu, doce, eu abraço você –

## COSTIA ZETKIN

[Kolberg, 21 de junho de 1908]
Domingo

Hoje chegou sua primeira carta aqui no hotel, eu fiquei tão feliz! Duduk, Luise [Kautsky] faz os planos sem mim, eu quero lhe explicar como isso acontece. De início ela e os meninos[130] aceitaram com júbilo minha sugestão de passear juntos na Suíça. Karl vai com Bendel[131] para Lafargues. Agora ele (Karl) começou a remexer para aniquilar esse plano, pois odeia minha influência sobre Luise, uma vez que ela poderia intimamente se emancipar dele e, além disso, durante o passeio ele poderia perder Luise de vista. Então queria prendê-la de algum modo, e com pessoas estranhas, a fim de limitar-lhe a liber-

---

129 Liebknecht, *Robert Owen. Sein Leben und sozialistisches Wirken* [Robert Owen. Sua vida e sua atuação socialista].

130 Os filhos de Karl e Luise Kautsky.

131 Karl Kautsky e seu filho Benedikt.

dade de movimento. Assim, trabalhou bastante os meninos, até eles dizerem que não queriam passear, e sim ficar com os Bosch. Por isso Luise escreveu a B[osch] e se fez convidar. Agora ela pensa que eu vou junto. Claro que isso não me passa pela cabeça, eu não gostaria de jeito nenhum de estar com eles na casa de vocês, não ganharíamos nada com isso. Agora terei de arranjar um meio de encontrar você *mais tarde* e de passearmos sozinhos. Vai ser, claro, ainda mais bonito. Mas eu gostaria que em Berlim acreditassem que vou com os K[autsky]. Você entende?

Continuo esperando que você viaje.

Fico tão feliz por você estudar o livro sobre Mozart. Eu tenho o mesmo gosto: amo livros cuja matéria eu mesma tenho que sacar deles. (Apesar disso você é injusto com Marx, não pude deixar de rir de sua paródia com as duas abelhas e de dizer: burrinho!)

Duduk, um beijo para você, meu doce!

## CLARA ZETKIN

[Kolberg,] 22 de junho de 1908

Caríssima Clara!

Demorei a lhe responder pois, como antes de minha partida de Berlim, aqui também estou inteiramente ocupada e quase nunca me vejo sozinha. O "artigo" de B[erta] Selinger nada mais é do que notas "passadas a limpo" de minha primeira aula sobre economia política. Tive uma sensação horrível ao ver como as notas dos alunos refletem de modo tão pálido e raso as minhas exposições e de que modo cru eles querem empregar os conhecimentos recém-adquiridos. Seja como for, melhorei o que havia de mais grosseiro, mas sou de opinião que em hipótese alguma se deveriam publicar "artigos" como esse, que é preciso deixar claro à Selinger que apenas trabalhos independentes servem para isso e que as aulas escolares devem ser consideradas apenas material, fundamento. Essa pobre gente obviamente não sabe o que fazer com a sabedoria que lhes é servida e querem transmiti-la ao povo assim, diretamente, "quentinha da vaca", *Eheu, me miserum!*[132] Eu já tinha percebido algo parecido na escola, e isso reduz consideravelmente minha alegria com o cargo de professora.

Como vai você? Espero que esteja bem e animada para o trabalho, pois faz tempo que você não vagueia por aí. Luise [Kautsky] escreveu-me sobre o órgão "científico" concorrente da indústria metalúrgica. Isso tudo me deixa feliz, pois nesse caso se pode dizer: quanto pior, melhor. Quanto mais crassos frutos toda essa corja sindical der, mais cedo quebrará o pescoço. Mas os nossos sábios querem ir de encontro ao perigo e à concorrência com "suplementos ao folhetim" da *Neue Zeit*!

Um abraço carinhoso para você e lembranças a seus homens.

R. L.

Estou hospedada aqui como sra. dra. Lübeck, Kolberg, Parkhotel. Fico até 8 de julho.

## COSTIA ZETKIN

[Kolberg, 22 de junho de 1908]
Segunda-feira

Amado do meu coração, meu doce, hoje, pela primeira vez desde que estamos aqui, o dia está nublado, uma chuva fina cai mansamente como um véu e eu estou triste porque o amado do meu coração não

---

132 Do latim: "Ah, coitada de mim!". (N. E.)

recebeu nenhuma carta minha e ficou inquieto. Duduk, aqui é tão difícil escrever para você. Estou todo santo dia presa à minha irmã e, como ela não dá um passo sem mim, fico o tempo todo ao seu lado junto ao mar, para que ela possa estar ao ar livre; por conta disso não consigo fazer mais nada. Além do mais, há alguns dias venho me dedicando a um trabalho muito urgente para nossa revista, um artigo sobre o congresso eslavo em Praga no dia 12 de julho.[133] É um tema esplêndido, que eu trabalho com o maior interesse. Ontem e anteontem tive de ler tantos jornais e livros para isso, que fiquei completamente debilitada de cansaço. Entre hoje e amanhã escreverei o artigo. Se o tempo me permitir, também o escreverei em alemão para a *Neue Zeit*. (O congresso eslavo é um triunfo da minha teoria sobre a questão polonesa.) Se estivesse com você, lhe contaria tudo.

Niuniu pode ficar completamente sossegado quanto à minha saúde. Fiquei tão redonda e meu rosto está tão vermelho, que é quase uma indecência, eu só me sinto – não sei por que – muito fraca e me canso com facilidade. Mas basta que caminhemos nas montanhas por uma semana, e você vai ver. Acho que é o ar daqui que me deixa tão abatida.

Fico muito feliz por Owen e Fourier lhe interessarem. Mas o mais genial entre eles é St-Simon, que inspirou Auguste Comte, Lesseps, Considérant e toda uma outra geração. Quando estiver em Berlim tentarei descobrir onde você pode encontrar um livro *alemão* substancial sobre St-Simon e Fourier. Aqui, infelizmente, não sei nada, mas me alegra ver que você vai colher nos utopistas uma grande quantidade de estímulos intelectuais. E também não o considero de modo algum "maluco" por acreditar que precisa ler Smith e Ricardo para entender os utopistas. Já lhe disse uma vez: talvez só pelo desvio da história do socialismo é que você vá chegar à economia política. E mesmo que para mim, pessoalmente, a conexão entre os utopistas e a economia política não seja tão claramente perceptível quanto para você, cada um tem

---

133 Em 13 de julho de 1908 realizou-se em Praga um congresso em que todos os povos eslavos estavam representados. O artigo de Rosa Luxemburgo sobre o tema foi publicado no número de junho dos *Przegląd Socjaldemokratyczny* com o título "Cancan da contrarrevolução" (original polonês).

de encontrar com seu próprio intelecto, por seus próprios caminhos, os fios interiores de seu desenvolvimento. Eu mesma cheguei à economia política por um caminho muito mais estranho: por meio de Comte e da matemática mais avançada. Gostaria muito que sua mãe conseguisse que Grunwald, do arquivo, lhe enviasse as cartas sociais da França e da Bélgica, de Karl Grün.[134] Nelas você encontra – é verdade que numa forma jornalística forçadamente espirituosa que eu odeio tanto quanto você – muito material e algumas iluminações corretas sobre St-Simon, Fourier e suas escolas. Eu não tenho como pedir o livro daqui de Kolberg, mas se sua mãe escrever para Grundwäldchen (diretamente para o arquivo, Lindenstrasse, 69), ele o enviará com um beija-mão. Ou então sua mãe poderia escrever a Paul Axelrod, que possui um exemplar (mas quando o fizer não deve se referir a mim, e sim a K. K. [Karl Kautsky]).

Dudu, amado, você me faz tanta falta.

Enquanto escrevia a chuva parou, o céu está claro e o sol brilha. Um beijo para você.

## COSTIA ZETKIN

[Kolberg, 27 de junho de 1908]
Sexta-feira

Meu amado Duduk, ontem foi um dia feliz: recebi duas cartas suas, ambas longas e belas. Aqui estou, tão presa à minha irmã que mal encontro oportunidade de ler suas cartas em completo sossego, enquanto em casa eu costumava lê-las a cada duas horas, até que chegasse uma nova. Sobre o artigo de Hannes [Diefenbach] penso exatamente como você; embora não o tenha lido, ele já o tinha mostrado

---

134 Rosa Luxemburgo refere-se ao livro de Karl Grün, *Die soziale Bewegung in Frankreich und Belgien. Briefe und Studien* [O movimento social na França e na Bélgica. Cartas e estudos], de 1845.

para mim anteriormente. Há muito se tornou claro para mim que a inteligência de Hannes tem limitações muito definidas e justamente a facilidade com que ele começou a exercer a atividade literária me deu de imediato essa impressão: ele não irá muito além desses começos. Isso, de resto, está em perfeito acordo com sua maneira elegante e sensata de conversar a respeito de tudo, em suma, com todo o seu ser. Por isso o artigo não me irritou tanto quanto a você, pois minha imagem de H[annes] já está formada. Por outro lado eu ficaria muito infeliz se você tivesse essa mesma necessidade de tomar da pena a qualquer pretexto. Sua hesitação e desorientação são traços aparentados aos meus, pois eu tenho a mesma tendência de ir do décimo ao milésimo, e é por isso que escrevo tão pouco, só que já aprendi um pouco a estabelecer uma moldura para minha produção intelectual e não me perder no ilimitado. (Enquanto escrevo isso me irrito por ter comparado você a Hannes; não quero comparar você com absolutamente ninguém.) A propósito, em Hannes há outro pequeno traço que me tocou de maneira constrangedora: ele me disse que teria escrito esse artigo em agradecimento aos K[autsky] pelas limonadas etc. Ele disse isso de brincadeira, mas há algo de verdade nisso e me deprime que já tão cedo alguém considere seu próprio trabalho intelectual tão pouco sagrado e pretenda fazer com ele um afago a quem quer que seja. Mas esse último traço é de fato muito disseminado entre os alemães, nunca em minha vida vi tanta lisonja descarada e tanta alegria "fabricada" para os semelhantes quanto entre os alemães. Por isso *jamais* dou crédito à palavra de *alemão algum* se esta palavra me for agradável. (Nem do Duduk, não fique bravo comigo. Eu acredito apenas que você me ama e isso me basta.)

Também concordo com você a respeito da essência de Marx. Você me perguntou como estou e como vai minha irmã. Ela é muito mais ativa, vivaz, apegada à vida e infantil do que eu. Diante de qualquer florzinha do campo ela se detém e, embora mal possa andar, se ajoelha para colhê-la, fica encantada com a flor do trevo e com a menor e mais singela plantinha; por isso sempre fazemos um sem-número de paradas quando nos encaminhamos para o nosso banco, e eu quase perco a paciência. Ela quer de qualquer maneira levar um caracol vivo na mala para Varsóvia e diz que é pura maldade minha afirmar que isso é um absurdo. O que mais a alegra são as cores da natureza e ela me chama vinte vezes a atenção para algum grupo de árvores com diferentes tons de verde. Ela sabe muito pouco sobre o socialismo científico, mas se queixa amargamente de meus irmãos, que são covardes e já perderam qualquer fé na revolução, enquanto ela acredita tão firmemente quanto eu; e é tão doida que quer de qualquer modo levar "no bolso" para Varsóvia um número da nossa revista partidária que encontrou em cima da mesa em minha casa, e arregala os olhos quando eu não permito. No fim das contas, é uma tagarela, tem um riso tão fácil que nós duas rimos sem parar, principalmente no restaurante, assim que olhamos uma para a outra. Pela primeira vez me comporto em relação a ela como ela merece, pois antes eu sempre ficava irritada, impaciente, insuportável – e isso acontece porque só agora que me livrei de L[eo Jogiches] voltei a ser eu mesma. E minha irmã não pode suportar a ideia de que alguém se preocupe com ela e queira lhe dar uma alegria.

Dudu, se alguma vez você quiser um estímulo, leia no espólio de Marx-Engels, volume 3 (1848-1950) os artigos que publicaram no *Neue Rheinische Zeitung*. Muito, quase tudo neles é absurdo ou obsoleto. Mas esse frescor, essa originalidade, antes de mais nada: essa ousadia do juízo próprio! Fala-se continuamente sobre a história, como ela é, como ela foi, sobre fatos concretos e se emitem julgamentos a respeito, não se constrói no ar um *esquema* de história tedioso, vazio, abstrato, como sempre acontece em K. K. [Karl Kautsky]. Eu tive de ler agora o seu *Nacionalismo e internacionalismo* (que tínhamos começado juntos certa vez) e foi torturante, repulsivo. Em pouco tempo não poderei ler mais nada de K. K. É como se uma teia de aranha nojenta envolvesse meu cérebro. Logo em seguida eu li no espólio de Marx como ele troveja a respeito dos húngaros, tchecos, eslavos, opiniões das mais equivocadas, mas foi para mim um banho espiritual que me removeu os fiapos da teia de aranha de K[autsky].

Dudu, eu amo você.

Você deve anotar imediatamente as ideias que lhe ocorrerem durante a leitura, é um ótimo exercício para se impor a precisão do pensamento. E depois nós discutiremos tudo juntos.

O tempo está esplêndido, sol e vento frio o tempo todo.

## COSTIA ZETKIN

[Kolberg, 8 de julho de 1908]
Quarta-feira

Meu amado, acabo de receber uma carta de Varsóvia. Meu rapaz[135] está sem dúvida agonizante, um conselho de três médicos militares declarou ser necessária sua imediata libertação! Querem libertá-lo – em troca de uma fiança de 6 mil rublos! Há duas semanas que a família dele se afana e ainda não pôde juntar a metade disso. Eu tenho de enviar no mínimo 5-6 mil rublos. Vou empregar nisso todos os honorários de meus trabalhos sobre economia, e de agora em diante exigirei – como os outros – uma soma de 100 marcos mensais pelos meu trabalhos poloneses, a fim de poder juntar o dinheiro. Mas agora se trata de reunir a soma em poucos dias, a título de empréstimos. Estou escrevendo também a Hannes [Diefenbach] pedindo 2 mil marcos. Penso ainda em Hans K[autsky] e em Faisst. Hans [Kautsky] me daria tudo imediatamente, mas você sabe como seria constrangedor para mim dever-lhe obrigações e ter de agora em diante de me relacionar com ele constantemente. Se você pensa que Faisst está em condições e se interessaria pela coisa, telegrafe a ele em meu nome e pergunte se não poderia me emprestar 2 mil marcos até o ano-novo, que eu me comprometo a restituí-los sob palavra de honra. Acrescente que se trata de um caso do qual depende minha vida. Você, aliás, sabe melhor do que eu, se e como isso deve ser feito. Na *sexta-feira* pela manhã eu partirei; portanto você já pode

135 Não se sabe a quem Rosa Luxemburgo se refere.

me escrever para Friedenau, Niedstrasse, G. Stendhal.[136] Deixe Faisst eventualmente lhe responder por telegrama, e telegrafe-me depois em Niedstrasse (funciona muito bem), porque L[eo Jogiches] agora aparece com frequência no apartamento.

Um abraço para você. Gostaria que estivesse comigo agora.

## COSTIA ZETKIN

[Friedenau, 14 de julho de 1908]
Terça-feira

Meu doce, amado coração, ontem não lhe escrevi, pois me sentia mal, hoje ainda estou muito abatida. Ontem L[eo Jogiches] esteve aqui e ficou muito claro que ele quer me acompanhar na viagem e, se eu for encontrá-lo, dará cabo de você e de si mesmo. Posso partir nestas condições? Aqui não posso escapar dele, e em mim tudo se revolta e quer escapulir como um escravo. Já não acho mais graça em tudo isso, o homem está acabado por dentro, ele é anormal e só vive ainda com essa ideia fixa diante dos olhos. Já estou fora dos eixos outra vez. Mesmo que eu pudesse escapar sem problemas, ele com certeza iria imediatamente à casa de vocês, e não tenha ilusões de que alguém poderia impedi-lo de realizar seus objetivos. Posso pôr em jogo a sua vida? Você não pode exigir isso de mim, Duduk. Mas quero ver você de todo modo, nós precisamos nos ver e discutir tudo. Assim, eu queria visitá-lo por alguns dias. Mas aí na casa de vocês é muito perigoso, e além disso estou cansada demais para manter uma aparência minimamente normal e serena diante de sua mãe e do poeta.[137] A ideia de me sentar à mesa com outras pessoas nessas condições é terrível para mim. Por tudo isso, não poderíamos nos

---

136 Pseudônimo que Rosa Luxemburgo escolheu inspirada no romance *A cartuxa de Parma*, de Stendhal, um de seus escritores preferidos.
137 Friedrich Zundel.

encontrar em algum lugar onde estejamos o tempo todo livres e juntos? Você teria uma sugestão? Pensei que talvez pudéssemos simplesmente nos encontrar em alguma estação e então decidir se ficamos por lá os dois dias ou se vamos para outro lugar. Quanto mais perto de minha casa nos encontrarmos, mais tempo ficaremos juntos, pois eu precisarei de menos tempo para ir ao seu encontro. Por outro lado, a ideia de um hotel me assusta. Enfim, você pode decidir. Quem sabe nos encontramos em alguma pequena estaçãozinha antes de Stuttgart? Eu lhe telegrafo dizendo em que dia e em que trem poderei partir, mas me telegrafe assim que receber esta carta: de acordo, se é que você está de acordo com este plano?

Se eu telegrafar dizendo que você deve vir ao meu encontro, também lhe enviarei dinheiro por via telegráfica, pois de outro modo o vale postal poderia demorar muito.

Vou pensar ainda hoje em como devemos planejar esse encontro. Ainda estou à espera de notícias de H[ans] [Kautsky], a quem pedi dinheiro (2 mil), e também de uma outra notícia.

Escrevo de maneira muito desordenada, mas minha cabeça está tão vazia por conta desses abalos que às vezes sinto necessidade de banhos de água fria. Um beijo para você, meu amor, queria finalmente poder tomá-lo em meus braços.

Uma coisa ainda! Se eu telegrafar e você tiver de vir ao meu encontro, *não* diga em casa que você viaja para me encontrar, pois pode acontecer de L.[eo Jogiches] ir à casa de vocês e sua mãe talvez [o] dissesse a ele, sem desconfiar de nada.

RGASPI, Moscou

## COSTIA ZETKIN

[Friedenau, 22 de agosto de 1908]
Sábado

Dudu, amado, fui hoje pela primeira vez pintar a natureza. Fui a Schlachtensee e ardia de impaciência, mas, meu Deus, quantas dificuldades! Eu só podia levar um caderno de esboços, ou seja, pintar sobre papel simples e no ar, pois não havia como carregar comigo o cavalete! Então, numa das mãos o caderno de esboços e a palheta, na outra os pincéis! Enquanto isso eu *tinha* de permanecer sentada (num banco) e, portanto, não podia a toda hora dar um passo atrás a fim de conferir o efeito. Também tinha de pintar num formato minúsculo, e eu tenho a necessidade de fazer logo grandes quadros, pois do contrário o pincel não tem nenhum impulso. Para completar, eu só pude pintar por uma única hora, depois disso chegou mais gente e fui expulsa dali. O bastante, portanto, para me deixar desesperada, pois, além disso tudo, a água mudava a todo instante, e o céu também (hoje ainda vai cair um temporal). Ao voltar para casa eu estava a ponto de chorar. Mas novamente aprendi algo. Apenas não tenho ideia de como é que poderei superar essas dificuldades exteriores – como levar pelo menos o cavalete e uma cartolina maior? Ah, Dudu, se eu pudesse agora viver dois anos apenas para pintar – isso me engoliria. Eu jamais tomaria lições com um pintor, tampouco perguntaria nada a ninguém, apenas aprenderia sozinha, pintando e perguntando a você! Esses, porém, são sonhos absurdos, eu não posso fazer isso, pois nem um cão precisa de minha miserável pintura, mas dos meus artigos as pessoas precisam. Amanhã lhe envio o quadrinho de hoje, até lá acho que terá secado. E desta vez tenho tanto medo de decepcionar você! Mas você tem de ser severo e sincero consigo mesmo e comigo, se não for assim será ruim, pois eu só dou ouvidos a você!

Dudu, vou agora ao correio e espero receber algo.

Niuniu, não posso mesmo escrever tudo o que vivo e o que gostaria de viver com você. Meus nervos estão agora muito tensos, de tanta agitação só consigo dormir algumas horas por noite, e durante o dia os estados de ânimo, a esperança e a dúvida se sucedem como nuvens no céu. Dudu!

Beije a doce gatinha na cabecinha e nas bochechas. Eu não sou ciumenta, também amo o inocente bichinho. O cravo de ontem é maravilhoso, está num vaso com água.

## COSTIA ZETKIN

[Friedenau, 27 de setembro de 1908]
Domingo, 10 horas da manhã – Às 12 vou ao correio

Doce amado coração, meu querido, recebi ontem suas cartas de quinta e sexta-feira, pois na tarde de sexta não pude voltar ao correio porque Hannes [Diefenbach] chegou. Oh, Dudu, que saudade senti quando as li! Não apenas não tive coragem de lhe escrever, mas também, quando cheguei aqui, me culpei terrivelmente por não ter ficado com você por mais alguns dias. Minha covardia foi lamentável, mas aqui é-me indiferente, e eu me arrependo amargamente de ter privado a você e a mim de mais dois ou três dias felizes. Niuniu, meu doce, como tudo é insípido sem você. Ontem Hannes chegou já às cinco, quis programar alguma coisa, telefonou a H[ans] K[autsky] que veio nos buscar de carro, pois chovia, e então fomos logo à casa dele e ele nos tocou o *Fígaro*. Mas para mim tanto a viagem quanto a própria música foram insípidas e incolores, eu me sinto melhor quando trabalho completamente sozinha, as "distrações" são horríveis. O único ponto positivo foi que, do meu canto no sofá, desenhei num papelete os dois Hans, juntamente com o piano e um pedacinho do quarto.

Já me sentia feliz pensando em enviar o quadrinho a você, mas Hannes não abre mão de dá-lo de presente ao pai dele. Para meu gosto, aliás, o quadrinho não tem beleza nem nobreza, o que provavelmente se deve aos meus modelos; sinto que apenas um retrato seu dará uma impressão de nobreza, o resto são máscaras sofrivelmente realizadas.

Quero retratar a mim mesma para você, mas terei de ficar apenas de camisa, pois no meu modo de ver um retrato de mulher com vestido é idiota; pelo menos em mim eu não posso encontrar nenhum belo contorno quando estou de vestido – um saco de trapos. A você, ao contrário, as roupas dão uma aparência nobre, não importa a pose que faça…

Hans K. dá a impressão de ser uma pessoa profundamente infeliz, mas se cala. Ele me levou de carro para casa e não dissemos uma palavra. É belo da parte dele, mas já sinto medo de suas visitas, pois Hans [Diefenbach] vai embora.

H[annes Diefenbach] *já testou* os seus cadernos.

Como andam as coisas com a polícia?

Já escrevi a Wurm pedindo um cartão da biblioteca, a fim de tomar emprestado o Advielle para você.

Niuniu, quando estamos juntos, não faz diferença o que fazemos e o que temos ao nosso redor, o que importa é que estamos juntos, não é verdade? E olhar para você me dá um prazer estético tão grande. Mas Duduk não deve pensar que eu o amo por causa de seu corpo, eu não o posso separar de modo algum do espírito, para mim os dois são um só.

Um beijo, Niuniu

R-

Niuniu, mande-me *seu* esboço do campo com árvore! Esqueci-me de trazê-lo. Por favor!

Para mim, a ideia de Hannes de fazer propaganda é de muito mau gosto. Eu não direi nada, é claro.

RGASPI, Moscou

## COSTIA ZETKIN

[Friedenau, 30 de setembro de 1908]
Quarta-feira

Amado do meu coração, meu doce, recebi com êxtase suas duas amadas cartinhas e as trago comigo. Querido, hoje eu novamente dormi na casa dos K[autsky], mas L[eo Jogiches] agora dá um jeito de ir embora à noite; durante o dia, ao contrário, fica aqui e trabalha. Tudo isso por causa daquelas pessoas (Karski etc.), e principalmente por causa do meu rapaz. Ele esteve aqui durante minha estada em N[uremberg], agora está em Cr[acóvia], mas hoje me disseram que no inverno ele virá a Berlim, talvez já dentro de um mês. Serão belos dias para mim! Mas Parvus, que chegou hoje, quer se instalar em Friedenau. Em uma palavra, será um aperto sufocante.

Eu ainda quero esperar um pouco, mas passado esse tempo deixo tudo para trás e vou embora – para Licht[erfelde] ou Zehlen[dorf].[138]

Por agora ainda quero esperar o que vai ser de você. A notícia de amanhã! O que ela trará! Eu espero algo de bom!

Niuniu, querido, eu queria pintar hoje, mas por agora não posso encontrar minha velha, e não tenho vontade de pintar ninguém mais aqui.

Mais uma vez há muita confusão ao meu redor, gente que vem e vai, mas agora mesmo eu disse a Gertrud [Zlottko]: ninguém mais pode entrar. Niuniuta, eu quero saber já se terei você aqui, e como tudo isso irá se arranjar!

Gugu, desde que estou aqui não me sinto mais tão bem como quando estava com você aí em cima, ontem tive uma enxaqueca horrível e hoje tenho dores no coração. Mas não dê importância a isso, meu doce amado. Um beijo em sua doce, doce boca. Fomos tão felizes no pequeno quartinho! Um beijo para você, Dudu.

RGASPI, Moscou

---

138 Bairros da periferia de Berlim.

## COSTIA ZETKIN

[Friedenau, 2 de outubro de 1908]
Sexta-feira

Meu ardente amor, estou tão mortalmente triste que preciso lhe escrever para me consolar. Acabo de fazer uma viagem de automóvel com Luise [Kautsky] e H[ans Kautsky], simplesmente aconteceu. A situação me constrangia, mas não havia como recusar sem chocá-los, então fiquei todo o tempo calada, mais tarde Luise desceu do carro e nós rodamos ainda um pouco. Mas tudo isso é tão sem importância, é tudo tão indiferente e vazio, uma vez que estou longe de você. Meu coração se aperta de saudade, e eu estou num estado de ânimo quase suicida, pois estou desorientada e não vejo nenhuma possibilidade de viver com você tranquila e livre. L[eo Jogiches] vai todo dia ao apartamento, lá recebe cartas e pessoas. Isso obviamente por causa do meu rapaz, que ele considera muito mais perigoso que você. No que isso vai dar? Faço e refaço planos sem poder encontrar nenhuma saída clara e boa. Se não fosse pela escola, essa saída estaria à mão: para longe daqui. Mas assim estou presa! Em todo caso, quando for pagar o aluguel amanhã, vou rescindir o contrato. Mas temo que no melhor dos casos isto valha para 1º de abril.

Ah, Dudu, eu gostaria de não lhe escrever nada disso. Afinal, você não pode ajudar em nada, e apenas vai se inquietar e se entristecer. Apenas queria dizer-lhe que eu o amo tanto, tanto, que sou feliz por você ser livre, e que estou orgulhosa pela tranquilidade com que você encara o caso do serviço militar, sem a menor covardia. Eu vi isso quando estava com você aí em cima, e isso me deixou orgulhosa e alegre.

Ah, Dudu, quando estamos juntos, somos duas crianças tranquilas e felizes. Hoje à tarde me deitei no sofá e pensei em como você me levava a passear sobre os seus pés todos os dias, como isso era engraçado e bonito! Meu amor, hoje não havia nada no correio, mas eu entendo porquê. Dudu, querido, eu beijo você, eu beijo você, meu amor.

Você receberá esta cartinha no domingo, portanto fique alegre e me ame. Não fique triste, Dudu, eu lhe peço!

RGASPI, Moscou

## CLARA ZETKIN

[Friedenau,] 27 de outubro de 1908

Caríssima Clara!

Bem posso imaginar em que situação você se encontra agora, diante da recusa de Luise [Kautsky]. Se eu tivesse adivinhado que ela mudaria de planos, não teria escrito a você daquela vez, pois o fiz expressamente para atender a um insistente pedido dela. De todo modo, já quando você esteve aqui tive a clara sensação de que não daria em nada; apenas não quis me intrometer e deixei que ela decidisse sozinha.

Mas agora está claro: você precisa urgentemente contratar um auxiliar. Mas também esse pequeno experimento com Luise reforça minha antiga opinião: por favor, desista de uma vez por todas de procurar uma redatora, com mulheres não é possível se arranjar, elas não são livres nem disciplinadas. Talvez você encontre um redator insatisfatório, mas com um homem você sempre saberá em que pé está e não haverá drama, apenas uma relação sóbria de negócios, que é o que seus nervos precisam.

Claro que a coisa nunca é fácil, e é preciso refletir e procurar. Neste momento me ocorrem os seguintes candidatos: 1º Krille, 2º Wendel.

Eu nada sei a respeito de ambos, se estariam livres e dispostos. Você os conhece, pense se isso pode dar algum resultado. Então, no pior dos casos: 3º Lüpnitz.

O que você acha dele? É ativo, inteligente, trabalhador, não desprovido de cultura e tem uma pena decente – ao menos a julgar pelas cartas. Talvez você ache isso uma ideia sem pé nem cabeça, mas estou lhe dizendo o que me passou pela mente neste primeiro momento. Vou pensar e procurar mais um pouco.

Querida, fique bem tranquila, se encontrará algo apropriado. Apenas um pouco de paciência.

Um abraço carinhoso.

Sua


## LUISE KAUTSKY

Gênova, 14 de maio de 1909

Caríssima Lulu!

Já estou há alguns dias na *Genova superba*[139]como ela mesma se intitula, enquanto os toscanos têm outra opinião e dizem que aqui há *mare senza pesce, montagne senza alberi, uomini senza fede e donne senza vergogna*.[140] Eu me inclino pelo juízo dos toscanos, apenas com a diferença de que também os *uomini* são *senza vergogna*, pelo menos os comerciantes, que sempre me tapeiam nos preços e ainda me empurram de troco algumas moedas sem valor. Fora isso, é uma bela cidadezinha, maravilhosamente localizada, como um anfiteatro numa estreita costa em torno de uma grande enseada, protegida atrás por belas colinas que se destacam nitidamente contra o céu – italiano, naturalmente –, cada uma coroada por uma fortificação. Lá embaixo, no porto, reina a costumeira confusão portuária de navios, barcos, elevadores, sujeira, fumaça, aperto e movimento. As ruas estreitas, casas que arranham o céu e que são por sua vez

139 Rosa Luxemburgo passa as férias na Itália de meados de maio a fins de junho de 1909, em seguida vai para a Suíça onde fica até o final de agosto. Costia Zetkin vai com ela para Gênova.
140 Do italiano: "Mar sem peixe, montanhas sem árvores, homens sem fé e mulheres sem vergonha". (N. E.)

bastante arranhadas, da largura de uma ou duas janelas, com roupas coloridas penduradas de cima abaixo, de modo que a qualquer sopro do zéfiro por todos os lados esvoaçam e tatalam camisas, *Gatjen*,[141] meias furadas e outros objetos primaveris. Para se chegar das ruas baixas às localizadas nas partes mais altas existem a cada dois passos *vicoli* ou *scalite* encantadoras, quer dizer, vielas tão completamente escuras, de um fedor tão exuberante, e tão largas que em toda parte a passagem é interrompida por um *cittadino* que se afastou do público e, balançando de leve, demonstra sua devoção e garante a constante umidade das vielas, a fim de que o ar não fique muito seco. Mas nas ruazinhas um pouco mais largas não podemos evitar as trombadas com carroças de duas rodas – outras eu não vi por aqui – puxadas por dois burros e um cavalo em fileira (quer dizer, um na frente do outro) e que correm preferencialmente do lado esquerdo e não do direito, de modo que uma pessoa bem disciplinada e culturalmente afeita ao império alemão sente com frequência por trás ou sobre a cabeça o repentino arfar de um focinho ou o estalo da ponta de um chicote; pois algo como a separação entre a calçada e o meio da rua é desaprovado como antidemocrático, e fica por conta de cada criatura abrir com os cotovelos seu caminho na vida e nas ruas. Pude notar três ocupações favoritas dos genoveses: deixar-se ficar por aí com as mãos nos bolsos das calças e um cachimbo na boca, a fim de observar horas a fio com tranquila simpatia o trabalho de algum semelhante, um portuário ou um trabalhador da terra, por exemplo; além disso, cuspir a cada quarto de hora, mas não de modo tão simples e amorfo como entre nós, e sim com muito engenho, soltando um longo e delgado jato pelo canto da boca, sem mover a cabeça e com um pequeno chiado; e, por fim, mandar fazer a barba, não de manhã, mas à noite. Das sete até às dez ou onze horas da noite, vemos em todas as ruas, à direita e à esquerda nos salões abertos dos *parruchieri* [cabeleireiros] (um em cada três genoveses é um *parruchiere*, os outros dois são embusteiros de ocupação indefinida), figuras sentadas, envoltas em

---

141 Do polonês: "ceroulas".

aventais brancos que parecem observar com narizes filosoficamente erguidos o teto sujo, enquanto um ágil rapaz de olhos negros, com os dedos não muito brancos, executa uma dança em volta de seus rostos. Das demais curiosidades, deve-se notar que, graças ao monopólio estatal, o sal é um artigo de luxo e, em consequência, o pão é completamente insosso, e também não contém fermento, e tem um sabor que lembra mais ou menos a massa que se usa no norte de nossa terra para calafetar as janelas durante o inverno. Também o açúcar custa – por algum motivo desconhecido para mim – 85 *centesimo* a libra, e "a libra", na Itália, como somente depois de algumas experiências muito desoladoras me dei conta – corresponde apenas a 350 gramas; em consequência, o *cameriere* [garçom] nos cafés esquece regularmente o açucareiro quando serve o chá, e até que se tenha oportunidade de chamar-lhe a atenção para essa ninharia o chá esfria. Por fim, os trens partem e chegam com um atraso normal de uma ou duas horas, e quando um ingênuo indo-germânico do norte da Europa salta no último minuto para o vagão (segundo o *orario*), banhado em suor, ele tem ainda bastante tempo para se refrescar e se acalmar; só depois de transcorrida uma meia hora é que o condutor grita com voz sonora: *partenza* [partida], para logo a seguir desaparecer no *buffet* em companhia do maquinista; depois de mais outra meia hora os dois reaparecem no *perron* [plataforma] visivelmente refeitos e de bom humor, e o trem de fato se põe vagarosamente em movimento. (Isso eu vivi ontem, quando fiz uma excursão à Riviera di Levante e, em consequência do atraso, cheguei em casa lá pelas duas e meia da manhã.) Apesar disso ri um céu de um azul naturalmente eterno, e agora eu já sei por que ele ri. De resto ele só ri enquanto não chove.

*Ecco una breve macchietta* [Aqui está um rápido esboço] de minhas impressões. No que se refere a mim mesma, recebi em Zurique notícias alvissareiras: aqui eu posso receber quaisquer livros, mas através da mediação de uma biblioteca estadual ou municipal da localidade. Isso novamente me liga um pouco a Gênova. Mas embora tenha encontrado um belo quarto em boa localização (no alto, sobre a cidade), creio que muito em breve estarei saturada da vida aqui e talvez me mude para algum lugar à beira mar. Infelizmente isso não é tão fácil como se imagina; soube-o ontem mesmo, depois de uma primeira olhada. O que há ou são verdadeiras estações termais como Nervi, que eu abomino, ou então cidadezinhas quentes e sujas, onde além do mais se podem encontrar no melhor dos casos apartamentos inteiros – sem serviços e sem pensão. Além disso, não há nenhuma praia verdadeira, pois o litoral é muito rochoso e escarpado. No entanto talvez se possa encontrar alguma coisa. No geral, a vida e a natureza aqui me agradam muito, mas o principal é o mar, que é esplêndido. Eu o vejo do meu quarto o dia todo e não me canso de vê-lo.

E como vai você, como estão todos vocês? Você com certeza irá às aulas de Clara [Zetkin],[142] escreva-me algo mais detalhado a respeito. Como não sei onde Clara está hospedada, envio junto uma carta para ela. De resto, enquanto trabalhava aqui tive uma ideia para você, tema para um trabalho independente – um pequeno estudo que poderia ser bom para a *Gleichheit* ou para a *Neue Zeit*, para o qual você poderia empregar seus conhecimentos da língua inglesa e que certamente não excederia nem mesmo o modesto conceito que você faz de si mesma. Aborrece-me profundamente que você se deixe empurrar uma tradução vazia atrás da outra. O que você ganha com isso? O que aprende com esse trabalho mecânico braçal? É realmente uma pena pelo seu tempo e suas energias. Falaremos ou nos escreveremos sobre a minha sugestão assim que você terminar com aquela porcaria e estiver novamente disposta para o trabalho. Ainda alguns pedidos para o meu trabalho: Gertrud [Zlottko] deve ter deixado minhas chaves com você, então, por favor, envie-me de minha biblioteca (lado esquerdo da estante grande): 1º *Die Entstehung der Volkswirtschaft* [A origem da economia política], de Bücher, 2º *Die Geschichte der Volkswirtschaftslehre* [A história da economia política], de Ingram, 3º *Die Geschichte des Britischen Trade Unionismus* [A história do sindicalismo inglês], dos Webb. Além disso, por favor,

---

142 Clara Zetkin deu cinco palestras em Berlim, de 14 a 28 de maio de 1909, sobre o tema "A posição histórica da mulher".

transcreva para mim o seguinte: 1º de *Roscher* (peça a Karl [Kautsky] a *Economia política* dele), a *definição*: o que é a economia nacional (ou economia política); provavelmente está no começo do seu curso. Eu também preciso de algumas frases, mas citadas literalmente, e do título exato do livro. 2º Do *Handwörterbuch der Staatswissenschaften* [Pequeno dicionário de ciências políticas], o artigo de Schmoller sobre a economia política. Você precisa localizar a passagem em que o cretino diz que a economia política teria surgido devido às necessidades financeiras e burocráticas do Estado moderno no século XVIII. Só preciso dessa passagem. Sei que você me ajudará de bom grado, e será mesmo uma grande ajuda para mim, pois aqui há uma porcaria de biblioteca onde não se encontram essas obras. E ainda um pedido: você não poderia copiar para mim uma tabela de exportações e importações da Alemanha de algum dos últimos anos, mas com discriminação de remessas, de modo que se pudesse ver que espécie de mercadorias vem de onde e quais vão para onde (só a espécie de mercadoria, o país e a soma de valores *ou* peso total). Mas se isso for lhe causar dificuldades, deixe pra lá. Eu me arranjarei de algum modo.

Bem, escreva-me contando como vão vocês, o que os meninos andam fazendo. *Pardon*, os *ex-muli* (como é que se chamam agora – *asini*? [Burros]) e o pequeno Schnips? O que faz Karolus Magnus? Escreva-me para a posta restante (*si ferma in posta*), mas *registrada*, do contrário não seria seguro. Mas especialmente envie os livros com registro. Um beijo carinhoso para todos vocês.

Sua R.

O que faz Granny, onde está? Minhas melhores lembranças a ela.

## LUISE KAUTSKY

[Levanto,] 13 [de junho] de 1909

Caríssima Lulu!

Hoje recebi seus dois cartões: o do dia 9 e o do dia 11 – juntos! Nesse meio-tempo você já sabe que o pacote chegou, portanto já ficou sossegada. Eu mesmo não escrevo há muito, porque durante todo esse tempo tive de trabalhar duro e todo dia tinha de escrever uma ou mais cartas de serviço, e assim não me sobrou nenhum tempo livre de verdade para escrever a vocês como eu gostaria. Também a espera pelos livros me deixava impaciente e "ranzinza", como diria Franz [Mehring], e você sabe que eu não gosto de aparecer quando meu humor produz chuvas e trovoadas. Hoje o sol voltou a brilhar – em mim e ao redor de mim. De fato, tivemos aqui uma semana inteira de chuvas, temporais, ventos gelados e mar agitado. Hoje, de repente, céu azul, sol radioso e mar de um azul profundo com ondas brancas de espuma que cintilam à luz do sol como neve. Em geral faz muito mais frio aqui do que eu pensava e do que normalmente imaginamos. Um amigo me escreve da Suíça: não entendo como você pode suportar a Riviera nesta época! Não pude deixar de rir. A julgar pelas notícias de conhecidos, faz mais calor agora na Suíça que aqui. Levanto é uma aldeiazinha minúscula distante duas horas de Gênova e, como de início eu não sabia se poderia permanecer aqui – as condições eram totalmente desconhecidas para mim –, não enviei logo o endereço a vocês, nem ao correio de Friedenau, pois Levanto é desconhecida de todo o mundo – graças a Deus –, e as cartas possivelmente iriam parar em algum lugar no Oriente. Mas acabei ficando aqui e também recebo minha correspondência, ainda que com uma impontualidade das mais indecentes.

Agora sobre seus planos, os de vocês e os meus. É quase certo que irei para a Suíça em julho, e assim espero que possamos nos encontrar. É claro que informarei imediatamente a vocês o lugar para onde vou, tão logo eu mesma saiba qual é. Neste momento ainda não posso me decidir, mas deveria ser, afinal, o meu amado Lago dos Quatro Cantões;[143] só tenho medo, por experiências anteriores, de que lá eu ficaria ainda mais torrada que aqui na Itália. Onde vocês pensam em passar as três semanas com Karl [Kautsky] na Suíça? Escrevam-me logo, se já tiverem algo definido em vista, isso talvez facilite minha combinação. Depois escrevam-me dizendo quando exatamente Karl e Bendel chegarão a Gênova – ou eles vão de Marselha diretamente para a Suíça?[144] E também em que navio eles vão embarcar. (É de fato um cargueiro? Então a viagem deve durar uma eternidade!) Se todos nós nos encontrarmos mesmo na Suíça, poderemos contar com muita diversão e muita conversa!

Minha aldeiazinha aqui fica numa localização encantadora perto de uma pequena enseada, mas felizmente sem porto, de modo que nenhum barco pesqueiro nem nenhum veleiro emporcalha a vista como em Sestri Levante (onde Gerhart Hauptmann *sta lavorando nella tranquillità lucida et fragrante*,[145] como fiquei sabendo pelo *Secolo*). Ela também não fica na grande rota turística como a *Ponente* e a *Levante* até Sestri, onde os automóveis passam voando e exalando odores. A cidadezinha é rodeada pelas suaves colinas dos Apeninos, que, cobertas de oliveiras e pinheiros, oferecem um verde em todos os tons. Há muito silêncio aqui, apenas o zurro trágico da voz de uma mula se faz ouvir de tempos em tempos e os gritos diligentes do muladeiro. Fora isso há algumas figuras sonolentas na entrada de algumas lojas na "Rua Principal" e crianças brincam na areia, ou gatos branco-avermelhados deslizam pela rua de uma cerca de jardim a outra. O centro é formado por uma *Piazza Municipale* quadrada, em torno da qual se estende o prédio principal provido de galerias. Nele se encontra tudo o que represente autoridade, hierarquia e Estado: o Correio, a Guarnição (algo como seis soldados e dois oficiais), o *Podestà* [prefeito], a Alfândega e, naturalmente, ao seu

---

143 Ou Lago de Lucerna.
144 Karl Kautsky e seu filho mais novo Benedikt fizeram uma viagem pelo Mediterrâneo.
145 Do italiano: "Está trabalhando na mais tranquila e perfumada calma". (N. E.)

lado uma "placa comemorativa" de mármore com duas orladuras laterais salientes. Diante dessa "placa" sempre há algum passante com as costas voltadas para a praça, enquanto, além disso, apenas o sol inunda a praça vazia em cujo centro a estátua de Cavour representa "o maior figurante do século XIX", como explica comicamente a inscrição (*Al più grande statista*).[146] Fora isso só se veem as lavadeiras ajoelhar e lavar junto a um riachinho estreito sob duas grandes árvores de cedro, enquanto os homens preferem tagarelar uns com os outros. Diante de meu *Albergo* [hotel], por exemplo, se apoiam ou se sentam sobre um canto proeminente do edifício dois, três cidadãos quaisquer e tagarelam horas a fio com satisfação, enquanto eu fervo por dentro, porque esse incansável murmúrio de vozes lá fora me faz perder totalmente o fio das ideias e eu gostaria de jogar o trabalho para longe e ficar, de preferência, eu mesma acocorada ao sol. À noite, com o frio, tudo quanto vive vai passear para cima e para baixo na "Rua Principal", um sem-número de crianças morenas perambulam por ali a brincar, e o "homem dos sorvetes" com seu carrinho faz ótimos negócios. Toda noite, quando consigo atravessar a multidão de crianças que o cerca, também compro dele por 10 *centesimo* um sorvete numa casquinha. Duas pessoas se destacam visivelmente na sociedade do ponto de vista intelectual: o funcionário dos correios, um jovem gordo, roliço, de tez escura, que com seus sapatos brancos e seu chapéu à Garibaldi, que ele usa de modo atrevido, é, fora do horário de trabalho, o chefe e o ídolo da *jeunesse dorée* [juventude de ouro] local; à noite, rodeado de amigos, ele conta piadas que eu não entendo e espalha alegria em torno de si e – suspeito – um pouco de livre-pensamento e cinismo. Totalmente ao contrário é o farmacêutico que, embora esteja ainda na flor da idade, é pálido, sombrio, e tem em seu negócio sempre alguns senhores mais sérios e também o senhor *Abbate*, que se sentam de chapéu na cabeça e fazem política. Assim o fazem também quando o farmacêutico está ausente, pois conversam muito bem entre si sem ele e leem jornais em sua farmácia. Eu já comprei duas vezes pó dentifrício dele, e a cada vez foi um dos senhores do partido clerical que ali estavam a

---

146 Trocadilho entre *statista* (italiano: estadista) e *Statist* (alemão: figurante). (N. T.)

fazer política que teve de ir buscá-lo. Todo domingo há uma procissão em que tomam parte crianças, mulheres e velhos senhores vestidos de preto; mas a procissão se arrasta preguiçosamente, a cantoria se interrompe a todo momento e os espectadores riem; *Signor Gesù*, que eles carregam sobre tábuas compridas, contrai o rosto, porque o radioso sol o cega e lhe faz cócegas no nariz. Mas a coisa não é sempre assim tão inofensiva como parece. Vocês sabem de onde vieram a tempestade e a chuva da última semana? Eu li hoje no *Secolo*: em Porto Maurizio, na *Ponente*, promoveram uma procissão *per scongiurare la siccità* [para evitar a seca]. E não se deve acreditar na misericórdia divina? A farmácia naturalmente triunfava, e olhava com um sorriso frio para o partido do correio do outro lado. Mas ao mesmo tempo ainda se ostentam em todos os cantos gigantescos cartazes da social-democracia para o Primeiro de Maio. Ninguém se agita por causa disso – talvez ninguém tenha se agitado por causa disso também no 1º de maio, não sei. Ah! O mundo não é perfeito. Tudo seria tão belo, mas – mas… Primeiro: os sapos. Assim que o sol se põe começam de todos os lados os concertos dos sapos, como eu ainda não tinha ouvido em nenhuma outra terra. Já em Gênova experimentei essa surpresa, que jamais teria buscado na Riviera. Sapos – vá lá. Mas *esses* sapos, um coaxar largo, rangente, presunçoso, arrogante, como se o sapo fosse a primeira e a mais absolutamente importante das pessoas!… Segundo: os sinos. Eu aprecio e amo os sinos das igrejas. Mas soar a cada quarto de hora, e ainda por cima um bimbimbim-bimbambam leviano, tolo, infantil, deixa a gente completamente louca. No início aos domingos, mas, principalmente no Corpus Christi, esses sinos idiotas balançavam de alegria como um leitãozinho e não podiam se dar por satisfeitos. E terceiro – terceiro, Karl, se você vier à Itália, não se esqueça de trazer uma caixinha de pó inseticida. Afora isso, é esplêndido.

Karolus, para terminar, ainda algo sobre serviço. Anexo vai o título de um novo livro de Lênin (Iljn é seu pseudônimo),[147] ele faz questão de

---

147 Lênin comunicou a Rosa Luxemburgo, em carta de 18 de maio de 1909, que lhe havia enviado seu livro de filosofia e lhe pedia que a *Neue Zeit* publicasse uma nota a respeito. A nota sobre *Materialismo e empiriocriticismo* saiu no v.I. n.28, ano 1909/10.

que o livro seja anunciado nas publicações recebidas. No que se refere à resenha, não a peça para ninguém, talvez eu possa lhe recomendar alguém, do contrário você poderia ofender involuntariamente o autor. Mas nos "recebidos" e na literatura do socialismo, inclua o livro *desde já*.

E agora beijo todos vocês juntos, e você, Lulu, em especial.

Sua R.

## COSTIA ZETKIN

[17 de julho de 1909]
Sábado

Meu doce, não lhe escrevo desde terça porque pensava que você tivesse ido na quinta para a Floresta Negra. Agora espero que esta carta ainda o encontre em casa amanhã, domingo.

Eu estava trabalhando o tempo todo e finalmente tenho minha Parte 1 pronta.[148] E agora hesito, com maior razão, em enviá-la, leio--a novamente do começo ao fim e tenho diversas dúvidas. Se você estivesse aqui para lê-la toda e me dizer sua opinião! Eu gostaria de consultá-lo a respeito de algumas coisas. Mas não resta senão esperar pelas provas, que lhe enviarei imediatamente. Você escreve que eu sou belicosa, e que isso talvez comprometa a popularidade do escrito. Mas, queridinho, é justamente o contrário! É para dar vida à matéria árida que eu a exponho em polêmica contra outras, isso traz diversidade e temperamento à coisa. Você verá, e certamente ficará satisfeito com pelo menos *esse* aspecto do trabalho. Por outro lado, polemizar diretamente com o lixo de Bernstein, como sua mãe queria, seria absolutamente impossível para mim. É uma porcaria tão nula, banal, aguada que não presta nem mesmo para uma polêmica; seria simplesmente

---

148 Rosa Luxemburgo refere-se à primeira parte de seu *Introdução à economia política*.

uma honra grande demais para aquele lixo e uma degradação do meu escrito se eu incluísse nele o B[ernstein]. Com E[duard] Meyer eu só vou polemizar na Parte 3, quando descreverei a economia antiga. Você pode ficar tranquilo: é claro que não vou fazer isso por causa de sua pobre conferência, e sim por causa de sua grande *Geschichte des Altertums* [História da Antiguidade], que acabo de encomendar. Mas já conheço os pontos de vista dele através da conferência, e seu erro principal está claro para mim. Ele compreende – ao contrário de Bücher – o grande significado do comércio na Antiguidade, e nisso tem razão contra B[ücher]. Mas ele próprio vê no comércio apenas a forma exterior e, por conseguinte, apenas o mediador cultural. Ele coloca o comércio da Antiguidade inteiramente no mesmo patamar que o de hoje, tornando assim inacessível para si mesmo a compreensão do problema do *declínio* da sociedade antiga. De fato, ele só oferece um balbucio (na conferência) como explicação dessa questão, e confessa por fim ele próprio que esse problema ainda não está suficientemente esclarecido. Mas você sabe por que isso acontece com ele? Acredito que por falta de formação em economia política, que é um fio condutor para a história econômica. Como não distingue o que é específico da economia atual e de suas tendências, ele também não pode compreender o que é específico da economia antiga. Isso se revela claramente, por exemplo, no fato de que em sua polêmica com o – de fato idiota, árido – esquema da "economia doméstica fechada" de Bücher – que eu já refutara na escola antes de conhecer Ed[uard] Meyer – ele quer provar que a importância da escravidão na antiguidade era nula repisando a preponderância *numérica* da população livre sobre a de escravos. Só isso já demonstra o quão toscamente ele compreende as questões econômicas.

Você mesmo já sentiu muitas vezes que não se pode compreender a história econômica sem a economia política. E é o que justamente falta à maioria dos estudiosos, tanto a um von Steinen quanto a um Ed[uard] Meyer.

Fico muito feliz por você escrever que se interessa cada vez mais por *O capital* por causa da questão do *trust*, e que agora teria vontade de lê-lo. Dudu, coração, eu sinto que de algum modo está aí o ponto nodal de sua evolução interior e que, quando você finalmente encontrar o caminho e o interesse verdadeiro pelo *Capital*, terá clareza sobre si mesmo e sobre seu talento, e então poderá se lançar com alegria ao trabalho. Pois três temas importantes esperam por nós, pelo nosso trabalho conjunto: 1º história econômica, 2º história colonial, 3º cartéis. Eu sempre soube e sempre lhe disse: você tem de encontrar seu próprio caminho para Marx, e você o encontrará. Eu gostaria tanto que você lesse logo meu pequeno trabalho, acredito que ele também lhe facilitará o caminho. Não tome isso por falta de modéstia!

Querido, esta carta erudita não lhe parecerá vazia e árida? Eu tenho tanto a lhe dizer! Mais uma coisa: durante a leitura de Ed[uard] Meyer e as reflexões sobre meu trabalho econômico surgiu, de repente, diante de meus olhos, com uma clareza imprevista, uma coisa nova, e é esta: a importância colossal da história e da cultura *antigas*, e não exatamente da greco-latina, e sim da tão negligenciada assírio-babilônica. Sinto que havia ali todo um mundo e uma cultura em si que, mesmo desaparecidos, foram diretamente decisivos para toda a humanidade. Coração, você vai sorrir, dar de ombros e dizer: "Eu já sabia há muito tempo". Eu sei disso, mas *para mim* essas velhas palavras se tornaram de repente tão plásticas, tão vívidas, que fiquei abalada. Tive a clara sensação de que nós, com nossa pequena cultura europeia recém-polida, somos arrivistas ordinários que já não têm mais nenhuma ideia de seus antepassados, que foram em sua época verdadeiros aristocratas da cultura. Sinto que uma formação desprovida do conhecimento exato do período assírio-babilônico dá uma imagem distorcida da história da evolução. E decidi me lançar com dedicação a esse estudo. Por isso, encomendei todo o Ed[uard] Meyer e nós o leremos. Você me acompanha neste estudo? Duda, querido, para a história econômica isto nos é imprescindível.

Estou lendo com atenção a *Revolução Inglesa* de Bernstein. É um livro totalmente desprovido de talento, mas o assunto me arrebata poderosamente. Leio-o com a maior avidez. Dá tanto o que pensar, e evoca tantos paralelos com a grande Revolução Francesa! Pedi a H[ans]

K[autsky] que encomendasse o Guizot,[149] que também quero ler, por causa da conexão entre os acontecimentos. Querido, coração, vá agora para a Floresta Negra, descanse e se alegre com as muitas tarefas que temos diante de nós. Beije a cabecinha de Mimige[150] por mim, e também cada uma das quatro pequenas. A Mimige tem uma natureza magnífica, eu a amo muito e a você também. Guga, um beijo pra você.

## COSTIA ZETKIN

[Quarten, 28 de julho de 1909]
Quarta-feira

Doce Niuniu, recebi hoje sua carta de segunda-feira. Espero que Niuniu já esteja novamente alegre. Não quero escrever sobre esse triste estado de ânimo e suas causas, mas tenho uma firme fé interior em que Niuniu logo, ou pelo menos depois de algum tempo, vai trabalhar produtivamente, e não tenho nenhuma preocupação em relação a isso. Apenas me dói que Niuniu periodicamente se torture a si mesmo com esses pensamentos. Mas agora não falemos mais disso. Eu apenas quero contar a você um caso análogo. Leo [Jogiches], apesar de sua extraordinária capacidade e agudeza de espírito, é simplesmente incapaz de escrever; sempre que quer colocar seus pensamentos por escrito ele fica como que paralisado. Essa era, durante uma dúzia de anos, a maldição de sua existência – desde que ele teve de deixar a ação organizativa prática na Rússia. Ele se sentia totalmente desenraizado, apenas vegetava em eterna amargura, perdeu por fim o hábito de ler, pois era mesmo inútil. Sua vida parecia definitivamente estragada, e ele já estava perto dos quarenta anos! Então veio a Revolução, e ele não apenas conquistou o posto de dirigente no movimento polonês como também no russo,

---

149 Guizot, *História da Revolução na Inglaterra*.
150 A gata da família Zetkin.

mas, além disso, também lhe coube como que naturalmente o posto de redator-chefe entre nós; agora ele mesmo não escreve uma linha, mas é a alma da literatura partidária, e seu tempo mal dá para cumprir com todas as suas obrigações. Este é apenas um exemplo de como qualquer pessoa que não se presta à rotina precisa encontrar seu próprio caminho.

Dudu, vou escrever à sua mãe. O caso com os berlinenses é uma grosseria fora do comum, mas não havia nenhum motivo especial para se irritar, pois, afinal, qualquer pessoa decente sabe dar o devido valor a esse tipo de falta de tato.

Não estou fazendo meu trabalho da melhor maneira; quer dizer, eu leio e reflito o tempo todo sobre o material, mas não consigo avançar com a escrita. Depois de amanhã terei um quarto bom e fresco com sacada e vista para o mar. Então poderei trabalhar melhor.

Agora estou lendo livros sobre os "selvagens",[151] coisas que preciso desancar na Parte 2; essa porcaria me dá raiva.

O que Niuniu está lendo?

Um beijo para as quatro queridinhas.

Querido, envie-me finalmente o Grosse[152] e o Cristianismo primitivo,[153] e também o Hirth 1;[154] só agora [Eduard] Meyer aparece em nova edição, apenas o primeiro volume – sobre Antropologia[155] – já apareceu. É melhor esperarmos.

Aqui a cada dois dias cai um temporal daqueles. O ar é belíssimo, os muitos prados recendem. E nenhum estranho anda pelas redondezas. Um beijo para você.

Niunia

---

151 Referência a Karl Bücher, *Die Entstehung der Volkswirtschaft. Vorträge und Versuche*. [O nascimento da economia popular. Palestras e ensaios].

152 Possível alusão a Ernst Grosse, *Die Formen der Familie und der Wirtschaft* [As formas da família e da economia], ou *Die Anfänge der Kunst* [Os começos da arte]. Ambos os trabalhos são mencionados na *Introdução à economia política*.

153 Karl Kautsky, *A origem do cristianismo: uma pesquisa histórica*.

154 Possível referência a Georg Hirth, *Kulturgeschichtliches Bilderbuch*, 6v.

155 Referência a Eduard Meyer, *Geschichte des Altertums* [História da Antiguidade], v.1, *1: Einleitung. Elemente der Anthropologie* [Introdução. Elementos de antropologia].

## COSTIA ZETKIN

[Quarten, 30 de julho de 1909]
Sexta-feira

Amado do meu coração, único, hoje também não chegou nada de você, e eu já anseio tanto por uma notícia direta! Mas me consolo em pensar que com esse tempo tão bonito você certamente foi à Floresta Negra e por isso não pôde escrever. Aqui, aliás, faz um tempo esplêndido.

Ontem Hans K[autsky] esteve aqui inesperadamente em visita por duas horas, e hoje, apesar de termos nos despedido definitivamente ontem, ele apareceu de novo de repente com o seu Fritzl e o caçula, Robert. Eles iam fazer a rota que passa por Quarten e me fizeram uma visita. Para o trabalho isso não é muito favorável, mas por sorte ainda não me pus seriamente a trabalhar de novo. Estou acabando de ler o Bernstein (*Revolução Inglesa*) e estou muito tomada e estimulada pelo assunto. Cromwell mesmo é o que menos me interessa em tudo isso e não me impressiona nem um pouco, esse típico inglês dissimulado e sortudo beneficiário de uma revolução que os outros fizeram. Que figura miserável em comparação com os vultos da Revolução Francesa! Mas os Leveller me interessam de verdade, um Lilburne, um Sexby, um Harrington. Eu quero relê-la em breve. Interessam-me especialmente: 1º A influência das ideias da Revolução Inglesa sobre a *Francesa*; 2º o disfarce religioso da luta de classes; isso ainda é um enigma para mim, pois não consigo imaginar seriamente uma visão de mundo religiosa. Você consegue?

Duda, o Festival Mozart de Munique é provavelmente impensável. Eu sacrificaria de bom grado imediatamente 100 marcos para nós, mas H[ans] K[autsky] disse que em apresentações como esta (para a qual, de resto, um ingresso custa 25 marcos) todos os lugares são dados de antemão em segredo a apadrinhados de toda espécie. Teremos de nos contentar com Berlim ou Stuttgart.

Duda, querido, sua mãe me escreveu que você leu as provas para o último número da *Gleichheit*! Doce Niuniu, me doeu tanto saber que a minha pequena borboleta estava fazendo um trabalho tão vazio. Eu o teria tomado de você de muito bom grado. Não posso pensar em meu Niuniu preso a nenhuma obrigação. Mas fiquei comovida e orgulhosa por Niuniu querer com tanta seriedade ajudar a mamãe. Infelizmente é difícil ajudá-la, isso eu pude ver pela última carta que ela me escreveu. Amanhã escreverei a ela. Por ora estou feliz pelo fato de ela não ir ao congresso do partido, assim ganham-se duas semanas de energia vital. E desta vez não haverá nada com que se irritar.

Hoje de manhã comprei na estação aqui em baixo o *Secolo*, amanhã o envio a você.

Doce amor, Quarten fica a quase 600 metros de altitude, cerca de 150 acima do nível do mar, em meio a prados íngremes; o ar daqui é muito melhor que o de Gersau e não tão quente. Apenas a pensão é ruim. Hoje à noite virão Luise, Karl e Bendel. Mas logo vou me trancar.

Querido, um beijo para você, você me ama? Duda!


## COSTIA ZETKIN

[Quarten,] 4 [de agosto de 1909]
Quarta-feira

Amado Niuniu!

Ontem e anteontem recebi suas amáveis cartinhas. Ontem não me sentia bem, mas hoje já estou melhor e estou trabalhando. Em dois dias estarei pronta com minha "encomenda" polonesa e me lanço imediatamente à segunda parte do trabalho sobre economia. Obrigada pelos livros que chegaram anteontem. Karli [Kautsky Jr.] também me trouxe de Berlim o Lippert, Ratzel e Peschel (Etnologia).[156]

---

156 Provável referência a Julius Lippert, *Kulturgeschichte der Menschheit in ihrem organischen Aufbau* [História cultural da humanidade em sua constituição orgânica]; Friedrich Ratzel, *Völkerkunde* [Etnologia]; Oskar Peschel, *Völkerkunde* [Etnologia].

O que você me escreve sobre a conversa com o "Mestre"[157] só me doeu porque prejudicou um pouco a bela excursão. Sei também que há muito o atormentavam vários pensamentos, mas ele é tão desajeitado que às vezes fala coisas muito diferentes do que gostaria. A conversa sobre o seu egoísmo é simplesmente ridícula. Não faço ideia de que egoísmo seria esse. Nunca notei nada parecido, pelo contrário. Mas ele também queria dizer algo muito diferente. O que o atormenta é simplesmente ver você tantas vezes fechado e taciturno, ele pensa que você ficará insatisfeito e infeliz se não abraçar uma profissão que lhe dê um campo de trabalho. Foi o que me disse quando esteve em minha casa em Berlim. Mas como não tem coragem de simplesmente lhe falar sobre isso com franqueza, para não feri-lo (não é absolutamente um bom orador), então disse essas coisas ásperas, e se irrita consigo mesmo por sentir que falou bobagem. Mas tudo isso se passa por causa de seu verdadeiro amor por você, e por isso lhe quero bem.

Hoje recebi um grande buquê de violetas dos Alpes recém-colhidas, enviado por Bendel [Kautsky], e logo senti uma grande vontade de enviá-las ao Niuniu, quebrei a cabeça pensando num modo de mantê-las frescas, mas fiquei com medo de que, como todas as flores do campo, elas chegassem completamente murchas.

Estou lendo *A morte de Ivan Ilitch*, e estou profundamente comovida. É algo de grandioso.

K. K. [Karl Kautsky] alimenta um profundo rancor contra mim, pois acredita que de algum modo estou por trás das relações de L[uise] com Hans. Isso me ofende, mas sou orgulhosa demais para dizer uma palavra. Também é constrangedor para mim ver o quanto K[autsky] se preocupa exclusiva e incessantemente com isso. Ontem, a pedido de L[uise] e dos meninos, dei um pulo até a casa deles. Estava um tempo frio, chuvoso, desagradável, e eu queria estar um pouco em companhia de outras pessoas. Mas assim que entrei no quarto e olhei para a sonolenta família e os velhos junto do aquecedor, assim que ouvi a voz oca dele, suas opiniões ocas, foi como se uma tampa de

157 Hugo Faisst.

chumbo me apertasse o cérebro, e corri para casa – exatamente como em Friedenau. Não sei como L[uise] pode suportar aquilo.

Meu doce, um beijo para você.

Hannes [Diefenbach] já está em Stuttgart. Ele escreveu no *Bremer Bürger-Zeitung* sobre o falecido Liliencron.

## COSTIA ZETKIN

[Quarten, 13 de agosto de 1909]
Sexta-feira

Doce amado, único tesouro, desde algum tempo – quase desde o seu retorno da Floresta Negra – você me escreve apenas a cada dois dias, e tão fria, tão mecanicamente, que eu não posso encontrar uma explicação. Temo qualquer explicação sua, porque você facilmente tem um acesso de raiva, e por isso me calei e procurei afinar também as minhas cartas ao seu tom. Mas não suporto mais isso. Espero com ansiedade suas cartas todos os dias, e cada uma delas me dá uma pontada mortal no coração; estou muito doente desde os últimos tempos. Por isso só lhe peço uma coisa: se você não me ama mais, diga-me isso francamente em três palavras. Eu não o censurarei nem de leve, e isso terá mesmo de acontecer algum dia.

Mas seja franco. É uma dívida que você tem com a "verdade na vida" e também com a consideração por mim.

Eu beijo você, beijo você, mesmo que seja pela última vez, meu caro, doce tesouro.

RGASPI, Moscou

## COSTIA ZETKIN

[Quarten, 17 de agosto de 1909]
Quinta-feira

Meu querido Costia, preciso vencer a mim mesma para escrever-lhe ainda uma vez, mas quero que, ao nos despedirmos, você veja claro em mim como eu vejo claro em você.[158]

Bem, venci e estou muito tranquila. Para mim é como se um ano tivesse se passado desde domingo; eu já tinha superado o mais difícil quando suas falsas cartas chegaram e, quando li a última que abri, meu coração foi tomado por uma grande frieza e por uma dor, mas também por uma grande paz. Aconteceu tal como eu lhe disse no começo. Com seu amor você me obrigou a amá-lo e, quando seu amor se desfez em nada, o mesmo aconteceu com o meu. Doeu-me não ter libertado você mais cedo desse fardo, dói-me a lembrança do olhar mau e torturado de um pássaro aprisionado, mas eu não ousava nunca dizer a palavra libertadora, porque intimamente tomava nossa relação por algo sagrado e sério. Pobre menino, você se considerava prisioneiro e, no entanto, bastava uma pequena palavra dita baixinho para libertá-lo a qualquer momento, como você pode ver agora, enquanto, na verdade, a prisioneira era eu, pois a lembrança de um leve balbucio no pequeno quarto: "seja fiel a mim, seja fiel a mim" e uma súplica na carta: "não me deixe, não me deixe" me prendia como uma corrente de ferro. O balbucio de um garotinho bonito prendia meu coração, mesmo quando sua aparência infeliz me martirizava indizivelmente, quando nas noites insones em Gênova seu comportamento enigmático para comigo me asfixiava. Mas ainda tenho um doce consolo por ter satisfeito o desejo do menino: fui fiel a ele até o fim, e jamais, jamais um olhar ou o mais recôndito pensamento meu se dirigiu a ele com desconfiança ou feriamente.

---

158 Esta foi a primeira crise séria do relacionamento entre Rosa Luxemburgo e Costia Zetkin. Eles acabaram reatando e ficaram juntos até 1912.

Bem, agora passou. Eu me entrego ao trabalho com vontade e amor, e estou decidida a trazer mais rigor, clareza e castidade a minha vida. Essa concepção de vida amadureceu em mim durante minha relação com você, por isso essas palavras ainda lhe pertencem.

Agora você está livre como um passarinho, portanto, seja também feliz. A *principuccia* não está mais no seu caminho. Adeus, os rouxinóis dos Apeninos cantam para você, e os bois de largos chifres do Cáucaso o saúdam.

R.

RGASPI, Moscou

## COSTIA ZETKIN

[Quarten. Entre 17 de agosto e 1º de setembro de 1909]

Você é e permanece para mim um amigo amado enquanto você quiser, enquanto eu viver. Tudo o que diz respeito a você é para mim mais importante que o resto do mundo inteiro. Não quero dizer mais nada sobre o que você me escreve, porque qualquer toque me dói. Só lhe peço: fique tranquilo e não se torture por minha causa. Em mim isso é suportável, eu não quero dar tanta atenção ao meu coração, tento me manter ocupada o dia todo. Estou agora quase terminando o Kropotkin,[159] nunca antes li um livro com tanto interesse, talvez seja meu estado atual, mas sinto meu coração tremer dolorosamente enquanto a Revolução se aproxima de seu terrível e inevitável fim, quase tenho medo de continuar a ler. Se quiser, escrevo a você os pensamentos que o livro despertou em mim. Você deve recomendá-lo ardentemente na *Gleichheit*, é um grande compêndio da Revolução e

159 Alusão a Peter Kropotkin, *Die französische Revolution 1789-1793* [A revolução francesa 1789-1793].

da luta de classes como nenhum outro. – Trabalho na segunda parte de minha obra sobre economia e utilizo Lippert e Ed[uard] Meyer.

Fique tranquilo e alegre –


## LEO JOGICHES

[Berlim-Friedenau, setembro de 1909?][160]

Após a conversa de ontem, de tão nervosa que estava não pude dormir metade da noite e hoje sou incapaz de trabalhar. Sinto-me obrigada a pedir mais uma de não sei quantas vezes que os negócios comigo sejam resolvidos por escrito, para que eu tenha tranquilidade no meu canto. Não preciso do quarto e não ponho os pés nele, e quando alguém vem me visitar fica espremido no meu dormitório para não ter de usar aquele quarto. Mas preciso estar na minha casa e não no hotel, onde podem entrar e sair sem meu consentimento. Não tenho mais forças para aguentar essa luta, já pedi tantas vezes para acabar com isso, perambulei fora de casa[161] o verão inteiro para não ver esse negócio e agora tenho tudo isso de novo. As cartas chegavam durante todo o verão sem minha intermediação, mais uma vez tudo chega ao meu endereço, e os jornais também devem ser recebidos a cada semana.

Não aguento mais desse jeito. Faço o que posso para a *Revista [Social-democrata] [Przegląd Socjaldemokratyczny]* e *Bandeira [Vermelha] [Czerwony Sztandar]*, estou disposta a assumir a redação como substituta quando for necessário, mas quero ter o meu canto para mim; se não puder conseguir isso de jeito nenhum, prefiro desistir do apartamento inteiro junto com a empregada e alugar um quarto mobiliado em qualquer lugar para sentir que estou na minha casa e

---

160 Data provável da carta estabelecida com base no conteúdo. Entretanto, não é possível descartar a hipótese de que seja de setembro de 1908.

161 De férias na Itália e na Suíça.

não no hotel. Peço a resposta se isso vai continuar assim para saber o que devo fazer comigo.

## COSTIA ZETKIN

[Friedenau, depois de 2 de setembro de 1909]

Fui buscar suas duas cartas assim que elas chegaram. Você pode escrever sempre que tiver vontade sem me avisar antes, pois vou quase diariamente ao correio com minha correspondência e posso então perguntar por suas cartas; quando não houver nada, não tem problema.

Você me perguntou que efeito tem Berlim sobre mim. Muito melhor do que eu temia, e isso talvez porque agora pouco noto quem ou o que há em torno de mim. Eu vivo, tanto em casa como na rua, tão recolhida em mim mesma que quando me ponho a andar tenho primeiro que me lembrar de onde estou. Além disso, vivo completamente isolada, só para mim, por isso até agora tenho poucas impressões incômodas.

Para o meu trabalho, porém, a mudança é um incômodo, pois infelizmente ainda tenho muita coisa "prática" para resolver (pôr ordem no apartamento etc.) antes de poder ter uma completa tranquilidade. Mas estou espiritualmente tão concentrada no trabalho que assim que tenho uma hora livre corro logo para ele e posso imediatamente dar-lhe continuidade. Acredito que em duas semanas a segunda parte estará pronta – com as próximas não terei nem de longe o mesmo trabalho. Está ficando com o dobro do tamanho, mas penso que isso não é nenhuma perda e que você ficará satisfeito com ela. Ainda não tenho as provas da primeira parte, pois Bruns estava em férias. Não o lamento, pois não gostaria que houvesse longas pausas entre cada uma das partes.

Há alguns dias Duncker esteve em casa; ele veio para explicar, em voz exaltada, que "gosta de ter clareza das coisas" e que gostaria de saber se é verdade que eu disse na escola do partido que o seu manual de economia política é "verdadeiramente maluco". Isso lhe teria sido relatado por meu aluno Hammer, de Stuttgart! Contei os fatos a Duncker com exatidão e lhe disse francamente que considero seu livro equivocado. Claro que ele se ofendeu e se retirou. Ele obviamente não pensa em tirar esse livro de circulação.

Você tem razão sobre as pessoas estarem completamente saturadas com o Polo Norte; a mim também as dúvidas dos especialistas de gabinete em relação a Cook[162] pareceram ridículas. Mas o que há de mais desprezível no caso é novamente fornecido pelos alemães, com a descoberta de que Cook talvez seja "Koch" e que ele tem um rosto parecido com o do Kaiser Wilh[elm].

Infelizmente tenho de escrever um artigo para o número do *Leipziger Volkszeitung* dedicado ao congresso do partido,[163] mas não tenho ideia do que devo escrever.

## COSTIA ZETKIN

[Friedenau, depois de 2 de setembro de 1909]

Ontem eu lhe escrevi; hoje um assunto importante me dá motivos para voltar a lhe escrever. Schultz me comunica que ele o convidou pessoalmente a assumir a história do socialismo na escola do partido. Não temos como saber se o colegiado pedagógico e os pais do partido concordarão com o plano, mas é muito provável. E então eu gostaria de convencê-lo com toda energia: aceite!

---

162 Referência à expedição (1907-1909) de Frederic Albert Cook que em 21 de abril de 1908 atingiu o Polo Norte.

163 Rosa Luxemburgo publicou *no Leipziger Volkszeitung* de 11 de setembro de 1909 o artigo intitulado "Das Begräbnis der Maifeier" [O enterro do primeiro de maio]. (Ver *Gesammelte Werke 2*, p.269-73.)

Eu sei de todas as suas reservas e de sua resistência. Em primeiro lugar, isso acena com a necessidade de morar meio ano em Berlim, o que para você é uma posição superada e um horror. Em segundo lugar, você se sente completamente despreparado. Em terceiro, você não pode imaginar como poderia subir à cátedra e falar. Compreendo tudo isso e, apesar de tudo, eu o aconselho: aceite!

No que se refere a Berlim, você afinal de contas não pode ficar para sempre em Sillenbuch; em alguma cidade, seja qual for, você terá de ficar, e mesmo Berlim não lhe parecerá nem de longe tão repulsiva se você tiver uma ocupação aqui.

No que se refere ao preparo, você terá de início apenas uma aula por semana, portanto, terá sempre uma semana para se preparar e, com sua leitura rápida e aplicada, dará bem conta da pouca literatura. Além disso: admitindo que seu curso não seja, na primeira vez, o ideal, você de ano para ano aprenderá mais, assim como eu faço. Aprendemos mais rápido e melhor quando ensinamos os outros. Considerando as cerca de vinte aulas de que dispõe, você terá de tratar de tudo de modo muito sucinto e se ater principalmente aos *fatos* mais importantes, e com isso não poderia por ora empregar as grandes filosofias nas quais pensamos no ano passado.

Quanto a falar, você certamente não o fará pior do que Mehring, Wurm, Cunow, Stadthagen e os outros, e com o tempo e o hábito certamente falará melhor que eles, talvez excelentemente. É preciso experimentar, se familiarizar com a coisa. Eu também não sabia como abrir a boca quando comecei minha primeira aula.

Mas, então, pense: você irá se libertar subitamente com um gesto decidido de uma existência torturante, se tornará independente do ponto de vista material, terá uma posição e olhará com orgulho para todos que quebram a cabeça para saber "o que será de Costia". E finalmente: você dará uma *grande* alegria a sua mãe, a livrará de uma preocupação constante e silenciosa. Provará a si mesmo que pode realizar algo e, com isso, ganhará muito mais autoconfiança e serenidade.

Peço a você: diga sim. Todo o resto se arranjará. Justamente a ousadia consciente deveria atraí-lo. Foi sempre assim, entrando de cabeça, que cheguei a todas as posições: como redatora do jornal do partido polonês pela primeira vez em Zurique, depois como "chefe" no *Sächsische* [*Arbeiter-Zeitung*], depois no *Vorwärts*, depois na escola do partido. E deu certo. Com você também deve dar. Não tenha medo, se a coisa se tornar um enfado, você poderá mandá-la às favas em março. Aceite apenas em caráter experimental, você vai ver: dará certo. Por favor: diga sim! Mas seja o que for que você decidir, fique tranquilo e alegre. Para mim tudo estará certo, se você estiver satisfeito.[164]

## CLARA ZETKIN

[Friedenau, 7 de março de 1910]

Caríssima Clarinha!

Antes de mais nada, muito, muito obrigada pelo maravilhoso presente (embora muito sinceramente me aborreça que você festeje uma ninharia dessas,[165] e puxo as orelhas de Costia todas as vezes por conta disso). Você sabe por mim mesma quanto eu desejava o Mistral.[166] Mas não desejava menos o Keller, uma vez que passou da hora de conhecê-lo. Já no meu aniversário li "Spiegel, das Kätzchen" e me deliciei com ele.

A carta também foi um belo presente para mim, só fiquei triste por você ter tomado a história do editorial pelo lado trágico, enquanto eu não dei muita bola para ela e ri. O artigo, tal como está, tem também um efeito bastante bom,[167] e sinto terrivelmente que o pobre

---

164 Apesar da insistência de Rosa Luxemburgo, Costia não se tornou professor da escola de quadros do SPD.

165 Alusão ao aniversário de Rosa Luxemburgo no dia 5 de março.

166 Referência ao poeta provençal francês Frédéric Mistral.

167 Provável alusão ao artigo de Rosa Luxemburgo, Der politische Führer der deutschen Arbeiterklasse [O dirigente político da classe trabalhadora alemã], publicado em *Die Gleichheit*, n.10, 14 fev. 1910.

poeta[168] se tenha aborrecido e inquietado tanto por minha causa. Eu tenho de fato muita raiva pelos dois anos de gaiola que ele me causou, mas ainda espero por outras oportunidades e sei que é muito mais fácil expor-se a si mesmo que aos outros. Tenho a firme convicção de que nós duas ainda haveremos de nos "sentar juntas",[169] quer apostar? E já fico tão feliz por isso!

Agora, outra coisa: a manifestação de ontem[170] estava muito caótica, é verdade, dispersa e sem rumo, mas no todo causou boa impressão e é um passo adiante. É verdade que as massas se dispersam desorientadas só de ver os cavalos da polícia e os sabres desembainhados (nós, com o seu filho e o pequeno Rosenfeld, ficamos o tempo todo firmes na praça, e é claro que os sujeitos não ousaram nos fazer nada), mas também o não dispersar-se precisa ser aprendido. Em todo caso, a vontade de se manifestar e a ira contra a polícia aumentou entre as massas e agora certamente haverá manifestações, não importa que a direção dê ou não as palavras de ordem.

Outra coisa ainda: escrevi, enfim, um contundente artigo sobre a greve de massas e a república. Enviei-o primeiramente ao *Vorwärts* e este o recusou, alegando que a direção do partido e o comitê de ação proibiram a redação de publicar fosse o que fosse sobre a greve de massas. Ao mesmo tempo me foi comunicado confidencialmente que a direção está negociando com a comissão geral[171] por causa da greve de massas.

Enviei-o, então, à *Neue Zeit*. Mas o meu Karl [Kautsky] ficou terrivelmente apavorado e me implorou, antes de mais nada, que riscasse a passagem sobre a república,[172] isso seria uma agitação completamente

---

168 Assim era chamado na família o marido de Clara Zetkin, o pintor Zundel, que na época a ajudava na revista *Die Gleichheit*, dirigida por ela.

169 Há um trocadilho no original: *zusammen sitzen*, no contexto, pode significar tanto "sentar juntos" (para conversar, discutir, desfazer equívocos) quanto algo como "compartilhar a gaiola", aludindo ao significado coloquial do verbo *sitzen* (estar na prisão). [N. T.]

170 Referência à manifestação realizada no dia 6 de março de 1910 em Berlim pela reforma do voto censitário na Prússia.

171 Organismo dirigente dos sindicatos livres que negocia com o comitê dirigente do SPD.

172 Para fazer avançar a mobilização de massas, Rosa Luxemburgo propõe uma campanha a favor da substituição da monarquia imperial pela república, mas fica isolada dentro do SPD.

nova, eu não teria o direito de expor o partido a perigos imprevisíveis etc. Como não havia escolha e a ideia sobre a greve de massas me parecia ter uma importância prática maior, cedi e risquei a passagem sobre a república. O artigo já tinha sido dado à impressão, mas com a nota de rodapé da redação: "Colocamos os pontos de vista aqui desenvolvidos em discussão"(!). Mas ontem de manhã o pequeno Karl me revelou que procurou August [Bebel] para saber sua opinião, e August lhe teria comunicado que a conferência realizada recentemente dos dirigentes distritais com a direção exprimiu o desejo de que o tema da greve de massas não fosse discutido de maneira nenhuma através da imprensa! O pequeno Karl naturalmente concorda com esse desejo, pois (aqui ele repete simplesmente as palavras de August) a situação atual não está de modo algum madura para a greve de massas, ao passo que, se no ano que vem alcançarmos uma esplêndida vitória eleitoral, então – então o que, ele na verdade não sabe, mas se esconde por trás de grandes frases como: "Então teremos uma situação muito diferente" e coisas do gênero. Em duas palavras: ele não ousa publicar o artigo e se opõe ele mesmo a uma discussão a respeito da greve de massas. – Por outro lado, fiquei sabendo o seguinte: aquelas negociações entre a direção e a comissão geral levaram à revogação da comissão geral. Mas isso é o característico: a comissão geral declara que *ela própria* não assume a responsabilidade por uma greve de massas, são as próprias massas que têm de fazer a greve de massas; mas, se isso acontecer, a comissão geral não criará obstáculos. Para isso temos a organização e os líderes! A massa tem de fazê-la, mas ao mesmo tempo se proíbe a discussão na imprensa!

Por hoje basta, estou apressada. Não tenho mais seu manuscrito, vou perguntar agora mesmo a Düwell por telefone se ele ainda o tem. E *onde* você espera ainda publicar uma brochura dessas?

Um forte abraço.

Sua R.

---

A ruptura entre ela e Karl Kautsky, para quem o fundamental era aumentar o número de deputados no parlamento, dá-se em torno dessa questão.

Esqueci uma coisa: no dia 5, Faisst esteve em minha casa e cantou e tocou por mais de duas horas, maravilhosamente! Foi um bálsamo, e na verdade fez de meu modesto aniversário um dia de festa.

## CLARA ZETKIN

[Friedenau, antes de 27 de maio de 1910]

Caríssima Clarinha!

Por favor, escreva-me imediatamente, pois eu preciso para a revisão do meu artigo: *quando* (em que ano) aconteceram simultaneamente aqui em Berlim um movimento de desempregados e manifestações pelo direito de voto? Você se lembra, você estava aqui e nós ficamos indignadas porque o *Vorwärts* deu as costas aos desempregados. Eu tinha até sugerido ao Wels falar numa assembleia de desempregados, mas recebi uma recusa. Foi no fim de 1907 ou janeiro de 1908? Responda *imediatamente*!

Você tem razão: o artigo no caderno do *Vorwärts* sobre o direito de voto é uma resposta a mim. Talvez eu ainda inclua isso na revisão do segundo artigo (minha resposta aparecerá em dois números da *Neue Zeit*).

Você pergunta se seu estudo sobre Bjørnson não seria um "luxo"? Não, eu considero justamente essas coisas tão necessárias quanto o pão de cada dia, como antídoto ao esvaziamento do espírito pela roda viva da luta sindical e parlamentar e pela mesquinhez de nossa agitação. Se nossas massas pudessem se revigorar com mais frequência em estudos como este! Eu tenho certeza de que justamente as massas se aborreceriam se considerássemos um alimento desse tipo um luxo para elas. Isso provoca mais agitação para nós que dez artigos sobre envenenamento por fósforo e repartições de trabalho paritárias.

Um abraço apressado para você.

Sua R. L.

Se o pequeno ainda não tiver partido, entregue-lhe a carta anexa.


## MATHILDE E ROBERT SEIDEL

[Friedenau,] 28 de maio de 1910

Caríssima Mathilde e caro Robert!

Quantas centenas de vezes já escrevi e enviei a vocês afetuosas epístolas – em meus pensamentos... Só não se realizaram em papel e tinta por causa do amaldiçoado turbilhão da vida no qual vivemos, no qual sempre resolvemos o que está mais próximo, o mais urgente, e deixamos "para amanhã" o que é pessoal e amado. Como fiquei feliz com suas florzinhas de Weggis, Mathilde! Fui tomada por uma saudade tão grande da Suíça que tudo o que eu queria era ter voado para junto de você. Mas estou aqui enredada no trabalho partidário. Durante todo o mês de abril corri a Alemanha em comícios pelo direito de voto. Agora ando brigando na imprensa (vejam a *Neue Zeit*). No meio de tudo isso, sempre o trabalho russo-polonês. Assim, sempre há bastante o que fazer. Mas pessoalmente estou satisfeita, pois vivo mais feliz na tempestade. Além disso, ainda tenho algo à parte para minha particular alegria de viver: estou pintando. Isso me ocorreu de repente e faço retratos a óleo, o que me dá muito prazer. Claro que só consigo fazer isso uma vez por ano, quase sempre no verão, pois do outono até a primavera sou totalmente engolida pela escola do partido. Mas chega de falar de mim. Como vocês estão? Como vai sua saúde, Mathilde? E seu trabalho, Robert? Você não vem à Alemanha alguma outra vez? Por ocasião das comemorações do centenário de Freiligrath, talvez? O que fazem os "meninos", quer dizer, os grandes senhores? Sejam "cristãos", paguem pedras com pão e escrevam logo e longamente. Tudo o que diz respeito a vocês me interessa profundamente. Vocês não teriam notícias de Olímpia

[Lübeck]? Há um século que não ouço nada sobre ela, e também não tenho o seu endereço.

Saudações carinhosas a vocês dois

Rosa

## COSTIA ZETKIN

[Friedenau, 28 de maio de 1910]

Uma saudação matinal de domingo para o Senhor Niuniu.[173]

Pequeno Niuniu, hoje sopra aqui um vento áspero, rude. Tive de levar todos os meus vasos de flores da sacada para dentro do quarto, pois eles estavam sucumbindo à fúria do insuportável vento. Você ainda não sabe, mas coloquei vasos cheios de flores na sacada: quatro petúnias com cálices azul claro e escuro, oito gerânios em diversos tons de vermelho, um resedá que já recende deliciosamente, quatro pequenos amores-perfeitos escuro-aveludados. Junto deles seus dois grandes lilases. O mais bonito é o do ano passado, que você me deu no meu aniversário. Ouça a sua estranha história: no outono passado eu desistira dele e o desterrara para a cozinha. Lá ele ficou o inverno inteiro na janela, não tinha mais nenhuma folhinha e também não recebia nenhuma água. Pensei que estava acabado. Nesta primavera, depois que você partiu, coloquei-o na sacada, e o pobre arbusto reviveu de repente ao sol e à chuva. Todos os ramos estão totalmente destruídos, um único se cobriu de folhinhas, mas com tanta exuberância que encobrem o arbusto inteiro. Agora cuido dele com desvelo e é o meu favorito.

Hoje estive na exposição. Como Gerlach queria ir junto, entreguei-me ao seu comando e o bobalhão, em vez de me levar à Secessão,

---

173 A ruptura entre Rosa e Costia durou poucos meses. Mas, pelo tom das cartas, mais amigável e menos apaixonado, percebe-se que houve mudanças.

levou-me – à "Grande Berlinense". Depois de cinco salas eu estava saturada de tanta porcaria e voltei para casa; deixei para o dedicado Gerlach estudar sozinho o restante. Vi apenas dois quadros bons: um de Kallmorgen, do porto de Hamburgo; mas ele também não me deixou completamente satisfeita. Mais tarde, em casa, me desesperei com minha Gretl.[174] Não sei o que isso significa, mas o quadro foi pintado de uma maneira tão absolutamente diferente de todos os outros retratos que vi que fiquei totalmente insegura. É bem possível que eu não passe de uma pobre troca-tintas.

Hoje à tarde deitei-me no sofá e fiz, através do atlas, uma longa viagem ao Cáucaso, e até mesmo a Bucara e Samarcanda. Tenho toda a certeza de que a farei de verdade – se não neste verão, no próximo. Este é agora meu objetivo na vida. Já até pensei no que levarei na mochila e em que roupa.

Ganhei uma bela caixinha de lata de Gretl, verde com um melro-dourado pintado. Fiquei muito feliz com ela. (É vendida em máquinas e contém balinhas de menta).

Fique alegre! O que você tem feito? Trabalha em quê? Saudações nossas, de Mimi[175] e minhas –


## COSTIA ZETKIN

[Friedenau, 5 de julho de 1910]

Querido Niuniuś, fiquei tão feliz ontem com sua longa carta da Ásia Menor. O que Gutbrod contou apenas reforça minha convicção: só vale a pena viver se eu puder me prometer visitá-la em breve. É uma terra onde se pode respirar novamente, depois da estreiteza opressiva da "cultura" alemã.

---

174 Alusão ao quadro que ela tinha pintado de Gretel Kautsky, filha de Hans Kautsky.
175 A gata de Rosa Luxemburgo.

Já estou melhor. Ainda não posso andar, mas posso me sentar à mesa e trabalhar, por isso me sinto muito melhor. Todos os dias recebo massagem.

Devo dizer francamente que não gostei muito de você não ter salvo a pobre toupeira das garras do estúpido pequeno Peter. Pense só, a toupeira é cega! Ela não tem como se defender! Eu nunca o teria permitido. Recentemente arranquei uma vespa das garras de Mimi, e também não lhe permito caçar borboletas aqui em casa.

Imagine só, o estúpido Süssmann,[176] que é um grande caçador diante de Jeová, me disse, ao ver Mimi, que recentemente matou a tiros cerca de uma dúzia de gatos em Belzig, que vivem como selvagens no campo comendo filhotes de coelho e perdizes e viraram bichos enormes. Os camponeses reclamam dessa matança de gatos, mas os senhores caçadores de Berlim se acham no direito de prevenir os "danos à caça". De resto, S[üssmann] disse que Mimi é um animal esplêndido.

Ontem, quando estava de nariz para baixo durante a massagem e gemia, Mimi se aproximou com os olhos cheios de pavor, ficou sobre duas patinhas junto da cama e me acariciou a cabeça com a patinha dianteira. A massagista ficou dura.

A Sutter teve o mais belo fim que lhe podia acontecer.[177]

Fique alegre, receba nossas saudações –

## COSTIA ZETKIN

[Aeschi, 4 de agosto de 1910]

Querido Niuniu, hoje eu estava tão tranquila e alegre, foi um dia maravilhoso e fiquei feliz com sua carta contendo a minúscula cartinha

---

176 Médico berlinense.
177 A cantora de câmara Anna Sutter foi assassinada em Stuttgart pelo amante.

para a terra de Uvinecia. Mas agora chegou a *Neue Zeit* enviada por sua mãe com o repulsivo artigo de K. K. [Karl Kautsky] contra mim.[178] Só distorções, subterfúgios, como as contorções de um inseto pisoteado. Fiquei tão triste. Ainda por cima alguém martela horrivelmente um piano a noite inteira lá embaixo na sala, só polcas e valsas, e estou completamente sozinha em meu quarto, à lúgubre luz da lâmpada elétrica que pende bem no alto sob o teto. Se tivesse a possibilidade de responder eu ficaria tranquila; não sobraria uma frase do palavreado dele. Mas agora a *Neue Zeit* e o *Vorwärts* estão fechados para mim. Ontem o *Vorwärts* recusou o meu artigo contra os de Baden,[179] e hoje a *Neue Zeit* a minha resposta a Franziskus [Mehring].[180] Eles querem me calar a boca! Eu vou tentar ao menos enviar uma breve réplica às "citações" falsificadas. Se será aceita, não sei. Por isso estou triste. Amanhã talvez seja melhor, se o sol brilhar. Mas não dê importância a nada disso, afinal, tenho de me virar sozinha, como sempre.

Saudações

N.

---

178 Rosa Luxemburgo refere-se ao artigo de Kautsky, Zwischen Baden und Luxemburg [Entre Baden e Luxemburg], publicado na *Neue Zeit*, ano 28, v.2, 1909/10.

179 Em 14 de julho de 1910 a maioria da bancada social-democrata no parlamento de Baden aprovou o orçamento, o que se opunha aos princípios e às resoluções do partido. O artigo de Rosa Luxemburgo contra a aprovação do orçamento foi publicado no *Bremer Bürger-Zeitung* de 10 de agosto de 1910. (Ver Rosa Luxemburgo, *Gesammelte Werke 2*, p.427-36.)

180 O artigo de Franz Mehring, Der Kamppf gegen die Monarchie [A luta contra a monarquia] (*Neue Zeit*, ano 28, v.2, 1909/10) opunha-se à proposta de Rosa Luxemburgo de mobilização a favor da república. Rosa replicou no artigo Der Kampf gegen Reliquien [A luta contra relíquias], publicado no *Leipziger Volkszeitung* de 9 de agosto de 1910, depois que a *Neue Zeit* se recusou a publicá-lo. (Ver *Gesammelte Werke 2*, p.421-26.)

## COSTIA ZETKIN

[Friedenau,] 5 de setembro de 1910
Segunda-feira pela manhã

Querido Niuniuś, ontem à noite cheguei em casa, triste e cansada do congresso,[181] e na casa vazia só encontrei Mimi para me consolar. Procurei alguma carta amável, mas claro que não encontrei nada. Hoje de manhã recebi sua cartinha. Quando você vier para cá, é claro que pode pousar em minha casa. Mimi também ficará muito feliz. Ida [Raduin][182] diz que só gosta de você, ela não quer de maneira nenhuma ir à casa de Hannes [Diefenbach] e rosna para ele e todos os outros. É uma grande infelicidade que justamente neste mês eu tenha de ir de um lado para o outro o tempo todo. Talvez eu só esteja em Baden por alguns dias. Portanto, se você vier, me telegrafe, para que eu possa apanhá-lo. Em todo caso, escrevi a Geck que só posso fazer agitações em Baden de 9 a 11, portanto, até o dia 8 provavelmente estarei aqui. – Você me escreve que aí entre vocês já é pleno outono. Hoje senti pela primeira vez um sopro do outono, agora mesmo, quando fui à sacada com Mimi para olhar a rua. Está um dia ensolarado, suave, o bordo – você o conhece – ainda guarda um verde fresco, mas o ar tem um sopro tão macio, suave, melancólico, que junto com o seu aroma logo um claro sentimento invadiu meu coração: é outono. Eu não lamento esse verão, ele não me trouxe nada de belo, e no entanto o outono nos deixa sempre um pouco melancólicos.

Ontem no caminho de volta, metida num trem completamente entupido de delegados ao congresso, no meio da confusão de todas as línguas, eu lia concentrada a *Penthesilea* [Pentesileia] de Kleist (pela primeira vez); ela só passou a me interessar depois que ouvi a *P.* de Wolf[183] e tive uma impressão muito forte. Fez-me tão bem me trans-

---

181 Rosa Luxemburgo participou como delegada do Congresso da Internacional Socialista em Copenhague, de 28 de agosto a 3 de setembro de 1910.
182 Empregada de Rosa Luxemburgo à época.
183 Hugo Wolf, compositor de Lieder.

portar para um mundo poético a léguas de distância, embora a empolação da forma clássica me pareça estranha e morta.

Com a filosofia se passa comigo o oposto que com você. Para mim é cada vez mais claro que ela em todos os tempos teve uma *grande* influência sobre a realidade, que é uma lacuna bárbara na formação não a conhecer e compreender. Eu só não sei deixar claro para mim o mecanismo pelo qual essa influência se dá. Seria muito importante e muito bonito se você se ocupasse alguma vez com seriedade e sistematicamente com ela; quanto mais me lanço à luta e me afundo nela, mais chego à conclusão de que você deveria ser preservado disso. A luta partidária não foi feita para uma natureza como a sua; é uma vida sob constantes ofensas a tudo aquilo que no ser humano é belo e nobre. Você deve, de qualquer modo, ficar com um tranquilo trabalho intelectual, seja Economia Política, História, Filosofia ou modelagem. Veja, nem isso eu descartei. Até agora você reuniu muito conhecimento em diversas áreas, e talvez continue a fazê-lo, até que encontre a sua própria área. Que o seu destino e o seu futuro não estão na *Gleichheit* é perfeitamente claro para mim. Eu só fico feliz com esse seu tempo de aprendizado porque nele você aprende a trabalhar com disciplina. Se você aguentar nele meio ano ou até um ano, então poderá contar consigo mesmo em algum outro trabalho. Claro que você teria de se organizar para poder também ler e pensar. Enfim, se você vier, poderemos talvez conversar sobre tudo isso.

Mimi está bela e esperta como sempre foi; a ferida na boquinha está quase totalmente curada. Ela lhe manda lembranças, e o mesmo faz

Niunia

## COSTIA ZETKIN

[Friedenau, 21 de outubro de 1910]
Noite de sexta-feira

Jujuka, ontem à noite lhe enviei a camisa por encomenda expressa; se vai chegar a tempo – receio muito! Enrolada nela havia uma cartinha. Hoje de manhã chegou a sua carta, de quando você estava sozinho e a lua brilhava. Eu podia imaginar tão bem como o meu pequeno Niuniu estava ali, sozinho, na casa silenciosa. Quero fazer exatamente como você escreveu: antes de tudo, descansar de verdade. Por isso vou dormir cedo, e hoje também não fui ver *Don Juan* para poder ter paz. Pessoas ainda me incomodam um pouco. Ontem Adolf W[arski] esteve comigo. Infelizmente ele agora me dá a mesma impressão que o pobre Kritschewski em Paris: uma ruína. Queixa-se permanentemente de dívidas, filhos, doença etc. Não fico nada feliz por eles terem de se mudar para cá; os dois não me acompanharam intelectualmente, e eu sinto como se fosse a visita de um primo da província, que se conhecia dez anos antes como um cara ainda jovem e agora o encontramos como um caipira preocupado e um *pater familias*. Isto apesar de ter estado a maior parte do tempo em Paris e Petersburgo – nos centros da modernidade!

Você leu na *Berliner Tageblatt* o relato do primeiro congresso dos sociólogos em Frankfurt? Essa conversa fiada! Um baixo nível inacreditável. Mas com a crítica da concepção tecnológica do materialismo histórico Sombart tem razão: essa é literalmente a concepção de K. K. [Karl Kautsky] – uma caricatura da concepção marxista, claro.

Eu li Wister e gostei dele. O nome "Specimen-Jones"[184] ficou em meu ouvido e me faz ver sempre um velho com a barba suja, saltitando em círculos em uma taberna escura, e a cada vez um tiro de revólver passa-lhe entre as pernas com um estampido surdo. O que há de horrível e feroz na vida da fronteira e a depravação dos "civilizados" é

---

184 Personagem da novela de Owen Wister, *Apachenüberfall* [Ataque apache].

descrito com agudeza, e também os pavores e a grandeza do deserto. E no meio de tudo, como uma flor, esse idílio na Tinaja Bonita. Temo que Niuniu dê um veredicto totalmente diferente e ria de mim.

Bom domingo, Juju, quem sabe esta carta o saúde quando você estiver de volta de Heidelberg.

Mimi e eu beijamos você.

N.

## COSTIA ZETKIN

[Friedenau, 30 de novembro de 1910]

Dudu, querido, ontem fiz a minha palestra sobre Tolstoi na escola.[185] Houve debate e a coisa durou até à meia-noite, cheguei em casa à uma e hoje estou moída. Hannes [Diefenbach] estava lá. Hoje falei casualmente com Korn, que veio à escola, se ele não publicaria algo sobre Tolstoi na *Arbeiter-Jugend*. Não, ele respondeu, ele não gosta desses "artigos comemorativos e de ocasião". Eu disse que não se trata de nenhuma "ocasião", mas simplesmente do dever de apresentar Tolstoi aos jovens. Justamente isso é que não pode ser, respondeu ele, afinal, não se pode recomendar uma *Anna Karenina* à juventude, pois nela se fala "demasiadamente do amor". E quando eu bati na mesa com raiva e disse que opiniões como essa não me surpreenderiam numa toupeira, mas sim em pessoas que se consideram especialistas em "cultura" e "arte", ele respondeu: "Tolstoi não tem nada a ver com cultura e com arte". Não é para estourar? Basta que eu veja essa máscara vermelha de madeira e esse pesado sobretudo cobrindo a curta figura, que na sua imobilidade lembra uma dessas rotundas de mictórios públicos.

---

185 Tolstoi morreu em 20 de novembro de 1910. Para homenageá-lo, Rosa Luxemburgo fez uma palestra na escola do SPD em Berlim.

Maldito povo de toupeiras, esses "herdeiros da filosofia clássica"! E Wendel deve ter escrito um artigo sobre T[olstoi] na *Volksstimme* de Frankfurt mais ou menos com a chamada: jovem puta – velha beata!… Ah, algumas vezes me sinto terrivelmente mal aqui, e preferiria ir embora da Alemanha. Em alguma aldeia siberiana sentimos mais humanidade que na social-democracia alemã.

Ontem havia aqui uma completa primavera, hoje está cinzento, úmido, sujo, nevoento. Tenho tanta saudade de um pouco de floresta e de um céu limpo. No domingo, se o tempo permitir, quero passear um pouco em Grunewald com Hannes.

Mimi ainda é tão bobinha. Hoje de manhã eu queria dormir até um pouco mais tarde, mas ela não tolerou isso, sentou-se sobre o meu peito, mordeu-me o rosto e arranhou-me o nariz. Tive de ir à escola com um grande arranhão vermelho no nariz. Para se acomodar à noite ela escolhe as posições mais ousadas. Quando durmo de lado, acomoda-se toda contente sobre o meu ombro, e então fica irritada quando quero me virar.

Você está em alguma medida satisfeito com meu artigo? Que pena, ontem durante a palestra expus alguns pontos de vista que bem poderia utilizar nele, mas na verdade o espaço de que eu dispunha era pouco.

Fique alegre, eu beijo você, Mimizinha também.

N.

## COSTIA ZETKIN

[Berlim SW, 4 de fevereiro de 1911]

Niuniuś, no domingo o dia todo será provavelmente engolido pela cerimônia.[186] Tenha você um domingo mais belo, não trabalhe demais, vá passear e leia algo bonito.

Acabei de ler *Eldorado*[187] e ganhei muito com a leitura. Não me refiro aos dados históricos e geográficos, mas sim à imagem sensorial, estética, que ele dá das primeiras épocas dos descobrimentos e da colonização. Agora compreendo vividamente aquele tempo em que a velha Europa enviou uma infinita torrente de lama, sangue e sujeira da civilização para as novas terras. Pude também contemplar a essa luz as fases sucessivas até a atualidade, e tenho agora uma imagem tão palpável dessa inundação de todas as partes do mundo com a sujeira da civilização europeia que estou comovida. E mais uma coisa se tornou para mim muito clara e visível: como, incessantemente, da Europa, dos limites artificiais exteriores da "ética" e do "direito", se despejam, em regra, numerosas corjas de criminosos nos países primitivos. Quer dizer, toda a multidão de europeus se revela simplesmente como aquilo que são, uma corja criminosa, assim que escapam da gaiola da "civilização". – Eu vou ler o livrinho de novo, pois ele nos dá mais que vários outros juntos.

Mimi faz "ru-ru" de novo e é enternecedor. Ela é o bichinho mais bondoso que existe. Há meses não queria pôr nada na boquinha a não ser carne. Eu pedi muito a ela nos últimos dias para comer legumes de novo, porque o médico assim prescreveu. E seguindo meus conselhos ela agora come legumes incansavelmente, masca espinafre com vontade e mastiga em separado grãozinhos de arroz com visível esforço, para mostrar seu bom comportamento.

---

186 Alusão ao enterro de Paul Singer, morto em 31 de janeiro de 1911.

187 Rosa Luxemburgo refere-se provavelmente a *El Dorado. Geschichte der Entdeckungsreisen nach dem Goldland El Dorado im 16. u. 17. Jh.* [El Dorado. História das viagens de descoberta do país do ouro nos sec. XVI e XVII], de F. A. Junker von Langegg.

Nós duas beijamos você

N

A história de Hans e Marte com a galinha me divertiu regiamente.[188] Obrigada.

## COSTIA ZETKIN

[Friedenau, 2 de abril de 1911]

Pequeno Niuniuś, não fique bravo comigo, eu vou para a Suíça. Mas esperarei sua mãe, pois me sinto tremendamente alegre por viajar com ela.

No sábado houve uma festa de despedida na escola, me diverti bastante e só cheguei em casa depois das duas horas. Na sexta-feira fui ver *Don Juan*, que em parte foi muito mal apresentada, mas apesar disso me deu uma forte impressão no fim. Hoje serei arrastada para a *Flauta mágica*, embora eu pretendesse finalmente dormir direito, o que há muito tempo não consigo. Na semana passada recebi muitas visitas. Rosenfeld esteve aqui e ficou até meia-noite e meia. A sra. Wurm também me fez uma longa visita, embora eu nem sequer a tenha apreciado tanto. Gosto muito dela. Ontem Lênin chegou e até agora já esteve aqui quatro vezes. Gosto de conversar com ele, é inteligente e culto e tem uma cara muito feia que eu gosto de ver. Ontem recebi uma carta divertida de Constantinopla, que envio para você junto com esta.

Aqui está de novo quente e ameno, uma completa primavera. A pobre Mimi faz "curu!". Ela impressionou muito Lênin, ele disse que

---

188 No suplemento "Für unsere Kinder" [Para nossas crianças] n.9, 1911, do jornal *Die Gleichheit*, foi publicado o conto de Hans Aanrud, Wie Hans und Marte die Henne hüteten [Como Hans e Marte guardaram a galinha].

só na Sibéria tinha visto animais tão imponentes, e que ela é uma gata senhorial. Ela também coqueteou com ele, rolou de costas e o chamou, mas quando ele tentava se aproximar, ela lhe batia com a patinha e rosnava como um tigre.

Sua mãe queria escrever de Bremen, mas ainda não escreveu nada.

Eu beijo você, Mimi também

N

## WILHELM DITTMANN

[Friedenau, 23 de maio de 1911]

Prezado camarada Dittmann!

Desculpe-me por só hoje lhe dar as informações pedidas sobre a escola do partido – eu estava muito ocupada e não encontrava um minuto livre sequer.

Se o senhor quer saber a minha opinião, eu acredito que a organização do ensino na escola do partido foi muito bem-sucedida – com exceção do plano pedagógico, que na minha opinião ainda precisa ser aprimorado. Estou muito feliz por termos, o camarada Schulz e eu, finalmente conseguido introduzir a história do socialismo internacional; agora trabalho para introduzir o *movimento sindical* e sua história, e também sua situação em diversos países, como matéria específica (fiz essa solicitação na última conferência dos professores e da direção). Eu a considero de uma importância extraordinária e tão necessária quanto a história do socialismo. A sugestão recebeu o total apoio de Bebel e agora é só uma questão de *possibilidade* prática, o momento em que poderemos realizar este plano. É que precisamos contar muito com o tempo e a capacidade de trabalho dos alunos. Da maneira como o ensino está organizado agora, ele corresponde, na minha opinião, a todas as exigências da pedagogia. Pois temos *no máximo* trinta alunos no curso,* as aulas compreendem diariamente apenas duas, às vezes três matérias, e para cada matéria são previstas duas horas seguidas (nas minhas, há uma pausa de um quarto de hora). Assim, apenas a parte da manhã, das 8 às 12 horas, é dedicada ao ensino; na parte da tarde, são dadas somente matérias fáceis, pouco cansativas, como Estilística, exercícios de Oratória, Ciências Naturais. Nosso ideal é deixar a tarde completamente livre (também quando há aulas à tarde encerramos normalmente às três ou às quatro horas), pois os alunos precisam da tarde e da noite para trabalhar em casa. Sem essa possibilidade, sem estudar a fundo em casa a matéria vista pela manhã e as anotações, sem ler as brochuras e livros correspondentes, o ensino todo é completamente inválido e inútil. Basta que o senhor considere a escola sindical. O senhor conhece a organização dela? Para mim é absolutamente incompreensível como pessoas com senso prático podem jogar o seu dinheiro e o seu tempo pela janela dessa maneira. Antes de mais nada, cada curso lá dura seis semanas (enquanto nós, em seis meses, mal conseguimos transmitir algo de aproveitável para os alunos!). Além disso, de sessenta a setenta alunos sentam-se juntos, de modo que é impossível pensar em uma discussão com o professor, em um tratamento aprofundado da matéria por meio de questionamentos e de um debate abrangente. E ainda são dadas diariamente cinco matérias seguidas por cinco professores diferentes, uma hora cada uma (apenas uma matéria por dia dispõe de duas horas, das três às cinco horas). Desse modo, as matérias se sucedem umas às outras com tanta rapidez que os alunos mal conseguem pensar. E o ensino é programado de tal maneira – das 9 até às 6 horas da tarde – que ele ocupa a manhã e a tarde inteiras. Onde sobra tempo para os alunos estudarem e lerem algo por si mesmos, refletirem sobre o que ouviram e digerirem intelectualmente? No intervalo do almoço, das 12 até às 3 horas da tarde, é óbvio que não se trabalha, pois a refeição ocupa boa parte do tempo e o restante é inevitavelmente desperdiçado. Até que cheguem em casa à noite e comam alguma coisa, já são 7 ou 8 horas, e então naturalmente estão cansados demais e não lhes resta senão irem espairecer em algum "local", o que não deve contribuir muito para o aprofundamento da ciência nem para o entusiasmo com o trabalho que terão na manhã seguinte. Outra coisa que chama a atenção: do começo de setembro até o começo de abril – enquanto nós completamos *um* curso – os professores da escola sindical têm de dar quatro cursos em sequência, nos quais inevitavelmente ensinam a mesmíssima coisa quatro vezes! Para mim, o semestre de verão livre depois do encerramento do pesado curso é uma verdadeira redenção, pois nós também não queremos apenas repetir, queremos reunir material novo para cada novo curso, ampliar, modificar, melhorar. Por fim, simplesmente não consigo imaginar que a sua própria aula não se torne repulsiva para um professor, quanto ele tem de martelá-la quatro vezes seguidas num espaço de tempo de sete meses; mesmo com a melhor das intenções, ele se torna um fonógrafo. Assim, tudo parece ser programado para inibir qualquer entusiasmo pelo trabalho e qualquer verdadeira capacidade produtiva tanto dos professores quanto dos alunos. Eu considero tudo isso, como o senhor pode ver, apenas de um ponto de vista puramente pedagógico, portanto nem menciono que quem atua como professores nas matérias mais importantes são Bernstein, Schippel, Bernhard, Calwer (justo para cartéis!). A orientação dos professores é questão de convicção, mas a organização do ensino é questão de uma pedagogia racional, e nisso a escola sindical inteira é um enigma para mim. Não são ali os "doutrinadores" e "teóricos" muito mais práticos que os pretensamente "práticos"?

Mas também entre nós, na escola do partido, há muito a melhorar e ampliar. Em cada curso se renova o desejo de alongá-lo ou então de criar um curso de aperfeiçoamento. Para mim seria preferível a última alternativa, e isso poderia ser feito sem sobrecarga alguma para o partido. Mas agora, naturalmente, as eleições parlamentares estão em primeiro plano e não há tempo para planos de reformas. Eu tenho muita esperança de que neste ano a escola simplesmente não funcione, é o que espero – pois também gostaria de poder trabalhar um inverno para mim mesma.

Como estão o senhor e sua esposa? Sua cartinha me deixou muito feliz. Obrigada também pelo relato. O material sobre o liberalismo segue na próxima carta.

Com Ros[enfeld] eu falarei hoje ou amanhã.

Por ora minhas saudações cordiais

Sua R. Luxemburgo

\* Faz três anos que disponibilizamos dez vagas aos sindicatos; mas infelizmente apenas a associação dos mineiros e a dos pedreiros fazem uso delas, enviando cada uma dois alunos por curso. As outras associações, especialmente a dos metalúrgicos, boicotam a escola do partido – em prejuízo deles e nosso!

## COSTIA ZETKIN

[Friedenau, 28 de agosto de 1911]

Niuniutek, coraçãozinho, por estes dias estou muito ocupada e aplicada, levanto logo depois das 6 da manhã, mas às 9 da noite já estou na cama. Ontem, que era domingo, fui para a cama já às sete e meia, pois estava muito cansada. Fiquei deitada sozinha bem quieta na cama e me sentia tão bem, porque ainda entrava alguma luz do dia pela janela, lá fora as pessoas ainda fizeram barulho por muito tempo, mas eu tinha sossego e fiz com que Mimi também fosse para a cama, quer dizer, para o sofá do quarto pequeno. Agora faço muito trabalho braçal, faço faxina, encero móveis, esfrego. Isso me faz tão bem e ainda produz alguma variação. Foi divertido hoje bem cedo primeiro limpar as flores e amarrá-las, depois escrever um artigo para o *Leipziger Volkszeitung* e logo após lustrar os móveis.

Com o dinheiro é muito simples, eu exigi da honorável direção um adiantamento de mil marcos por conta de meu trabalho pedagógico do próximo ano. Mas até lá já terei, pelo livro, o equivalente a dez honorários. Esses mil marcos de adiantamento reservo inteiramente para a viagem.[189] Assim, se você pudesse economizar algo entre 100 e 200 marcos e trazê-los, nós estaríamos regiamente providos, se não, ainda assim nos arranjaremos. Como você pode ver, tudo corre sem dificuldades e da maneira mais simples.

Na quarta-feira cedo eu me mudo daqui. Desta casa já não lhe escrevo mais. O novo endereço é: Südende, Berlim, Lindenstrasse 2, II 1.

Fique alegre, querido, nós duas estamos alegres e o beijamos.

N. e M.

Não pude deixar de rir com o casal alemão e a criança. Niuniu, *envie-me o quadro, por favor!*


## COSTIA ZETKIN

[Südende, 14 de novembro de 1911]
Terça-feira

Niuniu, querido, só ontem de manhã recebi sua carta de sábado. Já estou vivendo uma vida regular e trabalhando. Ontem e anteontem enviei artigos para o *Leipziger Volkszeitung*, mas agora eles aparecem sem minhas iniciais – é evidente que Lensch não quer mais que eu sobressaia tanto assim no jornal; isso não me agrada especialmente, eu adoro ser responsável por mim mesma, mas não me é conveniente protestar. Aliás, Lensch quer me fazer uma visita em breve. Ontem

189 Em outubro Rosa Luxemburgo viajou pela Córsega com Costia Zetkin.

à noite tive vontade de espairecer um pouco e fui com Ida [Raduin] a Steglitz, onde ela me mostrou o cinematógrafo ao qual costuma ir aos domingos. Entrei com ela (por 30 *pfennig* na primeira fila!) e me diverti muito; também tocava música, e quase só havia crianças e criadas ou moços de recados. Projetava-se uma história muito comovente sobre um príncipe que se apaixona por uma camponesa, mas tinha de se casar com uma "princesa da Ilíria" e abandonava a moça. Ida chorou e é claro que eu também, mas ao mesmo tempo eu ria, e Ida ficou espantada com isso. Depois mostraram o palácio do papa em Avignon – um edifício esplêndido, mas que parece uma prisão. Vimos também uma história de como um cão salvava o seu dono chamando a polícia e levando-a até o covil dos ladrões onde o seu dono estava acorrentado. Muitas coisas diferentes, todas se sucedendo em torrentes, como parece acontecer sempre.

Mimi é carinhosa e brincalhona, ontem à noite ela se colocou detrás do busto de mármore em cima da minha escrivaninha, abraçou-lhe o pescoço com as patinhas e mordeu-lhe o nariz. Foi muito engraçado.

Ainda estou sendo bastante poupada de visitas, nós duas lhe enviamos beijos.

N. e M.

## KONRAD HAENISCH

Südende, [depois de 12 de dezembro de 1911]
Lindenstr. 2

Prezado camarada Haenisch!

Foi obviamente uma ideia sem pé nem cabeça de nosso caro Henke supor que por algum "ressentimento" eu fosse me abster de fazer agitação para ele. Com os diabos, eu faço agitação no distrito eleitoral para os piores oportunistas, e iria agora por cálculos pessoais deixar meus amigos do partido na mão – ridículo! Mas o que acontece é que simplesmente não posso mais. De 1º de dezembro até 12 de janeiro todas as minhas tardes – com exceção das semanas dos feriados – estão comprometidas há meses. Portanto, não há nada a fazer. Hoje ainda escreverei a Henke neste sentido. E agora mais algumas palavras sobre o "ressentimento". É verdade que em Jena[190] fiquei furiosa com o senhor, e justamente porque se propôs a *defender-me*, mas, por conta de sua estratégia completamente equivocada, puxou-me o tapete. O senhor quis defender minha "moral" e, com isso, colocou em risco minha posição *política*. Não se poderia agir de maneira mais errada. Minha "moral" não precisa de nenhuma defesa; o senhor não pode ter deixado de notar que, desde que estou no partido alemão, desde 1898, tenho sido incessantemente alvo de insultos *pessoais* da pior espécie, em especial no sul, e no entanto *nunca* respondi a tais insultos com uma linha ou uma palavra sequer. Desprezo silencioso é tudo o que tenho para isso. E – sem levar em conta o orgulho pessoal – pela simples consideração *política* de que todos esses insultos pessoais não passam de manobras para se desviar do motivo de divergência política.

Antes de Jena já estava claro que, para a direção, que se encontrava em maus lençóis, não restava senão levar a discussão para o âmbito "moral", pessoal. Também estava claro que, para quem fosse importante a sabotagem desta manobra, não devia deixar-se levar para o lado pessoal. Mas foi isso que o senhor fez ao concentrar todo o debate em torno de minha *pessoa* e objetivamente colocar minha posição em risco. É claro que o senhor não tem obrigação de concordar comigo em todos os pontos, e tem todo o direito de expressar abertamente sua opinião divergente. Mas então não deve travesti-la em uma "defesa" de minha pessoa, pois uma "defesa" dessas prejudica alguém dez vezes mais que um ataque franco. O senhor talvez não

190 Durante o Congresso do SPD de 10 a 16 de setembro de 1911.

tenha tido absoluta consciência da impressão deixada por seu artigo: uma reivindicação lacrimosa e nobre por circunstâncias atenuantes para uma condenada à morte – o suficiente para deixar fora de si quem se encontra em uma posição de luta política tão importante e tão favorável como a minha em Jena. O senhor também não precisa tomar tão tragicamente a sério aquelas murmurações ameaçadoras vindas de "fontes bem informadas" – digamos, simplesmente, do canalha Hilferding, e antes de mais nada jamais precisaria transformar questões políticas em pessoais-sentimentais. Se os revisionistas fazem isso contra nós, eles sabem por quê; mas quando os *nossos* os seguem por essa via traiçoeira, é de uma extrema burrice. Isto basta para o esclarecimento da coisa. Meu "ressentimento" eu já esqueci há muito e tenho, honestamente, outras preocupações que não arrastar comigo velhas mesquinharias. Portanto, chega.

Agradeço-lhe muito pelos seus escritos, alguns já conheço por meio de publicações na imprensa, e fico feliz com eles. Os panfletos ilustrados eu já pedi que me dessem na Saxônia, e considero ideia e realização muito felizes.

E agora tudo de bom para os feriados e as melhores saudações de sua R. Luxemburgo

## COSTIA ZETKIN

[Weisenbach (Vale do Murg), 15 de agosto de 1912]

É muito doloroso para mim ter de lhe escrever isto, mas não posso fazer nada. Tenho de lhe dizer que sua maneira de ser nos últimos tempos me causa um profundo tormento. Ontem, por exemplo, depois de tudo o que mais uma vez tive de ouvir, sofri terrivelmente o dia inteiro e a noite. Não lhe faço a menor acusação e não quero em absoluto tocar na sua vida privada, que pertence exclusivamente a você.

Apenas não vejo mais nenhum lugar para mim nela e simplesmente não posso mais suportar o que há de insincero e obscuro em seu relacionamento comigo. Portanto, adeus. Eu ainda queria dizer que amei muito o Niuniu que era meu pequeno garoto, que era tão ardente e extraordinariamente sensível e terno. Se você ainda o encontrar pelo país para onde o levaram de mim, diga-lhe isso.[191]

R.

Direi à pequena Mimi que agora estamos sozinhas, e ainda lhe darei um beijo por você.

## PAUL LEVI

[Berlim-Südende, 23 ou 24 de fevereiro de 1914]

Mal pus os pés sobre o calçamento de Berlim ontem à noite[192] e o malvado pássaro da solidão espiritual e da depressão já me prendeu novamente em suas garras, e tive de me controlar muito para não chorar na rua. Carlé, aquele pequeno patife, só havia entregue meu telegrama a Gertrud [Zlottko] às 9h30 da noite. Ela não estava na estação (em compensação, hoje de manhã o telegrama me arrancou do melhor dos sonos na mais abençoada hora matinal), tive de caminhar sozinha até Südende, onde encontrei Gertrud, novamente de mau humor por não poder me esperar "como tinha planejado",

---

191 A correspondência com Costia é retomada no fim de agosto, quase no mesmo tom, mas as cartas se tornam mais raras, tendo praticamente cessado em 1913. Em compensação as cartas a Leo Jogiches, a quem trata de senhor, são frequentes mas falam apenas do trabalho político polonês e alemão, como se fossem memorandos, sem qualquer menção a assuntos pessoais. Em 1914, Rosa tem um breve relacionamento amoroso com seu advogado Paul Levi.

192 Rosa Luxemburgo regressara de Frankfurt am Main onde, em 20 de fevereiro de 1914 foi instaurado um processo contra ela e, em 22 de fevereiro, ela falou em uma reunião de protesto (ver Luxemburgo, *Gesammelte Werke*, 3, p.407-9).

isto é, com pompa e flores; Mimi também estava sonolenta – em suma, eu me senti abandonada e pensei que a vida não tem remédio. Hoje de manhã queria ir imediatamente ao meu costumeiro círculo obrigatório, à escola do partido,[193] mas os camaradas tinham tomado suas providências e me "liberado" por hoje, para que pudesse "dormir bastante"; sempre me fazem esses favores duvidosos. Além disso, Rosenfeld me telefonou para dizer que a direção do partido em Berlim recusou-se a convocar manifestações de protesto.[194] Sim, *recusou-se*. Para um começo de dia me bastou. Mas então fui para o campo. O clima está tão ameno, há um céu azul-pálido de sonho, o ar está tão suave e doce, e eu encontrei um cão – um grande pastor escocês de pelo castanho-claro e olhos castanho-escuros inteligentes e bondosos. Estava deitado no jardim de uma casa e também gozava a primavera. Fiquei parada diante dele por um longo tempo, e ele também me olhava de baixo para cima sem mexer a cabeça. Nós nos entendemos tão bem, e com isso meu coração pouco a pouco se encheu de alegria e bem-estar. Então, em pensamentos, escrevi a você. Em casa encontrei um telegrama de Stuttgart, dizendo que devo ir à manifestação que acontecerá lá na sexta-feira. Respondi que sim e, portanto, na quinta-feira viajarei para lá. Quero ir por Frankfurt. Você estará em Frankfurt na quinta-feira, e poderia ir à estação? Telegrafe-me, pois do contrário farei outro trajeto, e preciso comprar as passagens com antecedência.

RL

---

193 Rosa Luxemburgo trabalhou de 1907 a 1914 como professora de História Econômica e Economia Política na escola do Partido Social-Democrata em Berlim.
194 Refere-se às manifestações de protesto contra a condenação de Rosa Luxemburgo.

## PAUL LEVI

[Berlim, final de fevereiro de 1914]

Doce senhor, você e a maravilhosa noite ainda fazem tremer todos os meus membros e minha principal ocupação aqui é remexer nas lembranças com dedos indolentes, como em um cesto de flores.

Sempre vejo diante de mim seu rostinho pálido e apaixonado com os olhos escuros, como daquela vez – bem de perto.

Aqui encontrei a má notícia enviada por Rosenf[eld] de que Karski foi preso – por causa do artigo no jornal de Kiel – por ofensa ao ministro da Guerra.

Arquivo da Social-Democracia, Bonn
Publicado por Sibylle Quack em:
"IWK", ano 23, junho de 1987, fascículo 2, p.208.


## WALTER STOECKER

Berlim-Südende, 11 de março de 1914
Lindenstr. 2

Caro camarada Stoecker!

Eu não posso recomendar-lhe nenhuma das obras burguesas sobre economia política, pois elas agora só lhe causariam perda de tempo e desgosto. Continue, de preferência, com *O capital*. Antes do segundo volume do *Capital* eu o aconselharia a estudar talvez meu livro sobre a acumulação – infelizmente não conheço nenhum outro que em alguma medida pudesse proporcionar uma introdução ao segundo volume do *Capital*; mas esse volume é muito difícil, pois contém mais problemas propostos do que algo completamente elaborado. Mesmo assim, faça uma tentativa. Se o livro lhe causar estranheza, o senhor talvez possa primeiro tentar com o meu. O mais perigoso, na minha opinião, é que no segundo volume se pode dominar bem cada *detalhe*, até com uma aparente facilidade. Mas, enquanto isso, não se nota na maior parte do tempo que não se tem clareza sobre as questões fundamentais: em que *âmbito*, afinal, se movimenta a investigação aqui, e quais são exatamente os problemas do volume? – Que haja alguns camaradas que supõem que eu fujo da Alemanha por causa da pena de prisão me divertiria muito, se não fosse também um pouco triste. Caro jovem amigo, eu lhe asseguro que não fugiria nem mesmo sob ameaça de forca, e isso pelo simples motivo de que considero absolutamente necessário acostumar o nosso partido com o fato de que sacrifícios fazem parte do ofício do socialista e são uma obviedade. O senhor tem razão: viva a luta!

Saudações cordiais de
sua R. Luxemburgo


[PAUL LEVI]

[Berlim-Südende, março de 1914]

Na verdade, o homem com os grandes bigodes[195] estava aqui quando o seu telegrama chegou. Mas eu me guardei instintivamente de falar de você e, quando ele me perguntou se o meu advogado me agradava, dei-lhe uma resposta bem medida.

Meus planos de viagem! Até 1º de abril estou presa aqui e apenas espero que você venha no domingo de manhã. Depois eu sonho poder viajar para o sul por três semanas, mais ou menos no dia 5 de abril. Minha carteira, porém, talvez só me baste para ir até o

---

195 Provavelmente Leo Jogiches.

Lago de Genebra ou ao Lago dos Quatro Cantões. Mas também lá se pode descansar. Se você vier no domingo, falaremos do sul e de viagens. Até domingo ainda faltam três dias, e você ainda pode me escrever três vezes.

RL

[PAUL LEVI]

[Berlim-Südende, 20 ou 21 de abril de 1914]

Depois de um pavoroso trabalho partidário para a Polônia (no caso Radek!...), eu preciso lhe escrever algumas palavras para sentir novamente o sol e a alegria de viver. Querido, se você estivesse por um momento junto de mim! Ontem à noite "Kurtchen" [Rosenfeld] se queixou do partido comigo por três horas – queixas sobre a Câmara Municipal, queixas sobre Berlim etc. etc. Hoje de manhã Clara teve um de seus acessos de raiva e mais uma vez ameaçou deixar o partido. Depois disso tomei uma ducha deliciosa, vesti-me e fui para o campo. Südende se banha em verde, branco e rosa. O sol brilhava e no jardim cantava (às 10 horas da manhã!) o primeiro rouxinol. Aliás, eu não vejo nada de mais em um rouxinol, como na maior parte das belezas bem conhecidas. Justamente as suas muitas tonalidades e a constante mudança do seu canto me dão a impressão de um brinquedo artificial. Muito mais intimamente me toca o monótono zunido da cotovia (também já a ouvi hoje no campo). E, principalmente, quando vem o meu querido melro-dourado e solta o seu grito curto e luminoso em dias suaves, úmidos! Então a luz brilhante e o êxtase se fazem em meu coração – como quando o meu querido me olha fundo nos olhos...

Meu doce!

## [PAUL LEVI]

[Berlim-Südende, 13 de maio de 1914]

Querido, imagine que coisa sensacional! Trata-se de um mandado de prisão do ministro da Guerra Falkenhayn sob acusação de ofensa ao corpo de oficiais e suboficiais porque, no dia 7 de março, eu disse no comício de Freiburg que os maus-tratos aos soldados estão na ordem do dia e os "defensores da pátria" são pisoteados. Nisto teria sido pronunciada uma acusação de infração ao dever contra os oficiais.

O que você acha deste tom nos tempos de agora? Claro que admiti ter feito essas declarações, e isso para impedir a essas pessoas uma retirada. Esses sujeitos devem ter sido abandonados por todos os bons espíritos. Imagine todo o material que pode ser divulgado durante um processo desses e quanta coisa, que deixaram passar os nossos asnos no Reichstag, pode ser reparada!

Estou num tal estado de alegria que gostaria de dar-lhe um abraço se você estivesse aqui. Kurtchen [Rosenfeld] também está feliz com a batalha iminente. Onde o processo será realizado ainda não está claro, mas provavelmente aqui em Berlim. O comício de ontem no sexto distrito eleitoral[196] foi novamente uma manifestação grandiosa. A rua estava preta de gente que não pôde mais entrar, e os vivas na rua depois do comício não tinham fim. Os berlinenses estão, portanto, ainda num estado de exaltação. –

Rosenf[eld] já pode ser considerado eleito para a comissão de imprensa; eu agora devo ser a próxima.[197] No dia 19 tenho uma assembleia distrital aqui em Charlottenburg, no dia 20 em Pankow.

Hoje ainda não chegou nenhuma carta sua, quem sabe à noite. Querido!

---

196 Em 12 de maio de 1914 Rosa Luxemburgo falou sobre *Militarismus und Arbeiterklasse* [Militarismo e classe trabalhadora] no sexto distrito eleitoral de Berlim.
197 Ela foi eleita para a comissão de imprensa na assembleia geral da associação central eleitoral de Teltow-Beeskow em 7 de junho de 1914.

## [PAUL LEVI]

[Berlim-Südende, 31 de julho de 1914]
Sexta-feira

Agora há pouco, às 7 da noite, cheguei de volta de Bruxelas,[198] encontrei sua carta e telegrafei para você. Meu pobre querido, não fique tão desesperado, nós precisamos agora de coragem renovada e cabeça fria para *agir*. Não lhe escrevi porque estava há duas semanas numa roda-viva. Mal cheguei da conferência russa em Bruxelas e fui sitiada por russos e poloneses; então veio um telegrama dizendo que na quarta-feira cedo haveria uma nova reunião em Bruxelas. Assim, tive de partir terça-feira cedo. Lá em Bruxelas, é claro, mal pude respirar, e só hoje estou aqui. O congresso em Paris provavelmente não vai acontecer, pois a guerra é iminente. De Bruxelas e do resto haveria muito que contar, mas estes tempos não são próprios para se escrever. O principal é pensar em como e o que mais pode ser feito de nossa parte. Se pudéssemos *falar* seria melhor.

Sim, a propósito! Hoje encontrei aqui – adivinhe o que – o indiciamento por causa da greve de massas.[199] E isso com a maior urgência. Querem claramente, por preocupação com minha valiosa pessoa nestes tempos inquietos, me colocar atrás das grades o mais cedo possível. Além de mim também foram indiciados Ros[enfeld], Ledebour e Düwell. A mim a coisa diverte. Ros[enfeld] já está aqui, mas ainda não lhe falei (por telefone, quero dizer).

Aliás, a última novidade: eu disponho de um telefone estritamente pessoal: Agência Südring 1153. E então! Talvez você possa tentar me ligar. Esqueci seu número de novo. E agora escreva-me em outro tom, vívido e valente – apesar de tudo!

---

198 Rosa Luxemburgo, como representante da SDKPiL, tinha ido a Bruxelas participar da reunião do ISB, que havia sido convocada perante o perigo iminente de guerra.

199 A razão para isso foi a seguinte: em 14 de junho de 1914 Rosa Luxemburgo fez um discurso e apresentou uma resolução que foi aprovada na assembleia geral da associação dos círculos eleitorais social-democratas de Berlim e arredores defendendo a utilização da greve de massas contra o voto censitário na Prússia.

## COSTIA ZETKIN

[Berlim-Südende, 2 de agosto de 1914]

Niuniusch, recebi ontem as duas cartas. Eu gostaria tanto de estar com você, na casa de vocês, conversar com você sobre tudo e me aconselhar. Mas como posso partir se aqui ainda é preciso fazer e tentar tudo o que seja humanamente possível? Ainda tenho de permanecer aqui, até essa permanência se tornar completamente impossível. Aliás, quando não houver mais o que morder, e não deve faltar muito para isso, irei para junto de vocês. Por ora procuro fazer o que dá e, acima de tudo, impedir o que for possível.

Hoje à tarde Hannes [Diefenbach] e Maxim [Zetkin] vieram se despedir. H[annes] me deu muita pena; ele parece alguém que vai para a guilhotina, deu adeus para sempre e está com uma aparência horrível. Ele descuidou de se inscrever como médico e por isso vai como primeiro-sargento para a caserna! M[axim] ainda não recebeu nenhuma ordem. Kurtchen [Rosenfeld] parte às 3h30 da manhã de quarta-feira. Pelas ruas aqui só se veem reservistas apressados com maletas e multidões de mulheres e crianças que ficam por aí até tarde da noite. O mundo inteiro se transformou num hospício. Sobre você "deixar" o partido, eu não pude evitar o riso. Menino grande, talvez você queira também "deixar" a humanidade? Diante de fenômenos históricos dessa magnitude acabam-se todas as nossas iras e só sobra espaço para a fria reflexão e a ação obstinada. Em alguns meses, quando a fome chegar, a página será pouco a pouco virada. Fique disposto e animado como eu.

N.

Escreva-me aos cuidados da paisagista.[200] Aliás, hoje ela pintou novamente um quadrinho esplêndido.

---

200 Provável alusão a Gertrud Zlottko, a empregada.

## COSTIA ZETKIN

### [Berlim-Südende, antes de 24 de dezembro de 1914]

Niuniuś, a carta que você me enviou por intermédio de Julius me alegrou muito, especialmente o urso que andava de bicicleta com tanta elegância e chorava alto de vergonha. Gostaria tanto de ver animais aqui também, mas não há nenhum, apenas circo, de que eu tenho medo. Hoje assisti a um concerto na Ópera, o concerto de piano de Beethoven, foi maravilhoso. Enquanto ouvia a música, novamente amadurecia em mim o ódio frio à corja com a qual tenho de conviver. Sinto que agora é necessário que se escreva um livro sobre o que está acontecendo, que nem homem nem mulher nem as pessoas mais velhas jamais leram, um livro que atacasse essa horda com golpes de clava. Aliás, como sempre na vida, estou em notável contradição com o que faço. Planejo novamente criar a revista,[201] faço cinco assembleias por semana e trabalho para a futura organização, mas intimamente não desejo senão sossego e dar adeus para sempre a toda essa atividade sem sentido; agora eu não precisaria de nada além de estar sozinha com Mimi e poder passear e ler quando me fosse conveniente, e de fazer meu trabalho científico por mim mesma em silêncio. Mas da maneira mais mecânica atiro-me novamente à luta e garanto para mim mesma um eterno desassossego.

Temo que você não receba essa remessa ainda antes do Natal, mas por causa das assembleias e das discussões não pude comprar mais cedo essas pobres coisinhas, e dessa vez também foi tão difícil encontrar qualquer coisinha, por mais ínfima e inofensiva que fosse. Tudo guerra, a guerra domina o mercado de Natal inteiro, na Wertheim e nos quiosques não há senão objetos militares, tudo tão tosco e ordinário que a gente até passa mal. Eles emporcalharam e

---

201 Com a deflagração da guerra mundial, Rosa Luxemburgo queria fundar uma revista para reunir as forças de oposição à guerra na social-democracia. Isso foi feito em abril de 1915, quando foi publicado o primeiro e único número da revista *Die Internationale*, logo proibida.

enxovalharam até a bela festa do Natal. O espaço dos livros franceses e ingleses na Wertheim era o único cantinho totalmente vazio e abandonado no meio do ajuntamento, e quando perguntei por livros franceses a mocinha me apontou de longe, com maus modos, como se me quisesse dar uma bofetada. Justamente por isso fui procurar algo lá, dava tanta pena aquele cantinho abandonado.

Descanse bem durante as festas, passeie bastante na floresta e leia algo belo. Eu me senti tão feliz ao empacotar essas coisinhas para Niuniu. Fique feliz e tranquilo, Mimi e eu lhe enviamos belas saudações natalinas.

N

Eu já tinha fechado, mas preciso abrir novamente para contar como é a Mimi. Eu tinha preparado um copo de chá com leite para mim e ia passar manteiga num pãozinho, mas ao fazer isso entornei o copo sobre a toalha vermelha aveludada. Estava muito cansada e por isso chorava alto quando corri para a cozinha em busca de um pano. Você precisava ver o bichinho, ela correu ao meu lado de cabeça erguida, bem junto à barra do meu vestido, então pulou para cima da mesa, chegou o focinho bem perto dos meus olhos, me olhou de um modo tão doce e vivo para me consolar e ronronou alto para mim. Ninguém sabe como a Mimi é inteligente e boa.

Mais uma vez: boas festas, de nós duas!

## MATHILDE JACOB

[Berlim, provavelmente 23 de fevereiro de 1915]
Terça-feira

Minha cara senhorita Jacob!

Sua carta de domingo foi a primeira saudação por escrito que recebi do mundo exterior e me alegrou muito.[202] Agora há pouco recebi a segunda, pela qual lhe agradeço do fundo do coração. Fique tranquila a meu respeito, eu estou bem de saúde e de "ânimo". Também o transporte no "carro verde" não me causou nenhum choque, afinal eu já fiz exatamente a mesma viagem em Varsóvia.[203] Ah, era tudo tão espantosamente semelhante que me despertou os pensamentos mais variados e alegres. É verdade que havia também uma diferença: como "prisioneira política", os gendarmes russos me escoltaram com o maior respeito, enquanto os agentes de segurança berlinenses disseram que "tanto faz" quem eu seja, e me enfiaram com nove "colegas" em um carro. Mas tudo isso não passa de bagatelas, e não se esqueça de que, aconteça o que acontecer, a vida deve ser encarada com paz de espírito e alegria. E isso, mesmo aqui, eu tenho na medida necessária. Porém, para que a senhorita não faça uma ideia exagerada de meu heroísmo, quero lhe confessar, contrita, que só a duras penas pude conter as lágrimas quando tive de deixar, pela segunda vez naquele dia, que me despissem até ficar apenas em camisa e me apalpassem. Claro que intimamente eu estava furiosa comigo mesma por causa desta fraqueza, e ainda estou. O que também me desesperou na primeira noite não foi algo assim como a cela da prisão e minha súbita separação

---

202 Rosa Luxemburgo foi condenada a um ano de prisão pelo Tribunal distrital de Frankfurt (Main) porque em dois comícios em setembro de 1913, em localidades perto de Frankfurt, havia feito um apelo aos trabalhadores alemães para que, em caso de guerra, não atirassem em seus irmãos de outros países. Essa pena foi cumprida no presídio feminino de Berlim, na Barnimstraße, de 18 de fevereiro de 1915 a 18 de fevereiro de 1916.

203 Quando foi presa em 4 de março de 1906. Nessa época ficou encarcerada até 28 de junho de 1906 no famigerado pavilhão X da citadela de Varsóvia.

dos viventes, senão – adivinhe! – o fato de ter de ir para a cama sem minha camisola e sem pentear os cabelos. Para que não falte uma citação clássica: a senhorita se recorda da primeira cena de *Maria Stuart*, quando tomam as joias dela? "Renunciar aos pequenos adornos da vida", diz a ama de Maria, lady Kennedy, "é mais duro do que suportar grandes provações". (Dê uma olhada, Schiller disse isso de modo mais belo do que eu aqui.) Mas por onde me perco? Deus castigue a Inglaterra e me perdoe por me comparar a uma rainha inglesa! Aliás, aqui eu possuo todos "os pequenos adornos da vida" sob a forma de camisolas, pentes e sabonetes – graças à angélica bondade e à paciência de Karl [Liebknecht], e assim a vida pode seguir seu curso regular. Eu me alegro muito por levantar tão cedo (5h40), e apenas espero que também o senhor sol tenha a bondade de seguir o meu exemplo, assim terei alguma recompensa por me levantar cedo. O mais bonito é que durante o passeio no pátio vejo e ouço pássaros, um bando inteiro de insolentes pardais que por vezes fazem um barulho tão grande que me admiro de que nenhum policial empertigado "se meta" entre eles; então alguns melros, dos quais, porém, o senhor de bico amarelo canta muito diferente do meu melro em Südende. É que ele faz uma embrulhada tão grande de guinchos e disparates juntos que não se pode deixar de rir; talvez em março/abril ele tome vergonha e entoe algo mais decente. (Agora, aliás, não posso deixar de pensar em meus pobres pardais que não encontram mais na sacada sua mesinha posta e talvez fiquem perplexos pousados no parapeito. – Aqui você tem obrigatoriamente de verter algumas lágrimas, é comovente demais!…)

Cara senhorita Jacob, eu lhe concedo a maior das honras que posso dar a um mortal: confio-lhe a minha Mimi! Mas a senhorita ainda tem de esperar determinadas notícias que lhe serão dadas por meu advogado. Então a senhorita a sequestrará de carro e a levará em seus braços (não em algum cesto ou saco!!!), com a ajuda de minha criada, que a senhorita de preferência levará consigo (apenas para a viagem, não para a vida toda), e que embalará todas as sete coisas de Mimi (sua caixinha, areia, pratinhos, tapetinhos e – por favor, por favor! – uma poltronazinha de veludo vermelho à qual ela está acostumada).

Tudo isso pode ser empilhado dentro do carro. Mas, como eu já disse, esperemos ainda alguns dias.

O que a senhorita tem feito? Lido muito? Espero que sim. Eu leio na verdade o dia todo, a não ser quando estou comendo, passeando ou limpando a cela. O mais bonito é o coroamento do dia: as duas horas tranquilas das sete às nove da noite, com luz, quando posso refletir e trabalhar.

A senhora Z[etkin] estava infelizmente tão nervosa que eu estou muito apreensiva em relação a ela.

Receba agora minhas mais cordiais saudações, passe bem e fique alegre.

Sua R. L.

Eu naturalmente ficaria muito feliz em vê-la, mas para isso infelizmente teremos de esperar. Só raramente posso receber visitas, e por ora meus advogados reclamam a permissão para si. Apanhe também o seu vaso em meu apartamento!

## MARTA ROSENBAUM

[Berlim,] 6 de abril de 1915

Minha querida senhora Marta!

Muitíssimo obrigada pela sua saudação de Páscoa, que não poderia vir em melhor hora. Ela ainda se destaca sobre a minha mesa e me alegra a cada pausa em que levanto os olhos do trabalho. Sinto a mais viva necessidade de vê-la novamente e conversar um pouco com a senhora. Estou bem, trabalho com afinco, e aproveito todo o meu "tempo livre", que vai das 5h40 da manhã até às 9 horas da noite, para ler, pensar e escrever. A senhora pergunta se ainda tenho coragem e confiança. Oh, mais que nunca! Como poderia não ter? Até mesmo pelas parcimoniosas manifestações da vida que chegam até mim tenho de supor e sentir como o áspero tempo da rigidez invernal vai se mudando para a primavera, e isso deve se intensificar a cada dia. Além disso, quanto mais reflito em quietude, mais tenho de acreditar no futuro e em todos os bons espíritos. Portanto, estou alegre e confiante e no melhor dos humores. Gostaria muito de transmitir um pouco disso tudo à senhora e a Kurt [Rosenfeld], pois imagino que na agitação e na roda-viva do trabalho diário vocês às vezes tendem ao desalento e precisam se revigorar, mas o pobre Kurt tem de se contentar com as alegrias familiares, ele que sempre teve o anseio de agitar-se na grande torrente da vida (o que eu tanto aprecio e amo nele, pois está entranhado em sua viçosa natureza, não é um atormentado produto do intelecto, como em tantos outros).

Em minha memória se preserva uma bela recordação: a do nosso último encontro "ao ar livre". A senhora ainda se lembra como fomos ao encontro uma da outra em minha Lindenstrasse, ao meio-dia, e então tagarelamos enquanto caminhávamos pela rua calma, deserta, banhada de sol? Parece que ainda ouço pipilarem os pardais que, conforme o meu costume, eu ouvia mesmo enquanto conversávamos. *A senhora* estava tão animada, excitada, vivaz, e trazia uma bela flor em seu chapéu de pele, e tudo durou tão pouco e era para ser uma despedida – e foi uma despedida…

Pequenas imagens como essa eu guardo na memória com cor, perfume e som por toda a vida, e me alegro com elas.

Por ora estou provida de tudo aqui; ontem à noite, antes de ir dormir, a fim de me reconfortar, contemplei os álbuns "Studio" de Turner (não sei se a senhora o conhece: o maior, o único pintor de paisagens em aquarela); a beleza divina desses quadros me comoveu profundamente, como sempre acontece. Para mim é quase incompreensível como tal criação seja possível, é o mesmo que me ocorre diante das obras de Tolstoi. Mas não pense que aqui apenas me entrego ao prazer estético! Estas são apenas algumas doações de *luxo* que faço a mim mesma umas poucas vezes. No principal eu me sento diante da matéria mais árida e tento ser "útil". Uma galinha acaba de cacarejar no pátio diante da minha janela, o que me põe num ânimo esplêndido para trabalhar: não há melhor acompanhamento para o processo mental que essas simples vozes do campo, que trazem um sopro de vida calma, sadia e fecunda.

Agora alguns pedidos prosaicos. Meu estômago não quer melhorar, e por isso quero finalmente começar o tratamento com óleo. A senhora não faria a bondade de mandar entregar-me aqui o óleo adequado? Além disso, para o dia 13, não antes disso, vou precisar de um litro de álcool inflamável, e como meu bom anjo, a senhorita Jacob, se foi, a senhora, *mais uma vez*!!, terá de assumir esse encargo junto a mim.

E agora uma saudação cordial e um aperto de mão, minha caríssima Martinha! Amáveis lembranças ao seu marido e a sua amiga de Viena, que me interessa muito. *Les amies de nos amies...*[204] Mantenha o ânimo e a alegria.

Sua R. L.

Muitas lembranças a Kurt. Um pouco de literatura nova me alegraria.


## MATHILDE JACOB

[Berlim,] 9 de abril de 1915
Sexta-feira

Minha cara senhorita Jacob!

Espero que a senhorita receba estas linhas ainda como uma saudação dominical, o que corresponde ao meu desejo. Muitíssimo obri-

204 As amigas de nossas amigas...

gada por suas cartas, que leio muitas vezes e que me trazem muita alegria. Hoje chegou a segunda (de Jena; não conheço o hotel em que se hospeda) com os belos anexos. O retrato de Mimi alegrou-me terrivelmente, não posso deixar de rir toda vez que olho para ele; essas cenas da selvageria que ela sempre demonstra quando alguém faz uma "tentativa de aproximação" eu já vivi tantas vezes que quase posso ouvi-la rosnar ao contemplar o retratinho. Ele está excelente; e também pelo jovem médico, que demonstra tanto interesse pela minha Mimi, já nutro de antemão a mais vívida simpatia. Pelas flores eu agradeço especialmente, a senhorita não sabe o bem que me faz com elas, pois me dão a oportunidade de voltar a herborizar, que é minha maior paixão e meu melhor descanso depois do trabalho. Não sei se já lhe mostrei meus álbuns de botânica, nos quais, desde maio de 1913, classifiquei umas 250 plantas[205] – todas esplendidamente conservadas. Eu os tenho todos aqui, como também meus vários atlas, e agora posso acrescentar mais um álbum especial para a "Barnimstrasse". Justamente todas as florzinhas que a senhorita me enviou eu ainda não tinha, e agora as coloquei no álbum; eu me alegro especialmente com a gágea amarela (a florzinha amarela da primeira carta) e a pulsatila, pois não encontramos nada semelhante aqui em Berlim. Também as duas folhas de hera da sra. von Stein foram eternizadas – eu não tinha hera de verdade (em latim, *Hedera helix*) nos meus álbuns; a origem delas me proporciona uma dupla alegria. Fora a hepática, todas as flores foram convenientemente prensadas, o que é muito importante quando se herboriza.

Fico feliz em saber que a senhorita viu tanta coisa; para mim seria um castigo ter de visitar museus e lugares parecidos. Sempre que faço isso tenho logo uma enxaqueca e me sinto como se tivesse sido supliciada na roda. Considero que o único descanso é perambular ou me deitar na grama ao sol, observando os mais ínfimos besouros ou contemplando as nuvens. Isso *ad notan* para o caso de, no futuro, viajarmos juntas. Eu não colocaria o menor empecilho que a impe-

---

205 O herbário foi publicado em *fac-símile* pela Dietz, em 2010. (Ver Caderno de imagens.)

disse de visitar tudo quanto lhe interessasse, mas a senhorita teria de me desculpar. A senhorita, aliás, combina as duas coisas, o que é na verdade o mais correto.

Vi um retrato de lady Hamilton na exposição dos franceses do século XVIII, não sei mais o nome do pintor; tenho apenas a lembrança de uma obra afetada, vigorosa e de cores berrantes, de uma beleza robusta, desafiadora, que me deixou fria. Minha preferência é por mulheres um pouco mais finas. Da mesma exposição ainda posso ver vividamente o retrato da madame de Lavalière pintado por Lebrun, em um tom cinza-prateado que combinava maravilhosamente com o rosto transparente, os olhos azuis e o vestido claro. Quase não pude me afastar do quadro, que encarnava todo o refinamento da França pré-revolucionária, uma cultura genuinamente aristocrática com um leve sopro de decadência.

Que bom que a senhorita está lendo a *Bauernkrieg* [A guerra camponesa alemã] de Engels. Já terminou a de Zimmermann?[206] Engels, na verdade, não oferece nenhuma história, apenas uma filosofia crítica da guerra camponesa; a carne nutritiva dos fatos quem oferece é Zimmermann. Quando atravesso as aldeias sonolentas do Württemberg, passando entre os montes de estrume recendentes e os gansos guinchantes de longos pescoços que abrem caminho de má-vontade para o carro, enquanto a promissora juventude aldeã grita um palavrão, eu jamais consigo imaginar que um dia a história do mundo tenha passado pelas mesmas aldeias com passos retumbantes, e que figuras dramáticas tenham lutado naqueles lugares. Para descansar, leio a história geológica da Alemanha. Imagine que em placas de argila do período algonquiano, quer dizer, da era mais antiga da história da Terra, anterior ainda a qualquer vestígio de vida orgânica, ou seja, de incontáveis milhões de anos, que em placas como estas foram encontradas na Suécia marcas das gotas de um breve aguaceiro! Não posso lhe dizer que efeito mágico tem sobre mim essa longínqua saudação

---

206 Referência a Wilhelm Zimmermann, *Der große deutsche Bauernkrieg* [A grande guerra camponesa alemã].

do fundo dos tempos, não posso lhe dizer. Não há nada que eu leia com tanto interesse quanto geologia.

Sobre a sra. von Stein, aliás, com toda a piedade por suas folhas de hera: Deus me castigue, mas ela era uma vaca. Quando Goethe lhe deu o bilhete azul, ela se comportou como uma lavadeira resmungona, e eu insisto em que o caráter de uma mulher não se mostra quando o amor começa, e sim quando ele acaba. De todas as dulcineias de Goethe, a única que me agrada é a fina e reservada Marianne von Willemer, a "Zuleica" do *Divã ocidental-oriental.*

Estou aliviada em saber que a senhorita está descansando, a senhorita estava mesmo precisando! Eu estou muito bem.

Saudações carinhosas

Sua R. L.

Lembranças amáveis à senhorita Dyrenfurth; fiquei muito feliz por conseguir o endereço dela.

## LUISE KAUTSKY

[Berlim,] 18 de setembro de 1915

Amada Lulu!

Hoje lhe escrevo novamente por ocasião de um pequeno jubileu: não é nenhum aniversário, mas faz exatamente sete meses que "estou na gaiola". Sua carta e sua pequena foto foram minhas maiores alegrias durante esse período. Tão revigorada e calorosa e transbordando de vida! Assim é que eu conheço minha Lulu, e assim é que eu a amo. Quer dizer que você se restabeleceu esplendidamente, como fico feliz! Depois dos relatos de Hans [Kautsky], eu na verdade não ousava esperar por isso. Sou decididamente contra a intervenção revolucionária em sua vesícula biliar; *desta vez* eu sou pela "estratégia do cansaço",[207] pois a intervenção é, em todo caso, um salto no incerto, e o "senhor professor" entusiasta da operação deveria começar por ele próprio.

Além disso, você tem razão: o que é uma pessoa sem vesícula biliar? E sair dessa sem a vesícula biliar justamente agora, *agora*!! Não, nem um anjo seria capaz disso, e nós duas nunca quisemos ser anjos. – Achei tão comovente e fico tão orgulhosa por você ler com interesse meu alfarrábio![208] Mas não pude deixar de rir de suas precauções para que eu não venha a debatê-lo com você. Ora, você acha mesmo que ainda tenho algo do livro na cabeça? Na época eu o escrevi como que num estado de embriaguez – juro a você que, do começo ao fim, foi a primeira redação o que enviei ao prelo sem reler, tão tomada pela coisa eu estava. Exatamente como a pintura seis anos atrás, quando não fazia outra coisa da manhã à noite senão sonhar com pintura. Mas então o livro estava pronto e liquidado e desapareceu completamente da minha memória; agora eu li especialmente a parte que você mencionou, para ver o que poderia ter-lhe agradado, e ele me pareceu completamente estranho. Talvez isso aconteça justamente porque escrevê-lo foi uma experiência muito forte para mim. Há dois anos – você nem sabe disso – tive outra obsessão: em Südende fui tomada de paixão pelas plantas; comecei a coletar, a prensar e herborizar. Durante quatro meses eu literalmente não fiz outra coisa que não perambular pelo campo ou ordenar e classificar em casa aquilo que trazia de minhas excursões. Agora tenho doze álbuns de plantas bem cheios e me oriento muito bem na "flora nativa", por exemplo, no pátio da enfermaria aqui, onde, para alegria das galinhas e minha, vicejam alguns arbustos e um mato exuberante. Assim, preciso sempre ter algo que me tome da cabeça aos pés, por menos que isso convenha a uma pessoa séria da qual – para azar dela – se espera sempre algo de sensato. Mesmo você, caríssima, não quer saber de minha "felicidade num cantinho" e só reserva para ela palavras de escárnio. Mas preciso ter *alguém* que acredite em

---

207 Rosa Luxemburgo faz uma brincadeira com Karl Kautsky, que em 1910 defendia a ideia de que o proletariado não devia usar meios revolucionários de luta, mas "cansar" os adversários por meio da luta parlamentar.

208 *A acumulação do capital*, publicado em 1913.

mim quando afirmo que apenas por descuido é que rodopio no turbilhão da história mundial, quando na verdade nasci para guardadora de gansos. Portanto, você deve acreditar, ouviu? E por isso não posso em absoluto concordar quando você me escreve resignada que "não pode ser nada para mim". Sim, você é e deve ser para mim o porto (perdão, minha senhora!) para o qual, de tempos em tempos, posso correr quando o diabo vem em segredo me buscar, a fim de que possamos conversar e rir juntas e pedir a Hans [Kautsky] que toque o *Fígaro* para nós. Pois Hans Naivus precisa estar presente para ouvir, com a cabeça melancolicamente inclinada para o lado, o que duas mulheres sensatas tagarelam, com o olhar pensativo e os olhos semicerrados de uma para a outra. Se, como espero, você estiver em Berlim quando eu sair do buraco, nós promoveremos imediatamente uma Saturnália dessas (com o chá amarelo-palha de Hans). – O que você me contou sobre Felix [Kautsky] foi realmente uma alegria; pela foto, Karli [Kautsky] não mudou um fio de cabelo, e um pirralho desses já dirige um hospital! E são esses texugos descarados que ainda há poucos anos víamos correr com as pontas das camisas soltas para trás e que agora, de repente, querem ser adultos, o que indelicadamente nos adverte que estamos ficando velhos. Mas nós não ligamos pra isso, e permanecemos, apesar do que eles dizem, jovens, não é? O seu Bendel,[209] aliás, eu vi todos os domingos do inverno passado no meu curso em Neukölln,[210] o que foi muito agradável. O que fazem os meninos e meninas de Hans? Imagine que ainda pouco antes de minha prisão recebi cartas de Medi;[211] e mais tarde quero retomar o contato com ela.

O caso de Clara[212] me preocupa, porque eu não tenho a menor ideia do que irá acontecer. E também já me caiu nas costas, Deus seja louvado,

---

209 Benedickt Kautsky.

210 No quarto trimestre de 1914, na escola de formação de trabalhadores no bairro de Neukölln, em Berlim, Rosa Luxemburgo deu um curso de oito palestras sobre *Nationalökonomie. Entstehung und Entwicklung des Kapitals* [Economia política. Nascimento e desenvolvimento do capital].

211 Martha Urban.

212 Em 29 de julho de 1915 Clara Zetkin foi presa em Stuttgart e levada para Karlsruhe. Um dia depois foi aberto um inquérito por "tentativa de traição à pátria" por ter participado em março de 1915 da conferência das mulheres da Internacional Socialista em Berna. Foi solta em 10 de outubro.

um novo processo (por causa da *Internationale*), que possivelmente impedirá que em fevereiro eu possa botar o nariz para fora daqui.[213] Mas, como diria o bom tio Paulus,[214] vamos "deixar que as coisas venham até nós". – Lulu, antes de partir de Frankfurt, você precisa – caso ainda não o tenha feito – fazer uma demorada visita ao Palmengarten.[215] Estive lá em fevereiro por conta do meu processo e visitei a estufa. É de uma beleza de sonho na primeira floração pré-primaveril; e tão bem arranjada que se pode sentar lá e conversar, em especial na secção das prímulas! Você vê que minha paixão botânica continua (e já sobreviveu a outras). E para você eu não guardo "um cantinho no coração", meu cordeirinho, você divide o melhor quarto com Mimi, de quem, aliás, acabo de receber uma foto encantadora. Escreva logo, caríssima, milhares de abraços para você e lembranças carinhosas para Hans e seus outros rapazes.

Sua R.

## MATHILDE JACOB

[Berlim, 10 de novembro de 1915]

Minha cara senhorita Jacob!

A senhorita é incorrigível! Outra cornucópia em forma de sacola de compras, e eu ainda nem acabei com os amorosos mimos da semana passada! Só com o açúcar ainda vou abrir aqui um armazém de secos e molhados (gasto apenas um cubinho e meio por dia, e a senhorita me bombardeia com quilos deles). Muito obrigada pelas esplêndidas sécias e pela Ricarda.[216] Claro que de imediato li o poema com a maior aten-

213 Apesar dos temores, ela é libertada em fevereiro de 1916.
214 Paul Singer.
215 Referência ao jardim botânico localizado em Frankfurt. (N. E.)
216 Provável alusão a *Liebesgedichte* [Poemas de amor] de Ricarda Huch.

ção, mas tenho de confessar: erotismo feminino *en public* sempre me incomodou . Como disse o nosso Auer: "isso se *faz*, não se *fala*".[217] Prefiro, em todo caso, a prosa dela. Mas assim mesmo fiquei feliz com seu presente. – Se a senhorita vir Bettina por esses dias, dê-lhe lembranças afetuosas de minha parte; gostaria de receber algumas linhas dela. – Com a visita do meu velho senhor[218] há um problema; gostaria muito mesmo de vê-lo, e Evchen[219] também, mas para novembro Mat[hilde] Wurm já está agendada. Em dezembro seria possível. Por outro lado, eu também gostaria de finalmente rever a senhora R[osembaum]. Talvez ela pudesse aproveitar a oportunidade em dezembro se viesse uma vez em lugar da senhorita. – Seja como for, amanhã escreverei um cartão postal ao velho.

Um abraço afetuoso para a senhorita e para Mimi

Sua R. L.

Posso lhe pedir que envie meu índice da *Neue Zeit*?

Pelo amor de Deus, não me chame de "cara boa senhora", a senhorita aprendeu isso com Clara [Zetkin], mas eu não suporto esse tom de comadres.

Ainda um pedido: meu elixir de novo! Estou me tornando uma verdadeira beberrona.

---

217 No início da polêmica contra o revisionismo de Bernstein, Ignaz Auer, pelo que disse no congresso da social-democracia alemã em Hannover em 1899, apoiou o ponto de vista de Bernstein e lhe escreveu: "Caro Ede, você é um asno, essas coisas não se falam, se fazem!".
218 Franz Mehring.
219 Eva Mehring, mulher de Franz Mehring.

# FRANZ MEHRING

[Südende, 27 de fevereiro de 1916]

Estimado amigo!

Permita-me repetir aqui as poucas palavras com as quais tentei lhe dizer oralmente por que a sua personalidade e a sua atividade me são especialmente caras e sempre serão. O senhor ocupa há décadas uma posição entre nós que ninguém, a não ser o senhor, pode assumir: o senhor é o representante da verdadeira cultura intelectual em todo o seu brilho e esplendor. Se, na opinião de Marx e Engels, o proletariado alemão é o herdeiro histórico da filosofia clássica alemã, o senhor foi o executor desse legado. O senhor salvou do campo da burguesia o que ainda restava dos dourados tesouros da antiga cultura intelectual e o trouxe para nós, no campo dos deserdados sociais. Com seus livros e também com seus artigos, ligou o proletariado alemão com laços indissolúveis não apenas à filosofia clássica alemã, mas também à poesia clássica, não apenas a Kant e Hegel, mas também a Lessing, Schiller e Goethe. Com cada uma das linhas saídas de sua pena maravilhosa, o senhor ensinou aos nossos trabalhadores que o socialismo não é uma questão de "garfo e faca", e sim um movimento cultural, uma grande e orgulhosa visão de mundo. E defender essa visão de mundo, montar guarda a ela tem sido sua função há mais de uma geração. É verdade que agora – depois da terrível catástrofe na guerra mundial – os herdeiros da filosofia clássica se assemelham a mendigos miseráveis devorados por parasitas. Mas as leis férreas da dialética histórica que o senhor com tanta maestria soube explicar dia após dia ao proletariado farão com que os mendigos, os "indigentes", cobrem novo ânimo e amanhã se tornem lutadores orgulhosos e inquebrantáveis. E assim que o espírito do socialismo voltar a penetrar nas fileiras do proletariado alemão, seu primeiro gesto será – lançar mão de seus escritos, dos frutos do trabalho de sua vida, cujo valor é imperecível, e dos quais sopra sempre o mesmo hálito de uma visão de mundo nobre e forte.

Hoje, quando inteligências de origem burguesa em bando nos traem e nos deixam, para retornar à boa vida (*Fleischtöppfen*) dos dominantes, nós podemos olhar para elas com um sorriso desdenhoso: podem ir! Afinal, nós tomamos da burguesia alemã o último e melhor vestígio que ainda lhe restava de espírito, talento e caráter: Franz Mehring.

Sempre muito afetuosamente
sua R. Luxemburgo

## CLARA ZETKIN

[Südende,] 9 de março de 1916
Confirme imediatamente por
cartão postal o recebimento!

Minha caríssima Clara!

Você acredita se eu disser que apenas hoje tenho o sossego necessário para lhe escrever como gostaria, do fundo do coração? Saí do buraco diretamente para o turbilhão do trabalho e não para respirar. Não se preocupe comigo. Estou animada e pronta para o trabalho, minha condição física não é boa, mas isso me atrapalha pouco. Eu, aliás, me cuido sistematicamente, estou fazendo tratamento com um bom especialista (estou justamente esperando uma nova visita dele) e sigo suas ordens – com exceção da regra de ir dormir cedo e com regularidade e dar um passeio duas vezes ao dia. Mas a partir de hoje volto a viver mais tranquilamente, ao menos é o que eu pretendo. –
Como posso agradecer a você e ao poeta o esplendor de flores pelo dia 5? Estou sufocada com tantas demonstrações de bondade que recebo de todos os lados, isso é muito estranho para mim, não sei por que tudo isso! Os quatro vasos de flores que você me mandou no dia 18 são minha alegria de todos os dias, eu tinha mesmo falta de vasos,

e agora os tenho tão encantadoramente belos que todos os admiram. E as duas cestas de flores pelo dia 5 são de cores e quantidade fabulosas! Também as florzinhas que vieram com sua carta estão em vasinhos sobre a minha escrivaninha e me alegram profundamente, pois eu sei que você mesma as colheu para mim. Como as camaradas daqui me receberam, você já deve ter ouvido contar. Mais de mil delas foram me buscar e então vieram em massa à minha casa para me dar um aperto de mão.[220] Minha casa ficou e ainda está atopetada com os presentes que elas me deram, caixas de flores, bolos, roscas, latinhas de conservas, saquinhos de chá, sabonete, chocolate, sardinhas, legumes finíssimos – como um empório, tudo preparado por essas pobres e afetuosas mulheres, posto em conserva por elas mesmas, trazido por elas mesmas. Você deve saber o que sinto quando vejo isso. Gostaria de uivar de vergonha e só me consolo em pensar que não sou senão o mastro em que elas penduraram a bandeira de seu entusiasmo comum pela luta. Houve em seguida à recepção na noite de leitura em Mariendorf, novamente um buquê gigantesco sobre a mesa e aqueles rostos, aqueles olhos sérios e brilhantes! Você sentiria uma alegria enternecida com essas mulheres. Fui saudada pelo presidente com a declaração de que a manifestação no dia 18 foi feita de maneira espontânea, graças à iniciativa das próprias mulheres de Berlim para saudar "aquela que nos fazia falta, porque ela diz francamente aos dirigentes partidários uma palavra severa, porque ela é alguém que as altas esferas do partido preferem ver indo para a prisão do que saindo dela". De fato, da direção do partido não recebi uma única sílaba, mas atenção! – de Luise Zietz, imagine, recebi um enorme e cordialíssimo telegrama em nome de todas as mulheres da Alemanha (ela aparentemente já não pode mais nem pigarrear sem que isso ocorra "em nome de todas as mulheres"). –

Mas, por outro lado, também quero relatar a você minhas impressões objetivas. Acredito já ter tomado pé da situação em geral e posso dizer a você que estou muito satisfeita com o estado das coisas.

---

220 Essa recepção de mulheres ocorreu no dia 18 de fevereiro, quando Rosa Luxemburgo saiu do presídio da Barnimstraße.

Acho que você me entende: não estou, é claro, me referindo à miséria geral e aos terríveis sofrimentos que as nossas pobres massas têm de suportar, eu me refiro às condições intrapartidárias e ao rumo que as coisas estão tomando. Depois de um ano eu sinto – e nenhum de vocês pode perceber isso tão bem quanto eu – que se deu um gigantesco passo adiante no sentido do esclarecimento, do fortalecimento e da diferenciação dos espíritos. O processo se completa de maneira inteiramente consequente. Que haja alguns erros e vacilações também por parte dos amigos mais chegados, que algumas coisas poderiam ser feitas de maneira mais clara, decidida, não há dúvida. Mas não dou nenhuma importância a tudo isso. Não precisamos de modo algum nos debater, nos perturbar com minúcias e coisas secundárias se, no todo, as coisas estão no rumo certo. Quanto a isso, eu tenho a maior confiança na lógica objetiva da história, que consuma incansavelmente sua obra de esclarecimento e diferenciação. É também um erro dos políticos querer tomar a sopa antes que esteja cozida. Claro que não estou me entregando a um cômodo fatalismo, muito longe disso. Só queria transmitir a você minha tranquila segurança, que sempre conta com a possibilidade de que esse ou aquele detalhe não seja feito da maneira correta, seja desperdiçado ou feito com precipitação, mas nunca perde de vista as grandes linhas gerais da coisa. Não quero tratar de minúcias com você, primeiro para poupá-la, mas também porque não encaro essas coisas de maneira frenética, como alguns de nossos amigos. Mas sobre o todo você pode ficar tranquila.

Acabo de receber a notícia de que nosso compromisso do dia 22 em Düsseldorf [221] foi *cancelado*; também essa será uma notícia agradável para você. – Eu a conheço bem demais para não saber o quanto o sossego compulsório de agora lhe é incômodo e insuportável. Mas você pode desfrutá-lo com a consciência verdadeiramente tranquila. Depois de uma reflexão madura sobre as coisas e com a maior convicção, posso

---

221 Em maio de 1915 foi inciado em Düsseldorf um processo criminal contra Peter Berten, Rosa Luxemburgo, Franz Mehring e Clara Zetkin por colaboração na revista *Die Internationale*, cujo único número fora publicado nessa cidade.

lhe assegurar: não é agora, só muito mais tarde, talvez em um ano, é que precisaremos empregar todas as forças ao extremo, e as suas em primeiro lugar. Só então, naturalmente, é que virá o debate geral com a direita e com o pântano.[222] O que agora e ao longo dos próximos meses deve ser levado a cabo é o processo preparatório interno de separar a oposição do pântano, um processo novo para a maioria dos nossos, e por isso necessita de um amadurecimento interno, um processo que só precisa de um pouco de auxílio comedido e refletido, o que já está sendo feito – quanto a isso pode ficar tranquila. No geral, sou favorável a que as coisas sejam feitas antes de maneira lenta e profunda do que rápida e superficialmente. É todo um aprendizado político que as nossas massas precisam fazer, e isso precisa de tempo. Ter paciência, mesmo que não seja confortável, é um dever dos políticos e dos líderes em tempos de transição como o nosso. E você também tem de exercitar essa paciência, mas com tranquilidade e tanto quanto possível com alegria, como eu faço, e não se martirizando a si mesma como você faz. Eu sei, caríssima, de tudo que perturba sua paz, mas sei também que você é, acima de tudo, uma pessoa consciente de seus deveres, que se consome com a ideia de não poder pôr a mão na massa quando o trabalho parece tão urgente. É justamente dessa falsa concepção que eu gostaria de libertá-la. Não digo isso *ad usum delphini*, não para consolá-la. Você sabe muito bem o quanto considero grave a situação. É minha convicção mais íntima, que eu expressei também ao frenético Karl [Liebknecht] e a outros como ele: não querer fazer demasiado, poucos passos, serenos, bem calculados, é disso que precisamos, mas também é o que basta por agora. O resto cabe à evolução objetiva realizar. Portanto, descanse, para que possamos contar com você, quando for necessário que "todos estejam a bordo". Mas isso ainda – feliz ou infelizmente, dependendo de como o encaramos – leva muito, muito tempo.

O pior é que não posso agora ir para junto de você nem que fosse por dois dias: 1º tenho o que fazer aqui, 2º preciso cuidar da saúde e me sinto sem condições de fazer a viagem, 3º é preciso economizar (você também, tanto quanto eu e nós todos!). E você me envia tantos cestos de flores, e

222 Os centristas na social-democracia alemã.

o poeta também sustenta um luxo desses! Oh, incorrigíveis corações de *Grandseigneurs*[223] – de bolsos furados! Uma conversa longa e produtiva com você poderia ter um efeito tão libertador. Mas que fazer? Também isso temos de encarar com tranquilidade e alegria.

Eu me exercitei tão bem na Barnimstrasse que posso de verdade engolir tudo sem mover um cílio. – Recebi uma cartinha de Costia pela passagem do dia 5 que vou responder imediatamente. As coisas certamente não são fáceis para ele, mas sinto em suas cartas tanto amadurecimento viril e tanta energia, ele visivelmente se fortalece nessa dura escola e se ela, como espero, acabar bem, nós todos não teremos do que nos lamentar. O seu livro e o dele me deram uma profunda alegria. – *Você encontra tempo para ler?* Gostaria que você só lesse coisas bem leves, boa literatura. Seu artigo sobre Mehring[224] estava excelente – as opiniões a esse respeito são unânimes. É só seu estado doentio que faz tudo lhe parecer tão sombrio. O jornal das mulheres eu ainda não vi. – Fizemos uma festa muito bonita para o velho, com muitos discursos, tudo sério e digno. Foi muito diferente daquela vez com Bebel, você se lembra? O velho fez um discurso sobre você com o qual todos concordamos ternamente. Por ora chega, mais em breve.

Mil beijos

Sua

Sobre minha saúde, apenas para tranquilizá-la: não é nada senão um estômago arruinado, mas o tratamento já está surtindo efeito e eu continuo a fazê-lo.

---

223 Grandes senhores.
224 Pela passagem dos 70 anos de Franz Mehring, Clara Zetkin publicou em *Die Gleichheit* um artigo não assinado no número de 18 de fevereiro de 1916.

## LUISE KAUTSKY

[Wronke,] 3 de dezembro de 1916[225]

Caríssima Lulu!

Eu me apresso em responder sua carta; fiquei *muito* feliz em receber uma linha sua depois de tanto tempo. Muito obrigada pelo trabalho que lhe deu minha tradução e pelo bom resultado.[226] Há mais de uma semana já enviei *dez cadernos de provas* (cadernos impressos do original) em manuscrito ao comando militar; você mesma aí fora (ou Mathilde J[acob]) tem maiores possibilidades de apressar a revisão do que eu ilhada aqui feito Robinson. O manuscrito foi endereçado à Mathilde, ela faz questão de datilografá-lo primeiro, mas como o editor espera pelas provas e eu – até onde posso me gabar – escrevi o texto de maneira bastante limpa, peço a você que não espere pela cópia datilografada e encaminhe minha cópia manuscrita. Quanto e o que você vai enviar ao editor eu deixo por sua conta: a meu ver seria preferível enviar tudo, para que ele possa fazer uma avaliação bem fundamentada. Antes de mais nada, porém, leia você mesma e me escreva imediatamente a impressão que lhe causarem o original e a tradução. Estou muito ansiosa! Esta é justamente a mesma autobiografia por meio da qual eu queria estimular *você* a uma experiência semelhante. Ao entregar o manuscrito, pense apenas numa coisa: é meu único exemplar, por isso peça encarecidamente ao senhor,[227] que se interessou tão bondosamente por minha insignificante pessoa, que não perca nenhuma parte dele. Diga-lhe também que me reservo o direito de fazer uma última revisão da tradução, mas que sempre é

---

225 Em 10 de julho de 1916, Rosa Luxemburgo é novamente encarcerada, passando por diversas prisões, uma delas a fortaleza de Wronke, na Posnânia (de outubro de 1916 a julho de 1917); em seguida vai para Breslau, de onde sai em 8 de novembro de 1918, libertada pela revolução na Alemanha.

226 Na prisão, Rosa Luxemburgo traduziu a autobiografia do escritor russo-ucraniano Vladimir Korolenko, *Die Geschichte meines Zeitgenossen* [A história de meu contemporâneo].

227 Alusão a Leo Kestenberg, diretor da editora Paul Cassirer durante a guerra.

preciso antes fazer uma pausa para que a impressão (linguística) imediata do original se apague; nesse momento, o manuscrito ainda está quente, "direto da vaca".

Ainda um pedido a você: o pai de Korolenko teve o mau costume de empregar a toda hora a expressão "doentes, ensinem ao médico", que é o mesmo que dizer "ensinar o *Pai nosso* ao vigário" ou "ser mais realista que o rei". Eu considero o uso constante de expressões idiomáticas, especialmente daquelas forjadas (pois uma expressão como essa que K[orolenko] sênior utiliza também não existe em russo), literariamente de mau gosto; por outro lado, porém, há nesse traço uma certa nota pessoal, uma pequena intimidade. Por isso traduzi a expressão literalmente. Mas se isso soar muito "grego" a um ouvido alemão despreparado, então eu lhe dou *pleins pouvoirs* [plenos poderes] de substituir a frase pela expressão do *Pai nosso* e do vigário. Mas então *no livro todo*!! Quanto às condições, não tenho nenhuma sugestão a fazer. Você sabe que em questões de dinheiro sou tão hábil quanto um bezerro recém-nascido (hoje não consigo fugir das metáforas bovinas!); confio, portanto, inteiramente no senhor Cassirer ou no seu representante, que tem sido tão amável comigo. Com isto, basta finalmente de meus negócios. Dê-me logo notícias do seu andamento.

É uma verdadeira benção que você esteja finalmente livre depois daquele parto difícil.[228] Posso fazer uma ideia do castigo divino que deve ser ter esse bom Riasanov por "parteira". Sinto que só agora você estará disponível para tudo que se possa imaginar, para novos planos literários e leituras dedicadas, podia sentir muito bem o quanto aquela montanha pesava sobre você. O ruim é que você não tem nenhuma alegria com o rebento; mas acho que você ainda está muito oprimida e descontente com todas as milhares de contrariedades do processo de trabalho. Quando você observar o resultado do seu trabalho com algum distanciamento, quando você deixar de senti-lo como *seu*, ele

---

228 Luise Kautsky havia terminado a tradução das *Gesammelte Schriften von Karl Marx und Friedrich Engels 1852 bis 1862* [Obras completas de Karl Marx e Friedrich Engels 1852 até 1862], organizadas por N. Riasanov. Os dois volumes foram publicados em Stuttgart em 1917.

irá agradar-lhe. De resto, qual tradutor, ou até mesmo autor, que, não sendo sonso como um boi (eis-me de volta ao curral!...), já não considerou seu trabalho com um sentimento doloroso de descontentamento consigo próprio? – A não ser que ele fosse um deputado no Reichstag ou um membro da comissão geral dos sindicatos, casos em que, de resto, a cláusula acima fica sem efeito... No que se refere ao palco do mundo, que a faz gemer, logo ele se tornará novamente um todo harmônico: logo, isto é, depois que *tudo* estiver de ponta-cabeça, se produzirá novamente uma imagem completa e perfeita. Você deve ter ouvido falar de um experimento fisiológico por meio do qual uma pessoa, usando um tipo especial de óculos, vê tudo de ponta-cabeça, depois de algum tempo se "acomoda" de tal forma, que logo se orienta e movimenta em todas as situações exatamente com a mesma facilidade de alguém que tem uma visão normal. É verdade que de início o experimento provoca muitos enjoos. Eu ainda estou no estágio dos enjoos...

Preocupa-me um pouco que há tanto tempo não tenhamos notícias de Hannes [Diefenbach]. Pelo Natal tudo deve se esclarecer, pois ele com certeza vai para a casa de seu velho. Quero lhe escrever (ao jovem, não ao velho) em breve uma "carta escrita", que eu, miserável que sou, lhe devo há dois anos, ao passo que o rapaz esfola os dedos de tanto escrever. Aliás, eu também tenho sérios planos literários para ele. Seria um pecado que sua pena se esgotasse apenas escrevendo cartas a nós duas.

Amanhã vocês terão *Fígaro*! Veja você, eu sou incorrigível, não "reaprendi" nada. "Norte e oeste e sul desabam, tronos ruem, reinos tremem" – e eu penso em *Fígaro*. Sim, e também alimento diligentemente chapins-reais e pegas. A estas últimas – meu único público aqui – comunico as ideias e as palavras de ordem mais revolucionárias e depois deixo que se vão!... Mas, com os diabos, também elas no fim de tudo provavelmente se bandearão para o lado de Scheidemann, já o prevejo: afinal, o instinto natural é mais forte que toda sabedoria adquirida.

Escreva-me logo contando o que tem feito, o que fazem Hans [Kautsky] e os seus. Você sabe que ao lado do "universal" tenho sempre um lugar na minha alma para o pessoal. E seu lugar será sempre reservado e mantido quente.

Passe bem, muitos abraços para você

Sua R.

Por favor, não escreva diretamente para Wronke, e sim para o comando militar de Berlim (e no envelope interno para mim), isso nos poupa de três a quatro dias.

## MATHILDE WURM

Wronke, 28 de dezembro de 1916

Minha querida Tilde!

Quero responder imediatamente sua carta de Natal, enquanto ainda está fresca a fúria que ela me causou. Sim, sua carta me fez subir pelas paredes porque, por mais breve que ela seja, me mostra em cada linha o quanto você novamente sucumbiu aos encantos de seu ambiente. Esse tom choramingas, esses ais e uis pelas "decepções" que vocês sofreram – provavelmente por causa dos outros, quando deveriam se olhar no espelho e ver o retrato mais fiel de toda a miséria da humanidade! E um "nós" saído de sua boca designa agora toda sua companhia de sapos do pântano, enquanto na época em que você estava comigo designava a minha companhia. Então, espere, que agora eu lhe falarei referindo-me a "vocês".[229]

229 Rosa Luxemburgo refere-se aos social-democratas moderados que em 1917 saíram do SPD e fundaram o USPD.

Você diz melancolicamente que para mim vocês seriam muito pouco "ousados". "Muito pouco" é bom! Vocês não são nada "ousados", vocês são "rastejantes". Não é uma diferença de grau, e sim de essência. "Vocês" não pertencem em absoluto à mesma espécie animal que eu, e nunca a essência rabugenta, carrancuda, covarde e incompleta de vocês me foi tão estranha, tão odiada como agora. Você diz que seriam capazes de "ousadia", mas que por causa dela as pessoas são engaioladas, e isso "seria de pouco proveito". Ah, pobres almas de merceeiros, vocês estariam prontos a oferecer um pouco de "heroísmo", mas só "à vista"; mesmo que sejam três vinténs de cobre esverdeados, querem ver imediatamente algum "proveito" sobre o balcão. E a palavra simples do homem honesto e direito: "Aqui estou, não posso agir de outro modo, que Deus me ajude",[230] não foi dita para vocês. É uma sorte que até agora a história do mundo não tenha sido feita por gente da sua laia, do contrário não teríamos tido nenhuma reforma e ainda estaríamos no *ancien régime*. Quanto a mim, ainda que nunca tenha sido mole, nos últimos tempos me tornei dura como aço polido e de agora em diante não farei a menor concessão nem nas relações políticas nem nas pessoais. Basta me lembrar da sua galeria de heróis para ficar de ressaca: o doce Haase, o Dittmann da bela barba e dos belos discursos no Reichstag, o oscilante pastor Kautsky, ao qual o seu Emmo,[231] claro, segue fielmente através de todos os altos e baixos, o esplêndido Arthur [Stadthagen] – ah, *je n'en finirai!* [Eu não chegaria ao fim!] Eu juro a você que prefiro passar anos a fio na cadeia – não digo aqui, onde, apesar de tudo, estou como que no reino dos céus, mas prefiro ficar presa na espelunca da Alexanderplatz, onde eu declamava o meu Mörike numa cela de 11 m$^3$, privada de luz pela manhã e à noite, prensada entre o C (mas sem o W) e o catre de ferro, a estar com seus heróis, a – com a devida vênia – ter de "lutar" ou ter qualquer outra coisa a ver com eles! Prefiro então o Conde Westarp[232] – e não porque ele falou no Reichstag de meus "veludosos olhos amendoados", mas porque ele é

---

230 Frase atribuída a Lutero que Rosa Luxemburgo usa como máxima para si mesma.
231 Emmanuel Wurm.
232 Deputado conservador no Reichstag.

um *homem*. Uma coisa lhe digo: assim que botar o nariz para fora daqui, caçarei e perseguirei sua companhia de sapos com toques de trombeta, estalos de chicote e cães perdigueiros – como Pentesileia, eu gostaria de dizer, mas por Deus, vocês não são Aquiles. Isso lhe basta como saudação de ano-novo? Então cuide de permanecer sendo *um ser humano*. Ser humano é o mais importante de tudo. E isso significa: ser firme, claro e *alegre*, sim, alegre apesar de tudo e de todos, pois choramingar é ocupação para os fracos. Ser humano significa atirar com alegria sua vida inteira "na grande balança do destino" se for preciso, mas ao mesmo tempo se alegrar a cada dia claro, a cada bela nuvem, ah, eu não sei dar uma receita de como ser humano, eu só sei como se pode sê-lo, e você também sempre soube quando passeávamos por algumas horas juntas no campo em Südende e a luz rosada da tarde caía sobre as searas. O mundo é tão belo, com todo o seu horror, e seria ainda mais belo se não houvesse nele os fracos e covardes. Venha, você ainda ganha um beijo, pois é uma criaturinha honesta. Feliz ano-novo!

R.

## HANS DIEFENBACH

Wronke na Posnânia, Fortaleza, 7 de janeiro de 1917

Pequeno Hans, hoje é domingo, quer dizer, um dia desde sempre funesto para mim, e pela primeira vez desde que estou aqui me sinto "tão pobre e abandonada como aquele Deus de Nazaré". Por isso justamente hoje eu senti: preciso escrever ao pequeno Hans. Espero que você não esteja bravo comigo por meu longo silêncio. Apesar dele, eu me alegrei do fundo do coração a cada carta sua, ri com elas feito louca e pensei muito em você. Pequeno Hans, quando teremos de novo nossas belas tardes em Südende, quando, entre incontáveis xícaras de chá, você lia Goethe para mim e eu, sentada no sofá com Mimi no colo, me entregava feliz à preguiça, ou então discutíamos sobre Deus e o mundo, até que, à meia-noite, o pequeno Hans enfiava o chapéu com um olhar desesperado para o relógio e corria para pegar o trem num galope desvairado, e da esquina ainda assobiava o *Fígaro* para mim? Temo que depois da guerra não haja mais nenhuma paz e aconchego. E, por Deus, tenho tão pouca disposição para os embates que estão por vir! Ter sempre as mesmas doces figuras em torno de mim, o mesmo Ad[olph] Hoffm[ann] com sua "espirituosidade" berlinense e suas *inexpressibles*[233] (perdão!), que parecem duas colunas dóricas prestes a ruir, e, diante de mim, o mesmo chapéu de veludo marrom de abas largas do papai Pfannkuch! Tremo ao pensar que até o fim de minha vida estarei ladeada por essas coisas. "Tronos ruem, reinos se despedaçam", o mundo está de cabeça para baixo – e por fim eu não saio do "círculo maligno" das mesmas eternas duas dúzias de pessoas, *et plus ça change – plus ça reste tout à fait la même chose.*[234] Portanto, esteja preparado para tudo! Ainda não tenho a mínima ideia do que será de mim, eu também sou, como você sabe, uma terra de possibilidades ilimitadas. Para você, ao contrário, finalmente encontrei uma verdadeira vocação para a vida. Quer dizer – *entendons nous!*[235] – uma *vocação secundária!* Sua vocação principal continua sendo, como sempre, trazer o brilho e o esplendor para a minha existência terrena ou, como você galantemente diz em sua última carta (recebida): ser meu bobo da corte. Além disso, você deveria criar para nós um gênero ainda não representado na literatura alemã: o ensaio literário e histórico. Pois este não é, como imagina um Franz Bley, o refúgio concedido à impotência espiritual em todas as outras esferas, e sim uma forma artística tão rigorosa e justificada como o *lied* na música. Por que o ensaio, que é tão brilhantemente representado na Inglaterra e na França, inexiste completamente na Alemanha? Creio que o motivo é que os alemães possuem demasiada profundidade pedante e muito pouca graça espiritual e, quando sabem algo, preferem logo produzir uma pesada dissertação com um saco de citações a um leve

---

233 Palavra usada jocosamente na Inglaterra para designar roupa de baixo.
234 Do francês: "Quanto mais as coisas mudam, mais permanecem exatamente as mesmas". (N. E.)
235 Do francês: "Que a gente se entenda!". (N. E.)

esboço. Uma vez que o pequeno Hans, infelizmente, possui mais graça que sapiência, ele é talhado para introduzir com brilhantismo o ensaio na Alemanha. Aliás, eu falo com a maior seriedade! Quando a guerra acabar, meu senhor, chega de lambiscar em tudo quanto é canteiro de flores feito uma borboleta-limão. Encomende o Macaulay nas edições Tauchnitz (*Historical and critical essays* [Ensaios críticos e históricos]) e leia-o com atenção.

O drama em Sillenbuch[236] foi um golpe mais duro para mim do que você imagina; um golpe em minha paz e em minha amizade. Você invocará minha compaixão. Você sabe que eu sinto e sofro com qualquer criatura, uma vespa que me caia no tinteiro eu lavo três vezes em água corrente morna e a ponho para secar ao sol no balcão a fim de lhe devolver o seu tantinho de vida. Mas agora me diga por que, neste caso, eu não deveria sentir compaixão pelo *outro* lado, que tem seu corpo assado em vida e tem de percorrer todos os dias que Deus lhe dá os sete círculos do inferno dantesco? Ademais, minha compaixão e amizade têm um limite bem definido: elas terminam com precisão milimétrica onde começa a baixeza. Meus amigos, portanto, têm de ter suas contas em impecável ordem, e isso não apenas na vida pública, mas na vida privada e na mais privada. Mas trovejar publicamente grandes frases pela "liberdade do indivíduo" e na vida privada escravizar uma alma humana por paixão insensata – isso eu não compreendo e não perdoo. Em tudo isso sinto falta dos dois elementos fundamentais da natureza feminina: bondade e orgulho. Meu Deus, se eu tiver o mais leve pressentimento de que alguém não gosta de mim, meu pensamento fugirá de seu círculo como um pássaro enxotado, só colocar os olhos sobre essa pessoa já me parecerá ousadia! Como é que alguém pode, como é que alguém pode se expor assim dessa maneira? Você me lembrará o terrível sofrimento. Pois eu lhe digo, pequeno Hans, se um dia meu melhor amigo me dissesse: só tenho duas alternativas, ou cometo uma baixeza ou morro de dor, eu lhe responderia com uma gélida tranquilidade: então morra. Quanto a *você*,

---

236 Friedrich Zundel queria se separar de Clara Zetkin e esta se recusava a conceder-lhe o divórcio.

tenho a tranquila e benéfica convicção de que é incapaz de cometer uma baixeza, mesmo que em pensamentos, e se o seu temperamento louro pálido e suas mãos eternamente frias me irritam, eu no entanto digo: abençoada falta de temperamento, quando ela é uma garantia de que você jamais saltaria feito uma pantera sobre a felicidade e a paz de outras pessoas. Mas isso também não tem nada a ver com temperamento. Você sabe que possuo temperamento suficiente para incendiar uma pradaria, no entanto a paz e o simples desejo de outra pessoa são para mim algo de sagrado, e diante deles prefiro perecer a tocá-los com rudeza. Basta, não direi uma palavra a respeito desse triste assunto a ninguém a não ser a você.

Ainda não lhe agradeci pelo presente de Natal. Em todo caso, me alegraria mais se não o recebesse *in nuce*, e sim em alguma forma pronta de sua escolha: mas eu sei, de seu ninho, você só poderia ter me enviado seu piano ou seu ordenança, e aqui não tenho lugar para nenhum dos dois. Quando você finalmente dará um basta na guerra, para que possamos outra vez ir ouvir o *Fígaro*? Ah, eu desconfio que você deixa para os outros vencer os franceses e se contenta com pequenas vitórias silenciosas sobre as francesas, *petit vaurien*.[237] É por isso que a guerra não avança um milímetro. Mas eu lhe proíbo qualquer "anexação", ouviu? E peço, sobretudo, um minucioso relato e uma "confissão completa e cheia de arrependimento". Escreva diretamente para cá, Wronke en Posen, Fortaleza, Dr. Lübeck.[238] Escreva em breve. Sim, eu me esqueci: estou bem aqui, não se preocupe comigo. Envie-me novamente retratinhos seus e de seu cavalo.

Cordialmente

Sua R.

237 Do francês: "Malandrinho". (N. E.)
238 Rosa Luxemburgo utilizava por vezes esse nome a partir do casamento de fachada com Gustav Lübeck, de quem entretanto já estava divorciada desde abril de 1903.

## SOPHIE LIEBKNECHT

Wronke, 15 de janeiro de 1917

Soniucha, meu pequeno passarinho, se tudo correr de acordo com os meus desejos, esta folha voará para sua cama no dia 18, com o primeiro correio, para lhe dar um bom dia no seu aniversário e anunciar a minha visita para o dia inteiro. É verdade que apenas uma visita "improvisada" por enquanto, mas neste dia estarei com você em sua casa em pensamentos, e você deve percebê-lo, não deve mais sentir frio interiormente, e sim estar envolvida pelo meu amor e meu calor, como que por um cobertor macio. Pobre menina, tão abandonada aí com sua dor, neste dia eu queria ao menos que minha carta lhe proporcionasse uma hora de sol, uma vez que já não posso mais lhe enfeitar um cantinho junto da janela em Südende com íris brancas brilhantes e lhe apresentar um flamejante crepúsculo com rastros de nuvens apocalípticas como aqueles que – assim me parece – só se podem ver de minha casa. Em compensação, lhe envio jacintos e tulipas, e também meu retrato (que, aliás, combina tanto com as flores quanto o punho com os olhos), e encomendei ainda em Bruxelas um presente bem ao nosso gosto frívolo (porque tem algo de parisiense), infelizmente não há como chegar a tempo, mas espero que, mesmo com atraso, a alegre. Nossos amigos com certeza embelezarão esse dia no que lhes estiver ao alcance, e isso me serve de consolo, uma vez que estou acorrentada aqui.

Ah, hoje houve um momento em que o senti amargamente. O apito da locomotiva às 3h19min me disse que Mathilde [Jacob] estava pondo o pé na estrada, e justamente naquele momento eu dava o meu "passeio" costumeiro como um animal enjaulado ao longo de minhas paredes, para lá e para cá, e meu coração se apertou de dor por eu não poder ir também embora daqui, oh, apenas ir embora daqui! Mas não tem importância, meu coração logo levou uma palmada e teve de se encolher; ele já está acostumado a obedecer como um cão bem amestrado. Não falemos de mim.

SOPHIE LIEBKNECHT • WRONKE, 15 DE JANEIRO DE 1917

Sonitchka, você ainda se lembra do que planejamos para quando a guerra acabar? Uma viagem juntas para o sul. E nós a faremos! Eu sei que você sonha em ir comigo para a Itália, que considera o máximo. Mas eu planejo, apesar disso, arrastá-la até a Córsega, que é ainda mais que a Itália. Lá esquecemos a Europa, ao menos a Europa moderna. Imagine uma paisagem ampla, heroica, com os contornos firmes das montanhas e dos vales, lá no alto nada, a não ser calvos picos rochosos de um nobre cinza, embaixo exuberantes oliveiras, louros-cerejas e castanheiras antiquíssimas. E sobre tudo isso um silêncio pré-histórico – nenhuma voz humana, nenhum grito de pássaro, tão somente um arroiozinho a correr em algum canto por entre as pedras, ou nas alturas o vento a uivar entre rochedos – ainda o mesmo vento que enfunou as velas de Odisseu. E as pessoas que encontramos estão em perfeito acordo com a paisagem. De repente, por exemplo, aparece detrás de uma curva da trilha da montanha uma caravana – os corsos sempre caminham *uns atrás dos outros* em uma caravana estendida, não em grupos como os nossos camponeses. Diante deles normalmente corre um cão, logo a seguir vem uma cabra andando lentamente, ou um burrinho carregado de sacos cheios de castanhas, depois vem uma grande mula montada por uma mulher virada de perfil, pernas pendentes, uma criança nos braços; ela se senta muito ereta, esbelta como um cipreste, imóvel; ao lado caminha um homem barbudo em postura firme, tranquila, ambos calados. Você juraria tratar-se da Sagrada Família. E cenas como essa você encontra a cada passo. Eu ficava sempre tão comovida que quase caía involuntariamente de joelhos, como sempre faço diante da beleza perfeita. Ali a Bíblia ainda vive, e a Antiguidade. Nós precisamos ir para lá, e fazer como eu fiz daquela vez: percorrer a ilha inteira a pé, a cada noite descansar num lugar diferente, saudar cada aurora já caminhando. Isso a seduz? Eu ficaria feliz se pudesse lhe apresentar esse mundo, *ma petite reine* [minha pequena rainha]!

Sim, Sonitchka, nunca se esqueça de que você é uma *petite reine*. Eu sei, você mesma me disse que muitas vezes se esqueceu disso, se rebaixou e falou e se comportou *comme une petite blanchisseuse* [como uma pequena lavadeira]. Mas você *não pode* mais fazer isso. Precisa, nesses quatro anos, adquirir firmeza interior, para que K[arl Liebknecht] a encontre como uma pequena rainha diante da qual ele tenha de inclinar a cabeça. Para isto, bastam disciplina interior e respeito próprio, e você precisa adquirir ambos. Você deve isso a si mesma e a mim, que a amo e respeito. Leia bastante, Sonitchka, você precisa também progredir intelectualmente e pode fazê-lo, ainda é nova e flexível. – E agora preciso encerrar. Ponho-lhe ainda meus três bebês nus no colo e a abraço. Fique tranquila e alegre neste dia.

Sua Rosa

*P.S.*: por favor, na próxima visita envie-me o Macaulay que Karl tomou emprestado de mim (Tauchnitz).

## LUISE KAUTSKY

Wronke na P., Fortaleza, 26 de janeiro de 1917

Lulu, amada! Ontem eu tive uma audiência em Berlim (com a minha ausência), na qual com certeza me foram dados mais alguns meses de prisão. Hoje faz exatamente três meses que estou aqui – na terceira etapa. Em comemoração a essas duas efemérides de uma espécie que há anos já interrompem minha existência de maneira agradável, você deve receber uma carta. Perdoe-me, caríssima, por fazê-la esperar tanto tempo por uma resposta, mas acabo de atravessar um breve período de lamentável covardia. Tivemos vários dias de vendaval, e eu me sentia tão pequenina e fraca que nem saí do meu cantinho para que o frio não me aniquilasse. Num tal estado de ânimo é claro que eu esperava ansiosamente por uma carta afetuosa, cálida; mas infelizmente meus amigos sempre esperam por um estímulo e um sinal de minha parte. Ninguém nunca tem espontaneamente a boa e fresca inspiração de me escrever – a não ser o pequeno Hans [Kautsky], que, porém, já deve estar um tanto cansado de escrever cartas há dois anos e meio, "que não chegam até ela" e que não são respondidas. Finalmente me chegou uma carta de Sônia L[iebknecht], mas ela sempre produz um som de vidro partido. Assim, como sempre, eu me levantei sozinha, e está bem assim.

Agora estou novamente animada e bem disposta, e sinto sua falta para tagarelar e rir como só nós duas sabemos. Eu logo a faria rir de novo, embora suas últimas cartas soassem preocupantemente aborrecidas. Você ainda se lembra de uma vez em que voltávamos à noite da casa de Bebel e entoamos os três um concerto de sapos na rua à meia-noite, e você disse que sempre que estávamos juntos você sentia uma certa embriaguez, como se tivéssemos bebido champanhe? É justamente isso o que eu gosto em você, poder colocá-la sempre nesse estado de quem bebeu champanhe, quando a vida nos formiga na ponta dos dedos e estamos sempre prontas para qualquer loucura. Por três anos não pudemos nos ver e então, depois de meia hora, é como se nos tivéssemos visto ainda ontem. E assim eu gostaria de irromper subitamente na casa de Hans Naivus[239] e poder rir novamente com sua távola redonda como rimos em junho durante a visita do pequeno Hans.[240] (Mais tarde ele me escreveu que ainda a caminho do *front* ria de tempos em tempos no vagão, para espanto dos camaradas, e certamente "lhes parecia um idiota".) Agora, desde que o pobre Faisst caiu como a primeira vítima da guerra mundial,[241] o champanhe acabou por um bom tempo. Fim do champanhe e dos *lieder* de Wolf. Aliás, tenho uma lembrança muito alegre do nosso último "festim". Foi no verão passado, quando estive na Floresta Negra. Num domingo ele se abalou de Wildbad até lá em cima com Costia [Zetkin] para uma visita; fazia um dia esplêndido e, depois de comer, nós nos sentamos ao ar livre em torno de uma pequena bateria

---

239 Hans Kautsky.
240 Hans Diefenbach.
241 Hugo Faisst morreu no *front* em 30 de julho de 1914.

de garrafas de Mumm, gozando o sol, e estávamos muito alegres. Quem mais bebeu foi, naturalmente, o próprio "nobre doador". Ele teve novamente "uma hora inesquecível", ria, gritava, gesticulava e despejava um copo orvalhado atrás do outro em sua "goela" suábia. O que mais o divertia era o público dominical que formigava em torno de nós na varanda. "Olhe como esses filisteus nos olham de boca aberta", gritava ele cada vez mais entusiasmado, "imagine se soubessem quem é que está bebendo aqui!". E o mais engraçado era que nós é que estávamos mal informados, pois o estalajadeiro, como ele mesmo me contou naquela noite, havia de algum modo desvendado meu infeliz "incógnito", e naturalmente o servira à mesa de seus hóspedes. O velhaco também nos servia com um estranho sorriso travesso e fazia as rolhas espocarem com força, mas os filisteus, como você pode imaginar, se sentiram extremamente edificados com esse "festim social-democrata regado a champanhe". – E agora, já pela terceira vez, a primavera fará "sua fita azul esvoaçar" sobre o túmulo de Faisst (ele cantava tão bem este *lied*, muito melhor que Julia Culp, que – você ainda se lembra? – ouvimos juntos certa vez na Academia de Canto). Agora o prazer pela música, como por tudo, deve ter abandonado você por um bom tempo, sua cabeça está cheia de preocupação pela história do mundo que enveredou por um descaminho e seu coração cheio de suspiros por toda essa miséria de Scheidemann & Cia. E todos os que me escrevem igualmente gemem e suspiram. Nada me parece mais ridículo que isso. Você não entende que a penúria geral é *grande demais* para se gemer por causa dela? Eu posso ficar aflita quando a minha Mimi adoece ou quando você tem alguma carência. Mas quando o mundo inteiro sai dos eixos, procuro tão somente *compreender* o que se passou e por que e, se cumpri meu dever, mantenho a calma e o bom humor. *Ultra posse nemo obligatur.*[242] Além disso, ainda continua a existir *tudo* o que sempre me deu alegria: música e pintura e nuvens e herborizar na primavera e bons livros e Mimi e você e ainda outras coisas – em suma, sou riquíssima

---

242 Do latim: "Ninguém é obrigado a ir além do que pode". (N. E.)

e pretendo continuar sendo até o fim. Essa entrega total à miséria de nossos dias é absolutamente incompreensível e insuportável para mim. Veja como um Goethe, por exemplo, mantinha uma fria serenidade diante das coisas. Mas pense em tudo o que ele teve de passar: a grande Revolução Francesa, que, vista de perto, certamente parecia uma farsa sangrenta e completamente sem sentido; depois, de 1793 a 1815, uma série ininterrupta de guerras em que o mundo novamente parecia um hospício desembestado. E com que tranquilidade, com que equilíbrio espiritual ele realizou simultaneamente a tudo isso os seus estudos sobre a metamorfose das plantas, sobre a teoria das cores e mil outras coisas. Eu não exijo de você que escreva poemas como Goethe, mas a concepção de vida dele – o universalismo dos interesses, a harmonia interior – podem todos adquirir, ou ao menos almejar. E se você me dissesse algo como: Goethe, afinal, não era nenhum combatente político, eu responderia: um combatente precisa, antes de mais nada, procurar ter uma postura diante das coisas, caso contrário ele afunda o nariz em tudo quanto é pântano – claro que eu penso em um combatente em grande estilo, não em um certo cata-vento do calibre dos "grandes homens" da sua távola redonda que recentemente me enviou um cartão de saudações... *Never mind* – naquela ocasião a saudação que recebi *de você* foi verdadeiramente a única que me tocou. Como agradecimento, quero em breve lhe enviar uma pequena estampa de meu álbum de Turner. Só espero que você não a recuse como me aconteceu recentemente. Imagine, pelo Natal eu enviei uma estampa maravilhosa desse álbum a Leo [Jogiches], e então recebo através da srta. Jacob o comunicado: recusado com um agradecimento; seria "vandalismo", a estampazinha deveria retornar ao álbum! Genuinamente Leo, não é? Fiquei furiosa, pois também neste caso eu penso como Goethe:

> Hätt'ich irgend wohl Bedenken,
> Balch, Bokhara, Samarkand,
> Süßes Liebchen, dir zu schenken
> Dieser Städte Rausch und Tand?

Aber frag einmal den Kaiser,
Ob er dir die Städte gibt?
Er ist herrlicher und weiser,
Doch er weiß nicht, wie man liebt.[243]

Leo não é nem imperador nem mais "sábio", porém tampouco sabe "como se ama". Mas nós sabemos, não sabemos, Lulu? E se algum dia me vier a ideia de ir buscar algumas estrelas no céu e dá-las de presente a alguém como se fossem abotoaduras, que nenhum pedante insensível me venha advertir de dedo em riste que eu estou trazendo confusão a todos os atlas escolares de astronomia.

O seu álbum de Greiner[244] me alegra cada vez mais, eu o folheio constantemente e a cada vez fico mais faminta por outros. Robert [Kautsky] não poderia enviar-me alguns de seus últimos quadros pelo próximo ser vivente que viesse me visitar aqui? A srta. J[acob] poderá informar quem será o indicado pelo dedo do sr. von Kessel. Garanto que eles retornariam ilesos, e eu teria uma alegria principesca! Aliás, Robert não poderia visitar-me pessoalmente? Ele talvez pudesse aproveitar a ocasião e realizar seu plano de pintar o meu retrato, caso lhe bastassem três ou quatro sessões. Por Deus, a ideia me diverte. Uma vez que estou aqui "enquadrada", poderia também me tornar um quadro *dele*. Em todo caso, pôr os olhos no rapaz cheio de viço e de olhos brilhantes já me faria um grande bem. Estou certa de que, como filho do pintor do teatro da corte, ele receberia permissão para isso, principalmente se o Conde Hülsen escrevesse algumas linhas... Claro que eu digo isso de brincadeira; Hans Naivus preferiria morrer a revelar ao conde a sua amizade com a incendiária. Contudo, talvez mesmo sem proteção, Robert conseguisse a permissão. Mas, antes de mais nada, e quanto a *você*?

---

243 "Eu teria lá qualquer reserva,/ Doce amor, em te dar de presente/ Bactria, Bucara, Samarcanda,/ O êxtase e a futilidade dessas cidades? Mas pergunta ao imperador/ Se ele te daria as cidades./ Ele é mais sábio e poderoso,/ Mas não sabe como se ama". Goethe, Westöstlicher Diwan [Divã oriental-ocidental], *Suleika*. (N. T.)

244 Trata-se provavelmente de Vogel, *Otto Greiners graphische Arbeiten in Litographie, Stich und Radierung* [Trabalhos gráficos de Otto Greiener em litografia, gravura e água-forte].

Já se inscreveu? De todo modo, eu preferiria que você viesse aqui na primavera, quando a região parece mais hospitaleira, e, segundo pessoas que a viram, ela é muito bonita. Com a atual calamidade ferroviária e o clima rude, ainda seria muito arriscado para você. Mas para a primavera eu exijo a sua visita. Você vai ficar surpresa com tudo que encontrará aqui ao meu redor! Os chapins-reais me assistem fielmente diante da janela, eles já conhecem a minha voz e, ao que parece, gostam de me ouvir cantar. Há pouco tempo cantei a ária da Condessa do *Fígaro*, e seis deles ficaram pousados no arbusto diante da janela e ouviram imóveis até o fim; foi uma cena muito divertida. E todo dia dois melros acorrem ao meu chamado, nunca vi outros tão mansos. Eles comem da marmita diante da janela. Por isso já agendei uma cantata para o 1º de abril, que tem de ser muito impressionante. E você não poderia enviar sementes de girassol para o povinho daqui? E para o meu próprio bico eu gostaria de ter um bolo de guerra daqueles que você já me enviou algumas vezes, ele dá um leve antegosto do paraíso. E como estou falando de coisas elevadas e sublimes, ainda algo que não me dá sossego: o mundo dos astros parece ter entrado em confusão mesmo sem a minha culpa. Eu não sei se, no meio de tanta preocupação por conta de Scheidemann, vocês notaram que no ano passado foi feita uma descoberta de marcar época: o inglês Walkey teria descoberto o "centro do universo", e este seria a estrela Canopo na constelação da nave Argos (hemisfério sul), que fica a uma distância de "apenas" 500 anos luz de nós e é mais ou menos um milhão e meio de vezes maior que o sol. Essas dimensões não me impressionam nem um pouco, já estou calejada. Mas tenho outra preocupação: *um* centro em torno do qual "tudo" se move transforma o universo em uma esfera. Só que me parece de extremo mau gosto imaginar o universo como uma esfera – uma espécie de imensa almôndega de batata ou bola de sorvete. Essa simetria da figura, ainda mais nesse caso, em que se trata "do todo", é uma concepção completamente pequeno-burguesa, rasa. Além disso, o que vai para o espaço aqui é nem mais nem menos que a *infinitude* do universo. Pois uma "infinitude esférica" não passa de um disparate. E, para o meu conforto espiritual, tenho absoluta necessidade de poder pensar em outra coisa infinita além

da estupidez humana. Como você pode ver, tenho literalmente "as preocupações do senhor von Kant". Que diria a esse respeito Hans Naivus
ou seu erudito *filius*? Escreva agora mesmo uma caprichada carta *de
omnibus rebus*, caso contrário eu a transferirei do principal cômodo do
meu coração, onde você está instalada juntamente com Mimi, para um
cômodo inferior. –

Senhor Deus! Esqueci o principal: ainda não terminei a tradução,
ainda faltam sete cadernos, mas esses também ainda tenho de copiar.
O editor não poderia avaliar por doze cadernos?! Finalmente, basta.

Eu abraço você

Sua R.

Obs.: pode escrever diretamente pra cá: Wronke na P., Fortaleza,
eu recebo a carta com certeza.

Caso você receba uma carta do pequeno Hans para mim, pode tranquilamente enviá-la para cá. Ele pode me escrever a respeito de tudo.

## LUISE KAUTSKY

[Wronke, 7 de fevereiro de 1917]

Caríssima Lulu!

Então você está, como eu espero, novamente tranquila e alegre.
Você pressentiu minha forte sensibilidade agora com um entendimento certeiro, eu lhe agradeço por isso. De fato, me tornei algo assim
como uma pessoa sem pele: assusto-me com qualquer sombra que caia
sobre mim. Ao que parece, o ano que passei na Barnimstrasse, depois
os quatro meses de trabalho insano e agora novamente sete meses de
solidão em diferentes etapas não se passaram sem deixar marcas.

Você sabe que pensamento me persegue e amedronta? Imagino ter novamente de me apresentar numa enorme sala superlotada, que a luz ofuscante e o barulho de vozes da multidão me acuam e que o aplauso estrondoso de sempre me recebe e me acompanha enquanto abro caminho até o pódio – tenho a sensação de que de repente me porei a correr! Eu tenho *horror pleni*,[245] e a simples possibilidade de me sentar com cinco ou seis amigos e ter talvez de ouvir as pessoas rirem alto já me oprime. Oh, você não tem ideia da tortura que foi quando, depois de um ano de Barnimstrasse, eu tive já no primeiro dia de receber 80 pessoas (literalmente 80 pessoas, contadas) e trocar algumas palavras com cada uma delas. A lembrança de minha cela se assemelhava a um paraíso. E agora tenho mais sete meses de solidão nas costas.

Mas isso não tem importância! Espero que passe, especialmente quando voltar a fazer calor e a primavera enfim chegar. E é justamente nesse momento que eu quero ter você aqui – em maio. Tenho um plano bem definido para essa ocasião, que certamente merecerá o seu aplauso quando nos falarmos. Portanto, organize-se para isso.

Mas quando eu estiver outra vez na casa de vocês, então, como sempre, sente-se na poltrona grande, ponha-me no colo e eu esconderei minha cabeça no seu ombro, e Hans [Kautsky] tocará para nós a *Sonata ao luar* ou a segunda parte da *Patética*. E tudo estará bem outra vez.

Mil agradecimentos por tudo o que você faz pelo meu Korolenko. Mas o que estou dizendo? Não é natural desde sempre que tudo de bom me venha de você?

Eu a abraço com carinho!

Sua sempre e imutável

R.

---

245 Do latim: "Horror da multidão". (N. E.)

## MATHILDE JACOB

[Wronke, 7 de fevereiro de 1917]

Minha cara Mathilde!

Tenho um peso na consciência: Marta [Rosenbaum] esteve aqui hoje e eu estava de péssimo humor. Mas da próxima vez vou me conter. Que a senhorita ceda o meu aniversário a Luise [Kautsky] nem entra em discussão. Eu faço questão da minha letra.[246] Há várias semanas que me alegro com sua visita, até hoje sempre recebi sua visita em meu aniversário, e agora a senhorita quer bancar a generosa às minhas custas! Já escrevi a Luise convidando-a para maio, por favor, deixe por minha conta decidir quem deve me visitar e quando.

Hoje recebi o veredicto pela ofensa ao funcionário da polícia: dez dias de prisão mais as custas. Encarregue o escritório do dr. Weinberg das medidas necessárias. O veredicto foi proferido pelo tribunal do júri de Berlim Central, seção 136, em 25 de janeiro, traz o n.136 D (565/11) 16. Na justificativa não é mencionada senão a constatação dos fatos que eu admiti.[247]

A senhorita já está preocupada com meu dedo machucado? Não é nada: apenas fechei a gaveta da cômoda com força e esqueci de retirar meu dedinho, que saiu de lá amassado, o que foi bem feito para mim.

Oh, Mathilde, quando poderei estar em sua companhia e de Mimi em Südende e ler de novo Goethe para vocês? Mas, sim, hoje quero lhe declamar um poema de cabeça, lembrei-me dele hoje à noite – sabe Deus por quê. É de Conrad Ferdinand Meyer, o querido suíço que também escreveu *Jürg Jenatsch*. Pegue Mimi no colo e faça

246 Referência a uma fala de Shylock em *O mercador de Veneza*, de Shakespeare. [N. T.]
247 A sentença contra Rosa Luxemburgo, de 25 de janeiro de 1917, foi baseada na justificativa de que teria insultado o policial que vigiava a conversa entre ela e Mathilde Jacob no dia 22 de setembro de 1916, no presídio feminino da Barnimstraße, em Berlim, com as seguintes palavras: "O senhor é um espião ordinário e um patife. Saia daqui" e jogou-lhe o tinteiro, o que ela contestou.

aquela carinha doce de ovelha que costuma fazer quando eu leio algo para vocês. *Silentium*, pois:

*Huttens Beichte*

Hier schreit'ich über meinem Grabe nun.
Hei Hutten, willst du deine Beichte tun?
's ist Christenbrauch. Ich schlage mir die Brust.
Wer ist ein Mensch und ist nicht schuldbewußt?
Mich reut mein allzu spät erkanntes Amt,
Mich reut, daß mir zu schwach das Herz geflammt,
Mich reut, daß ich in meine Fehden trat
Mit schärferen Streichen nicht und kühnerer Tat.
Mich reut, daß ich nur einmal bin gebannt,
Mich reut, daß oft ich Menschenfurcht gekannt.
Mich reut der Tag, der keine Wunde schlug,
Mich reut die Stunde, die nicht Harnisch trug,
Mich reut, ich beicht' es mit zerknischtem Sinn,
Daß ich nicht dreifach kühn gewesen bin.[248]

O fecho a senhorita deverá inscrever no meu túmulo... Levou isso a sério, Mathilde? Ora, é para rir. Sobre meu túmulo, como em minha vida, não haverá frases presunçosas. Em minha lápide deverá haver apenas duas sílabas: "*tsvi–tsvi*". É o canto dos chapins-reais que eu sei imitar tão bem a ponto de eles logo acorrerem ao chamado. E, imagine, esse "*tsvi–tsvi*", que normalmente faiscava tão claro e agudo como uma agulha de aço, tem desde alguns dias um pequeníssimo trinado,

---

248 *A confissão de Hutten:* "Eis-me a caminhar sobre meu túmulo./ Ei, Hutten, quer fazer sua confissão?/ É costume cristão. Eu bato no peito./ Quem pode ser homem sem saber de suas culpas?/Arrependo-me por conhecer tarde demais o meu ofício,/ Arrependo-me por meu coração arder tão pouco,/ Arrependo-me por não haver entrado em minha luta/ Com golpes mais duros e atos mais audazes./ Arrependo-me por ter sido banido uma só vez,/ Arrependo-me por ter sentido tanto medo humano./ Arrependo-me de cada dia sem ferida,/ Arrependo-me das horas sem arnês,/ Arrependo-me, e o confesso em contrição,/ De não ter sido três vezes mais audaz". (N. T.)

uma minúscula nota de peito. E sabe o que isso significa, senhorita Jacob? É o primeiro leve movimento da primavera vindoura – apesar da neve e do frio e da solidão nós acreditamos – os chapins-reais e eu, na primavera vindoura! E se eu, por impaciência, não chegar a vivê-la, não se esqueça de que em minha lápide não deve haver *nada* senão "*tsvi–tsvi*"...

Eu abraço a senhorita e Mimi com uma terrível saudade

Sua R. L.

## MARTA ROSENBAUM

Wronke, 7 de fevereiro de 1917

Minha cara, cara Martinha!

Espero que a senhora adivinhe por que motivos íntimos eu me opus a que nos víssemos com mais frequência: não gosto de receber aqui nenhuma boa ação, não gosto de pedir nada e nem de ter de agradecer alegremente por nada. O mesmo se repete a cada vez com Mathilde [Jacob]. Mas é claro que fico feliz em vê-la e lhe falar, embora sob as atuais condições a língua se paralise em minha boca. Mas a senhora talvez compreenda ou ao menos adivinhe tudo e não me leve a mal. Como tudo seria diferente em Südende! Bem, tomara que também isso aconteça logo. Eu tenho uma intuição obscura – nem eu mesma sei de onde – de que serei solta em breve ou num prazo não muito prolongado. Franziskus [Mehring] me escreveu que Kurt [Rosenfeld] considera um erro muito grande que eu não apele ao Tribunal Superior de Guerra. Mas, Martinha, isso é um enorme equívoco! Eu não tenho nenhum *fundamento* para apelar – eu quero dizer, para apelar *decentemente*, de um modo digno de mim! Contestar a acusação que me foi feita na ordem de prisão, me eximir de minha intensa atividade com mentiras, naturalmente, não é possível. Eu poderia tão somente alegar minha saúde comprometida. Mas, afora o fato de que, fazer alarde por conta de minha fragilidade física me repugna justamente por eu ser mulher, neste caso só o atestado de um médico distrital tem validade. Só que um médico distrital nunca na vida forneceria um atestado de saúde comprometida (na verdade, o que é exigido é que a vida esteja em perigo). Também não atestaria a necessidade de um sanatório, isto é ponto pacífico. Obs.: o malfadado dr. Lehmann, que eu não pude instruir aqui com uma única sílaba porque estávamos rigorosamente vigiados, procurou, sem minha autorização, a direção aqui e – conforme me foi relatado – fez, sorridente, afirmações "tranquilizadoras", não haveria nada de grave comigo, trata-se apenas de tensão nervosa excessiva, que se poderia remediar aqui mesmo, brincando, e assim por diante. Foi, nesse sentido, uma daquelas ajudas que matam. Portanto, não tenho nenhum ponto de apoio para apelar ao Tribunal Superior de Guerra. Mas tenho a firme convicção, e isso é o principal, de que, *se* quiserem me libertar, isso independerá totalmente de minha apelação. Ou vão me pôr em liberdade de qualquer maneira – como já disse, tenho a intuição de que não vai demorar muito –, ou nenhuma apelação servirá de nada. Por favor, comunique esse meu ponto de vista ao nosso Senior e a Kurtchen. No que se refere ao meu estado, meus nervos estão em uma situação delicada – digo isso somente *à senhora*, Martinha, e a Mathilde, não quero que seja comentado. Todo meu problema de estômago não passa de dores nervosas. E imagine ainda o que de pior me persegue: eu tenho a sensação de que não poderei mais falar em público, pois sempre que tenho de falar alto e me agitar o estômago me paralisa imediatamente com uma cãibra. Não é nada perigoso, e também uma vida tranquila e regrada tem um efeito extremamente bom e lenitivo sobre mim, mas, justamente, só enquanto eu conservo a tranquilidade. A menor excitação, mesmo que de natureza alegre, como uma visita, me ataca o estômago sob a forma de doença, portanto provavelmente terei de permanecer tranquila anos a fio e agir tão somente através da pena. Enfim, é preciso se dar por feliz com isso. Aqui disponho de boas condições físicas: muita tranquilidade, bom ar, muitos passeios ao ar livre (de três a quatro horas, sempre que quiser), a alimentação, nas condições atuais, é verdadeiramente ideal, ainda mais se considerarmos tudo aquilo com que a senhora, com que todos vocês, com tanta bondade, despejam sobre mim como que de uma cornucópia. *Summa summarum*: a senhora não tem motivo algum para se inquietar comigo nem para se irritar com o meu destino. É fato que já me tornei muito insociável, mas isso não tem importância. Compare minha sorte à de Karl [Liebknecht], e a senhora terá de concordar que é *ele*, e não *eu*, quem merece toda compaixão e toda simpatia. Martinha, já recomendei uma vez a pobre Sonia [Liebknecht] ao seu coração e torno a fazê-lo. A senhora deve fazer-lhe constantemente companhia, pois com seu sorriso e seu ser a senhora espalha tanto calor e conforto em torno de si, que tenho esperanças de que daí advenha muita coisa boa para a alma enferma da pobre criatura. Não estou lhe pedindo para carregar Sonia consigo em sociedade, por exemplo, que a faça se encontrar com A. e com outras pessoas!! Em primeiro lugar, ela não se adapta bem a *essa* esfera, mesmo que não dê demonstrações disso (eu a conheço muito bem), e, em segundo lugar, ela também precisa de muita tranquilidade. Ela só precisa ter ao redor de si *umas poucas* pessoas boas e compreensivas, e para isso eu conto, principalmente, com a senhora e com Luise Kautsky, a quem também a recomendei. Aliás, gostaria de saber o que *a senhora* pensa de Luise Kautsky, como se relaciona com ela. Fiquei muito feliz por saber que ultimamente a senhora a tem encontrado com frequência, Luise fala a seu respeito com muito calor e simpatia. Procure também defender a causa de Sonia junto a Franziskus e dona Eva [Mehring], com quem a senhora atualmente desfruta de tanto crédito. Agora eu gostaria de saber *da senhora*, de sua vida, muito, tudo! Escreva-me amanhã o que não gostaria de contar em voz alta. Não sei se é um equívoco de minha parte, mas sua expressão facial me deu desta vez uma impressão mais alegre e tranquila que de costume. Como eu ficaria feliz se isso não fosse apenas uma ilusão. Seus olhos sempre exprimem um verdadeiro abismo de desgosto e medo da vida. Como eu gostaria de fazer-lhe o primeiro ramalhete quando chegasse a primavera no campo de Südende! Isso agora paira diante de meus olhos como um paraíso, mas talvez assim que me veja em liberdade o tumulto insano da vida e da luta volte a engolir-me como todas as outras vezes, e semanas a fio não poderei ter uma alegria tão inocente como a de conversar e passear com a senhora durante uma horinha. Sabe, Martinha, que em minha lembrança ainda está vívida a estrada silenciosa banhada de sol e nós duas passeando por ela em meio ao canto dos pássaros – na véspera de minha primeira prisão? Imagens como esta permanecem frescas em minha alma por toda a vida. Será que para a senhora também? Alma amada, agora que temos oportunidade de escrever livremente, escreva-me uma longa carta sobre tudo. Eu envio com esta uma cartinha para Hans D[iefenbach] e uma linha para Alice [Rosenfeld]. Sua bonda-de me comove profundamente e eu gostaria muito de demonstrá-la. Agora basta por hoje, mais em breve. Eu a abraço muitas vezes, até a vista, minha cara!

De todo coração, sua R.

Leia a carta para H[ans] D[iefenbach] e envie-lhe registrada *ime-diatamente*. Ainda uma coisa! Martinha, eu lhe peço que não diga *nem uma palavra* em Berlim a respeito do fato de o médico ter se portado aqui de maneira estúpida e de que ele deveria ter sido informado com antecedência. Mathilde J[acob], com sua sensibilidade delicada, cer-tamente pensaria se tratar de omissão *da parte dela* e se afligiria terri-velmente. Mas, na verdade, isso não faz diferença, pois o julgamento *dele* não seria relevante no caso; o atestado do médico distrital teria ne-cessariamente de confirmá-lo e isso eu jamais conseguiria, pois não sei dissimular, sob condição alguma eu poderia fingir estar mais doente do que estou. Por isso, caríssima, evite a menor palavra que pudesse inquietar Mathilde. Ao médico eu direi honestamente que estou me-lhor. Também *nesta* circunstância nosso caminho tem de permanecer claro e reto. Mais um beijo, do fundo do coração. R.

## MARTA ROSENBAUM

[Wronke,] 10 de fevereiro de 1917
Destruir imediatamente.

Martinha, minha cara!

Pela última vez ainda uma cartinha que a senhora pode ler no caminho. Obs.: uma vez que a senhora tem de contar com a possibilidade de ser presa na estação de Berlim ao chegar de Wronke, peço-lhe encarecidamente que não guarde nenhuma carta na *bolsa*, e sim junto ao corpo, pois, sendo eu prisioneira em custódia, a senhora *não* teria de aturar uma revista corporal e poderia eventualmente destruir o que fosse necessário em uma oportunidade propícia. Que semana deliciosa esta! Sua visita me deixou a mais bela e harmoniosa impressão. A senhora tem razão: Kurt [Rosenfeld] merece tanto a nossa gratidão por nos ter apresentado uma à outra, que só por causa disso tenho de perdoá-lo do que quer que seja, e ser boa para ele. E a senhora também tem razão quando diz: ele foi atirado para fora de seu caminho. Por isso, devemos auxiliá-lo para que volte a encontrá-lo. Não podemos esquecer jamais de sermos *bons*, pois na relação com outras pessoas a bondade é mais importante que o rigor. Lembre-me sempre disso, pois eu tendo ao rigor, infelizmente – é verdade que apenas no relacionamento político. Na convivência pessoal sei me livrar da dureza, e tendo, na maior parte das vezes, a amar e compreender tudo.

Que pena que nos conhecemos tão tarde. Mas, minha cara, justamente o que mais me atrai na senhora é esse frescor, essa abertura, essa falta de jeito um tanto infantil que há em seu ser! Isso lhe dá uma aparência tão juvenil e calorosa, e eu nunca lhe noto qualquer sinal de idade ou de que alguma oportunidade tivesse sido perdida. Creio que a senhora ainda *pode* vir a ser e obter tudo quanto poderia quando era mais jovem. De resto, isso talvez a surpreenda: eu não quero nada especial *da senhora*. Não tenho nenhuma necessidade de bancar o mestre-escola com pessoas que me são caras. Gosto da senhora *assim como é.* Não quero, naturalmente, que a senhora desperdice seu tempo só com os trabalhos diários, quero que leia muitos bons livros, que colabore e auxilie na grande obra, mas tudo isso, me parece, a senhora pode fazer sendo *como é*, como eu *a conheço.* De suas vivências – eu já adivinhara que a senhora passou por situações difíceis, embora não saiba nada de mais concreto –, algum dia em Südende, no campo, enquanto colhemos flores, a senhora me contará, está bem? Quero compartilhar sua angústia e seu fardo; sinto necessidade de não vê-la sofrer sozinha. E talvez possa apoiá-la e protegê-la um pouco com minha *força* e meu amor. E agora, muitos, muitos agradecimentos pelas belas horas que lhe devo aqui, pelo calor que me trouxe, e por ter tão *belas* mãos, que eu sempre contemplo com alegria.

Cordialmente
Sua Rosa


## MATHILDE WURM

Wronke na P., Fortaleza, 16 de fevereiro de 1917
(Envie suas cartas diretamente para cá *fechadas* e sem
destinatário – "carta a prisioneiro de guerra").

Minha querida Tilde!

Carta, cartão e biscoitos recebidos – muito obrigada. Fique tranquila, embora você tenha me enfrentado tão corajosamente e até mesmo me declarado guerra, meus sentimentos por você não mudaram. Não pude deixar de sorrir por você querer me "combater". Menina, estou firme na sela, ninguém ainda me jogou na areia; tenho curiosidade de saber quem seria capaz de fazê-lo. Mas também não pude deixar de sorrir por mais outro motivo: porque você não pode me "combater" e está mais ligada a mim, mesmo politicamente, do que quer reconhecer. Eu continuarei a ser sua bússola, pois sua natureza reta lhe diz que eu possuo o discernimento mais imperturbável – pois a mim faltam todas essas qualidades secundárias e prejudiciais – temor, rotina, cretinismo parlamentar – que turvam o discernimento dos outros. Toda sua argumentação contra meu lema: aqui estou – não posso agir de outro modo! – desemboca no seguinte: muito belo, muito bom, mas as pessoas são covardes e fracas para esse tipo de heroísmo, *ergo* é necessário adequar a tática à fraqueza delas e à máxima *chi va piano, va sano* [Devagar se vai ao longe]. Que estreiteza de visão histórica, meu cordeirinho! Não há nada mais mutável que a psicologia humana. Principalmente a psique das massas esconde muitas vezes em si, como *Thalassa*, o mar eterno, todas as possibilidades latentes: calmaria mortal e tempestade ruidosa, a mais baixa covardia e o heroísmo mais feroz. A massa é sempre aquilo que *tem de ser*, dependendo das condições do tempo, e está sempre pronta a tornar-se algo diferente do que parece. Que belo capitão seria aquele que orientasse seu curso apenas pela aparência momentânea da superfície das águas e não soubesse prever por sinais no céu e nas profundezas a tempestade vindoura! Minha menininha, a "decepção com as massas" é frequentemente a insígnia mais vergonhosa para o líder político. Um líder de grande estilo não orienta sua tática pelo humor momentâneo das massas, e sim pelas leis férreas da evolução; ele se apega firmemente à sua tática apesar de todas as decepções e deixa tranquilamente que no restante a história conduza sua obra à maturidade.

Com isso podemos "encerrar o debate". Sua amiga eu continuo, de bom grado.

Se continuo também a ser, como você quer, sua mestra, depende de *você*.

Você menciona uma noite há seis anos em que esperávamos juntas pelo cometa às margens do Schlachtensee. Estranho, não consigo absolutamente me lembrar dela. Mas você me desperta outra lembrança. Naquela ocasião, numa noite de outubro, eu estava sentada com Hans Kautsky (o pintor) junto do Havel, *vis-à-vis* a ilha dos pavões, e também esperávamos pelo cometa. Já passara da hora do crepúsculo, mas no horizonte ainda brilhava uma escura faixa púrpura que se refletia no Havel e transformava a superfície da água em uma grande pétala de rosa. Uma leve rajada de vento soprou e encrespou de escamas escuras a água salpicada por um enxame de pontos negros; eram patos selvagens que descansavam de sua migração no Havel e nos enviavam seu grito surdo cheio de tanto anelo e tanta lonjura. Era uma atmosfera maravilhosa, e nós ficamos sentados em silêncio, como que encantados. Eu olhava para o Havel, e Hans, casualmente, para mim. De repente ele se levantou horrorizado, pegou-me pela mão: o que havia comigo? – ele gritou. Às suas costas acabara de cair um meteoro e me banhara de uma luz verde fosforescente, fazendo-me empalidecer feito um cadáver. E como eu estremecesse violentamente diante do espetáculo invisível para ele, Hans não pensou senão que eu estava morrendo. (Mais tarde ele pintou um quadro grande e belo dessa noite no Havel.)

Que você não tenha tempo nem cabeça para outra coisa que não "aquele único ponto", quer dizer, a miséria do partido, é fatal, pois uma tal unilateralidade turva também o discernimento político, e antes de mais nada é preciso viver em qualquer tempo como ser humano completo. Mas veja, minha menina, se você só muito raramente tem tempo de tomar um livro nas mãos, então pelo menos leia apenas *coisas boas*, e não algo tão *kitsch* como o romance sobre Espinosa que me enviou. O que você quer com as dores específicas dos judeus? Eu me sinto igualmente próxima das pobres vítimas das plantações de borracha em Putumayo, dos negros da África, de cujos corpos os europeus fazem gato e sapato. Você ainda se lembra das palavras na obra do grande estado-maior sobre a campanha de Trotha no Kalahari? "E os estertores dos agonizantes, o grito insano dos que morriam de sede ecoavam no silêncio sublime da infinitude." Oh, esse "silêncio sublime da infinitude" no qual tantos gritos ecoam *sem ser ouvidos*, ele soa em mim com tanta força que não reservo nenhum cantinho especial no coração para o gueto: eu me sinto em casa no mundo todo, onde quer que haja nuvens e pássaros e lágrimas humanas.

# MATHILDE WURM • WRONKE NA P., FORTALEZA, 16 DE FEVEREIRO DE 1917

Ontem à tarde havia maravilhosas nuvens rosadas sobre os muros de minha fortaleza. Eu me pus diante da janela gradeada e recitei para mim mesma meu poema favorito de Mörike:

> In ein freundliches Städtchen tret' ich ein,
> In den Straßen liegt roter Abendschein,
> Aus einem offenen Fenster eben,
> Über den reichsten Blumenflor
> Hinweg, hört man Goldglockentöne schweben,
> Und eine Menschenstimme scheint ein Nachtigallenchor,
> Daß die Blumen beben,
> Daß die Düfte leben,
> Daß in höherem Rot die Rosen leuchten vor.
> Lang hielt ich staunend, lustbeklommen,
> Wie ich hinaus vors Tor gekommen,
> Ich weiß es selber wahrlich nicht.
> Und hier – wie liegt die Welt so licht!
> Der Himmel wogt in purpurnem Gewühle,
> Rückwärts die Stadt in goldenem Rauch.
> Wie rauscht der Erlenbach?
> Wie rauscht im Grund die Mühle?
> Ich bin wie trunken, irregeführt.
> O Muse, Du hast mein Herz berührt
> Mit Deinem Liebesband!...[249]

---

249 Entro numa cidadezinha amiga,/ Sobre as ruas cai a luz rosada do crepúsculo,/ Saindo de uma janela aberta/ E passando sobre um rico véu de flores/ Ouvem-se sons de sinos de ouro flutuantes,/ E uma voz humana que soa como rouxinóis em coro/ Faz tremularem as flores,/ Faz viverem os perfumes,/ Faz luzirem as rosas em profunda púrpura,/ Atônito, opresso de prazer, longamente me detive,/ Como cheguei ao portão de saída/ Eu mesmo não o sei de fato./ E aqui – como o mundo se ilumina!/ O céu ondeia em rubra inquietude,/ Às minhas costas a cidade imersa em névoa dourada./ Como rumoreja o Erlenbach?/ Como rumoreja o moinho no vale?/ Estou como que ébrio, em descaminho./ Oh, Musa, tocaste meu coração/ Com teus laços de amor!... (N. T.)

Aí está, e agora adeus, minha boa e brava menina. Só o céu sabe quando poderei de novo escrever-lhe uma carta, no momento não tenho nenhuma vontade de escrever. Mas esta eu devia a você.

Um beijo e um forte aperto de mão
Sua R.

## SOPHIE LIEBKNECHT

Wronke na P., Fortaleza, 18 de fevereiro de 1917

Minha caríssima Sonitchka!

Fiquei muito feliz com sua carta, mas o rostinho atormentado que olhava de cada uma das linhas me deu muita pena. Você desperdiça prematuramente seu tempo, por que não toma nenhuma decisão firme e clara? Cada dia é um pecado cometido contra seu estado! Vá para Aidenbach, como aconselhou Hans D[iefenbach], ele foi muito bem tratado lá.

Há muito que nada me abalava tanto quanto o breve relato de Marta [Rosenbaum] sobre a sua visita a Karl, sobre como você o encontrou atrás das grades e o estado em que isso a deixou. Por que não me falou sobre isso? Eu tenho o direito de partilhar de tudo o que a faz sofrer e não deixo que ponham limites ao meu direito de propriedade! O caso, aliás, me lembrou vivamente meu primeiro reencontro com meus irmãos, há dez anos, na cidadela de Varsóvia. Lá somos literalmente expostos em uma dupla gaiola de fios de arame trançados, quer dizer, uma pequena gaiola fica solta dentro de outra gaiola maior, e tem-se de conversar através das redes de ambas, que turvam a visão. Como isso aconteceu justamente depois de uma greve de fome que durou seis dias, eu estava tão fraca que o capitão de cavalaria (o comandante da nossa fortaleza) quase teve de me carregar até o parlatório, e eu tive de me segurar firme com as duas mãos no arame da gaiola, o que certamente acentuou a impressão de um animal selvagem no zoológico. A gaiola foi colocada num canto muito escuro da sala, e meu irmão comprimia o rosto contra o arame. "Onde está você?", perguntava a todo momento e limpava as lágrimas que lhe caíam nas lentes e o impediam de ver. – Como eu me sentiria satisfeita e feliz se pudesse estar agora na gaiola de Luckau e poupar isso a Karl!

Por favor, transmita a Pfemfert meu cordial agradecimento pelo Galsworthy. Ontem terminei de lê-lo, e a leitura me deu muito prazer. Esse romance, porém, me agradou muito menos que *Der Reiche Mann* [O homem rico], não apesar de, e sim *porque* nele a tendência social tem um peso maior. Num romance eu não procuro pela tendência, e sim pelo valor artístico. E, nesse sentido, o que me perturba em *Weltbrüder* [Fraternidade] é a excessiva *espirituosidade* de Galsworthy. Isso talvez a surpreenda. Mas se trata de um tipo assim como Bernard Shaw e também como Oscar Wilde, um tipo talvez muito comum na *intelligentsia* inglesa atual: o de pessoas muito sagazes, refinadas, mas *blasées*, que observam *tudo* no mundo com um sorridente ceticismo. Os comentários finos, irônicos, que Galsworthy faz com o mais sério dos semblantes a respeito de suas próprias *personae dramatis* me leva muitas vezes a gargalhar. Mas, assim como pessoas bem educadas e distintas nunca ou muito raramente escarnecem de seu próprio meio, mesmo que notem tudo quanto há nele de ridículo, também um ver-dadeiro artista não ironiza jamais suas criaturas. Bem entendido, So-nitchka, isso não exclui a sátira em grande estilo! *Emanuel Quint*,[250] de Gerhart Hauptmann, por exemplo, é a sátira mais sangrenta da so-ciedade moderna que foi escrita nos últimos cem anos. Mas o próprio Hauptmann não ri com ela; no final ele está lá de lábios trêmulos e olhos arregalados e brilhantes de lágrimas. Galsworthy, ao contrário, com seus comentários espirituosos, me dá a impressão de um vizinho de mesa que numa *soirée* me sussurra ao ouvido algo malicioso sobre cada novo hóspede que chega.

---

250 Alusão ao romance *Der Narr in Christo Emanuel Quint* [O louco em Cristo Emanuel Quint].

Clara [Zetkin] me escreveu entusiasmada sobre *Der Reiche Mann*. Mas como é ácido e puritano o julgamento dela a respeito de nossa – sua e minha – Irene, essa criatura encantadora, fraca demais para abrir caminho no mundo com os cotovelos e que fica caída pelo meio do caminho como uma flor pisoteada. Clara diz que lhe falta compreensão para essas "damas" que são só "aparelhos sexuais e digestivos". Como se toda mulher pudesse se tornar uma "agitadora" ou estenotipista ou telefonista ou qualquer coisa de "útil"! E como se mulheres bonitas – aliás, da beleza fazem parte não apenas uma boa máscara como também refinamento interior e graça –, como se mulheres bonitas não fossem já um presente do céu só por serem uma alegria para nossos olhos! Quando Clara, postada como um querubim diante da porta do Estado do futuro, estiver para expulsar Irene com uma espada flamejante, eu lhe pedirei de mãos juntas: deixe-nos as delicadas Irenes, mesmo que elas, como os colibris e as orquídeas, não sirvam para nada além de enfeitar a terra. Sou a favor do luxo sob todas as formas.

E você, Sonitchka, com certeza apoiará essa minha intercessão pelas belas mulheres, cuja graça lhes confere um suficiente direito à existência, pois partindo de você será um *plaidoyer pro domo sua* [defesa em causa própria].

Hoje é domingo novamente, o dia mais mortal para prisioneiros e solitários. Eu estou triste, mas desejo com todas as minhas forças que você não esteja, e Karl também não. Escreva logo dizendo quando e para onde finalmente irá para descansar.

Um abraço de todo meu coração e lembranças às crianças.

Sua R.

Será que Pfemfert não poderia me enviar mais alguma coisa de bom? Talvez algo de Thomas Mann? Ainda não conheço nada dele. Mais um pedido: o sol começa a me ofuscar ao ar livre; talvez você pudesse me enviar num envelope de carta um metro de véu preto fino com pontinhos pretos!! Muito obrigada antecipadamente.

## HANS DIEFENBACH

Wronke na P., 5 de março de 1917
(em comemoração ao dia de festa)

Meu caro pequeno Hans!

Suas suposições sobre minha impulsividade, juvenilidade e outras coisas lisonjeiras se baseiam em um equívoco. Pois, em primeiro lugar, *eu lhe escrevi* – uma bela carta de oito páginas –, apenas não a enviei (como prova, anexo a esta o desenho que a enfeitava, talvez lhe agrade). Em segundo lugar, eu vivia o tempo todo, na fantasia que a saudade me inspirava, de que um dia você apareceria aqui em carne e osso. Mas, ao que parece, o sr. von Kessel conseguiu descobrir a maneira mais dolorosa de me ferir, e agora quer me por à prova para ver se "aguento". Não colabore para que esse aguentar se torne ainda mais difícil ficando bravo comigo, mas continue a escrever sem esmorecimento – doce e paciente comigo, mesmo que eu não mereça – como sempre.

Na verdade, estou atravessando um período difícil. Acontece exatamente o mesmo que no ano passado na Barnimstrasse: por sete meses eu me mantenho firme, no oitavo, nono, os nervos fraquejam de repente; cada dia que tenho de viver se torna uma pequena montanha que devo escalar penando, e qualquer ninharia me irrita dolorosamente. Em sete dias se completam exatamente oito meses do segundo ano de minha solidão. Então, certamente, virá por si, como no ano passado, um novo ânimo, em especial porque a primavera se aproxima. De resto, tudo seria mais fácil de viver se eu não esquecesse o mandamento básico que eu mesma fiz para minha vida: ser *bom* é o principal! Ser apenas humildemente *bom* ata e desata tudo, e é melhor que toda a inteligência e pretensão de ter sempre razão. Mas quem aqui poderia me lembrar disso, se nem mesmo Mimi está por perto? Em casa ela sabia às vezes me pôr no caminho certo com seu longo olhar silencioso, e eu não podia deixar de beijá-la (apesar do que você pensa a respeito disso) e dizer: você tem razão, ser bom é o principal. Portanto, se você às vezes nota, pelo meu silêncio ou pela minha fala, que estou amuada ou zangada, lembre-me apenas da sentença de Mimi – e se antecipe a mim dando o exemplo: seja bom, mesmo que eu não mereça...

Agora, antes de mais nada, muito obrigada – a lista cresceu muito: pelos livrinhos, pela sacarina (enviada de volta com juros, pois recebi um grande estoque e você também precisa dela), pelo quadrinho, pelo termômetro, pelos doces, pelos dois últimos livros, especialmente pelos perfis dos imperadores romanos, que são uma educação concreta para a fé republicana, especialmente pelas cartas, que são para mim um grande consolo. Sua epopeia em Wronke me divertiu muito, uma pena que não pude partilhá-la e nem ao menos colher uma reverberação dela. Mas eu me alegrei desvairadamente com a carta em que você emprega todas as artes para me seduzir a ler Hebbel e se rejubila de antemão por me pegar desprevenida! Como me alegra que você continue a ser sempre o imperturbável pequeno Hans e seja incapaz de aceitar que eu saiba ou conheça algo que não me foi dado pelas suas mãos de mentor! Oh, Hanneselein, eu conheço Hebbel há mais tempo do que conheço você. Tomei-o emprestado de Mehring ainda naquele tempo em que a nossa amizade conhecia sua época mais calorosa e as cercanias entre Steglitz e Friedenau (onde eu morava então) representavam uma paisagem tropical na qual o *Elephas primigenius*[251] pastava e a elegante girafa colhia a folhagem verdejante da palmeira-fênix. Naquela época – quando o pequeno Hans ainda não existia para Berlim nem como concepção – eu li *Agnes Bernauer, Maria Magdalena, Judith, Herodes und Mariana*. Mais longe que isso, no entanto, não pude ir, pois o clima tropical teve de dar lugar subitamente à primeira grande era glacial, e minha gorda Gertrud [Zlottko] teve de fazer uma peregrinação a Steglitz carregando um cesto cheio de presentes recebidos e livros emprestados, em resposta a uma carga similar que chegara a

251 O elefante primitivo.

Friedenau, como costuma acontecer a cada rompimento de noivado nosso. Portanto, eu conheço Hebbel e tenho por ele um grande, embora frio, respeito. Eu o coloco muito *abaixo* de Grillparzer e Kleist. Ele possui muita inteligência e uma bela forma, porém suas personagens têm muito pouco sangue e vida, são com muita frequência apenas suportes para problemas refinados, sutis. Se você pensa em me presentear com ele, será que eu não poderia trocá-lo por *Grillparzer*? A este eu já dedico um amor profundo. Você o conhece, o aprecia suficientemente? Quando quiser ler algo de excelente, então escolha um breve fragmento dele: a *Judith*. O mais puro Shakespeare em concisão, precisão e humor popular, acrescido do sopro delicado, poético, que falta a Sh[akespeare]. Não é para rir do fato de ter sido Grillparzer um funcionário público seco e um sujeito tedioso? (Olhe sua autobiografia, que é quase tão insípida quanto a de Bebel.)

E quanto às *suas* leituras? Tem uma boa provisão? É que nos últimos tempos eu fiz uma série de novas descobertas que gostaria muito de recomendar-lhe. Assim, por exemplo – caso você ainda não o conheça –, o *Emanuel Quint*, de Gerh[art] Hauptmann (um romance). Conhece os retratos de Cristo de Hans Thoma? Pois neste livro você poderá experimentar a visão de um Cristo esbelto que caminha envolto numa luz púrpura por meio de campos de cereais maduros, enquanto à direita e à esquerda de seu vulto escuro escorrem suaves ondas lilases sobre as espigas prateadas. Neste livro, entre tantos outros incontáveis problemas, impressionou-me em especial um que não vi representado em nenhum outro lugar e que sinto profundamente como parte de minha própria vida: a tragédia do ser humano que prega à multidão e sente como cada palavra, mal saída de sua boca, se torna grosseira e enrijece e se transforma, no cérebro dos ouvintes, em uma caricatura; e então o pregador é pregado nessa caricatura de si mesmo e, ao final, se vê cercado por seus discípulos que se põem a gritar ferozmente: "Mostre-nos o milagre! Você assim nos ensinou. Onde está o seu milagre?" É absolutamente genial a maneira como Hauptmann representa isso. Pequeno Hans, não devemos nunca nos dar por satisfeitos com nosso veredicto acerca das pessoas, elas sempre podem nos surpreender no mau, mas graças a Deus também no bom sentido. Eu tinha Hauptmann por alguém completamente enfatuado, e então o sujeito me vem com um livro tão cheio de profundidade e grandeza que quase lhe escrevo imediatamente uma carta exaltada. Eu sei que *você* teria me encorajado, do mesmo modo como queria que eu escrevesse a Ricarda Huch. Mas sou tímida e reservada demais para esse tipo de confissão ostensiva, basta-me confessar-me *a você*.

Teria ainda mil coisas a lhe dizer. Por que não vem, finalmente?

Cordialmente, sua R.

Por favor, transmita aos Marchl[ewski] meus melhores agradecimentos pela *Ingeborg* de Kellermann e minhas melhores lembranças. Espero um dia visitar todo esse pessoal e conhecer a encantadora Jagoda.

## HANS DIEFENBACH

Wronke na P., Fortaleza, 8 de março de 1917
(sem "c")

Pequeno Hans, aqui vai mais um punhado das mil coisas que tenho para lhe dizer. Estou agora num estado de ânimo mais tranquilo e por isso quero lhe escrever, não lhe enviarei aquela carta rasgada para não entristecê-lo; preto no branco, uma depressão passageira parece mais trágica do que é na realidade. Escrevo-lhe agora principalmente pelo seguinte motivo. A srta. Mathilde J[acob], que está aqui, vai à Posnânia e espera poder vê-lo; eu a estimulei a fazê-lo, porque penso que você estará de acordo; ela lhe dará informações minuciosas sobre mim e lhe transmitirá minhas mais calorosas lembranças – mas ainda há algo mais! E esse algo mais é – o manuscrito de minha *Anticrítica*, resposta aos Eckstein,

Bauer & Co, em defesa de meu livro sobre a *Acumulação*! Você tem a infelicidade de ter sido escolhido para ser o segundo leitor dessa *opus* (o primeiro, naturalmente, foi Mehring, que leu o manuscrito várias vezes e da primeira vez o classificou como "simplesmente genial", "uma obra verdadeiramente grandiosa, arrebatadora", que não teria igual desde a morte de Marx; num segundo relato – nesse meio-tempo nós "ficamos de mal", como ele diz –, ele se expressou com mais moderação!...). Na verdade, esta é uma obra da qual eu, em certa medida, me orgulho e que certamente sobreviverá a mim. Ela é muito mais madura que a própria *Acumulação*: a forma levada à extrema simplicidade, sem nenhum acessório, sem nenhum coquetismo nem ilusionismo, sóbria, restringindo-se apenas às grandes linhas, eu gostaria de dizer "nua" como um bloco de mármore. Esta é a atual orientação do meu gosto, que no trabalho científico, assim como na arte, aprecia apenas o que é simples, sereno e generoso, e por isso é que o tão louvado primeiro volume do *Capital* de Marx, por exemplo, com sua sobrecarga de ornamentos rococó no estilo hegeliano representa agora um horror para mim (o que, do ponto de vista do partido, acarretaria cinco anos de prisão e dez anos de suspensão dos direitos civis...). É claro que, para apreciar devidamente minha *Anticrítica* do ponto de vista científico, o leitor tem de conhecer a Economia Política em geral e, em particular, a economia marxista de cor e salteado. E quantos mortais assim existem hoje? Nem meia dúzia. Desse ponto de vista, meus trabalhos são realmente artigos de luxo e poderiam ser impressos em papel artesanal. Mas pelo menos a *Anticrítica* é desprovida de fórmulas algébricas que produzem tanto pânico no "leitor comum". Eu creio que, no geral, você compreenderá a coisa, Mehring elogiou justamente a "clareza cristalina e a transparência da exposição". Portanto, você deve lê-la e dizer-me o seu julgamento como "homem simples do povo". Sobre o aspecto artístico da exposição, o seu julgamento é dos mais valiosos para mim. Mas também quero ver o quanto você vai entender dela. Ao trabalho, portanto, com vigor! *Surge, puer* [levante-se, criança], ou, se não puder, leia-a deitado, mas faça-o e escreva-me as impressões que tiver dela. Também não lhe fará mal algum voltar a sentir o gostinho da Economia Política.

# HANS DIEFENBACH • WRONKE NA P., FORTALEZA, 8 DE MARÇO DE 1917

Ah, pequeno Hans, se o inverno já tivesse acabado. Esse clima me esmaga, eu não posso agora suportar nenhuma dureza, nem das pessoas nem da natureza. Todo ano, nesta época, eu costumava fazer meus preparativos de viagem, pois por volta de 7 ou 8 de abril eu já estava quase sempre junto ao Lago de Genebra. Com este são três anos que não o vejo. Oh, esse Lago de Genebra azul, belo como um sonho. Você ainda se lembra da surpresa que experimentamos quando, depois do trecho deserto entre Berna e Lausanne e do último túnel, terrivelmente longo, nos vimos de repente a pairar sobre a grande superfície azul do lago? Todas as vezes meu coração esvoaça como uma borboleta. E então o esplêndido trecho entre Lausanne e Clarens, com as minúsculas estaçõezinhas a cada 20 minutos e lá embaixo, junto às águas, um montinho de casas ao redor de uma igrejinha branca, o chamado sereno-cantado do condutor, e o sino da estação que se põe a repicar – três toques de cada vez, e então novamente três e mais três –, e mais uma vez o trem se põe lentamente em movimento, mas o sino continua a repicar tão claro e tão alegre. E o espelho azul da água muda sempre sua superfície em relação aos trilhos, ora está oblíquo em ângulo ascendente, ora descendente, e sobre ele se arrastam, como joaninhas que tivessem caído na água, os pequenos vapores, deixando atrás de si um longo rastro de espuma branca. E a margem oposta – a parede branca de montanhas, íngreme, com a base quase sempre encoberta pela névoa, dando a impressão irreal de que os picos nevados boiam no céu. E sobre tudo isso o ofuscante, poderoso Dent Du Midi. Senhor Deus, quando poderei passar outro abril lá? A cada vez o ar e a paz e a alegria se derramam em minha alma como um bálsamo. Em meu Chailly sur Clarens os vinhedos ainda estão cobertos do mato do ano passado. Só bem devagar é que se começa a removê-lo. Ainda posso perambular pelos vinhedos e colher a urtiga-morta avermelhada e os muscaris azul-safira de perfume inebriante, que crescem lá em infinita quantidade. Às 11 horas é servido o almoço para os camponeses; o pai com as mangas arregaçadas põe de lado a pá e senta-se no chão, a mulher e os filhos, que também vieram, se acocoram ao redor dele; o cesto que trouxeram de casa é aberto e a família faz sua refeição em silêncio. O pai limpa o suor da testa com a manga da camisa, pois o sol de abril já está bem quente aqui no vinhedo. Eu me deito em silêncio nas vizinhanças, deixo que o sol me aqueça, observo piscando a família de vinhateiros e mordisco um talo de grama, nem um único pensamento na cabeça, mas no corpo inteiro o único sentimento: Senhor Deus, como são belos o mundo e a vida! E lá em cima do Col de Jaman um trenzinho vindo de Glion se arrasta lentamente feito uma lagarta escura, no ar acima dele um minúsculo véu de fumaça, que esvoaça no ar como uma saudação distante de um amigo que parte!...

Pequeno Hans, *adieu.*
R.

## HANS DIEFENBACH

Wronke na P., 27 de março [1917]
À noite

C. H.

Olhe só o que você faz! No dia 13 me escreve que "amanhã" enviará uma longa carta, e então se cala por duas semanas. Eu já estava tomada dos mais negros pressentimentos com relação à sua doença, partida súbita etc. etc. E mais: depois da amarga decepção pelo cancelamento de sua visita, as cartas são o meu único consolo. Portanto, corrija-se. E não leve tanto tempo para escrever uma carta, ou ao menos envie muitos cartões no intervalo. Aliás, o que você quer dizer quando escreve que está "trabalhando muito"? Afinal, você está doente! Ou a que tipo de "trabalho" se refere?

Você pode imaginar a agitação em que a Rússia me pôs.[252] Alguns velhos amigos que há anos definhavam nas prisões de Moscou, Pe-

252 Alusão à revolução de fevereiro de 1917.

tersburgo, Orel ou Riga agora passeiam livremente. Como isso torna mais leve minha prisão aqui! Uma *change de places* [troca de lugares] engraçada, não é? Mas estou satisfeita e de bom grado concedo a cada um sua liberdade, mesmo que justamente por causa dela as *minhas* chances tenham diminuído...

No que se refere à minha visita ao dr. Lehmann, a cura se limita no fundo àquele conselho que o bom velho pároco de Ufenau deu ao agonizante Hutten:

> ... Jetzt findet Ruhe hier,
> Horcht nicht hinaus, horcht nicht hinüber mir,
> In dieser stillen Bucht erstirbt der Sturm der Zeit,
> Vergesset, Hutten, daß Ihr Hutten seid![253]

E Hutten responde:

> Dein Rat, mein teurer Freund, ist wundervoll;
> Nicht leben soll ich – wenn ich leben soll![254]

Bem, não costumo me lamentar demais pelo que é inalcançável e me atenho com toda a alma ao presente e ao que ele oferece de belo. De resto, meu período mais difícil já passou e já respiro com mais liberdade – o ominoso oitavo mês acabou ontem. Tivemos aqui um dia alegre, ensolarado, embora um pouco frio, e a confusão dos arbustos ainda completamente nus cintilava em meu jardinzinho com todas as cores do arco-íris. Também as cotovias já gorjeavam bem alto no céu e, apesar da neve e do frio, tínhamos um pressentimento da primavera. Então me veio à mente que no ano passado nesta mesma época eu ainda estava livre e na Páscoa ouvi a *Paixão segundo São Mateus* na Igreja da Guarnição em companhia de Karl [Liebknecht] e sua mulher.

---

253 ... encontre agora a paz aqui/ Não ouça o que vem de fora, não ouça o que vem de longe,/ Nesta tranquila baía morre a tempestade do tempo,/ Esqueça, Hutten, que é Hutten!
254 Teu conselho, caro amigo, é maravilhoso;/ Não devo viver – se devo viver!

Mas para que preciso de Bach e da *Paixão segundo São Mateus*? Se eu puder simplesmente perambular pelas ruas de meu Südende num dia ameno de primavera – acho que todo mundo lá já me conhece por minha vadiagem sonhadora – com as duas mãos nos bolsos do casaquinho, sem destino, só para olhar embasbacada e sorver a vida – das casas vem o som pascal das batidas nos colchões, uma galinha cacareja alto em algum lugar, menininhos voltando da escola se engalfinham no meio da rua em alegre gritaria e risadas, um bonde ofegante solta no ar um silvo de saudação, uma pesada carroça de cerveja desce ruidosamente a rua e as ferraduras dos cavalos batucam ritmadas e fortes sobre a ponte ferroviária, enquanto pardais barulhentos pipilam – tudo isso produz na clara luz do sol uma tal sinfonia, uma tal *Ode à alegria* que nenhum Bach e nenhum Beethoven podem imitar, e meu coração jubila com tudo isso, com a mais simples bagatela.

Fico ao lado de outros basbaques diante da pequena estação de Südende, onde a toda hora se vê algum grupinho a vadiar. Você ainda se lembra? À esquerda a floricultura, à direita a tabacaria. Que esplêndida confusão de cores na vitrina da floricultura! A bonita florista sorri para mim lá de dentro por cima das flores que vende a uma senhora, ela me conhece bem, porque nunca passo por ali sem comprar um buquê, ainda que me custe meus últimos 10 *pfennig*. Na vitrina da tabacaria pendem bilhetes de loteria, não são encantadores? Sorrio feliz ao ver bilhetes de apostas em cavalos. Dentro da loja, que tem as portas bem abertas, alguém fala alto (por 5 *pfennig*) ao telefone: "Sim. Como? Sim. Então eu chego às 5 horas. Sim. Tá bem. Até lá, então. Às cinco. Até lá! *Adieu*!"... Como são simpáticas essa voz gorda e essa conversa besta! Como me alegra saber que esse senhor vai chegar a algum lugar às 5 horas! Eu quase que poderia gritar para ele: mande lembranças minhas – sei lá para quem, para quem o senhor quiser... Aqui estão duas velhotas carregando sacolas de feira e tagarelando com a costumeira expressão carrancuda e misteriosa. Eu as acho deliciosas... Na esquina o vendedor de jornais caolho, magro, vai e vem com seus passinhos miúdos, esfrega as mãos e grita como um autômato seu eterno "*Voschsche Zeitung mit*

*Zeitbilda*"...[255] Quando o tempo está fechado – eu tenho de passar todos os dias por aqui, a caminho da escola do partido – esse sujeito me deixa louca com seu sotaque, e a cada vez me desespero de que minha vida ainda venha a se tornar algo de razoável. Agora, quando ele está banhado dos pés à cabeça pelo sol de abril, acho o seu *"Zeit-bilda"* comovente, sorrio para ele como para um velho amigo e tento compensar todos os olhares irados que lhe atirei durante o inverno comprando o seu *Voschsche*... Na outra esquina há um Restaurante Schultheiss com suas gelosias amarelas eternamente fechadas; essas vidraças sujas acortinadas e as mesas lá fora no chão coberto de cascalho do jardim, as eternas toalhas em xadrez vermelho e azul, que sempre me deixam tão melancólica a ponto de ter de me afastar dali rapidamente para não romper em lágrimas, hoje essas mesas me parecem francamente bonitas. Olhe como a sombra dos ramos do bordo que fica ao lado brinca sobre elas e tremula para lá e para cá – pode existir algo mais doce? E aqui na padaria a porta abre e fecha o tempo todo com um rangido. Criadas graciosas, crianças pequenas entram e saem carregando saquinhos brancos. Não dá uma impressão de algo bom e natural esse constante ranger de portas, que de algum modo se mistura ao aroma apetitoso das massas da padaria e ao pipilar dos pardais na rua? Não parece dizer: "Eu sou a vida, e a vida é bela"?... Agora emerge da padaria, diante da qual estou a bisbilhotar, a velhíssima e encurvada avó do sapateiro da minha rua. "Senhorita, venha tomar café conosco um dia desses", ela me diz com a boca desdentada (não sei por que, todos em Südende me tratam por "senhorita"). Quase não compreendo o que fala, mas prometo alegremente "ir tomar café". Prometido. Então ela balança a cabeça sorrindo e o seu velho rosto coberto de rugas esplende. "Está prometido, não se esqueça!", ainda diz ao se afastar. Senhor Deus, como todas as pessoas são boas e gentis; agora outra

---

255 Pronúncia berlinense para *Vossische Zeitung mit Zeitbildern* (Jornal de Voss, ilustrado). O jornal (também conhecido como *Tia Voss*) passou a chamar-se assim depois que Christian Friedrich Voss se tornou seu proprietário em 1751. (N. T.)

senhora que nem sequer conheço me cumprimenta e olha em volta sorrindo. Talvez eu pareça um pouco esquisita com meu rosto irradiando felicidade e minhas mãos enfiadas nos bolsos. Mas que me importa? Existe por acaso felicidade maior que andar assim pela rua sem destino ao sol da primavera, as mãos no bolso e um buquezinho de 10 *pfennig* na lapela?

Pequeno Hans, eu acho que Posen fica mais a leste que Wronke. Para você, o sol de abril chega antes. Então, envie-o para mim o mais rápido possível, para que ele me mostre novamente os milagres da vida que estão em toda parte pelas ruas, e me devolva a bondade, a clareza e a paz.

R.

## HANS DIEFENBACH

Wronke na P., 30 de março de 1917

C. H.

Em meio ao meu belo equilíbrio conquistado a tanto custo, ontem, antes de dormir, fui novamente tomada de um desespero mais negro que a noite. E hoje novamente tenho um dia sombrio em lugar do sol – com um frio vento leste... Sinto-me como um zangão gelado; você já encontrou alguma vez, nas primeiras manhãs de outono, um zangão desses, caído de costas na grama, duro feito morto, as perninhas encolhidas e os pelinhos cobertos de geada? Só depois que o sol o aquece por inteiro é que as perninhas começam lentamente a se mover e se esticar, então o corpinho se volta e finalmente levanta voo penosamente, com um zumbido. Sempre tive o costume de me ajoelhar ao lado desses zangões enregelados e despertá-los para a vida com o hálito quente de minha boca. Ai de mim, se o sol pudesse também me despertar de meu frio mortal! Por ora combato o demônio dentro de mim como Lutero – com o tinteiro. E, como minha vítima, você terá de fazer frente a uma saraivada defensiva de cartas. Até que carregue seu grande canhão, eu o aterrorizarei com minhas rajadas de pequeno calibre. Aliás, se na frente de batalha você também carregava os seus canhões com essa rapidez toda, não é de causar nenhuma estranheza nossa atual retirada no Somme e no Ancre, e haverá de pesar-lhe na consciência se tivermos de concluir a paz sem anexar a bela Flandres.

Agradeço-lhe imensamente pelo livrinho de Ricarda Huch sobre Keller.[256] Li-o com prazer na semana passada, quando me sentia péssima. Ricarda é realmente uma pessoa extremamente perspicaz e inteligente. Apenas o seu estilo tão equilibrado, reservado, controlado me parece um tanto artificial, seu classicismo me dá a impressão de ser *pseudo*clássico, calculado. Pois quem é interiormente rico e livre de verdade pode, a qualquer momento, agir com naturalidade e deixar-se levar por sua paixão sem ser infiel a si mesmo. Também reli Gottfried Keller: as *Züricher Novellen* [Novelas de Zurique] e *Martin Salander*. Por favor, não vá se exaltar, mas Keller não sabe escrever nem romances nem novelas. O que ele dá são sempre *narrativas* sobre coisas, e pessoas passadas e mortas há muito, mas eu nunca me sinto envolvida quando algo acontece, sempre vejo apenas o narrador revolver belas recordações como os velhos gostam de fazer. Apenas a primeira parte do *Der grüne Heinrich* [Henrique, o verde] tem vida verdadeira. Apesar disso, Keller sempre me faz bem, pois é um sujeito excelente e sempre gostamos de nos sentar em companhia daqueles de quem gostamos e tagarelar sobre as coisas mais sem importância e as menores recordações.

Jamais vivenciei uma primavera com tanta consciência e plenitude quanto a última nesta mesma época. Talvez por ter sido depois de um ano de cárcere ou porque agora conheço em minúcias qualquer arbusto e qualquer folhinha de relva e posso acompanhar o crescimento deles em detalhes. Você ainda se lembra de como há apenas alguns anos em Südende nós nos esforçávamos seriamente diante dos brotos amarelos de um arbusto para adivinhar de que espécie seria? Você "sugeriu" que

---

256 Referência à biografia de Gottfried Keller, escrita por Ricarda Huch.

o identificássemos como "laburno". Claro que não era! Como estou feliz por ter, há três anos, de repente, começado a herborizar com todo o meu ardor, com todo o meu eu, como em tudo, deixando de lado o mundo, o partido e o trabalho e preenchendo meus dias e noites com uma única paixão: a de vagabundear lá fora nos campos primaveris, colher braçadas de plantas e então, em casa, ordená-las, identificá-las e inseri-las no álbum. Como eu vivia, então, a primavera inteira como em febre, como sofria ao me ver diante de uma plantinha nova e por muito tempo não saber como defini-la e classificá-la; muitas vezes, em casos semelhantes, eu quase perdia os sentidos, e por isso Gertrud [Zlottko] ficava brava e ameaçava "confiscar-me" as plantas. Por isso agora me sinto em casa no reino vegetal, eu o conquistei – com ímpeto, com paixão, e aquilo de que nos apoderamos com tanto ardor lança raízes profundas em nós.

Na primavera passada eu tinha também um parceiro nessas caminhadas: Karl L[iebknecht]. Você talvez saiba como ele vive há muitos anos: apenas no parlamento, em reuniões, comissões, debates, numa roda-viva, sempre saindo do trem para o bonde e do bonde para o carro, os bolsos atulhados com blocos de notas, os braços carregados de jornais recém-comprados que jamais encontrará tempo de ler, corpo e alma cobertos da poeira das ruas e, no entanto, sempre com o mesmo adorável sorriso juvenil nos lábios. Na primavera passada eu o obriguei a fazer uma pausa, a lembrar-se de que, além do Reichstag e do Land-tag, também existe um mundo, e ele saiu muitas vezes a perambular comigo e Sonia [Liebknecht] pelos campos e pelo Jardim Botânico. Como ele podia se alegrar feito uma criança, diante de uma bétula com seus amentilhos novinhos! Certa vez cruzamos os campos em marcha para Marienfeld. Você também conhece o caminho – lembra--se ainda? –, nós dois fizemos certa vez esse passeio no outono quando tivemos de caminhar sobre os restolhos. Mas em abril passado com Karl foi pela manhã, e os campos ainda guardavam o verde fresco das semeaduras do inverno. Rajadas de vento morno empurravam de um lado para outro as nuvens cinzentas no céu, em pouco tempo os campos fulgiam à luz do sol forte, para logo escurecer à sombra e se tornar verde-esmeralda – um esplêndido espetáculo, diante do qual marchávamos calados. De repente Karl se deteve e se pôs a dar pulos esquisitos, e com o rosto sério ainda por cima. Eu olhava para ele espantada e até me assustei um pouco. "O que há com você?" "Estou tão feliz", foi só o que respondeu, o que, é claro, nos fez rir feito loucos.

Cordialmente R.

Você queria me ver indevidamente incluída como "a mais bela gema" do colar de pérolas dos macacos africanos e asiáticos de Hindenburg. Segundo declaração oficial, não sou nenhuma "prisioneira de guerra". A prova: tenho de franquear minhas cartas.

## LUISE KAUTSKY

[Wronke, março de 1917]

Amada Lulu!

Esperei tanto tempo a fim de poder conversar com você sem constrangimento, pois em geral não se pode escrever assim totalmente do fundo da alma – e nem falar. Lembre-se disso, pra não ficar decepcionada nem deprimida se me achar um pouco embaraçada...

Mas, antes de mais nada, mil vezes obrigada a você e ao Ouriço pelo esplêndido livro[257] com a bela dedicatória. Ele me deu uma imensa alegria e não me canso de olhar as belas ilustrações. Já comecei a lê-lo, primeiro um capitulozinho aqui e outro ali (primeiro de tudo sobre as aves de arribação), mais tarde o lerei com atenção do começo ao fim. É um livro feitinho para mim. Além disso, muito obrigada

---

257 Luise e Hans Kautsky (Ouriço) deram a Rosa Luxemburgo, de presente de aniversário, um livro de ornitologia.

pelo maravilhoso bolo. Já devorei metade dessa montanha doce e, curiosamente, o sabor fica cada vez melhor, e as últimas migalhas normalmente são divinas. É assim com tudo, não é verdade?

Mas agora falemos de você, caríssima. Como está seu ânimo? Por que essa profunda depressão e falta de alegria? Primeiro pensei que fosse a partida de Hannes [Diefenbach] que a tivesse feito se sentir solitária de repente, e tinha grandes esperanças de que as amáveis cartas dele lhe trariam muito mais consolo do que as minhas são capazes de fazer. Agora, porém, me parece que seu desânimo continua e isso me inquieta seriamente. Isso tem a ver com a situação geral? Mas você escreveu naquela primeira longa carta com tanta vivacidade e coragem sobre essas coisas, estava tão acima delas, tão livre e despreocupada que eu fiquei imensamente feliz. Tem a ver com sua situação pessoal ou com sua saúde? Claro que um olhar de meus olhos físicos me dará uma resposta mais pronta e segura do que suas cartas, e já espero com crescente impaciência pela sua visita. E, no entanto, estou alegre por você só vir em maio, pois com esse clima eu teria sérias preocupações com respeito a sua saúde. Você deve ter ouvido falar de como a pobre Marta [Rosenbaum] se resfriou e para você isso não seria nenhuma brincadeira. Além do mais, espero também me reanimar com a primavera e poder lhe dar maiores alegrias. No geral, me mantenho firme e bem – especialmente quando estou completamente sozinha. Porém, assim que sou tomada por alguma excitação, mesmo que feliz, meus nervos logo fraquejam. Mas também isso é uma situação passageira: no ano passado aconteceu exatamente a mesma coisa. O oitavo e o nono mês são sempre críticos. Depois ocorre uma reação espontânea e os nervos se restabelecem. Ainda mais que a primavera sempre faz milagres comigo. Não sei como isso acontece: quanto mais vivo, é com maior consciência e profundidade que vivencio a cada ano o milagre da primavera, depois o do verão e depois o do outono. Cada dia é para mim um magnífico milagre, e só lamento não ter tempo nem ócio suficientes para me entregar inteiramente à contemplação. Quer dizer, há dois anos eu *tenho* tempo e ócio suficientes, só que então vejo muito pouco de todos estes esplendores. Mas apenas perambular livremente lá fora no campo ou apenas me deter nas ruas diante de qualquer jardinzinho em abril-maio, olhar boquiaberta os arbustos verdejantes, ver como em cada um deles os brotos das folhas são feitos de maneira diferente, como o bordo espalha suas estrelinhas verde-amarelas, como os primeiros cravos e verônicas olham do fundo da relva – este é para mim agora verdadeiramente o êxtase supremo da vida, e eu não preciso, não quero e não desejo mais *nada* se puder todos os dias passar uma horinha dessa maneira. Não me entenda mal! Não quero dizer que gostaria de me limitar a isso e não levar mais uma vida ativa e reflexiva. Quero apenas dizer que minha *felicidade pessoal* estaria garantida, e com isso eu estaria armada e indenizada por todas as privações e lutas.

Tive uma breve primavera como essa no ano passado, e ainda por cima – isso agora é uma recordação tão dolorosa para mim – parte dela em companhia de Karl [Liebknecht]. O pobre diabo vivia sabe-se lá desde quando *ventre à terre* [correndo], a galope, numa eterna pressa, correndo para *rendez-vous* [encontros] com todo mundo, para reuniões, comissões, cercado o tempo todo de pacotes, jornais, todos os bolsos cheios de blocos de notas e papeizinhos, saltando do carro para o bonde e do bonde para o trem, corpo e alma cobertos da poeira das ruas... Era o seu jeito, embora ele seja, no íntimo, dotado de sensibilidade poética como poucos e possa se alegrar feito criança com qualquer florzinha. Eu o obriguei a gozar um pouco da primavera comigo, sair algumas vezes a passear. Como revivia! E agora o retrato dele está diante de mim – Sonia [Liebknecht] teve a brilhante ideia de enviá-lo no meu aniversário – e meu coração se aperta de dor toda vez que ponho os olhos nele.

Mas, Lulu, vamos agora tratar de coisas práticas! Quer dizer que o editor ainda não tomou uma decisão definitiva? Apesar dos doze cadernos de tradução e do nome de Korolenko, que realmente já diz o bastante por si mesmo!... Fico espantada, principalmente por ele já ter publicado algumas traduções tão miseráveis, como a de Galsworthy saída da pena de "Lise Landau"! Pois bem, vou me apressar o mais que puder. Em breve enviarei mais sete ou oito cadernos, mas isso tem novamente de passar pelo comando militar. Por favor, escreva ao editor para que ele leve em consideração o fato de eu não ser livre em minhas disposições. Além disso, eu traduzo – diga isso a ele –, propositadamente devagar, quer dizer, sempre deixo a primeira versão descansar por um bom tempo, para então poder lê-la sem prevenções e experimentar a impressão dada pelo texto alemão, livre do original. Isso é absolutamente necessário. Mas eu me entrego ao trabalho com afinco, e o enviarei à medida que o for dando por pronto. Isso é tudo que posso dizer, e tomara que ele fique satisfeito com isso. Em todo caso, escreva-me contando o que ele respondeu.

Caríssima, escreva logo uma nova carta, breve ou longa, dando notícias de seu estado de ânimo. Não mencione esta carta, mas no resto pode escrever sobre tudo. E faça *logo* a solicitação de visita. Isso sempre demora uma semana, como você pode ver por Hannes! E escreva-me assim que tiver notícias. Infelizmente tenho de terminar, e gostaria de conversar tanto ainda. Até a próxima carta, em breve. Mil abraços carinhosos e ternas lembranças ao Ouriço.

Sua R.


## LUISE KAUTSKY

Wronke na P., 15 de abril de 1917

Amada Lulu!

Sua breve cartinha de antes da Páscoa me causou grande inquietação por seu tom de extremo abatimento, e decidi imediatamente lhe dar outro puxão de orelhas. Diga-me, como pode você continuar a cantar sua cançãozinha de aflição feito uma triste cigarra quando nos vem da Rússia um coro tão alegre de cotovias? Será que você não entende que é a nossa própria causa que ali vence e triunfa, que é a história mundial em pessoa que ali trava suas batalhas e dança ébria de alegria a carmanhola? Diante dos rumos que toma a causa comum, não deveríamos esquecer nossas misérias pessoais? Sei que você se entristece por eu não estar em liberdade justamente agora e não poder recolher as faíscas que se espalham por lá, não poder ajudar e guiar, lá ou em qualquer outra parte. Com certeza seria bonito, e você pode imaginar como os meus membros estremecem e como qualquer notícia vinda de lá me percorre inteira como um choque elétrico até a ponta dos dedos. Mas o fato de não poder fazer nada não me deixa nem um pouquinho triste, e longe de mim estragar a alegria pelos acontecimentos com lamentações por aquilo que não posso mudar.

Veja, justamente da história dos últimos anos e, olhando a partir dela, da história como um todo, eu aprendi que não se deve superestimar a ação de um único indivíduo. Em última análise, são as grandes forças invisíveis, plutônicas, das profundezas que agem e decidem, e se poderia dizer que no fim tudo se acomoda "por si mesmo". Não me entenda mal: não estou aqui expressando algum tipo de cômodo otimismo fatalista que busca disfarçar a própria impotência, coisa que tanto odeio em seu prezado marido. Não, não, estou o tempo todo a postos e na primeira oportunidade voltarei a cair com todos os dez dedos sobre o teclado do piano do mundo até fazê-lo trovejar. Mas como agora estou "em férias" da história mundial, não por culpa minha, e sim por imposição externa, eu rio à beça, fico feliz se a coisa anda mesmo sem mim e acredito firmemente que andará bem. A história quase sempre sabe a melhor maneira de encontrar a saída justamente quando da maneira mais desesperada parece ter se metido num beco sem saída.

Caríssima, quando temos o mau costume de buscar uma gota de veneno em toda e qualquer flor em botão, encontraremos um motivo para lamentações enquanto estivermos vivos. Mas olhe as coisas pelo outro lado e procure mel em qualquer flor em botão e você encontrará quase sempre um motivo para estar alegre. Além disso, acredite, o tempo que eu – como outros também – passo agora atrás de cadeado e tranca também não é perdido. Ele se fará valer de algum modo no grande cômputo geral. Eu sou de opinião que devemos, sem demasiada esperteza e sem quebrar a cabeça, simplesmente viver da maneira que julgarmos correta, sem esperarmos pagamento à vista em moeda sonante. No fim tudo dará certo. E se não der, não "ligo a mínima": já me dou por feliz de estar viva, a cada manhã inspeciono cuidadosamente os brotos em meus arbustos, visito todos os dias uma joaninha vermelha com duas bolinhas pretas nas costas que desde há uma semana mantenho viva num galho apesar do vento e do frio, protegida pelo calor de uma atadura de gaze, observo as nuvens sempre novas e mais belas e sinto que não sou em nada mais importante que essa joaninha, e sou indescritivelmente feliz nesse sentimento de minha pequenez.

Antes de mais nada: as nuvens! Que motivo inesgotável de encantamento para um par de olhos humanos! Ontem, sábado, perto das 5 horas da tarde, eu estava encostada ao gradil que separa o jardinzinho do resto do pátio, e deixei que o sol me aquecesse o lombo enquanto olhava para o leste. Para aqueles lados uma grande massa de nuvens do mais suave cinza, sobre a qual havia um leve sopro de luz rosada, se amontoava contra o fundo azul pálido do céu: tudo isso evocava como que por magia um mundo distante onde reinavam a paz infinita, a suavidade e a delicadeza. Tudo parecia um débil sorriso, como uma bela recordação indefinível da primeira juventude, ou como quando acordamos às vezes pela manhã com o sentimento benfazejo de havermos sonhado com algo de belo sem nos podermos mais lembrar exatamente o que era. O pátio estava vazio e eu, como sempre, sozinha e alheia a tudo. Das janelas abertas da prisão vinham alguns sons barulhentos da limpeza e da arrumação de todo sábado, de quando em quando se ouvia uma voz que dava ordens; enquanto isso o tentilhão cantava ininterruptamente bem lá no alto do choupo, cujo tronco ainda completamente nu brilhava como prata à luz oblíqua do sol poente. Tudo respirava tanta paz, e eu não tirava os olhos da grande massa de nuvens que sorria pálida lá longe no céu – eu estava como que enfeitiçada e pensava em você, em vocês todos: será que vocês não veem como o mundo é belo? Será que não têm olhos como eu e um coração como o meu para se alegrarem?

Hoje comecei a ler o *Wallenstein*, de Ricarda Huch, e estou profundamente agradecida a você pelo livro. Ele me revigora de um modo incomum pela vivacidade do trabalho intelectual e pela alegria de descrever destinos humanos que se revelam com tanta clareza a cada linha. Claro que não se trata de nenhum trabalho científico preciso; a concepção de história da autora não tem base sólida, é completamente diletante e muitas vezes inteiramente equivocada. Mas para mim não são as opiniões que fazem uma pessoa ou um livro, e sim a matéria--prima da qual se constituem a pessoa e o livro. Opiniões completamente contrárias às minhas não me perturbam nem um pouco desde que eu encontre uma íntima sinceridade, inteligência vivaz e alegria artística na imagem do mundo e na vida. Como é belo poder encontrar sempre a cada esquina pessoas com as quais nos podemos alegrar!...

Naturalmente porei de bom grado o seu livro de escritos do espólio[258] à disposição de Julek [Marchlewski], mas esperarei até a próxima visita, pois pelo correio, tendo a mim como remetente, talvez não chegassem com segurança às mãos dele. O que você acha? Aliás, nem mesmo sei o endereço dele. Talvez os possa, em breve, entregar a você mesma! Vamos esperar que sim. Avise-me assim que tiver notícias.

Agora quero acelerar minha tradução;[259] nos últimos meses só pude trabalhar mal, mas agora quero me corrigir. Portanto, tenha paciência comigo.

É uma verdadeira dádiva para mim saber que você está se entendendo tão bem com Mathilde J[acob] (o que ela me contou com a maior alegria). Também nesse caso você pode experimentar minha firme crença: a de que só podemos compreender de fato as pessoas quando lhes queremos bem.

E agora, alegre-se, ouviu? Não pragueje contra o mau tempo, de preferência observe atentamente como justamente o céu cinzento é belo e multifacetado. Não fique tão impaciente pela primavera, pois, como de costume, tudo passa tão depressa! Por agora ao menos podemos sentir a alegria da expectativa. E também não demore a me escrever de novo, para que eu saiba se você está num estado de ânimo

258 Ver nota 228.
259 Ver nota 226.

melhor. Hannes [Diefenbach] me contou sobre o – como sempre – malogrado *rendez-vous* de vocês na Friedrichstrasse. Eu já me alegro pelo retorno dele a Posen.

Um abraço afetuoso para você e para o indigno Ouriço, da sua R.

Lembranças minhas a Bendel [Kautsky], e também a Hilferding. Henriette [Roland-Holst] bem poderia me escrever, claro que não sobre política.

## HANS DIEFENBACH

### N. 2    Wronke na P., 16 de abril de 1917

Pequeno Hans, a sua n. 1 me embelezou muito o sábado ontem. Está chovendo a cântaros aqui, mas de manhã cedo passei duas horas no jardinzinho – como sempre sem guarda-chuva, apenas com um velho chapéu e embrulhada na capa da vovó Kautsky. Foi tão bonito refletir e sonhar enquanto andava, enquanto a chuva atravessava meu chapéu e meus cabelos e me escorria pela nuca. Também os passarinhos estavam alegres. Um chapim-real, pelo qual tenho uma amizade especial, me acompanha com frequência em meus passeios, e o faz assim: enquanto eu sempre percorro dois lados do jardim, ao longo do muro, o chapim-real salta de arbusto em arbusto seguindo meus passos na ida e na volta. Não é um encanto? Nós também não nos intimidamos com nenhum clima e já fizemos nosso passeio diário enquanto a neve caía. Hoje o passarinho parecia tão maltratado pelo vento, molhado, tão fatigado, eu com certeza também, e apesar disso nos sentíamos bem.

Mas agora à tarde cai uma tal tempestade que não nos atreveremos mais a sair. O chapim-real está pousado na grade da minha janela e vira a cabeça para a direita e para a esquerda a fim de me observar através do vidro, enquanto fico aqui sentada à escrivaninha, me alegro com o tic-tac do relógio que torna o quarto tão acolhedor, e trabalho.

Para a questão dos alimentos, este tempo – até onde eu sei – é fatal. Pois é impossível preparar os campos para a semeadura do verão, está tudo atrasado, e a semeadura do inverno certamente sofreu com as geadas tardias. Em Südende, nesta época, no ano passado, o trigo de inverno já tinha uma altura de 20 a 25 centímetros, e o campo de verão já estava pronto em março. A isso ainda vêm se juntar as inundações. A pobre gente "lá de baixo" é que terá, como sempre, de pagar o pato... O seu velho senhor[260] também tem agora bons motivos para resmungar; o céu parece estar a soldo dos ingleses.

A sua odisseia Berlim-Stuttgart é assustadora, e talvez o que mais lhe tenha feito falta seja poder atirar outra vez todas as insídias do objeto sobre a minha cabeça pecadora, como naquela nossa famosa viagem de Natal a Stuttgart. A ideia de ir passar alguns dias em paz em Nuremberg e outros lugarejos do palatinado é muito sedutora. Eu tenho uma ideia muito nebulosa de Nuremberg, como de todas as outras cidades em que só estive para um congresso do partido ou para um comício. Do último comício antes da guerra só recordo de um ramalhete gigantesco de cravos vermelhíssimos sobre o meu pódio, que me atrapalhou muito ao discursar e que, no exato instante em que eu ia abrir a boca, um grito de "enfermeiro!", de início incompreensível para mim, ecoou. É que a sala estava tão cheia que três pessoas tiveram de ser levadas dali inconscientes, o que sempre tem um efeito deprimente sobre mim. Tive de me recompor devidamente, antes de entrar em combate.

Mas durante o congresso do partido alguém me sequestrou da reunião da tarde e me levou a passear vagarosamente por algumas horas num confortável landô pela cidade. Era fim de setembro, a cidade estava envolta numa bruma outonal azulada da qual sobressaíam de um modo fantástico, colorido, medieval, o castelo esverdeado de musgo junto ao fosso e os telhados pontudos e as igrejas, e sobre tudo

260 Pai de Hans Diefenbach.

isso pairava a luz purpúrea do dia declinante, enquanto lá embaixo nas vielazinhas e nos becos já se adensavam sombras crepusculares. É maravilhosa a visão daquelas horas que me ficou na memória, especialmente o contraste entre a calma divina e a beleza lá fora sobre o pano de fundo do andar compassado dos cavalos depois do tumulto desconexo e da martirizante sensaboria reinantes no local do congresso do partido. Não tenho mais a menor lembrança de quem estava comigo na carruagem, sei apenas que durante toda a viagem não disse uma palavra e, ao descer diante de meu hotel, vi de passagem uma expressão de desapontamento. Eu faço questão de ainda retornar a Nuremberg, mas sem comício ou congresso do partido, e sim com um volume de Mörike ou Goethe dos quais você tantas vezes leu para mim com sua voz profunda de um baixo infantil.

Que pena você não poder agora ler Shakespeare para mim, como quando atravessamos juntos todo o *Wallenstein*. Eu pedi que me enviassem meu William para cá. (Lembra-se ainda de como está em Goethe:

> Einer Einzigen angehören,
> Einen Einzigen verehren,
> Wie vereint das Herz und Sinn!
> Lida! Glück der nächsten Nähe,
> William! Stern der höchsten Höhe,
> Euch verdank' ich, was ich bin![261]

Lida, claro, é a sra. von Stein.) Meu interesse renovado por ele foi despertado – você vai se surpreender – pelo crítico teatral do *Leipziger Volkszeitung*. Ele escreve de modo muito espirituoso e sugestivo. Aqui está, por exemplo, sua caracterização de uma personagem feminina de *Como gostais*:

---

261 Pertencer a uma única,/ Reverenciar a um único,/ Como isso une coração e mente!/ Lida! Ventura da presença imediata,/ William, estrela da mais alta altura,/ A vós eu devo o que sou! (Goethe, Zwischen beiden Welten [Entre dois mundos].)

Esta Rosalinda é uma mulher das que falam ao coração do poeta. Ela é dama e filha da natureza, ela sabe o que é conveniente e dá um piparote em toda conveniência, ela não é culta e sabe dizer as coisas mais sutis, é cheia de petulância e cheia de modéstia. Ela pode ser tudo isso porque possui instintos seguros e baila pelo mundo confiando em seus instintos sadios, salta e corre como se jamais pudesse ser seriamente ameaçada por algum perigo. Claro que não é a primeira vez que Shakespeare cria uma figura de moça tão segura de si: encontramos várias como ela em suas obras. Não sabemos se alguma vez ele encontrou uma mulher que fosse como Rosalinda, como Beatriz, como Pórcia, se ele pode trabalhar segundo algum modelo ou se criou imagens do anelo, mas uma coisa sabemos com certeza: de tais figuras fala sua fé na mulher. A mulher, esta é sua convicção, pode ser tão maravilhosa graças à sua natureza especial. Ele fez – pelo menos em uma época de sua vida – o elogio da mulher como nenhum outro poeta. Na mulher ele via uma força da natureza em ação à qual nenhuma cultura pode prejudicar: ela recebe e assimila tudo o que a cultura pode oferecer, mas não se deixa desviar do caminho que a natureza lhe prescreve.[262]

Não é uma fina análise? Se você soubesse como esse dr. Morgenstern é um sujeito seco, excêntrico e insípido nas relações pessoais! Mas eu desejaria que o futuro criador do ensaio alemão possuísse sua agudeza psicológica... A propósito: então você é descendente de Justinus Kerner? Por Deus, um antepassado ilustre! Eu, na verdade, não conheço nada dele, tenho apenas uma lembrança vaga de ritmos enérgicos, *pathos* poderoso, uma atitude revolucionária. Aliás, o próprio nome já tem um efeito fabuloso. Não é verdade que existem nomes feitos para a eternidade, que soam como um acorde olímpico, sem que saibamos nada de mais preciso? Quem ainda conhece um único verso de Safo? Quem (a não ser eu) lê Maquiavel? Quem já ouviu uma ópera de Cimarosa? Mas um nome desses soa para qualquer um como um relâmpago da eternidade, diante

---

262 Suplemento do jornal *Leipziger Volkszeitung* de 16 de março de 1917.

do qual descobrimos a cabeça reverentemente. No entanto: *noblesse oblige*. Pequeno Hans, você tem de se tornar alguém importante, nós devemos isso a Justinus Kerner.

R.

Você não diz nada de Clara [Zetkin]? Espero que a veja com frequência...

## SOPHIE LIEBKNECHT

Wronke, 19 de abril de 1917

Soniucha, meu pequeno passarinho!

Ontem fiquei muito feliz com o cartão de saudações que você me enviou, embora ele soasse tão triste. Como eu gostaria de estar com você neste momento, para fazê-la rir novamente como daquela vez depois da prisão de Karl, quando nós duas – lembra-se? – causamos algum escândalo no Café Fürstenhof com nossas salvas de risos petulantes. Como foi bonito – apesar de todo o resto! Nossa caçada diária pela manhã bem cedo por um automóvel na Potsdamer Platz, depois a viagem até a prisão pelo florescente Jardim Zoológico e a silenciosa Lehrter Strasse com os altos olmeiros e na volta a parada obrigatória no Fürstenhof e sua visita obrigatória à minha casa em Südende, onde tudo estava envolto no esplendor de maio, as horas agradáveis na cozinha, onde você e Mimi esperavam pacientemente na mesinha coberta de branco pelas criações de minha arte culinária (lembra-se ainda dos finos *haricots verts à la Parisienne*? E a mesinha florida com Goethe e um pratinho de compota que montei para você na sacada da janela? Além de tudo isso ainda tenho a lembrança de um tempo invariavelmente radiante e quente, e é só com um tempo desses que temos o verdadeiro sentimento alegre da primavera. À noite, então, minha visita obrigatória a você, em seu adorável quartinho – gosto tanto de vê-la como dona de casa, você faz uma figura tão doce quando fica junto da mesa e serve o chá com seu jeitinho de moçoila – e por fim, à meia-noite, quando levávamos uma à outra para casa através das escuras ruas perfumadas! Lembra-se ainda da fabulosa noite enluarada em Südende, quando a acompanhei até sua casa e os telhados das casas, com seus contornos negros e pontudos sobre o pano de fundo de um doce céu azul, nos lembravam de antigos castelos de cavaleiros?

Soniucha, eu gostaria de estar assim o tempo todo ao seu redor, de distraí-la, conversar com você ou me calar, para que você não caísse em suas ruminações sombrias, desesperadas. Você me pergunta em seu cartão: "Por que tudo tem de ser assim?". Criança, "assim" é a vida desde sempre, tudo faz parte dela: sofrimento e separação e saudade. Temos de aceitá-la com tudo isso e achar *tudo* belo e bom. Eu pelo menos faço assim. Não por meio de uma sabedoria artificial, mas simplesmente por minha natureza. Sinto instintivamente que esta é a única maneira correta de aceitar a vida, e por isso me sinto verdadeiramente feliz em qualquer situação. Eu também não gostaria de ser privada de *nada* do que há em minha vida e que nada fosse diferente do que foi e é. Se eu também pudesse levá-la a encarar a vida desta forma!…

Ainda não lhe agradeci pelo retrato de Karl. Que alegria você me deu com ele! Foi verdadeiramente o presente de aniversário mais bonito que você poderia me dar. Ele está sobre a mesa, bem emoldurado, e me persegue com seus olhares onde quer que eu vá (sabe, há retratos que parecem olhar para nós, não importa onde nos coloquemos). O retrato é extraordinariamente bem-sucedido. Como Karl deve estar feliz com as notícias da Rússia! Mas você também tem motivos pessoais para estar alegre: agora não haverá mais nenhum obstáculo que impeça sua mãe de viajar para vê-la! Já se deu conta disso? Por sua causa desejo que o sol e o calor cheguem com a maior urgência. Aqui tudo ainda está germinando, e ontem caiu um pouquinho de neve. Como será que estão as coisas em minha "paisagem sulista" de

Südende? No ano passado nós duas estávamos lá diante do gradil, e você admirava a plenitude da florescência.

Este cantinho me traz sempre uma lembrança tão vívida daquele poema de primavera de Goethe para o qual chamei a atenção de Karl e que vocês dois, me parece, não compreenderam bem:

Das Beet, schon lockert
Sich's in die Höh,
Da wanken Glöckchen
So weiß wie Schnee;
Safran entfaltet
Gewalt'ge Glut,
Smaragden keimt es
Und keimt wie Blut.
Primeln stolzieren
So naseweis,
Schalkhafte Veilchen,
Versteckt mit Fleiß;
Was auch noch alles
Da regt und webt,
Genug, der Frühling,
Er wirkt und lebt.

Doch was im Garten
Am reichsten blüht,
Das ist des Liebchens
Lieblich Gemüt.
Da glühen Blicke
Mir immerfort,
Erregend Liedchen,
Erheiternd Wort,
Ein immer offen,
Ein Blütenherz,
Im Ernste freundlich

Und rein im Scherz.
Wenn Ros' und Lilie
Der Sommer bringt,
Er doch vergebens
Mit Liebchen ringt.[263] [264]

Se você soubesse que *lied* divina Hugo Wolf fez deste poema! Meu falecido amigo Faisst a cantava tão bem para mim no meu aniversário!

Soniuchka, você não deve se torturar com cartas. Eu quero escrever-lhe sempre, mas para mim basta que você envie uma saudação em um cartão-postal! Saia bastante ao ar livre, herborize bastante. Você levou consigo meu pequeno atlas de flores? Fique tranquila e alegre, caríssima, tudo irá correr bem! Você verá!

Muitos abraços carinhosos
Sempre sua Rosa

---

263 Goethe, Frühling übers Jahr [Primavera o ano inteiro].

264 O canteiro já se lança/ Para cima,/ Nele balançam sininhos/ Brancos como neve;/ O açafrão dissemina/ Um poderoso calor,/ Brota um verde esmeralda/ E brota como sangue/ Prímulas se ostentam/ Tão impertinentes,/ Violetas marotas,/ Escondidas com cuidado;/ Quanta coisa aqui/ Se move e se tece,/ Basta, a primavera,/ Ela age e vive.// Mas o que no jardim/ Floresce com mais exuberância/ É a doce alma/ Da amada./ Nela olhares ardem/ Sempre e sempre para mim,/ Cançõezinhas excitantes/ Palavras que alegram/ Um coração de flor/ Sempre aberto,/ Amável na seriedade/ E puro no gracejo./ Quando o verão traz/ Rosas e lírios,/ Ele concorre em vão/ Com a amada. (N. T.)

## SOPHIE LIEBKNECHT

Wronke, 2 de maio de 1917

Minha caríssima pequena Soniucha!

Sua querida carta chegou ontem pontualmente no Primeiro de Maio. Ela e o sol, que brilha há dois dias, fizeram tão bem à minha alma ferida. Pois nos últimos dias meu coração doeu tanto, mas agora vai ficar bom outra vez. Se o sol continuasse assim! Agora fico quase o dia todo lá fora, passeio em torno dos arbustos, percorro todos os cantinhos do meu jardinzinho e encontro todo tipo de tesouros. Pois então, ouça: ontem, Primeiro de Maio, veio ao meu encontro – adivinhe quem? – uma radiante borboleta-limão novinha! Fiquei tão feliz que meu coração estremeceu todo. Ela pousou-me na manga – eu uso um casaquinho lilás, e talvez a cor a atraia –, então borboleteou para o alto e se foi por cima do muro. À tarde encontrei três bonitas peninhas diferentes: uma cinza-escuro de uma pega parda, uma cor de ouro de uma emberiza citrinela e uma cinza- -amarelada de um rouxinol. Aliás, temos aqui muitos rouxinóis, já na manhã do sábado antes da Páscoa ouvi um, e desde então ele vem todo dia ao meu jardinzinho e pousa no alto do álamo branco. Guardei as peninhas para a minha pequena coleção em uma bonita caixinha azul: também tenho nela peninhas que encontrei no pátio na Barnimstrasse – de pombos e galinhas e também uma azul, lindíssima, de um gaio-comum de Südende. A "coleção" ainda é muito pequena, mas gosto de examiná-la de vez em quando. Agora já sei a quem a darei de presente.

Mas hoje de manhã descobri uma violeta bem juntinho do muro ao longo do qual passo a caminho do jardim, uma violeta bem escondida! A única em todo o meu jardinzinho. Como é mesmo o que diz Goethe?

Ein Veilchen auf der Wiese stand,
Gebückt in sich und unbekann;

Es war ein herziges Veilchen![265] [266]

Fiquei tão feliz! Estou enviando-a junto com esta carta, e dei nela um leve beijo, espero que lhe leve meu amor e minha saudação. Será que chega ainda com um pouco de frescor?...

E hoje à tarde encontrei a primeira vespa! Uma bem grande com um casaquinho de peles novinho e brilhante e um cinto dourado. Ela zumbia em baixo grave e também pousou primeiro em meu casaquinho, depois descreveu um grande arco no alto e foi embora do pátio. – Os brotos das castanheiras estão bem grandes, rosados e cheios, brilhando de tanto sumo, em alguns dias soltarão as folhas que se parecem tanto com mãozinhas verdes. Você ainda se lembra como, no ano passado, nós parávamos diante de castanheiras como essas, com folhas novinhas, e você gritava num desespero engraçado: "Rrosa! (sim, você arrasta os "rr" ainda mais do que eu), que vamos fazer? Que vamos fazer com tanto encanto?"

E ainda outra descoberta me deixou feliz hoje. Abril passado eu chamei vocês dois às pressas pelo telefone, talvez você ainda se lembre, para irem comigo às 10 horas da manhã ao Jardim Botânico ouvir o rouxinol que dava um verdadeiro concerto. Então nos sentamos nas pedras calados e escondidos atrás de um espesso arbusto junto de um fio de água corrente; mas depois do rouxinol ouvimos de repente um grito lamentoso, monótono, que soava mais ou menos como "gligligligliglic!". Eu disse que aquilo soava como algum pássaro do pântano ou da água, e Karl [Liebknecht] concordou comigo, mas não pudemos descobrir de modo algum quem era ele. Imagine que um dia desses ouvi *aqui* nas redondezas de repente o mesmo grito lamentoso, de manhã bem cedo, e meu coração começou a bater de impaciência, de finalmente descobrir quem canta assim. Não tive sossego até que hoje descobri: não é uma ave aquática, e sim o *torcicolo*, uma espécie de

---

265 Goethe, Das Veilchen [A violeta].
266 Havia uma violeta no prado/ Curvada sobre si mesma e desconhecida;/ Era uma doce violeta.
   (N. T.)

pica-pau cinzento. Ele é pouca coisa maior que um pardal, e tem esse nome porque quando se vê em perigo tenta assustar o inimigo com gestos cômicos e revirando a cabeça. Ele se alimenta apenas de formigas que junta com sua língua grudenta, feito um tamanduá. Por isso os espanhóis o chamam de *hormiguero* – o pássaro das formigas. Mörike, aliás, escreveu um poema cômico muito bonito sobre esse pássaro, que Hugo Wolf também musicou. Para mim foi como receber um presente ter descoberto como se chama o pássaro com a voz lamentosa. Talvez você possa escrever isso ao Karl, seria uma alegria para ele.

O que estou lendo? Principalmente livros sobre ciências naturais: geografia das plantas e dos animais. Ontem eu estava justamente lendo sobre as causas do desaparecimento das aves canoras na Alemanha: é o crescente cultivo racional dos bosques, dos jardins e da lavoura que lhes destrói pouco a pouco as condições naturais de nidificação e alimentação: árvores ocas, florestas virgens, matagais, folhas murchas no chão dos jardins. Doeu-me tanto ler isso. Não pelo que o canto significa para as pessoas, foi a imagem da silenciosa, incontível decadência dessas pequenas criaturas indefesas que me provocou tanta dor ao ponto de me fazer chorar. E me fez lembrar de um livro russo do professor Siber sobre a decadência dos peles-vermelhas na América do Norte, que li ainda em Zurique: exatamente da mesma maneira foram eles expulsos pouco a pouco de sua terra pelos homens civilizados e entregues a uma decadência muda, cruel. Mas é claro que devo estar doente para que tudo me abale tão profundamente. Ou então, sabe de uma coisa? Tenho às vezes a sensação de não ser verdadeiramente um ser humano, e sim algum pássaro ou outro animal em forma humana malograda; no fundo eu me sinto muito mais em casa num pedacinho de jardim como aqui ou no campo entre as vespas e a relva do que num congresso do partido. Para você posso dizer tudo isso sem preocupação: você não vai farejar logo uma traição ao socialismo. Você sabe que eu, apesar de tudo, espero morrer a postos: numa batalha urbana ou na penitenciária. Mas o meu eu mais profundo pertence antes aos chapins-reais que aos "camaradas". E não porque encontre na natureza um refúgio, um repouso, como tantos políticos interiormente falidos. Ao contrário, eu também encontro a cada passo na natureza tanta coisa cruel, que sofro muito com isso. Imagine, por exemplo, que não posso tirar da cabeça a seguinte experiência. Na primavera passada, quando voltava para casa de um passeio através da minha rua silenciosa e vazia, uma pequena mancha escura no solo me chamou a atenção. Inclinei-me e vi uma tragédia silenciosa: um grande besouro estercoreiro estava caído de costas e se defendia desesperadamente com as perninhas, enquanto um bando de minúsculas formigas fervilhava em torno dele e o devorava – ainda vivo! Fiquei horrorizada, peguei meu lenço e comecei a expulsar dali as ferazinhas brutais. Mas elas eram tão insolentes e obstinadas que tive de lhes mover uma longa luta e, quando finalmente libertei a pobre vítima e a coloquei na grama longe dali, duas das suas pernas já tinham sido devoradas... Afastei-me com o torturante sentimento de no fim das contas ter feito a ele um benefício muito duvidoso.

Agora os crepúsculos já são bastante longos. Como eu amo essas horas! Em Südende eu tinha muitos melros, aqui não vejo nem ouço nenhum. Durante todo o inverno alimentei um casal deles, que agora desapareceu. Em Südende eu costumava passear pela rua a estas horas: é tão bonito quando as chamas rosadas dos lampiões de gás subitamente se acendem ainda à última luz violeta do dia e parecem tão estranhas no crepúsculo, como se elas mesmas se envergonhassem um pouco. Pela rua desliza apressado o vulto indistinto de alguma encarregada de portaria atrasada ou de uma criada, que ainda correm à padaria ou à mercearia para comprar alguma coisa. Os filhos do sapateiro, com quem tenho amizade, costumam ainda brincar na rua enquanto escurece, até que da esquina vem o chamado enérgico para que entrem em casa. Nessa hora sempre havia ainda algum melro que não encontrava sossego e de repente saía do sono e se punha a guinchar ou palrar como uma criança malcriada e voava ruidosamente de uma árvore para outra. E, antes de voltar para casa, eu ficava lá no meio da rua, contava as primeiras estrelas e não tinha nenhuma vontade de abandonar o ar ameno e a luz do crepúsculo na qual dia e noite se abraçavam tão suavemente.

Soniucha, logo volto a lhe escrever. Fique tranquila e alegre, tudo vai dar certo, também com Karl. Escreverei sobre suas preocupações domésticas a Mathilde e farei tudo o que me for possível. Adeus, até a próxima carta, meu doce e pequeno passarinho.

Um abraço,
Sua Rosa

## HANS DIEFENBACH

N. 4    Wronke, 12 de maio de 1917

C. H.

Recebi a n. 5, muito obrigada; espero por suas correções estilísticas (em parte, como posso ver, elas se devem a erros da senhorita datilógrafa). Sua observação de que na *Anticrítica* algumas passagens estão truncadas até se tornarem irreconhecíveis me leva, no entanto, a revisar eu mesma o texto mais uma vez. Em outra situação não sou capaz de ler mais uma vez aquilo que escrevi, e quanto mais forte for a experiência de escrevê-lo, tanto mais definitivamente vivido e liquidado me parece. Eu bem sei, pequeno Hans, que escrevo minhas obras sobre economia para seis pessoas. Mas no fim das contas escrevo-as apenas para uma só pessoa: para mim mesma. O tempo em que escrevi a *Acumulação* foi dos mais felizes da minha vida. Vivia verdadeiramente como que em êxtase, não via dia e noite senão esse único problema que se desenvolvia diante de mim de maneira tão bela, e não sei dizer o que me deu mais alegria: o processo de reflexão, durante o qual eu revirava uma questão complicada enquanto passeava de cá para lá no meu quarto, sob os olhares atentos de Mimi, que ficava deitada sobre a toalha vermelha aveludada da mesa e com as patinhas cruzadas me acompanhando para cá e para lá com sua cabecinha inteligente; ou a composição, a construção da forma literária com a pena na mão. Você sabia que escrevi naquela época os trinta cadernos inteiros de um jato em quatro meses – coisa inaudita! – e, sem ler o rascunho uma única vez, enviei-o diretamente para o prelo? O mesmo me aconteceu na Barnimstrasse com a *Anticrítica*. E então, depois de um trabalho tão intensamente vivido, perco tanto o interesse por ele que desde então pouco me esforcei para encontrar um editor. É verdade que, dada a minha "situação" no último ano e meio, isso era um tanto difícil.[267] – Você decididamente superestima Eckstein. Sua "crítica"[268] não passava de uma vingança por longas tentativas de aproximação frustradas e rejeitadas com dureza por mim, e justamente essa transposição do "demasiado humano" para a elevada região alpina da ciência pura é que me encheu de um tão grande desdém por ele, que, aliás, sabia ser bastante simpático e espirituoso. Certa vez, na casa dos Kautsky, quando eu fazia tentativas desesperadas no vestíbulo para alcançar meu casaquinho no cabide de roupas e amaldiçoava minha figura liliputiana, ele galantemente alcançou o casaquinho para mim e murmurou sorrindo o *lied* de Wolf: "Também coisas pequenas podem nos encantar"… (Você deve saber que Hugo Wolf era ligado à casa dos Eckstein em Viena e é para eles uma espécie de deus doméstico). – Sua sugestão para que eu escreva um livro sobre Tolstoi não me atrai nem um pouco. Para quem? Para que, pequeno Hans? Afinal, todo mundo pode ler os livros de Tolstoi, e àqueles para quem os próprios livros não derem um forte sopro vital eu também não o poderei transmitir por meio de comentários. É possível "explicar" a alguém o que é a música de Mozart? É possível "explicar" em que consiste a magia da vida a alguém que não a pode ouvir por si mesmo nas menores e mais cotidianas das coisas, ou melhor: não a traz em si mesmo? Para mim, por exemplo, toda a gigantesca literatura goetheana (quer dizer, a literatura *sobre* Goethe) também não passa de maculatura, e sou

---

267 Rosa Luxemburgo refere-se ao fato de estar presa.

268 A resenha de Gustav Eckstein ao livro de Rosa Luxemburgo, *A acumulação do capital*, foi publicada no *Vorwärts* de 16 de fevereiro de 1913.

da opinião de que já se escrevem livros demais: de tanta literatura as pessoas se esquecem de olhar para o belo mundo.

Pois bem, desde o dia primeiro temos uma série de dias ensolarados, e o primeiro raio da manhã já me saúda ao acordar, uma vez que minhas janelas aqui dão para o leste. Em Südende, onde, como você sabe, minha casa se abre feito uma lanterna de todos os lados para o sol, essas horas matinais proporcionam uma belíssima visão. Depois do café da manhã eu costumava tomar o pesado prisma de cristal com os incontáveis ângulos e arestas, que fica em cima da minha escrivaninha como peso de papel, e o colocava no sol, cujos raios então imediatamente se pulverizavam em centenas de respingos de arco-íris sobre o teto e as paredes. Mimi assistia entusiasmada ao espetáculo, especialmente quando eu movia o prisma e fazia as manchas coloridas andar de lá para cá e dançar. No começo ela pulava para o alto tentando apanhá-las, mas logo percebeu que não eram "nada", pura ilusão de ótica, e acompanhava a dança com olhinhos alegres, sem se mover. Nós obtínhamos, assim, efeitos encantadores quando um pequeno arco-íris desses caía sobre um jacinto branco em cima da mesa das flores ou sobre um busto de mármore em cima da escrivaninha ou sobre o grande relógio de bronze diante do espelho. O quarto limpo e arrumado, banhado de sol, com o papel de parede claro, respirava tanta paz e deleite, apenas o pipilar dos pardais entrava pela porta aberta da sacada, e o zumbido dos bondes que passavam na rua de tempo em tempo, ou as claras marteladas metálicas dos trabalhadores que reparavam os trilhos em algum lugar. Então eu punha o chapéu e ia para o campo observar o que havia crescido durante a noite e apanhar uma suculenta grama fresca para Mimi. Aqui também vou logo depois do café da manhã para o jardinzinho, e tenho uma ocupação maravilhosa: regar minha "plantação" diante da janela. Pedi que me arranjassem um pequeno e bonito regadorzinho, e tenho de levá-lo uma dúzia de vezes à tina de água, até que os canteiros estejam suficientemente úmidos. O chuveirinho de água cintila ao sol da manhã e as gotas ainda tremulam por bastante tempo sobre os jacintos rosa e azuis que já estão meio abertos. Por que, apesar de tudo, estou triste?

Eu quase acredito que superestimei o sol no céu e seu poder; por mais que brilhe, ele às vezes não me aquece nada se o meu próprio coração não lhe emprestar algum calor.

R.

## SOPHIE LIEBKNECHT

Wronke, 23 de maio de 1917

Soniucha, minha querida, sua última carta do dia 14 (mas com o carimbo de correio de 18!) já estava aqui quando enviei a minha. Fico muito feliz por estar de novo com você e gostaria de lhe enviar hoje uma cálida saudação de Pentecostes.

"Pentecostes, a adorável festa, chegara", assim começa o *Reineke Fuchs* [A raposa Reineke] de Goethe. Tomara que você o passe alegre, na medida do possível. No ano passado, em Pentecostes, fizemos a bela excursão a três com Mathilde Jacob para Lichtenrade, onde colhi as espigas para Karl [Liebknecht] e o maravilhoso ramo de amentilhos de bétula. À tarde ainda fomos, como "as três nobres damas de Ravena", passear no campo de Südende com rosas nas mãos. Agora os lilases também florescem aqui, hoje eles desabrocharam; faz tanto calor que tive de pôr o meu vestido mais leve de musselina. Mas, apesar do sol e do calor, meus passarinhos pouco a pouco se calaram quase completamente! Eles estão todos visivelmente ocupados demais em se reproduzir; as fêmeas ficam nos ninhos e os machos têm de encher "todos os bicos" para conseguir alimento para si e para a esposa. Eles também provavelmente fazem os ninhos de preferência lá fora no campo ou em árvores maiores; pelo menos agora há silêncio em meu jardinzinho, só de vez em quando o rouxinol gorjeia brevemente, ou o pintassilgo solta seu canto estalado, ou mais tarde, à noite, o tentilhão canta alto uma ou duas vezes. Meus chapins sumiram completamente. Ontem recebi de repente uma única breve saudação de longe de um chapim-azul, que me abalou muito. É que o chapim-azul não é, como o chapim-real, um pássaro sedentário, ele só volta para nós no fim de março. Primeiro ele ficou próximo da minha janela, veio como os outros buscar comida e cantou com vontade o seu engraçado "tsi--tsi-bé", mas tão prolongado que soava como brincadeira de criança malcriada. Não pude deixar de rir todas as vezes e lhe responder da mesma maneira. Então, no início de maio, ele desapareceu com os outros a fim de procriar em algum lugar lá fora. Semanas a fio não o vi nem ouvi mais. Ontem, de repente, ouvi do outro lado do muro que separa nosso pátio de outro terreno da prisão a conhecida saudação, mas tão mudada, apenas três vezes breves e apressadas uma atrás da outra: "tistsibé – tsitsibé – tsitsibé!", e depois mais nada. Meu coração se apertou, havia tanta coisa nesse grito distante e apressado: toda a pequena história de um pássaro. Era o chapim-azul se recordando do belo tempo de namoro na pré-primavera, quando o dia todo era empregado em cantar e seduzir; mas agora o que se faz é apanhar moscas e mosquitos para si e para a família o dia inteiro; quer dizer, apenas uma breve reminiscência: "não tenho tempo – ah, foi tão bonito – logo a primavera termina – tsitsibé – tsitsibé – tsitsibé!...". Acredite, Soniucha, o pequeno chamado de um pássaro como esse, tão expressivo, pode me comover profundamente. Minha mãe, que considerava Schiller, ao lado da Bíblia, a suprema fonte da sabedoria, acreditava piamente que o rei Salomão entendia a língua dos pássaros. Naquela época eu sorria dessa ingenuidade materna com toda a superioridade de meus quinze anos e de uma moderna educação científica. Agora eu mesma sou como o rei Salomão: também entendo a língua dos pássaros e de todos os animais. Claro que não como se eles utilizassem palavras humanas, mas entendo as mais variadas nuances e sentimentos que colocam em seus sons. Apenas para o ouvido bruto de uma pessoa indiferente o canto de um pássaro é sempre único e imutável. Quando amamos os animais e os compreendemos, encontramos uma grande variedade de expressões, toda uma "língua". Também o mutismo geral agora, depois do barulho da pré-primavera, é cheio de expressividade, e eu sei que se ainda estiver aqui no outono, o que muito provavelmente acontecerá, todos os meus amigos voltarão e buscarão comida em minha janela; eu já me alegro por um chapim--real por quem tenho uma amizade cordial.

Soniucha, você está amargurada com minha longa prisão e pergunta: "Como pode acontecer que certas pessoas decidam a respeito de outras pessoas? Para que tudo isso?". Perdoe-me, querida, mas não pude deixar de rir alto ao ler isso. Nos *Irmãos Karamazov*, de Dostoiévski, há uma tal madame Chochlakova que costuma fazer exatamente as mesmas perguntas, enquanto olha desorientada de um para outro na sociedade, mas antes mesmo que alguém tente responder já salta para outro assunto completamente diferente. Meu passarinho, toda a história cultural da humanidade que em cálculos modestos soma uns vinte milênios, se baseia na "decisão de pessoas a respeito de outras pessoas", o que tem fundas raízes nas condições materiais da vida. Só uma longa e tormentosa evolução pode mudar isso, nós somos agora mesmo testemunhas de um desses capítulos tormentosos e você pergunta: "Para que tudo isso?". "Para que" não é em absoluto um conceito para a totalidade da vida e suas formas. Para que existem chapins-azuis no mundo? Eu realmente não sei, mas me alegro por eles existirem e recebo como um doce consolo quando um apressado "tsitsibé" soa de repente para mim ao longe por cima do muro.

Aliás, você superestima meu "esclarecimento", Sonitchka. Meu equilíbrio interior e minha felicidade infelizmente podem desmoronar já à mais leve sombra que caia sobre mim, e então sofro indizivelmente, só que tenho a peculiaridade de me calar nessas ocasiões. Quando isso ocorre, Sonitchka, eu literalmente não consigo dizer uma palavra. Nesses últimos dias, por exemplo, já estava serena e feliz, alegrava-me com o sol, quando na segunda-feira, de repente, um vento tempestuoso se abateu sobre mim – eu nem ao menos sei "para que" ou "por que" – e de uma só vez minha esplêndida serenidade se transformou em profunda miséria. E se a felicidade da minha alma em pessoa estivesse diante de mim, eu não conseguiria articular um único som e poderia no máximo me lamentar com olhares silenciosos de desespero. É verdade que muito raramente caio na tentação de falar, e fico semanas sem ouvir minha própria voz. Esse é, aliás, o motivo pelo qual tomei a heroica decisão de não permitir que trouxessem minha Mimi para cá. O bichinho está acostumado à alegria e à vida, ela gosta quando canto, rio e brinco com ela de pega-pega pelos quartos; aqui ela só poderia ficar triste. Por isso eu a deixei com Mathilde. Mathilde vem me visitar nos próximos dias, e então espero me restabelecer. Talvez Pentecostes seja também para mim a "festa adorável". Sonitchka, mantenha-se alegre e tranquila, tudo ainda vai ficar bem, acredite. Dê lembranças carinhosas a Karl. Muitos abraços para você. Muito obrigada pelo belo retratinho!

Sua R.

## HANS DIEFENBACH

### N. 7   Wronke, 23 de junho de 1917

Pequeno Hans, bom dia, aqui estou eu de novo. Hoje me sinto tão sozinha e preciso me recompor um pouco conversando com você. – Hoje à tarde fiz no sofá a *siesta* prescrita pelo médico, li jornais e às duas e meia decidi que já era hora de levantar. Um instante depois adormeci inesperadamente e tive um sonho maravilhoso, muito vívido, mas de conteúdo indefinível; tudo o que sei é que alguém querido estava comigo, que lhe toquei os lábios com o dedo e perguntei: "De quem é essa boca?". A tal pessoa respondeu: "Minha". – "Ah, não", gritei rindo, "essa boca é *minha*!". Acordei rindo dessa bobagem, olhei o relógio: ainda eram duas e meia, e meu longo sonho obviamente só durara um segundo, mas me deixou a sensação de uma experiência deliciosa e voltei para o jardim consolada. Nele eu ainda deveria experimentar mais outra coisa bela: um pisco-de-peito-ruivo acabara de pousar no muro às minhas costas e cantou um pouco para mim. Em geral os pássaros agora estão totalmente ocupados com preocupações familiares, só aqui e ali um deles se faz ouvir brevemente. Foi assim hoje com o pisco-de-peito-ruivo, que só me visitara umas poucas vezes no início de maio. Não sei se você conhece mais de perto esse passarinho e seu canto, eu só vim a conhecê-lo melhor aqui – como tantas outras coisas – e o amo incomparavelmente mais que o tão incensado rouxinol. O sonoro canto do rouxinol tem muito de *prima donna* para o meu gosto, lembra em demasia o público, ruidosos triunfos, hinos de louvor encantados. O pisco-de-peito-ruivo tem uma vozinha bem pequena, delicada, e canta uma melodia peculiar, íntima, que soa como uma anacruse, um pedacinho de uma alvorada. Você se lembra do som libertador do trompete na cena do cárcere em *Fidelio*, que por assim dizer fende a escuridão da noite? É mais ou menos assim que soa o canto do pisco-de-peito-ruivo, mas cantado num tom leve, *tremolo*, de infinita doçura que tem o efeito de algo velado, como uma lembrança perdida num sonho. Meu coração literalmente estremece de êxtase e dor quando ouço esse canto, e imediatamente vejo minha vida e o mundo sob uma nova luz, como se as nuvens se abrissem e um claro raio de sol caísse sobre a terra. Senti tanta suavidade, tanta delicadeza em meu peito ao ouvir esse breve e terno canto sobre o muro, que talvez não tenha durado mais que meio minuto. Arrependi-me no mesmo instante de todo mal que algum dia causei a alguém, e de todos os pensamentos e sentimentos rudes, e decidi ser boa outra vez, simplesmente boa, a qualquer preço: é melhor do que "ter razão" e fazer a contabilidade de qualquer ofensa. Então decidi escrever-lhe ainda hoje, embora haja desde ontem uma tabuinha sobre a minha mesa com sete regras de vida que devem me orientar de agora em diante, e cuja primeira reza: "não escrever cartas". Veja só, é assim que observo minhas próprias regras "férreas" de vida, como sou fraca! Se, como você escreveu em sua última carta, as mulheres agradam mais ao sexo forte quando se mostram fracas, então você deve estar encantado comigo agora: eu sou, ai!, tão fraca, mais do que gostaria de ser.

Aliás, nesse caso, a sua boca de criança fala uma verdade maior do que você percebe, e eu vivi isso recentemente da maneira mais engraçada. Você talvez tenha visto Camile Huysmans no congresso de Copenhague, o rapaz grande de madeixas negras e o típico rosto flamengo? Ele é agora a principal figura da conferência de Estocolmo. Por dez anos nós dois pertencemos ao Bureau Internacional, e por dez anos nos odiamos mutuamente, até onde meu "coração de pomba" (a expressão é de – Heinrich Schulz, membro do Reichstag!!) é capaz de um sentimento desses. Porquê é difícil de dizer. Creio que ele não pode suportar mulheres politicamente ativas, e talvez o seu rosto impertinente me desse nos nervos. Aconteceu, porém, na última reunião em Bruxelas, que ocorreu, por causa da guerra iminente no fim de julho de 1914, de estarmos juntos por algumas horas no encerramento. Eu estava justamente sentada – era num restaurante elegante – junto de um buquê de gladíolos que havia sobre a mesa, e em cuja contemplação eu estava completamente imersa, sem tomar parte da discussão política. Então a conversa se voltou para a minha partida, o que revelou a minha desorientação em "coisas terrenas", minha eterna necessidade de um tutor que compre o bilhete para mim, me coloque no trem certo, junte minhas bolsas perdidas – em suma, toda a minha vergonhosa fraqueza, que já proporcionou a você tantos momentos alegres. Huysmans me observava calado durante todo esse tempo, e em uma hora o ódio de dez anos se transformou numa ardente amizade. Era para rir. Ele finalmente tinha se dado conta de minha fraqueza e estava em seu elemento. Então imediatamente tomou meu destino em suas mãos, levou-me juntamente com Anseele, o encantador valão, para uma ceia em sua casa, trouxe-me uma gatinha e tocou e cantou Mozart e Schubert para mim. Ele possui um bom piano e uma bela voz de tenor, e para ele foi uma nova revelação saber que a cultura musical é para mim vital como o ar. Cantou de modo especialmente agradável os *Limites da humanidade*, de Schubert; repetiu algumas vezes o verso final: "E nuvens e ventos brincam conosco" com sua engraçada pronúncia flamenga – com o L profundo na garganta, que fazia *wolken* [nuvens] soar como *wouken* – tomado de profunda comoção. Então ele naturalmente me levou até o trem, carregou ele próprio minha mala e ainda se sentou comigo no vagão e de repente decidiu: *Mais il est impossible de vous laisser voyager seule!*[269] Como se eu fosse de fato uma criança de colo. Quase não o pude dissuadir de me acompanhar pelo menos até a fronteira alemã, ele só saiu do vagão quando o trem já estava em movimento e ainda gritou: *Au revoir à Paris!* É que nós tínhamos que realizar um congresso em Paris em duas semanas. Isso foi em 31 de julho. Mas quando meu trem chegou a Berlim, a mobilização aqui já estava em pleno curso, e dois dias depois a amada Bélgica do pobre Huysmans foi ocupada. "E nuvens e ventos brincam conosco", eu não podia deixar de repetir.

Em duas semanas se completa um ano de minha prisão ou – se descontarmos o pequeno intervalo – completam-se dois anos. Ah, como uma horinha de conversa inofensiva me faria bem agora! Nos horários de visita naturalmente só falamos apressadamente sobre coisas práticas, eu me sinto, na maior parte das vezes, como se estivesse sobre brasas. E, salvo isso, não vejo nem ouço uma alma humana.

Agora são nove horas da noite, mas naturalmente está claro como o dia. Ao redor de mim faz tanto silêncio, ouve-se apenas o tic-tac do relógio e ao longe os latidos abafados de um cão. Que estranho poder de nos evocar recordações familiares têm os distantes latidos dos cães que ouvimos à noite no campo, não é? Eu logo imagino uma aconchegante casa de camponeses, um homem em mangas de camisa em pé na soleira da porta a conversar com uma velha vizinha, o cachimbo na boca; do interior, alegres vozes de crianças e ruídos de talheres, fora o cheiro do cereal maduro e o primeiro coaxar hesitante dos sapos...

*Adieu*, pequeno Hans.

R.

---

269 Do francês: "Mas é impossível deixar você viajar sozinha!". (N. E.)

## HANS DIEFENBACH

N. 8    Wronke, 29 de junho de 1917

Bom dia, pequeno Hans!

Muito bem, por amor a você, a primeira das sete regras de vida deve ser riscada. Mas as outras seis são muito razoáveis, e certamente merecerão o seu aplauso. Que Gerlach queira me trocar por apenas um marechal de campo é tocante. Aliás, a carta dele tem um efeito muito bom; ele parece ter crescido interiormente na guerra e eu ficarei feliz de reencontrá-lo em nosso círculo "suábio". Quando será?...

Toda noite, quando me sento à minha janela gradeada, as pernas estendidas sobre outra cadeira, a fim de respirar o ar fresco e sonhar, pode-se ouvir vindo de algum lugar da vizinhança o som surdo de alguém batendo energicamente um tapete ou outra coisa do gênero. Não tenho ideia de quem faz esse trabalho e onde, mas, com o retorno regular daqueles sons, já ganhei uma indefinível relação íntima com eles. Eles me despertam alguma ideia vaga de dedicados trabalhos domésticos, de uma pequena economia doméstica na qual tudo é brilhante e limpo – talvez seja um de nossos funcionários, que só mais tarde, depois do horário de trabalho, encontra tempo para cuidar de seu minúsculo lar –, uma velha solteirona solitária ou viúva, como a maioria dos funcionários da prisão, que emprega seu parco tempo livre em manter em meticulosa ordem eterna seu par de cômodos nos quais, afinal de contas, ninguém entra, e dos quais ela própria só raramente faz uso. Eu não faço mesmo a menor ideia, mas esses poucos sons de batidas me despertam a cada vez a sensação de uma calma ordenada, rigidamente delimitada e ao mesmo tempo um pouco de opressão pela estreiteza e falta de perspectivas de uma existência mesquinha – armarinho *"Vertikow"*, fotografias amareladas, flores artificiais, um sofá de almofadas duras...

Você também conhece esse efeito especial dos sons cuja origem nos é desconhecida? Eu o experimentei em todas as prisões. Em Zwickau, por exemplo, toda noite às duas em ponto, os patos que moravam em alguma lagoa da vizinhança me acordavam com um sonoro "qua--qua-qua-qua!". A primeira das quatro sílabas era gritada na maior altura com a mais forte das entonações e convicções, para descer, a seguir, em escandida para um murmúrio em baixo grave. Ao acordar com essa gritaria eu sempre tinha primeiro que esperar alguns segundos para me orientar no meio de uma escuridão de breu sobre o colchão duro feito pedra e me lembrar de onde estava. O sentimento sempre levemente opressivo de estar na cela da prisão, a entonação peculiar do "qua-qua..." e o fato de não ter ideia de onde os patos se encontravam, de ouvi-los somente à noite, davam aos gritos deles algo de misterioso, significativo. Soava-me sempre como alguma sentença de sabedoria cósmica que, pela repetição regular de toda noite, tinha algo de irrevogável, válido desde o início do mundo, como alguma regra de vida copta:

> Und auf den Höhen der indischen Lüfte,
> Und in den Tiefen ägyptischer Grüfte,
> Hab'ich das heilige Wort nur gehört...[270] [271]

Como não pude decifrar o sentido dessa sabedoria de patos, só podendo fazer dela uma ideia vaga, ela a cada vez me despertava no coração uma estranha inquietação, e eu costumava ficar em seguida por muito tempo acordada, presa de sentimentos temerosos.

Tudo muito diferente na Barnimstrasse. Às nove horas, *nolens volens* [querendo ou não], eu sempre ia para a cama – pois a luz era apagada –, mas naturalmente não conseguia adormecer. Pouco depois das nove começava regularmente no silêncio da noite, em algum dos conjuntos habitacionais da vizinhança, o choro de um menino de dois ou três anos. Ele começava sempre com alguns gemidos baixi-

---

270 Goethe, Kophtisches Lied [Canção copta].
271 E no alto dos ares da Índia,/ E nas profundezas das grutas egípcias,/ Foi que eu ouvi a palavra sagrada... (N. T.)

nhos, entrecortados, assim que acordava; então, depois de algumas pausas, o rapazinho pouco a pouco ia dos soluços para um choro verdadeiramente lamentoso que, no entanto, nada tinha de intenso, não expressava nenhuma dor ou desejo definidos, apenas um desagrado geral com a existência, incapacidade de se haver com as dificuldades da vida e seus problemas, principalmente porque a mamãe claramente não estava por perto. Esse choro desamparado durava três quartos de hora contados. Às dez em ponto eu ouvia a porta se abrir energicamente, leves passos apressados que soavam alto no pequeno quarto, uma voz de mulher sonora e jovial, na qual ainda se podia perceber o frescor do ar da rua: "Por que você não dorme? Por que você não dorme?" Em seguida se ouviam toda vez três tapas bem dados, de cujo som se podia formar literalmente a redondez apetitosa e o calor da cama da partezinha do corpo atingida. E – oh, milagre! – os três tapinhas solucionavam brincando de repente todas as dificuldades e todos os intrincados problemas da existência. Os gemidos cessavam, o rapazinho dormia na mesma hora e um silêncio redentor voltava a reinar no pátio. Essa cena se repetia com tanta regularidade toda noite que fazia parte de minha própria existência. Eu costumava já esperar às nove horas com nervos tensos pelo despertar e pelos gemidos de meu pequeno vizinho desconhecido, cujos registros já conhecia e acompanhava de antemão, com o que o sentimento de perplexidade diante da vida se comunicava a mim completamente. Então eu esperava pelo retorno da jovem senhora, pela sua melodiosa pergunta e especialmente pelos três tapas libertadores. Acredite, pequeno Hans, esse método arcaico de resolver problemas da existência fazia, através do *podex* do rapazinho, milagres também em minha alma: meus nervos relaxavam imediatamente depois dos dele, e a cada vez eu adormecia quase que simultaneamente ao pequeno. Nunca soube de que janela enfeitada de gerânios, de que mansarda esses fios se estendiam até mim. Na luz clara do dia todas as casas que eu conseguia enxergar pareciam igualmente cinzentas, sóbrias e rigorosamente fechadas, com o semblante de quem diz "Não sabemos de nada". Só na escuridão da noite, através do suave sopro do ar de verão se travavam misteriosas relações entre pessoas que nunca tinham se visto ou conhecido.

Ah, que bela recordação eu tenho da Alexanderplatz! Você sabe, pequeno Hans, o que é a Alexanderplatz? A estada de um mês e meio nela deixaram-me cabelos brancos na cabeça e fissuras nos nervos de que jamais me restabelecerei. E, no entanto, guardo de lá uma pequena recordação que se destaca como uma flor em minha memória. Lá, a noite começava já às 5, 6 horas – era pleno outono, outubro, e não havia nenhuma iluminação na cela. Não me restava nada a fazer na cela de 11 m$^3$ senão esticar-me no catre, espremida entre indescritíveis peças de mobiliário e, em meio à música infernal dos bondes que passavam estrepitosamente a todo momento, fazendo a cela tremer e lançando reflexos de luz vermelha nos vidros das janelas que retiniam, não me restava nada a fazer a não ser declamar o meu Mörike a meia-voz. A partir das dez horas o diabólico concerto dos bondes costumava esmorecer um pouco, e logo depois podia-se ouvir da rua o seguinte episodiozinho: primeiro uma voz de homem abafada, que tinha algo de invocação e advertência, então, como resposta, o canto de uma menina de uns 8 anos, que claramente cantava uma cançãozinha infantil aos pulos e saltos e ao mesmo tempo soltava um riso argentino, límpido de sino. Poderia ser algum porteiro cansado, resmungão, que mandasse sua filhinha entrar em casa para ir dormir. Mas a pequena marota não queria obedecer, deixava que o baixo-resmungão do pai fosse ao seu encalço, bailava pela rua como uma borboleta e provocava o rigor dissimulado com uma divertida rima infantil. Podia-se literalmente ver a saiazinha curta esvoaçar e as perninhas finas voar em posição de dança. Nesse ritmo saltitante da canção infantil, no riso perolado havia tanta alegria de viver despreocupada e triunfante que todo o sombrio e bolorento edifício da chefia de polícia era como que envolvido em um manto de névoa prateada e, em minha cela malcheirosa, de repente o ar como que recendia a uma chuva de rosas púrpuras... Assim é que em toda parte catamos da rua um pouco de felicidade e sempre somos mais uma vez lembrados de que a vida é bela e rica.

Pequeno Hans, você não faz ideia de como o céu estava azul hoje! Ou estava também azul em Lissa? Toda tarde, antes do "encerramento", costumo sair por uma meia horinha para regar com um pequeno regadorzinho próprio meu canteirinho de flores (amores-perfeitos, miosótis e floxes que eu mesma plantei!) e ainda passear um pouco no jardim. Essa hora vespertina tem sua magia própria. O sol ainda estava quente, mas deixamos de bom grado que seus raios oblíquos nos ardam como um beijo sobre a nuca e as faces. Um leve sopro de ar movia os arbustos como uma promessa sussurrada de que logo chegaria o frescor da noite para substituir o dia quente. No céu de um azul cintilante e trêmulo havia algumas massas de nuvens amontoadas de um branco ofuscante; uma lua crescente muito pálida boiava fantasmagórica no meio delas como em um sonho. As andorinhas já começavam o seu voo em bando de todas as tardes, cortavam em farrapos a seda azul do espaço com suas asinhas pontiagudas, arremessavam-se de cá para lá, davam voltas sobre si mesmas com agudos trinados em alturas vertiginosas. Eu fiquei ali parada com meu gotejante regadorzinho na mão de cabeça erguida e senti um incontrolável anelo de mergulhar no azul úmido e cintilante lá em cima, banhar-me nele, chapinhar, me dissolver completamente em espuma e desaparecer. Lembrei-me de Mörike – você conhece:

> O Fluß, mein Fluß im Morgenstrahl!
> Empfange nun, empfange
> den sehnsuchtsvollen Leib einmal
> Umd küsse Brust und Wange! –
> Der Himmel blau und kinderrein,
> Worin die Wellen singen,
> Der Himmel ist die Seele dein,
> O laß mich ihn durchdringen!
> Ich tauche mich mit Geist und Sinn
> Durch die vertiefte Bläue hin
> Und kann sie nicht erschwingen!...
> Was ist so tief, so tief wie sie?

Die Liebe nur alleine,
Sie ist nicht satt und sättigt nie
Mit ihrem Wechselscheine...[272]

R.

Pelo amor de Deus, pequeno Hans, não vá seguir meu mau exemplo e não se torne tão falante você também. Não vai acontecer de novo comigo, eu juro!!!

## HANS DIEFENBACH

N. 8   [Wronke,] 6 de julho de 1917
Tarde de sexta-feira

Pequeno Hans, está dormindo? Eu venho com uma palhinha comprida fazer-lhe cócegas na orelha. Preciso de companhia, estou triste, quero me confessar. Por esses dias fui má e por isso infeliz, e por isso fiquei doente. Ou então a sequência foi outra: fiquei doente e por isso infeliz e por isso fui má – não sei mais. Agora estou novamente boa e faço um voto de nunca, nunca mais dar ouvidos ao demônio dentro de mim. Você leva a mal se às vezes fico infeliz, se muitas vezes preciso ver e ouvir só de longe aquilo que é para mim a vida e a felicidade? Mas, sim, pode me censurar, juro que de agora em diante quero ser a paciência e a meiguice e a gratidão em pessoa. Senhor Deus, já não tenho motivo suficiente para ser grata e feliz se o

---

272 Oh, rio, meu rio na luz da manhã!/ Recebe então, recebe/ meu corpo cheio de anelos/ E beija o peito e a face!/ – O céu azul de pureza infantil,/ Onde cantam as ondas,/ O céu é tua alma,/ Oh, deixa-me penetrar nele!/ Eu mergulho com espírito e mente/ Através do azul profundo/ E não posso alcançá-lo!.../ O que é tão profundo, tão profundo quanto ele?/ O amor, apenas,/ Ele não se sacia e não sacia jamais/ Com sua luz cambiante... (N. T.)

sol brilha para mim e os pássaros cantam a antiquíssima canção cujo sentido compreendi tão bem?...

Quem mais me faz voltar à razão é um pequeno amigo cujo retrato lhe envio aqui. Esse sujeito com o bico atrevido, a testa íngreme e o olho de sabedoria secular se chama *Hypolais hypolais*, em alemão "pássaro de caramanchão", ou também "zombador de jardim". Você com certeza já o ouviu em algum lugar, pois ele gosta de fazer seu ninho em qualquer jardim denso ou parque, apenas não prestou atenção nele, como de resto a maior parte das pessoas passam ao largo sem prestar atenção nas coisas mais graciosas da vida. Esse pássaro é um esquisitão muito singular. Ele não canta uma canção, uma melodia como os outros pássaros, ele é um orador popular pela graça divina, faz alocuções aos jardins, e com uma voz muito alta, cheia de ímpeto dramático, passagens abruptas, intensificações patéticas. Ele lança as perguntas mais impossíveis, apressa-se em dar ele mesmo respostas absurdas a elas, faz as afirmações mais ousadas, contradiz ardentemente opiniões que ninguém expressou, arromba portas abertas e, de repente, triunfa: "Eu não disse? Eu não disse?" Logo adverte solenemente a todos os que queiram ouvir e aos que não queiram: "Vocês vão ver! Vocês vão ver!" (Ele, aliás, tem o inteligente costume de repetir duas vezes a mesma piada.) Ele não se peja de se pôr de repente a pipilar alto, feito um camundongo que prendeu a cauda, ou em cair numa gargalhada que deveria ser satânica mas soa incrivelmente engraçada nessa minúscula gargantazinha. Em suma, não se cansa de encher o jardim com o mais vigoroso absurdo, e a gente até acredita ver os outros pássaros trocarem olhares e darem de ombros no silêncio que reina durante os seus discursos. Só eu não dou de ombros, mas rio feliz todas as vezes e grito para ele: "doce cabeça de pudim!". É que eu sei que a sua tagarelice doida é a mais profunda sabedoria e que ele tem razão em tudo. Um segundo Erasmo de Rotterdam, ele canta o *Elogio da loucura* com plena consciência e, com isso, acerta infalivelmente na mosca. Eu acho também que ele já me conhece pela voz. Hoje, depois de várias semanas de silêncio, ele começou de novo a fazer barulho enquanto pousava sobre o pequeno arbusto de aveleira que há bem em frente à minha janela. Quando lhe gritei feliz o meu habitual cumprimento: "Doce cabeça de pudim!", ele me grasnou algo impertinente em resposta, que quase poderia ser traduzido assim: "Você é que é uma boba!"... Eu então lhe dei imediatamente razão com um riso agradecido, e de pronto estava curada da maldade, da infelicidade e da doença. – Mas, pequeno Hans, não estou fantasiando a respeito da tagarelice dramática! Cada palavra é verdadeira. Você mesmo poderá se convencer no Jardim Botânico em Berlim, onde uma grande população de "zombadores de jardim" faz seus ninhos, e vai rir desse sujeito tão engraçado até não poder mais.

Hoje fez de novo um dia de indescritível, incompreensível beleza. Costumo voltar normalmente para minha cela às dez da manhã para trabalhar, e hoje não pude. Fiquei estendida na minha cadeira de vime, a cabeça tombada para trás, e passei horas a fio a contemplar imóvel o céu. Nuvens gigantescas de formas fantásticas se amontoavam de todos os lados sobre o pálido azul pastel, que se deixava ver por entre os seus contornos esgarçados. Seus contornos recebiam da luz do sol um debrum branco brilhante, mas o centro era de um cinzento expressivo que apresentava todas as nuances, desde o mais delicado sopro prateado até o mais sombrio tom de tempestade. Você já observou como a cor cinza é bela e rica? Ela tem algo de distinto e contido em si, é capaz de tantas possibilidades. E como eram maravilhosos esses tons de cinza sobre o fundo azul pastel do céu! Tinham o mesmo efeito de um vestido cinza em contraste com olhos azuis profundos. Enquanto isso, o grande álamo do meu jardim murmurava diante de mim, suas folhas tremulavam como que atravessadas por um arrepio de volúpia e cintilavam ao sol. Nessas poucas horas em que estive ali completamente imersa em devaneios cinza e azuis senti ter vivido milênios. Em alguma das histórias indianas de Kipling, ele conta como uma manada de búfalos da aldeia era levada ao campo por volta do meio-dia. Os enormes animais, que poderiam em poucos minutos esmagar com seus cascos uma aldeia inteira, seguiam pacientemente a varinha de duas crianças camponesas moreno-escuras cobertas apenas por uma camisa, que os conduziam resolutamente ao pântano distante. Aqui os animais imergiam com um ruído chapinhante no charco onde se espojavam com gosto e se afundavam até os focinhos; as crianças, porém, se protegiam do sol inclemente sob a sombra de algum delgado arbusto de acácias, comiam vagarosamente o pedaço de pão de farinha de arroz que haviam trazido, observavam os lagartos que dormitavam à luz do sol e olhavam caladas para o espaço fulgente... "E uma tarde como esta lhes parece mais longa que a vida inteira para certas pessoas", diz então Kipling, se me recordo bem. Que bela maneira de dizer, não é verdade? Eu também me sinto assim, como aquelas crianças da aldeia indiana, quando passo uma manhã como a de hoje.

Só uma coisa me atormenta: é ter de gozar *sozinha* de tanta beleza. Eu gostaria de gritar alto por cima do muro: oh, por favor, prestem atenção a este dia maravilhoso! Não se esqueçam, mesmo que estejam muito ocupados, mesmo que estejam apenas atravessando o pátio com a pressa de um dia de trabalho, não se esqueçam de erguer rapidamente a cabeça e lançar um olhar para essas gigantescas nuvens prateadas e para o silencioso oceano azul no qual flutuam. Observem só como o ar está carregado do apaixonado hálito das últimas flores de tília, e o brilho e o esplendor deste dia, pois este dia jamais retornará! Ele lhes foi dado como uma rosa desabrochada que jaz aos seus pés e espera que vocês a apanhem e a colem aos lábios.

R.

## SOPHIE LIEBKNECHT

Breslau, 2 de agosto de 1917

Minha caríssima Sonitchka!

Sua carta, que recebi no dia 28, foi a primeira notícia do mundo exterior que me alcançou aqui, e você pode facilmente imaginar o quanto me alegrei com ela. Em sua amorosa preocupação comigo você considera minha transferência decididamente trágica.[273] Gente como nós vive sempre "com o pé na soleira" e, como você sabe, eu tomo todas as voltas do destino com a necessária e serena resignação. Já me aclimatei bem aqui, hoje chegaram de Wronke as minhas caixas de livros, e assim logo minhas duas celas ganharão, com os livros e os quadrinhos e os modestos adornos que sempre carrego comigo para toda parte, um ar familiar e aconchegante como em Wronke, e me entregarei com redobrada vontade ao trabalho. O que me falta aqui, naturalmente, é a relativa liberdade de movimentos que eu tinha lá, onde a fortaleza fica o dia inteiro aberta, enquanto aqui estou simplesmente reclusa, e, além disso, o esplêndido ar, o jardim e principalmente os pássaros! Você não faz ideia do quanto eu estava apegada a essa pequena sociedade. Mas é claro que se pode renunciar a tudo isso, e logo terei esquecido que algum dia estive melhor do que aqui. A situação toda aqui é muito semelhante à da Barnimstrasse, falta apenas o belo pátio verdejante da enfermaria onde todos os dias eu podia fazer alguma pequena descoberta botânica ou zoológica. No grande pátio pavimentado do estabelecimento que me serve de local de passeio não há nada para "descobrir", e enquanto caminho me encolho e cravo o olhar nas pedras cinzentas do pavimento para fugir à visão dos prisioneiros que trabalham no pátio com suas vestimentas ignominiosas, que são sempre uma visão torturante para mim e entre os quais sempre se encontram alguns cuja idade, sexo, traços individuais se apagaram sob a marca da mais profunda degradação humana, mas que justamente por força de um doloroso magnetismo sempre atraem meus olhares. É verdade que existem também, em toda parte, figuras isoladas a quem nem mesmo a vestimenta de prisioneiro pode degradar e que fariam a alegria de um olhar de pintor. Já descobri aqui, por exemplo, uma jovem trabalhadora do pátio cuja silhueta esguia, diminuta, assim como o perfil severo da cabeça envolta num

---

273 Em 22 de julho de 1917 Rosa Luxemburgo foi transferida de Wronke para Breslau, onde sua situação piora sensivelmente.

lenço, remetem diretamente a uma figura de Millet; é um prazer ver com que nobreza de movimentos ela carrega fardos, e o rosto magro recoberto por uma pele lisa e a tez de uma uniforme brancura de giz lembra uma trágica máscara de pierrô. Mas, calejada por tristes experiências, procuro sair do caminho dessas promissoras aparições. Na Barnimstrasse, por exemplo, também descobri uma prisioneira de figura e atitudes verdadeiramente majestosas e pensei num *"intérieur"* correspondente a elas. Mas então ela veio para a minha seção como faz-tudo e depois de dois dias se revelou que sob aquela bela máscara se escondia uma estupidez tão grande e um caráter tão baixo que dali em diante eu sempre desviava o olhar toda vez que ela cruzava meu caminho. Naquela ocasião pensei que, no final das contas, a Vênus de Milo só pode manter ao longo de milênios a reputação de ser a mais bela das mulheres porque se cala. Se abrisse a boca, talvez se revelasse que, no fundo, não passa de uma lavadeira ou de uma costureirinha, e todo o seu charme iria para o diabo.

Meu *vis-à-vis* é o presídio masculino, o costumeiro edifício sombrio de tijolos vermelhos. Mas em diagonal sobre os muros vejo as copas verdejantes das árvores de algum parque, um grande álamo negro cujo murmúrio é audível sempre que há uma corrente de ar mais forte, e uma série de nobres freixos muito mais claros, dos quais pendem feixes de vagens amarelas (mais tarde marrom-escuro). As janelas dão vista para noroeste, e assim de vez em quando vejo belas nuvens vespertinas, e você sabe que uma nuvem rosada pode me fazer abstrair de tudo e me indenizar por tudo. Nesse momento – 8 horas da noite (portanto 7, na verdade) –, o sol mal desceu abaixo do telhado do presídio masculino, ele ainda brilha intensamente através das bandeiras envidraçadas no telhado, e o céu inteiro se ilumina com uma luz dourada. Eu me sinto muito bem e preciso – nem eu mesma sei por que – cantar baixinho a *Ave Maria* de Gounod (você conhece?).

Muito obrigada pelos textos de Goethe que você copiou para mim. "Os homens justos" são de fato belos, embora não me tivessem chamado a atenção por si mesmos; por vezes, a beleza de certas coisas tem de nos ser sugerida. Gostaria ainda de lhe pedir que eventualmente copiasse para mim *Anakreons Grab* [O túmulo de Anacreonte]. Você o conhece bem? Claro que só o compreendi de fato através da música de Wolf, no *lied* ele faz uma clara impressão arquitetônica: pensamos ver diante de nós um templo grego.

Você pergunta "como alguém se torna bom", como alguém faz calar o "demônio subalterno" em seu íntimo? Sonitchka, eu não conheço nenhum outro meio senão aquela ligação com a alegria e a beleza da vida que tantas vezes estão ao redor de nós, bastando que saibamos utilizar os olhos e os ouvidos para que alcancemos o equilíbrio interior que nos eleva acima de tudo o que é detestável e mesquinho...

Agora mesmo – fiz uma pequena pausa para observar o céu – o sol já desceu bem mais por trás do edifício, e bem no alto flutuam – sabe Deus vindas de onde – miríades de nuvenzinhas que se juntaram silenciosamente, com as bordas a luzir prateadas e levemente acinzentadas no centro, e todas elas, com os seus contornos esgarçados, se encaminham em direção ao norte. Há tanta despreocupação e um sorriso frio nesse cortejo de nuvens que não posso deixar de sorrir também, da mesma maneira que tenho sempre de acompanhar o ritmo da vida que me cerca. Como alguém poderia ser "mau" ou mesquinho com um céu desses? Nunca se esqueça de simplesmente olhar em torno de si, e então você sempre voltará a ser "boa".

Espanta-me um pouco que Karl [Liebknecht] queira um livro especialmente sobre o canto dos pássaros. Para mim, a voz dos pássaros é inseparável de todo seu *habitus* e sua vida, apenas o todo me interessa, não algum detalhe destacado dele. Dê-lhe um bom livro sobre geografia dos animais, que lhe dará certamente muitas sugestões.

Tomara que você venha logo me visitar! Assim que tiver conseguido permissão, me telegrafe.

Muitos abraços
Sua R.

Deus tenha piedade de mim. Foram oito páginas! Bem, desta vez passa. Obrigada pelos livros.

Por favor, diga imediatamente a Mathilde [Jacob] que meu processo de Leipzig tem data marcada para 8 do corrente, em Dresden, Tribunal Superior do Estado, Gerichtstrasse 2II, sala 154. Ela deve comunicá-lo ao meu advogado.


## MATHILDE JACOB

[Breslau,] 11 de agosto de 1917

Minha caríssima Mathilde!

Não posso lhe dizer o quanto sua carta do dia 8, que recebi ontem, me abalou. Então minha Mimi está gravemente doente há meses[274] e eu só fico sabendo disso agora, por acaso, porque, por assim dizer, a pus contra a parede com minhas perguntas?! E a senhora foi capaz de me ocultar algo que me toca tão de perto! Eu lhe pergunto onde simplesmente foi parar seu *respeito* por mim, para que a senhora me trate como a uma criança menor de idade, um "objeto"? É como a história da petição feita pelas minhas costas! Por causa do estado de sítio os militares me metem por anos na gaiola, e meus amigos ainda decretam um estado de sítio privado ao me tratar feito criança, tomam decisões em meu nome ou me privam de notícias importantes. A senhora era a única em cuja palavra eu ainda acreditava

---

274 Nessa altura a gata Mimi já tinha morrido há tempo. Em carta de 24 de agosto de 1917 a Mathilde Jacob Rosa Luxemburgo escreve: "Agora não quero mais escrever sobre Mimi, não falemos mais desse triste capítulo... Mas a senhora pode ver mais uma vez que é mais caridoso dizer logo toda a verdade franca e honestamente do que, por falsa consideração, deixar alguém em erro durante meses. Teria sido para mim muito mais fácil ouvir a triste notícia da sua boca ainda em Wronke, onde eu a tinha tão frequentemente perto de mim e podia perguntar por todos os detalhes que me são caros! E assim aqui estou, sentada com esse fato nu e cru, não conheço os pormenores e me sinto tão rude e insensível que fui capaz de viver quatro meses no total desconhecimento de seu triste fim... Agora, deixemos isso pra lá; eu não a tornarei diferente e a maioria das pessoas age, nesses casos, exatamente como a senhora. Então, basta." (*Gesammelte Briefe*, 5, p.294-95.)

poder confiar, e agora não confio mais na senhora também e estou completamente sozinha. Pois seja!

E agora a senhora simplesmente me escreve que Mimi está doente. E eu devo me contentar com isso! Nenhuma palavra sobre como e o quê! E esse jeito de falar da "idade" de Mimi! Há um ano, quando fui detida, ela ainda era jovem e bela e sadia e estava em esplêndidas condições. Sim, ainda em Pentecostes a senhora queria levá-la para mim em Wronke, então tudo ainda estava bem. E de repente tenho de ouvir falar na "idade" dela! Agora, por favor, eu peço informações *imediatas* e *minuciosas*: 1º desde quando Mimi está doente, 2º quais são os sintomas, 3º se e desde quando se pode notar algum agravamento, 4º se ela come e o quê, 5º que veterinário a examinou.

A chave da bolsa de Hans [Diefenbach] não está comigo, até onde posso me lembrar ela estava na fechadura ou dentro da bolsa. Sobre a minha saúde, eu lhe escreverei na mesma medida em que a senhora me escrever sobre a de Mimi.

Um abraço e cordiais saudações à senhora sua mãe.

Sua R.

Não tenho mais nenhum papel de carta. Agradeço-lhe muito pela toalha verde. Também meus envelopes logo estarão no fim.


## HANS DIEFENBACH

[Breslau,] 13 de agosto de 1917

Pequeno Hans, recentemente lhe escrevi uma breve saudação em um cartão-postal, mas já anseio muito por uma carta sua de verdade. Aqui eu levo a verdadeira existência de prisioneiro condenado, quer dizer, estou dia e noite encerrada na minha cela e só tenho como *vis-*

-*à-vis* a penitenciária masculina. É verdade que posso, sempre que quiser, descer para o pátio, mas é o pátio comum de um estabelecimento desta espécie, em meio aos edifícios da penitenciária, pelo qual os detentos circulam durante o trabalho, de modo que limito a minha presença lá ao mínimo de movimento prescrito pelo médico em consideração à minha saúde, e mesmo durante esses "passeios" olho o menos possível em torno de mim. A queda de qualidade depois de Wronke é drástica sob todos os aspectos, mas não digo isso para me queixar, e sim para explicar porque no momento não lhe posso escrever uma carta feita do perfume das rosas, do azul do céu e de véus de nuvens, como você está acostumado a receber desde Wronke. Minha alegria ainda vai voltar – afinal, eu a trago em mim mesma em quantidades inesgotáveis –, preciso apenas esperar que meu cadáver se restabeleça um pouco, o que até agora está bastante difícil. Meu estômago está em violenta rebelião há uma semana e meia, e tive de passar deitada uma semana inteira, e ainda agora vivo principalmente de compressas quentes e sopinhas ralas. A causa não está clara para mim, talvez seja uma reação nervosa ao brusco agravamento das condições gerais da vida. Hoje já estou um pouco melhor, estive lá embaixo ao sol por uma hora e acho que o pior já passou. Lá no pátio há duas estreitas tiras de uma relva tuberculosa, que são pisadas o tempo todo pelos detentos que penduram ou recolhem suas roupas ao lado delas, e naturalmente não conseguem adquirir viço. Mesmo assim já constatei nelas todas as espécies vindouras, todas em forma de aleijão; algumas aquileias anãs florescem ali e uma dúzia de orelhas-de-lebre (você certamente conhece sem saber a denominação botânica: elas se parecem com dentes-de-leão, apenas muito menores) erguem suas cabecinhas amarelas, ensolaradas. As borboletas da couve, que agora voejam por aí em grandes quantidades, gostam muito de pousar nelas. Também há algumas pombas, como em todo pátio de penitenciária; vêm da vizinhança, mas sentem-se aqui perfeitamente em casa e vêm passear insolentes pelo pátio quando chegam os sacos de cereais (enviados pelos militares) e são despejados, quem sabe aqui e ali ainda cai um grãozinho. Além disso, só alguns pardais andam por aí em silêncio.

Estou lendo agora Mignet e Cunow sobre a Revolução Francesa. Que drama inesgotável, que sempre volta a nos prender e encantar! Mas ainda acho a inglesa mais poderosa e rica de imaginação, mais brilhante, embora tenha se desenrolado nas formas tão sombrias do puritanismo. O Guizot eu já li três vezes, mas ainda o consultarei frequentemente.

Trabalho com afinco na tradução do Korolenko, que prometi entregar até o final do mês. Todavia, ela sofreu um sensível atraso devido a minha doença. – O que você acha dela?

Veio-me à mente que talvez você já me tenha escrito e endereçado à sra. dra. Lübeck e ninguém aqui soubesse que sou eu. Seja como for: não recebi *nada* de sua parte e espero agora ansiosamente por uma carta. Aqui as cartas são para mim visitantes muito queridos, de uma maneira inteiramente diferente que em Wronke.

Adeus, até a próxima carta.

Cordialmente sua
R.

Obs.: claro que já estabeleci aqui minha identidade como sra. dra. Lübeck, e você pode tranquilamente endereçar assim. Diretamente ao comando militar. Você não poderia me enviar alguma literatura? Estou completamente desfalcada. Sonia [Liebknecht] enviou-me um pacote – só coisas impossíveis...

Eu lhe envio com esta um esboço sobre Shakespeare (do dr. Morgenstern).

## HANS DIEFENBACH

Breslau, 27 de agosto de 1917

Pequeno Hans, hoje faz um dia triste, tempo horrivelmente chuvoso, por isso estou o dia inteiro confinada à cela. Mas agora me trouxeram a correspondência: algumas cartas, e entre elas uma sua – e eis-me novamente alegre e serena! Também para mim é uma redenção que a nossa correspondência tenha finalmente retomado o seu fluxo. Aliás, eu tinha justamente lhe escrito para Stuttgart, mas pude ainda reter a carta e lhe escrever esta.

Pobre pequeno Hans, posso adivinhar o estado de ânimo em que você se encontra neste momento, e também sinto a necessidade de saber maiores detalhes de suas tribulações. Também seria favorável a que você se mudasse agora para Stuttgart, a fim de estar junto de seu velho senhor.[275] Se não se pode ajudar com nada nem fazer nada, é pelo menos um alívio estar próximo dele; sua simples presença há de ser uma benção para o pobre homem e, depois de tudo, nós nos fazemos todo tipo de amarga censura por cada uma das horas que não dedicamos aos velhos. Nunca tive a felicidade de poder fazer ao menos esse pouco. Afinal, tinha o tempo todo de cuidar dos negócios urgentes da humanidade e de fazer a felicidade do mundo, e foi assim que encontrei a notícia da morte de meu pai em Berlim ao retornar do Congresso Internacional de Paris,[276] onde travara combates de fazer voar as penas com Jaurès, Millerand, Daszyński, Bebel e Deus sabe com quem mais; entretanto, o velho senhor não pôde esperar mais tempo, deve ter dito a si mesmo que não adiantava nada, ele podia esperar quanto quisesse que eu nunca "teria tempo" para ele e para mim mesma – e então morreu. Quando cheguei de Paris havia já uma semana que ele fora sepultado. *Agora* eu seria mais inteligente, é claro, mas quase sempre nos tornamos mais inteligentes quando é tarde demais. Portanto, se de alguma maneira você puder, vá para junto de seu velho senhor e fique com ele até o fim. Esse conselho não é um sacrifício insignificante de minha parte pois, para mim, é como se em Lissa você estivesse mais próximo, e como se fosse completamente abandonada se você for para Stuttgart. Mas eu tenho tempo – agora tenho muito tempo!... – e, afinal, o correio me traz notícias suas de lá também.

---

275 Referência ao pai de Hans Diefenbach.
276 O Congresso da Internacional Socialista realizado em Paris de 23 a 27 de setembro de 1900.

Romain Rolland não é nenhum desconhecido para mim, pequeno Hans. Ele é enfim um dos corvos brancos *intra et extra muros* que, com a guerra, não sofreram a regressão à psicologia da época de Neanderthal. Li dele *Jean-Christophe em Paris* na tradução alemã. Temo que vá magoá-lo, mas quero, como sempre, ser inteiramente sincera: achei o livro muito corajoso e simpático, mas mais panfleto que romance, não uma verdadeira obra de arte. Quanto a isso, sou tão inapelavelmente sensível que a mais bela tendência não pode substituir para mim o simples gênio divino. Mas lerei de bom grado outras coisas dele, sobretudo em francês, o que será em si um prazer para mim, e talvez encontre em outros volumes algo mais do que naquele.

E como está o meu *Emanuel Quint* de Hauptmann? Você ainda não leu? Pois em seu estado de ânimo atual ele seria um verdadeiro tesouro. Mas se já o tiver *intus*, solicito com urgência seu julgamento.

Há alguns dias que vespas em massa esvoaçam pela minha cela (naturalmente mantenho a janela aberta dia e noite). Elas agora buscam certeiras por alimento e, como você sabe, sou hospitaleira. Coloquei para elas uma tigelinha com todo tipo de guloseimas, da qual se abastecem com vontade. É um prazer ver como esses minúsculos animais desaparecem pela janela a cada dois minutos com uma nova carga para se dirigirem a algum jardim distante cujas copas verdejantes só posso ver de longe, e depois de alguns minutos retornam em linha reta através da janela para se dirigir novamente à tigela. Pequeno Hans, que fabulosa capacidade de orientação nesses olhinhos do tamanho da cabeça de um alfinete, e que memória: elas vêm dia após dia, quer dizer que absolutamente não esquecem durante a noite o caminho para a "mesa de almoço burguesa" por trás das grades! Em Wronke eu as observava diariamente em meus passeios no jardim, como elas furavam buracos e passagens profundos na terra entre as pedras do pavimento e traziam a terra para a superfície. Havia dúzias desses buracos por metro quadrado, impossíveis de distinguir para nossos olhos humanos. Mas cada um desses bichos sabia exatamente o caminho que levava diretamente ao seu na volta de alguma grande excursão na imensidade! O mesmo enigma da inteligência é proporcionado pelos pássaros em suas migrações, assunto com o qual estou me familiarizando agora. Você sabia, pequeno Hans, que durante a migração outonal para o sul aves de grande porte como os grous frequentemente transportam nas costas todo um bando de pequenos pássaros, como cotovias, andorinhas, estrelinhas-de--poupa etc.?! Isso não é história da carochinha, e sim observação cientificamente comprovada. E os pequenos gorjeiam alegres e se distraem com isso em seus "assentos de ônibus"!... Você sabe que durante essas migrações outonais algumas aves de rapina – gaviões, falcões, milhafres – frequentemente fazem a viagem em um bando junto com pequenas aves canoras, que eles normalmente costumam devorar, e que durante essa viagem reina uma espécie de *tregua dei*, um cessar-fogo geral? Quando leio algo assim, fico comovida e sinto alegria de viver e penso que até mesmo Breslau é um lugar onde as pessoas podem viver. Eu mesma não sei por que isso tem esse efeito sobre mim; talvez por me lembrar novamente de que a vida é, afinal, um bela história. Nos primeiros tempos aqui quase me esqueci disso, mas agora a lembrança retorna. Eu não me deixo abater...

Escreva logo.

Afetuosamente sua R.

Anexo uma tocante carta do *front*. Não faço ideia de quem seja o homem.

O. U., 18.8.17
Prezada senhora Rosa Luxemburgo!

Ontem eu me permiti enviar-lhe um pacote de uma libra. Se o diretor ou a administração permitir, e se pacotes com víveres puderem ser-lhe entregues, eu gostaria muito de fazer chegar até a senhora uma remessa postal contendo frutas ou outros produtos comestíveis. Seria para mim uma alegria poder colaborar com alguma miudeza para a preservação de sua saúde.

Se penso no passado e no presente, sempre me vem à mente o seu nome, sua pessoa. Antes do massacre dos povos eu já havia lido coisas boas e belas escritas pela senhora, gostava de ouvir suas palavras nos comícios. A senhora não apenas permaneceu fiel à sua convicção, mas também teve desde sempre que sofrer tratamentos desumanos por causa dela, especialmente durante a "guerra".

Por fim eu lhe desejo boa saúde, ânimo alegre e a liberdade em breve com uma completa realização humana para nós todos.

Muitas lembranças lhe envia
Seu Ottenbacher, Adalbert

## CLARA ZETKIN

Breslau, 27 de agosto de 1917

Minha caríssima Clara!

Hoje recebi seu cartão do dia 21, do mesmo modo que anteriormente sua carta e seu primeiro cartão. Se você quiser acelerar um pouco a nossa correspondência, não a enderece à penitenciária, e sim diretamente ao comando militar de Breslau para mim. Isso normalmente poupa dois dias.

Fiquei muito alegre com suas notícias. Cartas do mundo exterior são, para mim, muito mais valiosas aqui do que eram em Wronke, pois são a única variação na minha existência. É que aqui não há nenhum jardim como lá, e eu fico simplesmente trancada na cela o dia todo como se estivesse cumprindo pena; posso sair para o pátio sempre que quiser, mas isso me atrai tão pouco que só faço ali o mínimo de movimento prescrito pelo médico. Só restam, então, livros e cartas. As visitas infelizmente ainda não estão regulamentadas. Já há um mês que

Sonia [Liebknecht] quer me visitar, mas ainda não obteve permissão, e agosto já está acabando sem que eu tenha visto ninguém. Espero que tudo esteja normalizado em breve.

Alegra-me perceber em sua carta sinais de um renovado vigor intelectual e de equilíbrio. As importunas preocupações econômicas fazem muito bem à sua saúde, pois ao menos a desviam decididamente do trabalho intelectual. Ouvi com grande interesse que você leu o *Oblomov* e está entusiasmada, santo Deus, quantas velhas recordações ele desperta em mim! Pois já nos anos 1880 ele pertencia às reservas férreas da juventude "radical" na Rússia, e com certeza caiu ali em completo esquecimento. Eu, porém, teria prazer em retomá-lo agora, mesmo que só para comprovar o efeito sentido então. Não tenho mais a menor lembrança do conteúdo, apenas uma ideia geral de uma vida humana desesperada, sem nenhum talento para viver e se impor. Se puder, envie-me o livro por alguns dias!

Como me alegra que você queira agora se ocupar com Rodin. Estou curiosa para saber seu julgamento. A leitura na Alexanderplatz no ano passado, naquele buraco onde eu não tinha nenhuma iluminação à noite e, com o livro erguido, colhia o pouco de luz que vinha do corredor e entrava pelo vidro superior da porta, o que me obrigava a ler em pé – a leitura do livro me inspirou e revigorou muito. Parecia-me ter Rodin em pessoa diante de mim e com sua amável bonomia, seu temperamento vivaz e sua voz sonora; ele em tudo me lembrava Jaurès.

Recebi aqui uma tocante carta de homenagem de Luise Zietz, que naturalmente deixarei sem resposta. Caso contrário, teria de lembrá-la da primeira reunião de mulheres depois do início da guerra, na qual ela apelou para a costumeira arma da feminilidade graciosa contra minha "obstinada obstrução", rompendo em lágrimas e ameaçando encerrar a reunião... *Tempora mutantur...*, mas *nos non mutantur, eu* pelo menos *não* acredito em todos esses pecadores e pecadoras convertidos. Eles continuam, na essência de seu ser, o mesmo – *pardon*! – estrume humano que eram, e penso que, quando finalmente sair deste buraco, excetuando uma meia dúzia de pessoas, será entre cadáveres, que não perceberam estarem mortos, que eu caminharei. –

Que bom que Maxim [Zetkin] está de novo com vocês. Dê-lhe lembranças carinhosas de minha parte e também ao poeta. Mil abraços para você, espero ansiosa por notícias suas em breve.

Sua R.

Clarinha, por favor, informe a sua sociedade protetora dos pássaros que as casinhas de chapins que me foram enviadas em Wronke tinham um buraquinho pequeno demais para eles entrarem! O chapim-real tentou alargá-lo com o biquinho, mas é claro que não conseguiu e as deixou inabitadas. Eu senti muita pena. A sociedade protetora dos pássaros tem de ser informada dessas coisas, penso eu.

## FRANZ MEHRING

[Breslau,] 8 de setembro de 1917

Com um olho que ri e outro que chora, também sigo a inesgotável fonte da pena de Kautsky que nunca se cansa de trabalhar um "tema" depois do outro com a paciência de uma aranha, tudo impecavelmente dividido em pequenos capítulos com subtítulos, e tudo "historicamente" considerado, quer dizer, começando pelas névoas primevas para chegar aos nossos dias. Apenas naquilo que é o principal ele infelizmente ainda não sabe o que realmente sabe. Tenho sempre de pensar em Fritz Adler que, quando me visitou pela última vez em Berlim e me disse concordar plenamente com Junius,[277] respondeu à minha objeção: "Mas eu pensava que o senhor tinha a mesma posição de Kautsky", dizendo: "Como alguém poderia? Kautsky também não tem a mesma posição de Kautsky". Mas a gente de Scheidemann logo

277 Referência ao trabalho de Rosa Luxemburgo, *A crise da social-democracia*, publicado sob o pseudônimo de Junius (ver p.15 do v.II desta coletânea).

o transformará num mártir e com isso farão com que sua calva glória volte a brilhar com um fulgor renovado.


## MATHILDE JACOB

Breslau, 9 de novembro de 1917

Minha caríssima Mathilde!

Quero agora escrever-lhe uma carta de verdade. Antes de mais nada, muito obrigada pelo cartão com a bela vista e pela remessa por intermédio de Mat[hilde] Wurm. Fiquei muito feliz com os livros e também com o vestido cinza. Também o pão de Mat[hilde] W[urm] tem um sabor delicioso, mande-lhe por agora lembranças carinhosas de minha parte, logo escreverei a ela longamente. Tenho já tanta saudade da senhora, creio que já passou o tempo de nos revermos. Nunca deixamos passar um tempo tão longo como desta vez – quatro meses! –, e me sinto muito melancólica por isso ter acontecido. Não me sai da cabeça que entre nós as coisas são agora diferentes do que eram, e não faço ideia de qual possa ser o motivo. Não me refiro apenas ao fato de não nos termos visto por tanto tempo, mas também que agora recebo tão raramente notícias suas e que nas cartas a senhora me parece tão alheia. Eu gostaria muito de saber o que se passa em seu íntimo, estar em contato com a senhora como sempre aconteceu durante minha estada em Wronke. A senhora não há de duvidar de que eu gostaria de lhe escrever com frequência, ocorre apenas que simplesmente não *posso*.

Logo precisarei de todo o meu aparato de inverno: o sobretudo azul, os sapatos de neve e, se possível, um chapéu de inverno. Gostaria de ter um do mesmo feitio do chapéu preto de verão e igualmente enfeitado. Tenho dúvidas de que seja possível dar o mesmo feitio aos meus velhos chapéus de veludo; talvez a senhora possa encontrar um novo desse feitio em veludo que não seja muito caro, sempre é mais prático do que reformar chapéus velhos. Mas podemos deixar para tratar disso tudo aqui, e talvez a senhora possa até comprar um aqui. Portanto, o que eu mais queria saber é quando posso esperar por sua visita. Traga-me apenas o sobretudo de inverno, os sapatos e, se possível, também o outro vestido cinza! Gostaria também de pedir que eventualmente me trouxesse retalhos para cerzir o vestido cinza fininho; acho que havia um pacotinho deles nas coisas enviadas de Wronke.

Caríssima, indique-me, por favor, uma livraria em Berlim onde eu possa, em caso de necessidade, encomendar um livro científico. Eu costumava pedi-los à Wertheim e sempre fui muito bem atendida, mas já faz um ano que não tem funcionado, e não sei a quem recorrer caso precise de alguma coisa.

Por favor, encaminhe ao meu advogado a ordem de prisão anexa, ele gostaria de tê-la. Lembre-o de que a ordem de prisão expedida em Posen não foi renovada e, portanto, não tem mais validade.

Como estão sua querida mãe e a senhorita Gretchen? Faz tanto tempo que não tenho notícias delas. De Berta T[halheimer] recebi um cartão de Leipzig que respondi imediatamente. Ela escreve cheia de coragem e ânimo. – Mas *não* recebi os impressos que a senhora me enviou há semanas! Quando estiver aqui, a senhora mesma terá de investigar a razão disso. Por favor, acrescente também sempre ao sobrescrito: Comando Militar, Unidade II d.

O que está lendo agora? O pequeno Hans [Diefenbach] estava entusiasmadíssimo com o "Tolo", de Hauptmann. Aliás, peça a Marta [Rosenbaum] que devolva os *Sonnentage* [Dias de sol] que ela me confiscou; gostaria de guardá-los aqui *para a senhora*, como leitura de hotel. Caríssima, gostaria de lhe escrever muito mais ainda e lhe perguntar sobre muita coisa, mas tenho de encerrar. Quando a senhora vem? Muitos abraços e beijos carinhosos.

Sua R.

Minhas melhores lembranças a sua querida mãe.
Fico feliz com o casamento de Paul [Levi]!

## LUISE KAUTSKY

Breslau, 15 de novembro de 1917

Caríssima!

Obrigada pelas duas palavrinhas, que me encheram de vergonha por lhe ter dado a notícia de modo tão sumário e sem rodeios.[278] Mas eu a recebi do mesmo modo e pensei: numa situação *como esta*, a brevidade e a franqueza ainda são o que há de mais piedoso, como no caso de uma operação arriscada. Ainda agora não encontro palavras para o que aconteceu.

Eu só gostaria de poder estar agora com você e Hans [Kautsky], pois sinto como se a atmosfera do amor entre nós três, que envolvia a pessoa dele de algum modo, ainda o mantivesse vivo.

Não consigo sair do estado de profundo espanto: será possível? Sinto como se fosse uma palavra calada no meio da frase, como um acorde subitamente interrompido que eu continuasse a ouvir.

Nós tínhamos milhares de planos para o tempo depois da guerra, queríamos "gozar a vida", viajar, ler bons livros, admirar a primavera como nunca antes... Eu não compreendo: será possível? Como uma flor arrancada e pisoteada...

Caríssima, não abaixe a cabeça. É preciso conservar o orgulho e não demonstrar nada. Temos apenas de nos unir um pouco mais, para ter "mais calor". Abraços para você e para Hans com o mais fiel amor.

Sua R.

---

278 Alusão à morte de Hans Diefenbach, no *front* na França, na noite de 24 para 25 de outubro de 1917.

## SOPHIE LIEBKNECHT

[Breslau, depois de 16 de novembro de 1917]

Minha amada Sonitchka, espero ter em breve uma nova oportunidade de finalmente lhe enviar esta carta, e tomo da pena cheia de saudade. Por quanto tempo agora tive de renunciar ao caro hábito de, ao menos por meio do papel, conversar com você! Mas não era possível. As poucas cartas que podia escrever tinha de reservar para Hans D[iefenbach], que esperava tanto por elas. Mas agora isso passou, minhas duas últimas cartas já foram escritas para um morto, uma delas já recebi de volta. O acontecido ainda é incompreensível para mim. Mas é melhor não falar disso, essas coisas eu prefiro resolver só comigo mesma, e quando alguém quer me preparar "com delicadeza" para a má notícia e me "consolar" com os próprios lamentos, como fez (Clara), isso só me irrita indescritivelmente. Que meus amigos mais íntimos me conheçam tão pouco e me subestimem tanto, que eles não entendam: o melhor e mais delicado nesses casos é me dizer o quanto antes, de modo sumário e simples, as duas palavras: ele morreu – isso me desgosta. Mas basta.

Sonitchka, meu querido passarinho, quantas vezes eu penso em você; mais que isso, para mim você está sempre presente e sempre tenho a sensação de que está sozinha e castigada pelo vento como um pardal enregelado e de que eu teria de estar perto de você para alegrá-la e animá-la. Que pena os meses e anos que passam agora e durante os quais nós poderíamos viver tantas belas horas juntas, apesar de tudo de terrível que acontece no mundo. Sabe, Soniucha, quanto mais isso dura, quanto mais a indignidade e a monstruosidade que acontecem todos os dias ultrapassam todos os limites e todas as medidas, mais tranquila e firme interiormente eu me sinto, do mesmo modo que diante de um elemento, uma nevasca, uma inundação, um eclipse do sol, não podemos empregar critérios morais, e apenas podemos tomá-los como algo dado, como objeto de investigação e conhecimento.

Irar-se e indignar-se com uma humanidade inteira é, afinal de contas, absurdo.

É evidente que *estes* são os únicos caminhos objetivamente possíveis da história, e temos de acompanhá-los sem nos deixar confundir quanto à direção principal. Eu tenho a sensação de que todo esse lodo moral no qual chapinhamos, esse grande hospício em que vivemos, pode virar pelo avesso de uma vez, de hoje para amanhã, como que pela ação de uma varinha mágica, *pode* se transformar em algo imensamente grandioso e heroico e, se a guerra durar ainda alguns anos, *tem* de se transformar. Então, justamente essas mesmas pessoas que agora degradam aos nossos olhos o nome da humanidade participarão do delírio de heroísmo e tudo o que há hoje será apagado e exterminado e esquecido, como se nunca tivesse existido. Não posso deixar de rir com essa ideia e, ao mesmo tempo, se ergue dentro de mim o clamor por desforra, por punição: como todas essas patifarias devem ser esquecidas e ficar impunes, e a escória da humanidade de hoje deverá amanhã andar de cabeça erguida, se possível coroada de louros frescos, nos cumes da humanidade, e ajudar a realizar os mais altos ideais? Mas a história *é* assim. Eu sei muito bem que o acerto de contas *jamais* é orientado pela "justiça" e que temos de aceitar tudo como é. Ainda me lembro de como no meu tempo de estudante em Zurique li certa vez, banhada em lágrimas quentes, os *Otcherki pervobytnoi kultury* [Esboço das culturas econômicas primitivas] do professor Siber, em que ele descreve a expulsão sistemática e o extermínio dos peles-vermelhas da América pelos europeus, e cerrei os punhos de desespero, não apenas por aquilo ter sido possível, mas também porque nada foi vingado, punido, desforrado. Eu tremia de dor por aqueles espanhóis, aqueles anglo-americanos já estarem mortos e putrefatos há muito tempo e não poderem ser despertados para serem submetidos eles mesmos a todos os martírios que causaram aos índios. Mas essas são ideias infantis, e assim também os pecados de hoje contra o Espírito Santo e toda a indignidade se perderão na desordem das contas históricas não saldadas, e em breve serão todos novamente "um único povo de irmãos".

Eu tomei perfeita consciência disso quando li hoje a respeito do telegrama que os social-democratas de Viena enviaram ao governo de Lênin. Apoio entusiástico e congratulações! Os Adler,

Pernerstorfer, Renner, Austerlitz – e os russos que têm seu sangue derramado! Mas é assim que vai ser, mais tarde as pessoas pretenderão nunca ter sido diferentes... Aliás, desde o início do mundo não deve ter sido diferente. Leia *Os deuses têm sede*, de Anatole France. Tenho essa obra em alta conta, principalmente porque aponta com um olhar genial para o demasiado humano: vejam, por figuras lastimáveis como estas, e de mesquinharias cotidianas como estas, é que nos momentos propícios da história são realizados os feitos mais gigantescos e os gestos mais monumentais. É preciso tomar tudo nos acontecimentos sociais do mesmo modo que na vida privada: com calma, desprendimento e um sorriso suave. Acredito firmemente que depois da guerra, ou no final dela, tudo enfim vai mudar, mas nós temos evidentemente que primeiro chapinhar por um período dos piores e mais desumanos sofrimentos.

É para rir e para chorar que um passarinho tão delicado, nascido para a luz do sol e para o canto despreocupado, como você, seja atirado pelo destino num dos períodos mais sombrios e cruéis da história mundial. Mas em todo caso navegaremos lado a lado através dos tempos e tudo correrá bem.

*À propos*, minhas últimas palavras me evocam outra ideia, um fato que gostaria de compartilhar com você, pois me pareceu tão poético e tão tocante. Li recentemente numa obra científica sobre a migração dos pássaros, um fenômeno ainda hoje muito enigmático, que foi observado como diferentes espécies, que normalmente se combatem e devoram como inimigos mortais, fazem pacificamente lado a lado a grande viagem para o sul por sobre o mar: no inverno chegam ao Egito enormes bandos de pássaros que zumbem nas alturas e escurecem o céu feito nuvens, e nesses bandos, no meio de aves de rapina, açores, águias, falcões, corujas, voam milhares de aves canoras, como cotovias, estrelinhas, rouxinóis, sem sentirem medo algum entre os ladrões que normalmente os perseguem. Durante a viagem, portanto, parece dominar uma *trève de Dieu*; todos anseiam pelo destino comum e caem semimortos sobre a terra às margens do Nilo, a fim de se agruparem segundo a espécie e procedência. E há mais ainda: foi observado que, durante essa viagem sobre "o grande lago", pássaros grandes levam nas costas muitos outros pequenos, e assim foram vistos passarem em alarido bandos de grous ("olha, olha, Timóteo!")[279] sobre cujo dorso gorjeavam alegremente minúsculas avezinhas canoras! Não é encantador? Se também nós tivermos de voar com tempestade e ímpeto "sobre o grande mar", então tomaremos a Sonitchka nas costas e ela gorjeará despreocupada para nós durante a viagem...

Diga-me, você voltou alguma vez ao Jardim Botânico? Não perca a oportunidade! Lá *sempre* há algo para se ver e – se prestarmos atenção à voz dos pássaros – também para ouvir. Fiquei tão feliz por *Orfeu* ter lhe agradado. Como você pode sempre dizer que não é musical, se vibra tanto com uma bela música? Em todo caso é um tormento – ao menos para mim – ter de ouvir uma bela música completamente só. Na minha opinião, Tolstoi demonstrou o mais profundo entendimento quando disse que a arte é um meio de comunicação social, uma "linguagem" social. Ela existe para que possamos nos entender com pessoas com quem temos afinidades espirituais, e é ao ouvir os doces sons de uma esplêndida peça musical ou diante de um quadro muito comovente que sentimos mais amargamente a solidão.

Descobri recentemente em uma seleção de poesias, aliás muito insípida e confusa, um poema de Hugo von Hofmannsthal. Normalmente não gosto nada dele, eu o acho composto, refinado, obscuro, simplesmente não posso compreendê-lo. Mas esse poema me agradou muito e me deixou uma forte impressão poética. Eu o envio junto desta carta, quem sabe não lhe dará prazer.

Estou agora profundamente mergulhada na Geologia. Ela lhe parecerá talvez uma ciência muito árida, mas isso é um equívoco. Eu a leio com um interesse febril e uma satisfação apaixonada, ela amplia enormemente o horizonte espiritual e proporciona uma ideia tão unitária, abrangente, da natureza como nenhuma ciência especializada. Gostaria de lhe contar uma porção de coisas a respeito, mas para isso precisaríamos poder nos falar, passear juntas numa manhã

---

279 Da balada *Die Kraniche des Ibykus* [Os grous de Ibico], de Friedrich Schiller.

no campo de Südende ou então nos acompanhar algumas vezes uma à outra na ida ou na volta para casa numa noite calma de luar. O que você está lendo? Como vai a *Lessing-Legende* [Lenda de Lessing]?[280] Quero saber tudo a seu respeito! Escreva-me – se for possível – *imediatamente* pela mesma via ou pela via oficial, sem mencionar esta carta. Já conto silenciosamente as semanas que faltam para que a veja aqui outra vez. Deverá ser logo depois do ano-novo, não é? Como já me sinto feliz por isso!

Soniucha, gostaria de lhe pedir um presente de Natal: um retrato seu. Seria o mais belo presente que você poderia me dar.

O que escreve Karl? Quando o verá de novo? Dê-lhe milhares de lembranças minhas. Um abraço, um forte aperto de mão, minha querida, querida Sonitchka! Escreva logo e muito!

Sua RL

## MARGARETE MÜLLER

[Breslau, depois de 16 de novembro de 1917]

Prezada e excelentíssima senhora!

Muito obrigada pelas linhas que me escreveu. Se num momento de tão grande dor pode-se falar em consolo, então ele me foi dado por suas palavras. Nossos pensamentos se encontram. Já antes de receber sua carta eu havia decidido que, assim que puder novamente dispor livremente de minha pessoa, quero viajar para Stuttgart e conhecer a irmã de Hans. Sinto como se tivesse de ir buscar e reunir em qualquer parte do mundo sinais ainda vivos da existência dele – e onde os poderia encontrar com mais certeza que junto da senhora?

280 De Franz Mehring.

Hans me contou mais de uma vez sobre sua íntima amizade fraternal com a senhora nos tempos da primeira juventude, e também sobre a viagem que fizeram juntos a Veneza. Ninguém melhor que eu pode saber o que a perda dele significa para a senhora, pois acredito que quase ninguém o conhecia melhor que eu. A senhora tem razão: Hans superava qualquer pessoa que conheço em nobreza interior, pureza e bondade. Em mim isso não é o costumeiro impulso, de falar coisas boas a respeito de um morto. Só recentemente, de minha prisão anterior, escrevi a ele por um motivo especial que dizia respeito a nossos amigos, o quanto era benéfica e tranquilizadora para mim a ideia de que ele, Hans, nunca seria capaz de praticar uma ação indigna, mesmo quando não estivesse sendo observado, mesmo no mais secreto compartimento do pensamento. Tudo quanto é mau era de todo estranho ao seu ser, como se ele fosse inteiramente feito do mais puro, do melhor material de que se pode fazer uma pessoa. Suas fraquezas – claro que também as tinha – eram as de uma criança que não está preparada para a realidade da vida, para a luta e toda sua inevitável brutalidade, e que vive com um constante medo íntimo da vida. Sempre temi que ele permanecesse um eterno diletante da vida, entregue a todas as tempestades da vida; tentei, até onde iam as minhas forças, levá-lo com uma delicada pressão a se ancorar na realidade de algum modo. Agora tudo está acabado. Eu perdi ao mesmo tempo meu amigo mais caro, que compreendia e sentia comigo como ninguém cada um de meus estados de ânimo, cada sentimento. Na música, na pintura e na literatura que, para ele, assim como para mim, eram como que o ar vital, nós tínhamos os mesmos deuses e fazíamos descobertas comuns. Agora mesmo li, para me restabelecer, a maravilhosa correspondência de Mörike com sua noiva, e a cada bela passagem eu pensava, por um velho hábito: "Tenho de chamar a atenção de Hans para isso!". Não posso me acostumar à ideia de que ele agora desapareceu sem deixar vestígios...

Um cordial aperto de mão.

R.L.

## LUISE KAUTSKY

[Breslau,] 24 de novembro de 1917

Caríssima Lulu!

Escrevi-lhe recentemente algumas linhas. Aproveito agora a oportunidade, embora justamente agora me seja difícil escrever alguma coisa. Com *você* afinal eu não posso falar de quase nada a não ser *daquilo*,[281] mas justamente sobre aquilo não há o que dizer. Eu ao menos não sei dizer uma palavra. Também não devo pensar a respeito, caso contrário não poderia suportá-lo. Ao contrário, continuo a viver o sonho de que ele está aí, eu o vejo vivo diante de mim, converso com ele em pensamentos sobre tudo, em *mim* ele continua a viver.

Ontem enviaram de volta a carta que escrevi para ele em 21 de outubro, já é a segunda. Cartas que não o alcançaram.

Recebi uma bela carta da irmã dele, deve ser uma mulher gentil, afinal, era irmã de Hannes.

E você, o que tem feito, como vive agora sem todos os seus meninos? Sua casa deve estar totalmente silenciosa e vazia agora. Como é que você passa os dias? Eu ainda a vejo como em maio, em Wronke. Naquela ocasião, você tinha um ar tão doce, trazia no olhar uma expressão tão temerosa e dolorosa. Você não me viu enquanto eu a observava de meu esconderijo, você atravessou o pátio em direção a nossa "casa" trazendo a maletinha com os presentes na mão, eu olhei para seu doce semblante e pensei comigo: como são jovens esses olhos azuis acinzentados, onde há tanta busca inquieta e insatisfeita e tanto tormento sem amparo, esses olhos são vinte anos mais jovens que o restante de sua figura; eles traem que no fundo você ainda é a mesma menina assustadiça que tateia e procura. Como eu a amo justamente por essa insegurança íntima!... Neste momento eu gostaria de estar fora daqui para me sentar junto de você e conversar. Caríssima, não

---

281 Da morte de Hans Diefenbach.

seja medrosa, não viva como um sapinho pisoteado! Veja como temos agora – pelo menos aqui – dias de primavera tão esplêndidos e amenos, as noites com a lua prateada são tão belas. Eu não me canso de olhar quando faço meu passeio ao crepúsculo pelo pátio do presídio (saio de propósito à noite, para não ver os muros e toda a vizinhança). Leia algo de belo! Você tem bons livros no momento? Por favor, escreva--me contando o que está lendo, talvez eu lhe envie ou ao menos lhe recomende algo de belo que possa reconfortá-la.

Estou imersa até as orelhas na Geologia, que é para mim uma fonte extraordinária de inspiração e de alegria. Fico com medo ao pensar em como a vida que me resta será curta e quanta coisa ainda haveria a aprender!

Você fica feliz pelos russos? Claro que não poderão se aguentar nesse sabá de bruxas – não porque a estatística indica um desenvolvimento econômico tão atrasado na Rússia, como calculou seu sensato marido, mas porque a social-democracia no ocidente altamente desenvolvido se constitui de covardes miseráveis que ficam observando tranquilamente os russos se esvaírem em sangue. Mas um fim desses é melhor do que "continuar vivendo pela pátria", é um ato de história universal cujos vestígios não se perderão nos éons. Eu ainda espero muita coisa grandiosa nos próximos anos, só não queria ter de contemplar a história universal apenas através das grades…

Caríssima, continue tranquila e firme, continue alegre apesar de tudo – e me escreva logo. Um abraço para você.

Sua R.

## CLARA ZETKIN

[Breslau,] 24 de novembro de 1917

Minha caríssima Clara!

Escrevo-lhe aproveitando uma oportunidade, portanto em cartas futuras não se refira a esta.

Muito obrigada por suas duas longas cartas, que recebi ao mesmo tempo, uma vez que o pacote levou dez dias para chegar. Eu havia lhe escrito brevemente que já no dia 9 recebera a notícia sobre Hannes. Gerlach, que de tempos em tempos me escreve, a transmitiu a mim sem demora, pelo que lhe fiquei muito grata. Fazer belas frases a respeito não serve de nada.

Fez-me um bem imenso saber que Maxim [Zetkin] sentiu tão profundamente a morte de H[annes]. Quando lhe escrever, pergunte-lhe se ainda se recorda daquela despedida no balcão de minha casa, no dia 2 de agosto de 1914, quando Hannes assegurou, chorando feito uma criança, que não queria e não podia ir para a guerra, que não o suportaria e tinha o pressentimento de que não voltaria, e eu tive de consolá-lo como a um menino pequeno. Maxim sorria calado ao seu modo, mas creio que também tinha lágrimas nos olhos. Naquela ocasião ainda os acompanhei num longo passeio pelo campo. É verdade que em 1916 ainda vi Hannes uma vez, em Berlim, e depois ele foi me visitar em Wronke.

Espero que agora você se recupere, também no que se refere à saúde, uma vez que está tão feliz com sua visita. Logo será ano-novo, e então já podemos esperar pela primavera, que a levará novamente para o jardim. Aqui eu pratico uma jardinagem em miniatura. Todo mundo me bombardeia com tantas flores e vasos que tenho na cela um verdadeiro jardim de inverno, e não é pouco o tempo que preciso despender regando e salpicando de água todo esse povinho. Entre outras, consegui que uma fúcsia florescesse pela segunda vez em outubro e, borrifando cuidadosamente os brotos, consegui que produzisse *frutos*. Nunca tinha visto frutos dessa espécie, pois pessoas desavisadas quase sempre arrancam os brotos murchos, e com isso nunca lhes permitem tornarem-se frutos. Eu me interessava muito, portanto, em saber o que ela produziria. Trata-se de uma frutinha vermelha, carnuda, do tamanho de uma avelã e cheia de sementes cinzentas no miolo. A fúcsia, aliás, pertence à mesma família que o epilóbio. Agora borrifei um grande lírio branco florescente, vamos ver que fruto vai dar.

De animais eu só tenho pombos aqui, que alimento, e todas as manhãs, assim que apareço na porta do pátio, se precipitam em minha direção vindos de todos os lados.

Você recebeu de volta o *Oblomov* que lhe enviei há um mês? Eu queria remetê-lo com registro, mas o correio daqui não aceita objetos registrados. Perdoe, mas não pude ler além da página 25. Eu o havia lido em russo há muito tempo, e ficara muito entusiasmada. Agora o livro me pareceu tão insuportável, prolixo e incolor, e, sobretudo, Oblomov aparece já na primeira página como um tipo tão acabado e levado ao extremo, que não sei o que mais ele poderia oferecer; qualquer desenvolvimento e, portanto, qualquer interesse já estão imediatamente descartados. Muito obrigada, então, mas para mim foi impossível.

Recebi agora, entre outros, um livrinho, *Fremdenlegionär Kirsch* [O legionário Kirsch], de Hans Paasche, que só me interessa por causa do autor. Não sei se você sabe alguma coisa a respeito dele. Hans P[aasche] é filho do antigo vice-presidente do Reichstag, casou-se recentemente com a filha de Witting, o burgomestre de Posen (irmão de Harden), e ambos fizeram uma viagem de núpcias às nascentes do Nilo, durante a qual a mulher, que domina perfeitamente o suaíli, compartilhou todas as fadigas. Os dois escreveram um livro sobre a viagem (do qual li um trecho no *Berliner Tageblatt*), em que se expressam de maneira tão humana e libertária sobre os negros, que o livro foi imediatamente apreendido e destruído. Hannes queria providenciá-lo para mim, mas não o pode mais obter. Agora, recentemente, o mesmo Hans Paasche foi preso – segundo consta, por causa de um panfleto no qual teria conclamado as mulheres da indústria de munição a uma greve geral!… O fato é que ele se encontra em prisão preventiva. Não é maravilhoso descobrir de repente que ainda há seres humanos, *homens*, e justamente em círculos onde menos poderíamos supô-los? Veja, por exemplo, a coragem com que Th. Wolf se mantém no *B[erliner] T[ageblatt]*, especialmente se o comparamos com o *Vorwärts*.

A batracomiomaquia dos "independentes" contra a gente de Scheidemann me faz passar mal. Eu realmente não tenho mais condições de ler os relatos triunfantes sobre as pregações itinerantes dos Vogtherr, Geyer e Dittmann, ainda mais quando evoco a imagem dessas figuras. Que atitude lamentável e ridícula a deles naquele "memorável" caso Michaelis (por causa dos marinheiros de Wilhelmshaven).[282] Foi de chorar.

Ora, que o diabo os leve a todos. Apesar de tudo, estou confiante quanto à situação geral, porque agora estou convicta de que é inevitável que dentro de alguns anos ocorra uma grande revolução em toda a Europa – sobretudo se a guerra se prolongar muito –, e isso é mais que provável.

As coisas na Rússia são de uma grandeza e de uma tragicidade notáveis. Claro que os partidários de Lênin não poderão se impor diante desse caos inextricável, mas só a sua campanha já é um fato da história universal e um verdadeiro "marco" – diferente do costumeiro "marco" do falecido Paulus [Singer] no final de cada congresso pérfido, bestial, abjeto e bostífero do partido alemão. Tenho a certeza de que os nobres proletários alemães, exatamente como os franceses e ingleses, deixarão tranquilamente que por ora os russos se esvaiam em sangue. Mas em alguns anos tudo deverá mudar em toda parte, e então de nada valerão a covardia e a fraqueza. Aliás, agora vejo tudo isso com perfeita tranquilidade e alegria. Quanto mais a bancarrota geral assume dimensões gigantescas e uma firme continuidade,

---

282 O chanceler Georg Michaelis, no debate no Reichstag, em 9 de outubro de 1917, sobre a tentativa de insurreição dos marinheiros da frota de alto mar em agosto de 1917 em Wilhelmshaven, corroborou sua declaração anterior de que o USPD era um partido perigoso para a existência do Império alemão e que por isso não podia enfrentá-lo de maneira objetiva, como outros partido e tendências. Nesse debate os dirigentes do USPD afastaram-se da luta revolucionária dos marinheiros, cujos representantes, desde a fundação do partido em abril de 1917, haviam recorrido a eles. Os dirigentes do USPD limitaram-se a lamentar que os marinheiros, depois da repressão da tentativa de insurreição, tivessem sido vítimas da Justiça Naval.

mais ela se torna um fenômeno elementar contra o qual parâmetros morais são totalmente inadequados. É ridículo se encolerizar contra uma humanidade inteira, é preciso estudar e observar as coisas com a tranquilidade de um naturalista. Tenho a sensação segura de que a evolução se encaminha agora para viradas decisivas. Só gostaria de saber se terei de observar tudo isso por detrás das grades.

Claro que leio seu "suplemento feminino" com a maior atenção. A pobre Berta [Thalheimer] me faz muita pena, mas recebi dela algumas linhas alegres e corajosas. Se minha resposta lhe foi entregue, não sei.

Margarete Wengels me escreve cartas muito simpáticas. Uma grande pena o que aconteceu com o filho dela, que, aliás, foi meu aluno. Westmeyer é uma grande perda. Sempre pensei que ele ainda teria um papel em grandes eras.

Receba muitos abraços

Sua R

Por favor, enderece apenas Comando Militar Unidade II d, Breslau, Karlstrasse.

(Não me mande mais sal, infelizmente não posso suportá-lo. Muitíssimo obrigada pelas maçãs!)


## SOPHIE LIEBKNECHT

[Breslau,] 24 de novembro de 1917

Minha cara pequena Sonitchka, eu, de todo modo, tinha planejado aproveitar mais uma vez a oportunidade de lhe escrever. Mas ontem também recebi sua querida carta e preciso conversar com você, embora, infelizmente, não tenha tanto tempo e sossego para isso quanto gostaria.

Não me fale em "damazinhas histéricas", meu passarinho. Será que você não entende, que você não notou que as melhores mulheres sofrem do seu mal? Repare nos olhos da pobre Marta [Rosenbaum], nos quais há tanto sofrimento inominável e tanto indizível temor – temor de que as cancelas da vida já estejam fechadas e a verdadeira vida nem mesmo tenha sido tocada e degustada. Luise [Kautsky], quando a conheci, era uma pessoa completamente diferente do que é hoje – robusta, satisfeita, quase insensível, pronta. Desde então o sofrimento e o trato com outras pessoas que não o marido a tornaram um ser sensível, delicado; olhe nos olhos dela: quanto espanto, inquietude, cautela e busca e dolorosa decepção! E é de tudo isso que você também se queixa... Se falo de tudo isso, não é para lhe oferecer algo como um insípido consolo, como se você devesse esquecer seus sofrimentos só porque outros também sofrem com as mesmas coisas. Eu sei que, para cada pessoa, para cada criatura, a *própria* vida é o único, insubstituível bem que se possui, e que, a cada vez que esmagamos, distraídos, uma moscazinha, o mundo inteiro se acaba; para os olhos dessa moscazinha, cuja luz se extingue, é o mesmo que se o fim do mundo exterminasse toda a vida. Não, eu lhe falo das outras mulheres justamente para que não subestime e despreze sua própria dor, para que você mesma não se entenda erroneamente e não distorça sua imagem diante de seus próprios olhos. Oh, como eu compreendo bem que cada bela melodia, cada flor, cada dia de primavera, cada noite de lua signifique para você um anelo e uma atração para o que o mundo pode oferecer de mais belo. E como entendo que você esteja enamorada "pelo amor"! Para mim também o amor muitas vezes foi (ou é?...) algo em si mais importante e sagrado do que o objeto que o inspira. E isso porque ele permite ver o mundo como um cintilante conto de fadas, porque faz aflorar o que há de mais nobre e belo no ser humano, porque eleva o que há de mais comum e insignificante e o craveja de brilhantes e porque possibilita viver em embriaguez e êxtase... Mas, pequena Soniucha, *você* não está, como Marta e Luise, nos limites da vida. Você é jovem e bela e ainda tem de viver verdadeiramente. Só é preciso superar esses poucos anos fatais, mas então – muita coisa tem de mudar, de um modo ou de outro. Você não deve e não pode já dar sua conta por encerrada, isso é ridículo. Eu gostaria ainda de imergi-la em todo o êxtase da felicidade de viver, e defenderei firmemente o seu direito a isso. –

Você se engana ao pensar que eu me oponho por princípio aos poetas modernos. Há uns quinze anos li Dehmel com entusiasmo – algum trecho em prosa dele – junto ao leito de morte de uma mulher amada – só tenho disso uma vaga recordação – e me encantei. Ainda sei de cor o *Phantasus*, de Arno Holz. Naquela época, a "Frühling" [Primavera] (poema em prosa), de Johann Schlaf, me arrebatou e enfeitiçou. Então me afastei e retornei a Goethe e Mörike. Hofmannstahl, eu simplesmente não compreendo, ao fim e ao cabo não entendo nada. George não conheço. É verdade: em todos eles temo um pouco o domínio magistralmente perfeito da forma, do meio de expressão poético, combinado à falta de uma grande e nobre visão de mundo. Essa cisão me soa tão oca na alma que transforma a bela forma em carranca. Eles, em geral, reproduzem *estados de alma* maravilhosamente. Porém, estados de alma não bastam para constituir um ser humano.

Sonitchka, as tardes agora são tão maravilhosas quanto na primavera. Às 4 horas desço para o pátio, quando já começa a escurecer, pois assim não vejo a horrível vizinhança envolta no misterioso véu das trevas e, além disso, o céu resplandece com uma doce luz azulada na qual flutua uma clara lua de prata. Todos os dias a essa hora, centenas de gralhas passam no alto sobre o pátio, voando em um grande bando algo disperso na direção dos campos, em busca de sua "árvore-dormitório" onde descansam durante a noite. Elas voam com um lento bater de asas e trocam estranhos sons – muito diferentes daquele agudo "cráá" com o qual se lançam rapinantes contra suas presas. Agora ele soa abafado e suave, um fundo som gutural que tem para mim o efeito de uma pequena bola de metal. E quando várias delas soltam alternadamente esse "cau-cau" do fundo da garganta, tenho a impressão de que elas brincam atirando umas contra as outras bolinhas de metal que descrevem arcos no ar. É uma conversa tranquila a respeito do que viveram, "do dia, do dia que hoje gozamos...". Elas me parecem tão sérias e importantes, seguindo assim toda noite seus costumes e o caminho que lhes é determinado. Eu sinto algo como reverência por esses grandes pássaros que acompanho com os olhos, de cabeça levantada – até o último. Então caminho no escuro daqui pra lá e vejo os prisioneiros que ainda terminam apressadamente seu trabalho no pátio, que passam como sombras indistintas, e me alegro por estar eu mesma invisível – tão só, tão livre com meus devaneios e os cumprimentos furtivos entre mim e o bando de gralhas lá no alto, eu me sinto tão bem na suave brisa primaveril. Então os prisioneiros atravessam o pátio em direção a casa, dois a dois, em passo de marcha, dez pares enfileirados, carregando os pesados caldeirões (a sopa da noite!); sou a última a entrar; no pátio, nos prédios da administração, as luzes vão se apagando uma a uma, eu entro na casa e as portas são fechadas e trancadas em duas etapas – o dia terminou. Sinto-me tão bem, apesar do sofrimento por Hans. É que vivo num mundo de sonho, no qual ele não morreu. Para mim continua vivo e eu, muitas vezes, sorrio para ele quando penso nele.

Sonitchka, minha pequena querida, passe bem. Estou tão feliz com sua vinda. Escreva logo outra vez – provisoriamente por vias oficiais, que também é possível – e depois aproveitando as oportunidades.

Eu abraço você

Sua R


## LUISE KAUTSKY

[Breslau, 19 de dezembro de 1917]
Quarta-feira

Caríssima! Ainda sob impressão da querida e longa carta que recebi de você hoje e já li várias vezes, quero responder-lhe imediatamente, com a esperança de poder lhe enviar muito em breve minha epístola *sub rosa*. Fiquei tão feliz com a carta! Mas não tanto pelo tom, que me pareceu pouco alegre, um pouco frio. É como se uma sombra pairasse sobre você – talvez a sombra de Hannes... Eu compreendo, mas me fez pena. Li e reli a carta tentando sentir nela o sopro tão familiar, impulsivo, tempestuoso e quente que sempre consegui tirar de você quando bati à sua porta, e que é imprescindível para o meu coração.

Como pode ser, minha ovelhinha, que de tempos em tempos você volte a duvidar de minha amizade? Fiquei espantada, pois sei que nossa relação tem fundamentos tão sólidos, duplamente reforçados agora, depois da perda de Hannes. O que é que reavivou a dúvida em você? Diga--me pra que eu possa fazer uma ideia. É verdade que escrevo raramente, mas você deve compreender que é *exclusivamente* um constrangimento externo que me impede e me faz perder o gosto de escrever. Eu não posso me entregar como gostaria, se ao escrever tenho de pensar se a carta já não ultrapassou a medida permitida, se não está longa demais etc. Preciso me sentir livre para escrever tanto quanto tiver vontade, como agora, e só assim posso conversar sem constrangimento.

Também as visitas naturalmente são em minha atual situação apenas um meio-prazer. Só agora, por exemplo, posso lhe explicar por que aquela visita, quando você foi pela primeira vez a Wronke, acabou sendo tão chocha. Imagine que no momento de entrar no aposento fui surpreendida por uma regulamentação totalmente nova do procedimento. Até ali normalmente havia apenas uma pessoa de guarda, e eu me sentava bem junto da minha visita, mão na mão, conversava despreocupadamente; de repente encontrei uma rigorosa guarda dobrada e uma longa mesa entre mim e você! Foi como um banho de água fria, ainda mais que não me disseram uma sílaba sobre os motivos desse endurecimento (mais tarde fiquei sabendo da suspeita que a boa Marta [Rosenbaum] despertara com sua ingenuidade). Fiquei de tal modo indignada com esse tratamento, do qual você naturalmente não podia fazer um julgamento, que, no primeiro momento de irritação, decidi renunciar de uma vez por todas às visitas. Naturalmente eu não podia lhe explicar o contexto e por isso lhe pareci tão gratuitamente mal-humorada. Só na manhã seguinte tinha me acalmado suficientemente para dizer a mim mesma que não ligava a mínima ao acontecido e me alegrar do fundo do coração com a sua visita. Aqui se procede de modo inteiramente gentil e simples, e por isso quero de lhe perguntar: quando você pensa em vir? Em sua carta você nada diz a respeito, e isso me inquietou. Claro que não quero pressioná-la e só lhe peço que me visite se saúde, tempo, vontade e disposições o permitirem, e se você realmente tiver algum interesse em vir. Poderíamos nos ver umas quatro vezes e penso que o Ouriço[283] também a acompanharia fielmente. Ainda me lembro de como fiquei quando o entrevi de repente pela fresta da porta. Talvez aqui também ocorresse um *improptu* semelhante, sim, com certeza ocorreria. Aliás, mais tarde volto a falar do Ouriço, pois hoje quero dar livre curso ao meu coração e aos meus pensamentos.

Mas primeiro falemos de Hannes, nosso caro, terno e puro menino, como não há outro no mundo. Só recentemente eu soube por um amigo comum, Gerlach (lembra-se dele? É uma das vítimas daquela nossa história de carnaval quando perambulamos mascarados em Friedenau e arrancamos de casa e arrastamos conosco cidadãos adormecidos) que ele deixou coisas como anotações, diários ou poemas. G[erlach] era muito próximo de Hannes e até hoje está completamente alquebrado com o golpe. Este G[erlach] teve agora oportunidade de conversar bastante no hospital em Stuttgart, onde se encontra doente, com a "tia" de Hannes, a Senhorita Reich, que era a governanta na casa do pai dele, e foi quase uma segunda mãe para Hannes. Ela contou coisas a respeito da infância e da juventude de H[annes] e também falou a respeito dos escritos deixados por ele. Gerlach espera poder vê-los e, naturalmente, escrever-me a respeito. Também o irmão de Julek, de Posen, com quem H[annes] tinha, como você sabe, uma estreita amizade, perguntou pelos *poemas* de H[annes]; ao que parece, portanto, Hannes falou desses poemas lá, talvez os tenha lido para eles. Eu mesma nada sei a respeito, a não ser que ele me dedicou algumas vezes belos poemas levemente humorísticos, à maneira de Heine. Você troca, se não estou enganada, correspondência com os M[archlewski] de Posen; você poderia eventualmente sondá-los a respeito e me relatar o que se poderia saber de positivo.

283 Hans Kautsky.

# LUISE KAUTSKY • [BRESLAU, 19 DE DEZEMBRO DE 1917]

A irmã de H[annes] escreveu-me uma carta muito gentil, à qual respondi de maneira igualmente carinhosa, e de uma forma que não apenas possibilita, mas quase exige que ela mais tarde volte a fazer contato. Em seguida ela silenciou completamente. Não sei o que devo fazer a respeito. Em todo caso, veio-me à mente o seguinte: quando eu estiver livre, se o mundo ainda se mantiver ao menos sobre uma das pernas, gostaria de sugerir a você que nós duas (o Ouriço também pode nos acompanhar, claro) fôssemos a Stuttgart para conhecer a irmã e eventualmente dar uma olhada no espólio de Hannes, e também conversar com a tia dele. Eu gostaria muito de respirar um pouco com você em seu círculo mais próximo, entre suas recordações. Agrada-lhe esta ideia? Há ainda mais uma coisa que eu planejava com Hannes e gostaria de empreender com você. Não sei se você sabe que H[annes] era um entusiasta de Romain Rolland. Justamente as últimas cartas que me escreveu estavam cheias de *Jean Christophe*, ele me convenceu a ler esse livro, encontrava nele milhares de pontos de contato espirituais comuns, entusiasmo por Hugo Wolf, laços cordiais entre a Alemanha e a França etc. Eu também aprendi a amá-lo (Romain Roll[and]) e sugeri ao pequeno Hans fazer, depois da guerra, uma viagem juntos a Paris para conhecer R[omain] R[olland], ou então convidá-lo a vir à Alemanha.

Só se vive uma vez, e a semeadura de boas pessoas desse calibre é rara; por que deveríamos nos privar do luxo de conhecê-las pessoalmente e de buscar contato espiritual com elas?

A carta em que eu fazia essa sugestão retornou com a notícia da morte tarjada de preto. Tenho certeza de que H[annes] teria aceito com entusiasmo. Não poderíamos – "se Deus o permitir" – pôr a ideia em prática? Claro que, primeiro de tudo, você tem de ler *Jean-Christophe*, ou já o terá feito? Se o tiver lido, acho estranho que ainda não o tenha dito. Também o Ouriço *precisa* lê-lo; é algo feito sob medida pra ele. Infelizmente, até agora só metade da obra toda foi publicada em alemão, mas justamente os primeiros volumes são os mais belos.

Também essa história de uma juventude e de uma vida, escrita de um modo tão simples e genuíno, deveria inspirá-la e fortalecer em você o desejo de finalmente começar a escrever. Você pergunta por

Malvida Meysenbug.[284] Eu a recebi justamente na última remessa de Hannes, mas a achei tão insossa que não cheguei além da metade do primeiro volume. Achei a pessoa um pouco sentimental e insípida.

Dei umas bicadas aqui e ali nas memórias de Ede;[285] você tem razão, elas são o reflexo fiel do autor, por isso algo corajoso e trivial – nada para mim. Mas Korolenko[286] você precisa ler e me dizer sua opinião a respeito do todo. Enviei há pouco o resto (50 páginas manuscritas) ao alto-comando e espero que Mathilde J[acob] o receba em breve para fazer uma cópia datilografada. Peça então a ela que lhe entregue o todo, leia-o por inteiro e me diga sem demora suas impressões. Obs.: embora de coração pesado, tive de sacrificar toda a última parte do original, primeiro porque continha coisas intraduzíveis (como longos poemas ucranianos), além disso, porque se referia continuamente à literatura russa dos anos 1870, de que o leitor alemão não faz a menor ideia, mas, principalmente, porque o nível artístico decai muito. Encerrei com a morte do pai, que me pareceu o melhor final, pois o pai é a principal figura desse volume. Em geral sou contrária a arbitrariedades desta ordem por parte do tradutor, mas não pude encontrar alternativa melhor nesse caso, e espero contar com sua aprovação. Com Kestenberg eu me correspondo diretamente, ele apenas insiste em cobrar sua letra: um prefácio de minha autoria, e eu faço esforços desesperados para encontrar algum material para ele. Eu tenho uma ideia para uma tradução sua. Na Barnimstrasse encomendei um livro que me parece muito apropriado para uma edição em alemão: *Julie de l'Espinasse*, do Marquês de Ségur. É um ensaio histórico-biográfico, um comovente destino humano e, ao mesmo tempo, um documento histórico-cultural do maior interesse. Você sabe, claro, que a Espinasse era amiga de d'Alembert e uma figura central de todo o círculo dos enciclopedistas. O livro é escrito de um modo encantador. Se a ideia lhe agradar, pedirei que me enviem o volumezinho e o mandarei a

---

284 Alusão às *Memoiren einer Idealistin* [Memórias de uma idealista].
285 Referência a Eduard Bernstein, *Aus den Jahren meines Exils*. Erinnerungen eines Sozialisten [Meus anos de exílio. Reminiscências de um socialista.]
286 Referência à tradução que Rosa acabou na prisão. Ver nota 226.

você (eu o dei de presente), pois nas livrarias, infelizmente, não é mais encontrável. Estou segura de que Cassirer *vel* [ou] Kestenberg assumiriam com prazer a edição, só não tenho ideia da situação dos direitos de tradução, especialmente agora, com a guerra contra a França. Em todo caso penso que seria bom se você tivesse o manuscrito pronto, a fim de publicá-lo depois da guerra com a anuência dos detentores dos direitos. Não tenho dúvida de que o trabalho lhe proporcionaria um grande prazer (mais que a *Eastern question…*).[287]

Sua má notícia sobre a comissão de educação me deixou abatida e indignada; claro que não sei nada sobre o assunto, afinal, como você pode imaginar, não tenho contato algum com a gente de Teltov-Beeskov. Também não consigo compreender como conseguiram excluí-la pelo voto; você por acaso foi eleita por Teltov-Beeskov? Eu pensava que tivesse sido pela Grande-Berlim. De "Marcussohn" eu não tenho a mais pálida noção. Dessa vez você foi obviamente uma vítima de seu próprio nome. Lembra-se ainda do discurso "de recomendação" da camarada Wulff quando da sua primeira eleição? Esta agora é a contrapartida… Infelizmente não há nada que eu possa fazer, acredite, caso contrário eu ainda encontraria mais alguns outros assuntos nos quais gostaria de intervir…

Sim, os bolcheviques! Claro que agora eles não me parecem agir corretamente em seu fanatismo pela paz. Mas, enfim – *ele*s não têm culpa. Eles estão em uma situação forçada, podem escolher apenas entre duas surras e escolhem a menor. Se o diabo se aproveita da Revolução Russa, são *outros* os responsáveis… Portanto, vamos dar meia-volta diante de nossa própria porta. Ao todo as coisas são grandiosas e ainda terão consequências imprevisíveis. Se eu apenas pudesse conversar com você e o Ouriço sobre todas essas coisas e, principalmente, se eu pudesse me mexer! Mas lamentar também não é comigo; por agora acompanho os acontecimentos e tenho grandes esperanças de ainda vivenciar algo…

---

287 Referência à tradução feita por Luise Kautsky dos escritos de Marx e Engels, cuja parte princicipal versava sobre a questão oriental. Ver nota 228.

Caríssima, perdoe, mas não posso deixar de rir quando você escreve que a relação do Ouriço com você mudou radicalmente. Pois você não sabe que já me assegurou isso uma dúzia de vezes. Por exemplo, ainda me lembro exatamente de quando você disse isso com um tom da mais profunda convicção, durante uma visita na Barnimstrasse. Depois, tudo no fundo continua como antes. E nem poderia ser diferente. Você é a única que dá à existência dele um conteúdo mais elevado e melhor, apesar de tudo e de todos, ele não pode se contentar com uma existência de filisteu nua e crua. No que se refere à atual capacidade profissional dele, você não me diz nada de novo. Nos últimos tempos, apesar de momentos tão fugazes de convivência, eu já havia observado nele uma transformação muda e vagarosa. Ele se queixou comigo várias vezes sobre certas particularidades de seu pai, de quem pude assim fazer uma certa imagem. Agora, pouco a pouco, manifestam-se no próprio Hans justamente todos aqueles traços do velho de que ele se queixava, e observá-lo me proporciona uma alegria artística balzaquiana. A *gens* Kautsky é um tipo tão fortemente marcado, que mesmo a forma delicada da alma de Hans não pode fugir permanentemente dele. Mas justamente por isso ele tem ainda maior precisão de você como contrapeso, como o elemento "não prático" do bom e do nobre, e você tem o dever de não privá-lo dessa influência. Só você acredita que ele é o mais forte e que sua própria influência é mínima. Não se pode tomar nas mãos influxos desta ordem e pesá-los e medi-los, mas *eles estão aí*. Ouça só o que me vem à mente de súbito, por força de uma certa analogia: você leu *Der Reiche Mann* e *Ein Herrenhaus* [A casa de campo] de Galsworthy? Se não leu, peça *sem falta* a Sonia Liebknecht que lhe empreste e leia-os junto com Hans. São obras maravilhosas, e seria saudável que ele as lesse.

Eu queria naturalmente ainda dizer-lhe milhares de coisas, sobre mim, meus estudos atuais etc. etc., uma vez que as comportas de meu coração estão abertas, mas por hoje tenho de parar.

Só mais uma coisa, a respeito do sonho engraçado desta noite (nos últimos tempos tenho um sono muito inquieto, palpitações). Sonhei que tinha de cantar "Quando eu navegava pelo Eufrates", de Hugo

Wolf, num concerto arranjado por Faisst, e acompanhar-me a mim mesma ao piano(!!!). De repente, às 7 horas da noite, eu me lembro de que não sei tocar piano, como é que poderia me acompanhar? Em seguida eu me corto no dedo, que sangra, a fim de ter uma desculpa, e você me diz que, com esse dedo machucado, eu poderia tranquilamente cancelar minha participação no concerto. Não, pelo amor de Deus, grito. Faisst romperia comigo de raiva. Tenho que ver se consigo convencer urgentemente minha sobrinha a acompanhar-me! Então me lembro de que minha sobrinha também não toca piano, e sim violino, e acordo com o susto... Deve ser a saudade da música que me provoca sonhos como esse. Ria dele, como eu, e receba mil abraços meus.

Se escrever por vias oficiais, não mencione esta carta!

Sua R.


## SOPHIE LIEBKNECHT

[Breslau, antes de 24 de dezembro de 1917]

Sonitchka, meu passarinho, fiquei tão feliz com sua carta, queria respondê-la imediatamente, mas naquele momento tinha tantas coisas a fazer e nas quais eu precisava me concentrar muito, por isso não pude me permitir esse luxo. Depois, então, preferi esperar por uma oportunidade, porque afinal é muito mais bonito poder conversar sem constrangimentos, só entre nós.

Pensei em você todos os dias ao ler as notícias da Rússia, e ficava preocupada a imaginar o quanto ficou agitada sem motivo a cada telegrama absurdo. O que nos vem de lá agora são em sua maioria alarmes falsos, e isso é duplamente verdade para o sul. Interessa às agências telegráficas (cá como lá) exagerar o caos tanto quanto possível, e elas inflam tendenciosamente qualquer boato inacreditável. Até que as coisas se esclareçam, não há sentido nem motivo para se inquietar assim à toa, antecipadamente. No geral as coisas parecem transcorrer sem nenhum derramamento de sangue, pelo menos todos os boatos a respeito de "batalhas" ficaram sem confirmação. É simplesmente uma encarniçada luta partidária, que à luz dos correspondentes dos jornais burgueses quase sempre aparece como uma loucura desenfreada e um inferno. E no que se refere aos pogroms contra os judeus, todos os boatos nesse sentido são pura e simplesmente *mentiras*. Na Rússia, o tempo dos pogroms passou de uma vez por todas. O poder dos trabalhadores e do socialismo lá é forte demais para permiti-los. A revolução purificou de tal forma a atmosfera de lá dos miasmas e do ar sufocante da reação, que Kichinev[288] é *passé* para sempre. Eu creio que é mais fácil imaginar pogroms contra judeus – na Alemanha... Aqui, em todo caso, reina a atmosfera de indignidade, covardia, reação e estupidez adequada para isso. Desse ponto de vista, portanto, você pode ficar completamente tranquila no que se refere ao sul da Rússia. Uma vez que as coisas lá evoluíram para um grave conflito entre o governo de Petersburgo e a Rada, a solução e o esclarecimento também não devem demorar, e então se poderá ter uma visão geral da situação. De onde quer que se olhe, portanto, não faz absolutamente nenhum sentido, não há nenhum motivo para que você se consuma de angústia e inquietude por causa dessa incerteza. Mantenha a coragem, minha menina, levante a cabeça, permaneça firme e tranquila. Tudo ainda vai tomar o melhor dos rumos, não se pode sempre esperar pelo pior!...

Eu tinha firmes esperanças de vê-la aqui em breve, já em janeiro. Mas agora recebi a notícia de que Mat[hilde] W[urm] quer vir em janeiro. Seria difícil para mim renunciar a sua visita em janeiro, mas é claro que não posso decidir. Se você explicar que não pode vir a não ser em janeiro, então talvez isso fique acertado; quem sabe Mat[hilde]

---

288 Em Kichinev, em abril de 1903, uma organização armada criada pelo regime tsarista aterrorizou judeus, estudantes, revolucionários e trabalhadores. Esses *progroms* eram uma reação do tsarismo contra as greves e manifestações dos trabalhadores.

W[urm] pode vir em fevereiro? De qualquer modo, gostaria de saber logo quando a verei.

Faz agora um ano que Karl está preso em Luckau. Durante este mês pensei nisso muitas vezes. E exatamente há um ano você estava comigo em Wronke, e me presenteou com a bela árvore de Natal... Hoje pedi que me providenciassem uma aqui, mas me trouxeram uma tão miserável, faltavam galhos – sem comparação com a do ano passado. Não sei como poderei colocar nela as oito luzinhas que comprei. É meu terceiro Natal na prisão, mas não veja isso de modo trágico. Estou tão calma e alegre como sempre.

Ontem fiquei longo tempo deitada desperta – no momento nunca consigo dormir antes da uma hora, mas às dez já tenho de ir para a cama, porque a luz é apagada, então fico sonhando no escuro com várias coisas. Assim, ontem eu pensei: como é estranho que eu viva constantemente em um estado de alegre embriaguez – sem nenhum motivo especial. Aqui estou, por exemplo, numa cela escura, sobre um colchão duro feito pedra, na casa, ao redor de mim, reina o costumeiro silêncio de cemitério, a gente se sente como se estivesse num túmulo; através da janela a luz do poste que fica na frente da prisão e permanece acesa a noite inteira lança seus reflexos no teto. De tempos em tempos se ouve o ruído surdo de um trem que passa ou, bem perto sob a janela, a tossezinha da sentinela que dá uns passos lentos com suas botas pesadas para desentorpecer as pernas dormentes. Sob os passos dele o rangido da areia é tão desesperado que todo o vazio e a falta de perspectiva da vida ressoam na noite úmida e escura. Aqui estou eu, deitada, sozinha, envolta em todos estes panos negros da escuridão, do tédio, da falta de liberdade, do inverno – e meu coração bate com uma incompreensível, desconhecida alegria íntima, como se eu caminhasse à clara luz do sol por um prado florido. E no escuro sorrio à vida, como se soubesse de algum segredo mágico que castigasse tudo que há de mal e triste e o transformasse em pura claridade e felicidade. E procuro um motivo para essa alegria, não encontro nada e sorrio novamente – de mim mesma. Eu creio que o segredo não é senão a própria vida; se a olharmos bem, a profunda escuridão da noite é tão bela e macia como o veludo; e o ranger da areia úmida sob os passos lentos e pesados da sentinela canta também uma pequena e bela canção da vida – basta que a saibamos ouvir. Em momentos como esse penso em você e gostaria tanto de lhe transmitir essa fórmula mágica de captar sempre e em qualquer situação o que há de belo e alegre na vida, para que você também viva em êxtase e caminhe como que sobre um prado colorido. Não pretendo de modo algum contentá-la com ascetismo, com uma alegria ilusória. Ofereço-lhe todas as alegrias verdadeiras dos sentidos que se possam desejar. Gostaria apenas de lhe dar também minha inesgotável serenidade íntima, para poder me tranquilizar a seu respeito, para que você pudesse caminhar pela vida envolta num manto bordado de estrelas que a protegesse de tudo quanto há de mesquinho, trivial e assustador.

Você colheu no parque de Steglitz um belo ramo de frutinhas negras e roxas. No caso das negras pode ser que se tratem de sabugueiro – mas suas frutinhas pendem em pesados cachos maciços entre grandes feixes de folhas penugentas, você com certeza conhece, ou são, mais provavelmente, ligustro: panículas de bagos delgadas, graciosas, retas, e folhinhas verdes estreitas e alongadas. Os frutinhos roxos, escondidos sob folhas pequenas, poderiam ser de nêspera anã; na verdade elas são vermelhas, mas nessa época tardia do ano, já um pouco maduras demais e passadas, elas muitas vezes parecem ser arroxeadas; as folhinhas se parecem com as do mirto: pequenas, pontiagudas, verde-escuro, em cima semelhantes a couro, embaixo ásperas.

Soniucha, você conhece "O garfo fatal", de Platen? Poderia me enviar o poema ou trazê-lo? Karl me disse certa vez que o tinha lido em casa. Os poemas de George são belos; agora eu sei de onde vem o verso "E sob o murmúrio do avermelhado trigo…" que você costumava declamar quando passeávamos pelo campo. Você poderia eventualmente copiar para mim o "Novo Amadis"? Amo tanto este poema – claro que graças ao *lied* de Wolf –, mas não o tenho aqui. Você continua a ler *Die Lessing-Legende*? Eu voltei a me ocupar com a *Geschichte des Materialismus* [História do materialismo] de Lange, que sempre me inspira e revigora. Gostaria muito que você a lesse algum dia.

Ah, Sonitchka, que dor profunda experimentei aqui. Pelo pátio onde costumo passear chegam frequentemente carroças do exército, carregadas de sacos ou de camisas e velhos casacos de soldados, muitas vezes manchados de sangue..., são descarregados aqui, distribuídos pelas celas, remendados e novamente carregados e entregues ao exército. Recentemente chegou uma carroça dessas, puxada por búfalos em vez de cavalos. Pela primeira vez vi esses animais de perto. São mais robustos e maiores que os nossos bois, têm cabeças achatadas e chifres baixos e recurvos, ou seja, o crânio semelhante ao dos nossos carneiros, inteiramente pretos, com grandes olhos negros e meigos. São originários da Romênia, troféus de guerra... Os soldados que conduziam a carroça contaram que foi muito trabalhoso caçar esses animais selvagens, e ainda mais difícil utilizá-los como animais de carga, eles que estavam acostumados à liberdade. Foram terrivelmente espancados até perceberem que tinham perdido a guerra e que para eles vale a sentença *vae victis*... Só em Breslau deve haver cerca de uma centena deles; além disso, eles, que estavam acostumados aos exuberantes prados romenos, recebem uma ração miserável e escassa. São impiedosamente usados para puxar todo tipo de carga e com isso em pouco tempo estão arruinados. – Há alguns dias, portanto, chegou uma carroça carregada de sacos. A pilha de carga era tão alta, que os búfalos não conseguiam passar pelo portão de entrada. O soldado que os acompanhava, um sujeito brutal, começou a bater tanto nos animais com o grosso cabo do seu chicote, que os vigias lhe perguntaram indignados se não tinha compaixão dos animais. "De nós, homens, também ninguém tem compaixão", ele respondeu com um sorriso maldoso, e continuou a bater com força ainda maior... Os animais finalmente deram um arranco e passaram pelo obstáculo, mas um deles sangrava... Sonitchka, o couro do búfalo é de uma espessura e resistência proverbiais, e o daquele estava rompido. Enquanto descarregavam, os animais ficaram completamente imóveis, esgotados, e um deles, o que sangrava, olhava diante de si com uma expressão na face negra e nos olhos negros meigos como que de uma criança em prantos. Era, sem tirar nem pôr, a expressão de uma criança que foi duramente castigada sem saber pra quê, por quê, sem saber como escapar do tormento e da violência crua... Eu estava diante dele, e o animal me olhava, meus olhos se encheram de lágrimas – eram as lágrimas *dele*, ninguém pode estremecer mais dolorosamente pelo irmão mais querido do que eu em minha impotência por aquele sofrimento mudo. Como estavam longe, inalcançáveis, perdidas, as belas, livres, verdes e viçosas pastagens da Romênia! Lá o sol brilhava tão diferente, o vento soprava tão diferente, eram tão diferentes as vozes dos pássaros que se ouviam lá, ou o chamado melodioso dos pastores. E aqui – esta cidade estranha, pavorosa, o estábulo abafado, o asqueroso feno mofado misturado à palha podre, as pessoas estranhas e terríveis e – as pancadas, o sangue que corre das feridas recentes... Oh, meu pobre búfalo, meu pobre irmão amado, nós dois estamos aqui impotentes e mudos e somos um só na dor, na impotência, na saudade. – Enquanto isso, os detentos afanavam-se em torno da carroça, ocupados em descarregar os pesados sacos e em arrastá-los até a casa; o soldado, por sua vez, com ambas as mãos nos bolsos das calças, andava pelo pátio a passos largos, sorria e assobiava baixinho uma canção da moda. E toda a gloriosa guerra desfilou ao meu lado.

Escreva logo.
Um abraço para você, Sonitchka
Sua R

Soniucha, caríssima, apesar de tudo fique tranquila e alegre. Assim é a vida e assim temos de aceitá-la com coragem, sem hesitação, sorrindo – apesar de tudo. Feliz Natal!...

R

## MARTA ROSENBAUM

[Breslau, depois de 12 de janeiro de 1918]

Minha querida Martinha!

A saudação eu recebi, mas espero – se o senhor K[essel] permitir – em breve receber um *beijo* original da senhora. A senhora me escreveu de modo demasiado elegíaco! Apesar de tudo, não devemos desesperar. *Ria* de toda essa miséria: ela é tão grande, que a própria história terá de se levantar para removê-la. E isso acontecerá, não se preocupe! Só a história sabe a solução para as suas próprias preocupações, e já fez voar pelos ares alguns montes de esterco que lhe estavam no caminho. Também desta vez ela há de conseguir. Quanto mais desesperada parece a situação, tanto mais profunda será a limpeza. – Portanto, apesar de tudo, mantenha a coragem e a cabeça erguida. Martinha, eu tenho um pedido: a senhora precisa fazer tudo quanto estiver ao seu alcance por Sonia [Liebknecht]. Ela precisa de calor e bondade, precisa de companhia e cuidados. Transfira uma parte de seu amor por mim para a pobre Sonia. Antes de mais nada, faça o possível para que o aniversário dela seja festejado, ela é sensível como uma criança. Leve-a com frequência para sua casa e saia a passear com ela (o que fará bem também *à senhora*). Mas, apesar disso, a senhora deve continuar a me amar! Muitos abraços e minhas melhores lembranças à nossa Violeta[289] assim como às suas.

Sua R.

---

289 Apelido de Kurt Rosenfeld.

## FRANZ MEHRING

### [Breslau,] 31 de janeiro de 1918

Eu queria justamente agradecer-lhe pelo seu extraordinário discurso na Casa das Três Classes,[290] que li no *Leipziger Volkszeitung*, quando me foi entregue o estenograma que o senhor teve a gentileza de me enviar. Claro que nele o efeito é totalmente diverso do que no abreviado relato jornalístico. O discurso, que é tão fino e distinto na forma quanto forte no conteúdo, deve ter se destacado singularmente naquela barraca de mexericos acostumada a um "tabaco" muito diferente. Que pena eu não poder estar na Albrechtstrasse![291] Entretanto, vieram tempos agitados,[292] e hoje eu não disponho de jornais de Berlim, espero com impaciência para ao menos ter o meu vespertino de Breslau. (Aqui em Breslau, domínio do amigo Löbe, como em toda Silésia, a paz parece reinar sobre todas as frondes. Aliás, o próprio Löbe queria me visitar logo no começo de minha estada aqui e me cumular com benefícios de todo tipo, mas recusei ambas as coisas.)


## MATHILDE WURM

### [Breslau,] 22 de abril de 1918

Minha cara Tilde!

Justamente no momento em que ia lhe escrever chegou a sua cestinha. Muito obrigada pela sua última remessa e pela carta. O pão

---

290 O Parlamento prussiano, para onde Mehring fora eleito em substituição a Karl Liebknecht em 20 de março de 1917.

291 Endereço do Parlamento prussiano em Berlim.

292 Alusão ao poderoso movimento grevista dos trabalhadores das fábricas de armas em janeiro de 1918 em Berlim.

estava maravilhoso e os livros também. Você não tem ideia de que joia me enviou: *A missão teatral de Wilhelm Meister* é a primeira versão dos *Anos de aprendizagem*, que foi por muito tempo procurado pelos estudiosos de Goethe e dado por perdido, até que, por puro acaso, foi encontrado há sete anos em Zurique, numa cópia manuscrita feita por uma velha amiga de Goethe do círculo de Lavater, Barbara Schulthess. A descoberta fez a maior sensação na época; afinal, é a obra de Goethe anterior a sua viagem à Itália, enquanto os *Anos de aprendizagem* já são posteriores a ela, e ficaram prontos depois de uma revisão de vinte anos, portanto, você pode imaginar o quanto o assunto me interessava. – O que você deve pensar do fato de que não se consegue comprar o *Wilhelm Meister* em parte alguma? Muito simples: ele não é lido pelo público e por isso não é mais editado em separado; apenas bibliófilos e especialistas em Goethe ainda podem suportá-lo. Também a mim o tom "conselheiro privado" e pomposo dá nos nervos. O livrinho de botânica de seu marido me alegrou muito.[293] Claro que se trata de uma obra popular, na qual havia muito pouco de novo para mim. Mas a exposição e a orientação geral são tão excelentes que eu o li com o maior prazer e gostaria de ver outras coisas da mesma espécie. Minha gripe ainda não está totalmente curada, mas eu a ignoro com todas as minhas forças. Tanto mais me alegra saber que você já está novamente em plena atividade.

É verdade que quando penso que deveria agora estar ajudando a carregar o piano da organização – eu fico cheia de horror e creio que estaria acima de minhas forças... Tenho total respeito pelas formigas, e durante meus passeios pelo pátio deserto lá em baixo presto muita atenção para não pisar em nenhuma ou importuná-las em seu trabalho de construção, mas – – em tempos como os de agora, só tenho ainda compreensão para forças fundamentais que "jogam com Pelion e Ossa como se fossem bolas", e espero que elas o farão!

---

293 Emmanuel Wurm enviara um pequeno livro de botânica intitulado *Os segredos da vida das plantas*.

Está novamente tão bonito lá fora! Ouvi dizer que também os lilases já florescem. Espero que você goze a primavera tanto quanto possível.

Um forte abraço da
Sua Rosa


## SOPHIE LIEBKNECHT

[Breslau,] 12 de maio de 1918

Sonitchka, sua cartinha me fez tão feliz que quero respondê-la imediatamente. Veja quanto prazer e entusiasmo lhe pode dar uma visita ao Jardim Botânico! Por que você não se permite isso mais vezes?! E também eu aproveito um pouco quando você me descreve as suas impressões de maneira tão calorosa e colorida, pode estar certa disso! Sim, eu conheço os maravilhosos amentilhos vermelho-rubi dos abetos floridos. Eles são tão improvavelmente belos, como aliás a maior parte das outras árvores quando estão em plena florescência, que a cada vez que os vemos não acreditamos em nossos próprios olhos. Esses amentilhos vermelhos são brotos femininos, dos quais se formam então as grandes pinhas que se viram e pendem para baixo; além deles há os amentilhos masculinos do abeto, pouco vistosos, amarelo-pálidos, que espalham o pólen dourado. – "Pettoria" eu não conheço, você escreve: uma espécie de acácia. Você quer dizer que ela tem igualmente folhazinhas penugentas e vagens como a assim chamada "acácia"? Talvez você saiba que a árvore que se costuma chamar assim não é nenhuma acácia, e sim uma robinia; uma verdadeira acácia é, por exemplo, a mimosa; esta, porém, tem flores de um amarelo--enxofre e um perfume inebriante, mas não consigo imaginar que ela floresça ao ar livre em Berlim, pois é uma planta tropical. Em Ajaccio, na Córsega, vi esplêndidas mimosas em dezembro, na praça central da cidade, árvores gigantescas... Aqui, infelizmente só de longe, através da janela, é que posso contemplar o verde das árvores cujas copas vejo por sobre o muro; sempre tento adivinhar a espécie dessas árvores pelo *habitus* e a tonalidade das cores e, ao que parece, acerto na maior parte das vezes. Recentemente trouxeram para cá um ramo partido que encontraram e que tinha causado uma agitação geral por sua aparência bizarra: todos perguntavam o que poderia ser. Era um olmeiro; você ainda se lembra de como lhe mostrei um numa rua do meu Südende, completamente carregado de cachos perfumados de frutinhas de uma pálida cor rosa-esverdeada? Era maio, como agora, e você ficou totalmente arrebatada pela fantástica visão. Aqui as pessoas moram anos a fio na rua toda arborizada com olmeiros e ainda não "notaram" a aparência de um olmeiro florido... E com relação aos animais, em geral há o mesmo embotamento. A maioria dos citadinos são, mesmo no fundo, uns bárbaros brutos.

Em mim, ao contrário, a fusão íntima com a natureza orgânica – *en dépit de l'humanité* [apesar da humanidade] – toma formas quase doentias, o que provavelmente tem a ver com meu estado de nervos. Lá embaixo um casal de cotovias-de-poupa chocou um filhotinho – os outros três ovos provavelmente se partiram. E esse único filhote já pode andar muito bem – você deve ter percebido como é engraçado o modo de andar das cotovias-de-poupa, com passinhos curtos e ligeiros, não pulando sobre as duas perninhas como o pardal –, ele também já sabe voar bem, mas provavelmente não sabe ainda encontrar sozinho alimento suficiente: insetos, lagartinhas etc. – ainda mais nesses dias frios. Assim, ele aparece toda tarde lá embaixo no pátio diante de minha janela e solta uns pipilos bem altos, estridentes, lamentosos, ao que os dois velhos imediatamente aparecem e lhe respondem a meia-voz com um "huid-huid" assustado, preocupado, e depois andam para lá e para cá, tentando desesperadamente ainda encontrar no crepúsculo, e no frio, algo de comestível, e então eles vão para junto do maroto chorão e lhe metem o que encontraram no bico. Isso agora se repete toda noite lá pelas oito e meia, e quando começa o pipilar estridente e lamentoso embaixo da minha janela e vejo a inquietação e a preocupação dos dois pequenos pais, sinto literalmente um aperto no coração. E nem posso ajudar em nada, pois as cotovias-de-poupa são muito ariscas e, quando lhes atiramos pedaços de pão, elas fogem voando, não fazem como os pombos e os pardais que já correm atrás de mim feito cãezinhos. Em vão digo a mim mesma que isso é ridículo, que afinal não sou responsável por todas as cotovias-de-poupa famintas do mundo, e não posso chorar por todos os búfalos espancados – como aqueles que chegam todos os dias aqui no pátio carregando sacos. Isso de nada me adianta, e fico literalmente doente quando ouço e vejo coisas desse tipo. E se o estorninho se cala por alguns dias, ele que costuma repetir à exaustão durante todo o belo dia, em algum lugar por perto, o seu tagarelar excitado, perco de novo todo o sossego, pensando que possa ter lhe acontecido algo de mau, e espero atormentada que ele volte a assobiar seu canto absurdo, para que eu saiba que está bem. Assim, daqui de minha cela finos fios invisíveis me ligam a milhares de criaturas pequenas e grandes em todas as direções e a tudo eu reajo com inquietação, dor, autoacusações… *Você* também faz parte de todos esses pássaros e criaturas pelos quais vibro intimamente de longe. Sinto o quanto você sofre, porque anos irrecuperáveis se passam sem que a gente "viva". Mas tenha paciência e coragem! Nós ainda havemos de viver e vivenciar grandes coisas. Por agora vemos um mundo inteiro ruir – a cada dia um pedaço, um novo deslizamento, um novo e imenso desabamento… E o mais engraçado é que a maioria não se dá conta de absolutamente nada e ainda acredita caminhar sobre um chão firme…

Sonitchka, você tem ou poderia arranjar o *Gil Blas* e o *Der Hinkenden Teufel* [O diabo coxo]? Não conheço nada de Lesage e já faz muito tempo que gostaria de lê-lo. Você o conhece? Em último caso eu o compro na edição *Reclam*.

Um abraço carinhoso
Sua RL

Talvez Pfemfert tenha *Flachsacker*, de Stijn Streuvels, outro flamengo; foi publicado pela editora *Insel*, dizem ser muito bom.

Escreva logo contando como vai Karl [Liebknecht]!

## LUISE KAUTSKY

[Breslau,] 28 de maio de 1918

Caríssima, obrigada pelo cartãozinho, um pequeno sinal de vida já nos traz muita alegria. Eu posso imaginar o quanto você está ocupada agora, e compreendo que tenha destruído os belos planos idílicos do Ouriço, mesmo que isso me faça sentir um pouco por ele e também por você. Só não entendi pelo seu cartão se você desistiu totalmente da viagem ou se apenas decidiu adiá-la ou abreviá-la. Provavelmente a última hipótese é a correta! Se você for partir, certamente me informará antes, não é?

Agora, sobre Korolenko! Imagine o que me veio à mente hoje, numa noite de insônia: de repente ficou claro para mim que não devo permitir que mais alguém revise o manuscrito! Não posso suportar a ideia de publicar um trabalho sob meu nome que não seja *meu* até nos pingos dos is. Não consigo entender como só agora me ocorreu isso, mas tudo sempre se passa entre nós com a costumeira pressa e com a excitação do reencontro, de modo que não pude refletir direito. Em todo caso, estou agora firmemente decidida, e tenho perfeita clareza sobre isso: quero "aparecer" *telle quelle* [tal qual] – com todos os eslavismos e as demais imperfeições de estilo. Tenha, portanto, a gentileza de entregar a coisa a Cassirer "sem fermento, sem água, sem açúcar", como meus nobres compatriotas costumam beber o rum, pra que ele a publique, e *vogue la galère* [aconteça o que acontecer]. O que foi feito até agora, deixe como está, é claro, mas nem mais um traço. Você naturalmente vai ficar brava comigo, e com toda razão, por eu lhe ter roubado tanto tempo até agora, mas infelizmente não posso mais mudar isso, e meu único consolo é que você, de um modo ou de outro, tinha interesse por Korolenko e eu queria, antes de mais nada, saber o seu julgamento sobre o todo. Mais uma vez, portanto: não se irrite comigo e entregue tudo o mais breve possível a Kestenberg.

Com o material para a introdução[294] eu posso me arranjar, e agradeço muito a você pelo que me providenciou. Não quero me tornar muito "eloquente" e tenho a intenção de ser sucinta. Aliás, sobre isso eu mesma o direi a Cassirer. Por favor, assim que receber de Mathilde J[acob] a parte final e a tiver lido, escreva-me seu julgamento final sobre a obra (e também sobre a tradução).

Estou encantada por *Beethoven* ter lhe agradado tanto. Você nunca disse se conhece *Os três* de Gorki, eu gostaria de saber o que acha dele. Para falar francamente, incomodou-me que justamente agora esse livro fosse oferecido ao público alemão, porque dá uma imagem completamente antiquada, e por isso falsa, da Rússia. Escreva logo, mesmo que seja uma curta linha!

Mil abraços
Sua R.


## LUISE KAUTSKY

[Breslau,] 29 de maio de 1918

Caríssima, eu lhe escrevi ainda ontem, mas preciso responder agora mesmo as linhas quer recebi de você hoje. O que você me escreve a respeito da situação material da família de Fritz[295] me toca profundamente e, se eu pudesse ajudar de alguma forma, o faria de imediato, mas você se equivoca completamente sobre as minhas possibilidades. Eu não sou a herdeira principal de Hannes [Diefenbach], e nem mesmo sei se há uma ou um. H[annes] me deixou

---

294 Rosa Luxemburgo escreveu uma introdução à sua tradução da autobiografia de Vladimir Korolenko, situando-o no panorama da literatura russa desde o século XVIII.

295 Alusão a Friedrich Adler, filho de Victor Adler, preso depois de seu atentado contra o conde Stürgkh, primeiro-ministro da Áustria, com o objetivo de tirar a social-democracia austríaca da letargia.

apenas o rendimento vitalício dos juros de 50 mil marcos, com a proibição expressa de dispor do principal até o meu bem-aventurado fim (por temor, como ele escreveu, que eu gastasse imediatamente o dinheiro para atender objetivos do partido). Esses 50 mil marcos, sobre os quais não posso dispor de maneira alguma, se reduziram a 45 mil por conta de um investimento em títulos, e a previsão é que destes eu receberei um ganho de 4%. Isso é tudo – como você pode ver, nem a metade de tudo o que me custam minha manutenção aqui e meu apartamento em Südende. E mesmo essas duas centenas de marcos eu só devo receber em outubro – até onde entendi, o cálculo do banco de Stuttgart (sobre o investimento do dinheiro etc. quem decide é a irmã de Hannes). Com isso, infelizmente, também o assunto de Zenzi[296] está encerrado, por mais que eu o sinta. Outras maneiras de auxiliar a família de Fritz você deve, com certeza, saber dez vezes melhor que eu aqui, em meu alheamento do mundo e minha falta de talento nata para quaisquer assuntos relacionados a dinheiro. – Como está Julek?[297] Não tenho nenhuma notícia, mas me alegro profundamente por tudo de bom que lhe possa acontecer. Mande muitas lembranças minhas à mãe de nossa artista da moda,[298] ela deve cuidar da saúde. Ternas lembranças também ao pobre Hans [Kautsky], nosso alquebrado cavaleiro das rosas e jasmins. Como deve estar bonito meu Südende agora, onde tantos jasmins florescem.

Mil abraços
R.

296 Empregada da casa de Karl e Luise Kautsky.
297 Julian Marchlewski tinha sido preso em 22 de maio de 1916. Em meados de 1918 o governo soviético trocou-o por prisioneiros de guerra alemães.
298 Alusão à costureira Anna Nemitz, militante berlinense do USPD que mais tarde faria parte do comitê dirigente do SPD.

## LUISE KAUTSKY

Breslau, 25 de julho de 1918

Caríssima Lulu, hoje eu me levantei às quatro e meia, fiquei um longo tempo a contemplar as nuvens matinais branco-acinzentadas no alto do céu azul, o pátio da prisão silencioso, ainda adormecido; então inspecionei cuidadosamente meus vasos de flores, coloquei água fresca neles, mudei de posição os vasos e vidros que estão quase sempre cheios de flores ornamentais e do campo, e às 6 horas da manhã me sentei à escrivaninha para lhe escrever uma carta. Ah, meus nervos, meus nervos, eu não consigo dormir. Também o dentista que visitei recentemente fez de repente a seguinte observação, apesar de eu me comportar como um cordeirinho: "E então, os nervos estão em frangalhos?" Mas isso, afinal, não tem importância.

Confesse, sua incorrigível: você alimenta mil dúvidas e maus pensamentos a meu respeito, só por que levei tanto tempo para escrever!... Eu tenho sempre de olhar diretamente nos seus olhos, como o valente cavaleiro do conto de fadas faz ao monstro; mal desvio o olhar e estou perdida. Claro que nesse meio-tempo pensei vezes sem conta em você e sorri "maliciosamente" comigo mesma de sua desconfiança talvez novamente desperta, mas não pude escrever. Em parte porque eu, de qualquer modo, onerei pesadamente minha conta de cartas com o bombardeio de correções e o assíduo diálogo com Kestenberg, em parte – "além disso".[299] Agora Kestenberg está na Suíça, a gráfica também faz – não sei por quê – uma trégua na sua ofensiva de correções, e eu penso no 11 de agosto[300] que se aproxima... Desta vez quero descobrir de antemão onde meus pensamentos devem ir buscá-la em seu aniversário. Você está em Berlim, esteve em Viena, vai a algum

---

299 Provável alusão às Cartas de Spartakus redigidas por ela. Talvez também seja este o momento em que começa a redigir as notas sobre a Revolução Russa publicadas por Paul Levi em 1922 (ver p.175 do v.II desta coletânea).

300 Aniversário de Luise Kautsky.

lugar para descansar, onde está o Ouriço, como você está se sentindo? Gostaria de saber de você a respeito disso e *quibusdam aliis*.[301]

Clara [Zetkin] está calada já há um bom tempo, nem sequer me agradeceu pela carta de aniversário, o que é surpreendente, partindo dela. Não posso conter uma crescente angústia. Você pode imaginar como seria se algo acontecesse a um dos meninos dela ou mesmo aos dois? Ambos estão agora no *front*, e lá os dias são difíceis...

Eu tenho coragem para tudo o que atinge a mim mesma. – Suportar o sofrimento *de outros*, especialmente de Clara, "Deus nos livre" que algo acontecesse – para isso me falta coragem e energia. Tudo isso são apenas pensamentos meus, fantasmas... Essa psicologia se desenvolve involuntariamente quando passamos longo tempo na prisão. Sofremos de tempos em tempos de obsessões, acordamos de repente em meio ao silêncio tumular da casa gradeada com a firme convicção de que se passou uma infelicidade com esta ou aquela pessoa que amamos muito. Na maior parte das vezes, isso acaba se revelando imaginação, mania – às vezes, não...

Hoje, em especial, me veio à mente, enquanto arranjava as flores com o maior cuidado e eventualmente consultava o atlas botânico, a fim de conferir uma ou outra particularidade – veio-me à mente de súbito que eu me induzo conscientemente ao erro, me embalo em pensamentos, como se vivesse uma vida humana normal, enquanto ao meu redor, na verdade, reina uma atmosfera de fim de mundo. Talvez tenham sido as duzentas "execuções punitivas" em Moscou,[302] a respeito das quais li ontem no jornal, que me abalaram particularmente...

Mas, caríssima, fora com esses pensamentos, você não deve se tornar pusilânime. Tenha coragem, nós vamos continuar enfrentando a vida, venha o que vier. Confie em mim, juntas abriremos caminho com obstinação e jamais esqueceremos de gozar agradecidas as mínimas coisas belas e boas que ainda restam.

---

301 Referência à expressão em latim *de omni re scibili (et quibusdam aliis)* que, em tradução livre, significa "de todas as coisas que é possível saber (e até de algumas outras)". (N. E.)

302 Referência às execuções que se seguiram à insurreição dos socialistas-revolucionários de esquerda em Moscou em 7 e 8 de julho de 1918.

Eu coloco aqui uma florzinha para você, de um grande ramalhete que adquiri recentemente, quando fui ao dentista. Você a conhece? Ela tem maravilhosos nomes populares: "noiva em cabelos", "virgem no verde", "Margarida na moita". Deve ser um ornamento introduzido há muito tempo no jardim dos camponeses, pois aqui nestas redondezas ela serve para proteger os animais de "serem enfeitiçados".

Que fazem seus meninos? Fiquei tão feliz com o broto de jasmim em sua última carta e o guardei com cuidado. Isso me faz pensar no mais velho dos "meninos", o Vovô Ouriço.[303] O que ele tem feito?

Recebi de Sonia [Liebknecht] um volume maravilhoso de novelas flamengas da editora *Insel*. Há coisas nele que lembram Teniers, mas também o "Breughel do inferno".[304] Você o conhece?

Passe bem, caríssima, fique bem e serena.

Muitos abraços
Sua R.

Escreva pouco, mas logo! Pouco porque eu não leio as cartas sozinha... Sim, eu pensei algo simpático para Zenzi,[305] mas ainda tenho de esperar um pouco para isso.

## MATHILDE JACOB

[Breslau,] 10 de outubro de 1918

Minha cara Mathilde, perdão por só hoje responder ao seu afetuoso cartão. A tensão que paira no ar agora, a expectativa de poder sair daqui em breve quase não me deixa paciência para escrever cartas.

---

303 Hans Kautsky.
304 Pieter Bruegel (1525-69), filho de Pieter Bruegel, conhecido como Bruegel, o Moço, ou Bruegel do Inferno, por retratar cenas de danação.
305 Empregada da família Kautsky.

Obrigada também pela caixinha e pela mulherzinha de Spreewald, ela me divertiu muito. Hoje, finalmente, recebi de Medi [Urban] a notícia de que ela viaja esta semana para Berlim e que a irmã dela ainda está em Berlim gozando de boa saúde. Envio aqui a primeira saudação para Medi, que a senhora deve transmitir-lhe. Penso que em breve compartilharei a solidão com Medi em Südende. Ainda não faço ideia de como nós duas nos organizaremos lá, mas penso que será muito bonito. Este mês sinto-me bem mais revigorada e capaz de trabalhar do que no mês anterior. Se isso durasse só um pouquinho! De Luise [Kautsky] recebi um cartão, ela está outra vez em Praga, mas quer voltar para casa. Sonia [Liebknecht] não me escreve nada, mas eu compreendo: ela deve estar tão cheia de expectativa pela libertação de Karl que não pode pensar em muita coisa mais.

Que pessoa cheia de senso prático eu sou! Desmanchei o penhoar branco de tecido atoalhado que a senhora me enviou ou trouxe recentemente e que já estava totalmente "inapresentável", mandei tingi-lo de azul, e agora trato de refazê-lo e de repente disponho de um novo traje perfeitamente em ordem que se pode de fato usar em público! Isso me dá uma alegria sem tamanho. Da senhora Schilisch[306] recebi novamente um montão de flores – Deus sabe por que motivo –, um soberbo vaso de éricas, além de violetas perfumadas, uma rosa, um ramo de sinforicarpos, e ainda por cima os seus cravos de despedida ainda estão belos e frescos! Meus pombos continuam a visitar-me assiduamente, não ouso pensar o que será deles quando eu me for daqui…

Muitos abraços para a senhora e cordiais lembranças à sua mãezinha e à senhorita Gretchen.

Sua R.

---

306 Esposa de um militante social-democrata local, essa senhora preparava as refeições de Rosa Luxemburgo e levava também parte de sua correspondência para fora da prisão.

## SOPHIE LIEBKNECHT

[Breslau,] 18 de outubro de 1918

Caríssima Sonitchka, eu lhe escrevi anteontem. Até hoje ainda não tenho nenhuma resposta ao meu telegrama ao Chanceler do Reich,[307] isso ainda pode levar alguns dias. Em todo caso, uma coisa é certa: meu estado de ânimo já atingiu um ponto em que se tornou impossível para mim receber uma visita de meus amigos sob vigilância. Ao longo dos anos suportei tudo com perfeita paciência e, em outras condições, ainda continuaria a manter a paciência por outros tantos anos. Mas depois que ocorreu uma virada na situação geral, também minha psicologia sofreu uma ruptura. As conversas vigiadas, a impossibilidade de falar do que realmente me interessa já se tornaram tão incômodas que prefiro renunciar a qualquer visita até que possamos nos ver como pessoas livres.

Não deve demorar muito mais. Se Dittmann e Kurt Eisner[308] foram libertados, já não podem me manter muito tempo mais na prisão, e também Karl [Liebknecht][309] logo estará livre. O melhor, portanto, é que esperemos pelo reencontro em Berlim.

Até lá, mil lembranças.

Sempre sua
Rosa

---

307 Príncipe Max von Baden, que no começo de outubro tinha formado um governo de coalizão no qual participavam os social-democratas Ebert e Scheidemann.

308 Ambos foram presos por sua participação nas greves de janeiro e feveriero de 1918 e libertados em outubro.

309 Libertado no dia 23 de outubro.

## MATHILDE JACOB

Breslau, 4 de novembro de 1918

Minha cara Mathilde, primeiro pensei que a qualquer momento seria posta em liberdade, e por isso não tinha mais paciência alguma para escrever. Por isso a deixei tanto tempo sem notícias. Agora vejo que a coisa ainda se estende muito, e me apresso em retomar o contato com a senhora – ao menos por meio de cartas.

Sua última carta e a pequena remessa me alegraram incrivelmente, pois eu já estava há tanto tempo sem um sinal de vida de sua parte. As ervilhas vieram muito a propósito; meus pombos estão trocando as penas e precisam de uma alimentação mais forte do que normalmente lhes posso oferecer. Eles me sitiam agora o dia inteiro todos os quatro em minha cela, pousam diante de mim sobre a escrivaninha, sobre o encosto da cadeira e sobre o meu prato quando vou almoçar. Não posso imaginar o que diriam se eu um dia desaparecesse sem deixar vestígios. Os chocolates, mesmo os de remessas anteriores, eu, com toda minha prudência e senso prático, reservei para as futuras provisões em Südende e jurei não tocar neles enquanto estiver aqui. Mas agora que as perspectivas mudaram, meu caráter também não se mantém firme, e já "toquei" nos chocolates.

Por favor, não se afobe com a faxina no apartamento. Como a senhora pode ver, não há pressa. As pesadas caixas de livros, eu gostaria, de qualquer modo, de enviar pouco a pouco, mas não há ninguém no apartamento para recebê-las (com a senhora Sachtler eu não gostaria de reatar mais nenhuma relação). A pobre Medi [Urban] talvez se consuma de impaciência em Viena. Vou escrever-lhe algumas linhas hoje, mas não sei se as correspondências para Viena estão sendo encaminhadas. A senhora Schlisch me presenteou a semana passada com três maravilhosos crisântemos amarelos e hoje com violetas e lírios brancos que têm um delicioso perfume! Ela é uma gastadora incorrigível. – Como está sua querida mãezinha?

À senhorita Gretchen eu escreverei um cartão agora mesmo. Mande logo notícias!

Muitos abraços

Sua R.

Desculpe o envelope em mau estado, estou consumindo os últimos restos.

## MATHILDE JACOB

[Breslau,] 7 de novembro de 1918

Minha cara Mathilde, acabo de receber sua carta expressa. Coitada da senhora, quantos aborrecimentos com minha toca! É horrível pensar que todas essas coisas irritantes tenham lhe caído nas costas. Claro que agora não farei nada em relação a isso sem a senhora. Eu não tinha ideia de que o aumento do aluguel pudesse ser de algum modo evitado; fiquei apavorada com a hipótese de que a senhora agora tivesse de sair em busca de um novo apartamento, e que nós pudéssemos perder nosso querido ninho em Südende. Por isso pensei que não havia escolha e concordei. Claro que agora estou irritadíssima comigo mesma. Será que não posso conseguir alguma coisa com uma rescisão de contrato? – Vontade de exigir do comando militar o ressarcimento dos 10 marcos não me falta – por pura maldade. Afinal, ele é responsável pelos prejuízos decorrentes de minha prisão.

Um apressado abraço
Sua R.

Ontem lhe escrevi longamente.

## PAUL LÖBE

[Breslau, 8 de novembro de 1918]

Estou no escritório dos trabalhadores dos transportes, Rossplatz 23. Agora o senhor pode me ver a qualquer hora da noite ou amanhã[310] *antes* da reunião.[311] É *absolutamente* necessário que cheguemos a um acordo antes da manifestação.

R.

## MARIE E ADOLF GECK

Berlim, 18 de novembro de 1918
Hotel Moltke[312] (Meu endereço atual)

Meus caros, amados amigos do coração!

Acabo de receber de Breslau o terrível envelope negro.[313] Minhas mãos e meu coração já estremeceram assim que vi a letra e o carimbo, mas ainda esperava que o mais horrível pudesse não ser verdade. Não posso compreender e as lágrimas me impedem de escrever. Sei o que vocês passaram, todos podemos avaliar o terrível golpe. Eu esperava tanto dele para o partido, para a Humanidade. É de ranger os dentes. Gostaria de ajudá-los, mas não há ajuda possível, nenhum

---

310 Rosa acabara de sair da prisão; no dia 9, pela manhã, telefonara da casa de Schlisch a Mathilde Jacob prevenindo-a.
311 Rosa quer discutir com Paul Löbe como será a manifestação do dia 9 em Breslau.
312 Até o fim de novembro Rosa Luxemburgo se hospedou em diferentes hotéis antes de voltar ao seu apartamento.
313 Anunciando a morte do filho dos Geck, Brandel, nos últimos combates no leste da França.

consolo. Meus queridos, não se deixem vencer pela dor, não deixem o sol, que sempre ilumina sua casa, desaparecer diante desse acontecimento desesperador. Todos nós estamos sob o domínio do destino cego, meu único consolo é o amargo pensamento de que também eu talvez seja em breve mandada para o além – talvez por uma bala da contrarevolução que espreita de todos os lados. Mas, enquanto viver, continuo ligada a vocês pelo mais caloroso, fiel e profundo amor, e quero compartilhar com vocês todos os sofrimentos, todas as dores.

Mil lembranças
Sua Rosa L.

Minhas mais sinceras condolências e as melhores lembranças.

Seu
K. Liebknecht

## CLARA ZETKIN

18 de novembro de 1918
Meu endereço: Berlim, Hotel Moltke

Caríssima, apenas duas linhas, a toda pressa. Desde que desci do trem ainda não pus o pé em casa. Ontem o tempo todo estivemos numa correria por causa da *Rote Fahne*.[314] Vai aparecer – não vai aparecer? Em torno dessa questão se desenrolou a luta de manhã até à noite. Finalmente saiu. Você tem de ter paciência com ela, tecnicamente o nível ainda não é alto, isso virá pouco a pouco. Mas, antes de mais nada, eu gostaria de ouvir seu julgamento a respeito do conteúdo. Tenho a sensação de que estaremos inteiramente de acordo, e isso me faz feliz. Todos os meus

---

314 *Bandeira Vermelha*: jornal do grupo spartakista de que Rosa Luxemburgo estava encarregada.

pensamentos e meu coração estão com você. Se eu pudesse visitá-la um dia que fosse! Mas isso será possível assim que os trens voltarem a funcionar. Por agora, envie-me cartas expressas. Espero ansiosa por seu artigo – bem breve! Não se dê muito trabalho. Queremos ter o seu nome agora mesmo. Talvez você pudesse escrever algo sobre as mulheres, isso agora é tão importante, e nenhum de nós entende do assunto.

Caríssima, a toda pressa, mil lembranças e abraços

Sua RL

## CLARA ZETKIN

[Berlim,] 29 de novembro de 1918

Caríssima, eu morro, não de tanto trabalho e correria, mas sim de preocupação pela *Rote Fahne*, à qual ainda falta tanta coisa e na qual ainda há tanta coisa ruim. Thalheimer nos ajuda com um tocante afinco, mas ainda é um tanto inexperiente em matéria de redação, e o bom Rück ainda é muito jovem. Sua última nota, assinada "Juvenis",[315] que naturalmente escapou sem o meu conhecimento, com a malfadada "polêmica" contra os independentes, quase me causou uma apoplexia. Tomei precauções para que isso não se repita.

No geral, só ouvimos uma voz de todos os lados, e é justamente a dos independentes: a *Rote Fahne* é a única folha socialista em Berlim. Com a *Freiheit* estão todos extremamente decepcionados. Recentemente se fizeram ouvir críticas duras e gerais à *Freiheit*, tanto na reunião da Direção Central da Grande Berlim quanto na comissão de imprensa da própria *Freiheit*, que foi confrontada com o exemplo da *Rote Fahne*.

---

315 Alusão a Der Weg zum Nichts [O caminho para o nada], publicado sob o pseudônimo Juvenis na *Rote Fahne* de 28 de novembro de 1918.

Só Haase e Hilferding (o chefe)[316] a defenderam debilmente. Däumig, Eichhorn[317] etc. afirmaram ser inteiramente da nossa posição, assim também Lebedour, Zietz, Kurt Rosenfeld[318] e – as massas! Essa esquerda não apenas aprova nossa crítica como também em parte nos acusa de fazer muito pouca crítica a eles, os independentes. O anseio deles é visivelmente se livrar o mais rápido possível da fatal aliança com a gente de Scheidemann e se unir a nós. Por isso exigimos a realização de um congresso do partido.[319]

Agora, sobre a nossa *Fahne*. Foi decidido que se fará um suplemento semanal de meia página como jornal feminino. *Você* o fará. Disponha as coisas da maneira que achar correta. Não pensamos em um suplemento teórico – algo no estilo do suplemento do *Leipziger Volkszeitung* –, e sim de agitação popular, mais ou menos nos moldes da *Rote Fahne* em geral. Claro que você mesma terá de ir buscar na imprensa o material para ele. Nós gostaríamos de lhe pedir que publicasse sempre um editorial nesse suplemento, algo entre uma coluna e uma coluna e meia, além de todo tipo de rubricas e notícias internacionais, nacionais, do movimento feminista burguês, de economia etc. Chame como colaboradores quem achar necessário, mas entre as pessoas que estão oficialmente do nosso lado (por exemplo, Zietz e M. Wurm *não*, pois isso agora causaria confusão). Mantemos as melhores relações pessoais com elas, mas queremos esperar até que se unam abertamente a nós, o que, afinal, é inevitável. Assim, temo que apenas Käte D[uncker], Regina Ruben[320] – e não sei quem mais –

---

316 Dirigentes do USPD. Seu presidente, Hugo Haase, é nesse momento copresidente, junto com Ebert e Scheidemann, do Conselho dos Comissários do Povo.

317 Membros da ala esquerda do USPD. Eichhorn ocupa as funções de prefeito de polícia de Berlim até ser exonerado em 4 de janeiro de 1919.

318 Georg Ledebour: membro do comitê dirigente do USPD situado na ala esquerda; Luise Zietz: membro do comitê dirigente do USPD; Kurt Rosenfeld: ministro do governo prussiano em novembro de 1918.

319 Congresso do USPD. Até o final de dezembro, os spartakistas faziam parte do USPD, embora tivessem autonomia organizativa e linha política própria. Rosa Luxemburgo pede a convocação do congresso num artigo intitulado Congresso do USPD, publicado na *Rote Fahne* de 29 de novembro de 1918 (ver p.335 do v.II desta coletânea).

320 Militantes spartakistas.

poderiam ser levadas em consideração. O trabalho principal caberia, é óbvio, a você; de resto, tome você mesma as decisões e veja como a coisa deve ser feita (financeiramente o grupo está em condições de assumir todas as despesas e lhe pagar, como a todos nós, um salário). Ainda um enrosco! Todos esses planos dependem de papel, pelo qual se tem de lutar dia a dia aqui. Em todo caso, é só uma questão de semanas, talvez de dias, para podermos ter uma edição de seis páginas e publicar semanalmente o suplemento feminino. Porém, antes de mais nada, responda imediatamente se está de acordo com o plano e como pensa fazer a coisa, quer dizer, se podemos providenciar o que quer que seja para ajudá-la.

A sugestão a respeito de panfletos foi aceita por todos, você deve escrever o primeiro o mais rápido que puder. Apenas uma condição: curto! É que não recebemos papel para panfletos de folhas duplas, portanto conte apenas com duas páginas. Esperamos pelo manuscrito. Deve ser um panfleto geral sobre trabalhadoras e a revolução.

Além disso, queremos introduzir na *Rote Fahne* uma pequena rubrica diária, "Do movimento das mulheres", de um terço a uma meia coluna, que trará principalmente pequenas notícias correntes, uma vez ou outra uma nota etc. Käte Du[ncker] deverá fazer essa rubrica. Mas em todo caso apenas quando aparecermos em seis páginas.

Se você soubesse quanto eu teria para lhe dizer, e como eu vivo aqui – como num caldeirão de bruxa! Ontem, à meia-noite, fui pela primeira vez ao meu apartamento, e isso só porque nós dois – Karl [Liebknecht] e eu – fomos expulsos de todos os hotéis da vizinhança (em torno das estações de Potsdam e Anhalt)!

Mil lembranças, preciso encerrar. Um abraço para você.

Sua R.

Acabo de receber a resposta a uma consulta dizendo que o papel para o suplemento feminino não é problema. Portanto, ele pode começar assim que você estiver pronta!

Mais um beijo e saudações.

## CLARA ZETKIN

[Berlim,] 25 de dezembro [1918]

Caríssima Clara, hoje pela primeira vez desde Breslau me sento à escrivaninha e quero enviar-lhe uma saudação natalina. Como eu teria preferido ter ido ao seu encontro! Mas não se pode nem pensar nisso, porque estou acorrentada à redação e fico lá na gráfica todo dia até à meia-noite para supervisionar também a composição; além disso, nestes tempos agitados, é só às 10 ou 11 horas que chegam as notícias e orientações mais urgentes, às quais temos de reagir de imediato, e ainda temos quase todos os dias conferências e debates desde manhã cedo, no meio disso, assembleias e, como distração, a cada dois dias a advertência urgente de "repartições oficiais" de que Karl [Liebknecht] e eu somos vigiados por uns tipos assassinos, de modo que não deveríamos dormir em casa, e a cada noite teríamos de buscar abrigo em algum lugar diferente, até o ponto em que a coisa se torna estúpida demais e eu simplesmente retorno para Südende. Assim, vivo num torvelinho e na agitação desde o primeiro momento, e não tenho tempo de refletir. Em tudo isso tenho uma única pequena perspectiva: esperamos Julek (Marchlewski) para breve, e então eu talvez possa relaxar por um curto espaço de tempo e viajar para junto de você. Só depende de quando ele conseguirá cruzar a fronteira.

Aqui as relações se tornam difíceis, tanto para fora – com a gente de Ebert – como para dentro, no USPD. Você deve agora receber regularmente a *Rote Fahne* e pode ver que nós não paramos de clamar por um congresso do partido. Ontem recebemos uma *recusa* formal. O partido está em franca dissolução – Ströbel, Haase, Bock(!), a *Freiheit* exigem abertamente uma "delimitação à esquerda", quer dizer, contra nós. Por outro lado, a fusão do USPD com os homens de Scheidemann na província está em pleno curso. Zietz adota agora uma postura extremamente ambígua: foi *ela* quem tramou a "conferência nacional" em lugar do congresso do partido e o sabotou.

Terça-feira! Claro que ontem ocorreu uma nova "perturbação revolucionária".[321] Houve uma enorme manifestação diante do castelo, e então uma parte dos manifestantes se dirigiu ao *Vorwärts* e o ocupou! Encontraram dezoito metralhadoras e um carro blindado escondidos ali! Fui então chamada com urgência a uma reunião, e só cheguei às onze e meia em casa. Hoje tenho de retornar imediatamente à cidade. É assim todos os dias. Portanto, fique agora com pelo menos essa saudação apressada.

Mil lembranças!
Sua

## MARTA ROSENBAUM

Berlim, 4 de janeiro de 1919

Minha cara, cara Martinha!

Envio-lhe finalmente, com mil lembranças, o primeiro número da *Rote Fahne*; a luta por ela me manteve de respiração suspensa de manhã à noite nestes últimos dias. Sinto uma necessidade urgente de vê-la, abraçá-la, falar-lhe. Kurt [Rosenfeld] me disse que a senhora se sentiu ofendida por mim.[322] Foi como se um tijolo me caísse na cabeça.

Será que ao longo de todo esse tempo de nossa amizade eu não fiz por merecer confiança o suficiente para evitar mal-entendidos? Foi doloroso. Mas temos de aceitar também isso; precisamos nos falar e não deve restar uma única sombra entre mim e minha querida Marta

---

321 Alusão ao conflito que na véspera de Natal opôs o governo aos marinheiros revolucionários acantonados no Marstall e no antigo castelo real.

322 Alusão a um artigo da *Rote Fahne* com ataques violentos ao USPD, ao qual Marta Rosenbaum era filiada.

do coração de ouro. Tentei lhe telefonar ontem, mas não consegui, e mais tarde não tive um segundo livre. Vou ver se hoje consigo.

Enquanto isso, eu a abraço, com o velho amor e a velha fidelidade, saudando mil vezes *à senhora* e ao seu marido.

Sua Rosa L.

## CLARA ZETKIN

[Berlim, 11 de janeiro de 1919][323]

Caríssima Clara, hoje recebi sua longa carta, consegui finalmente lê-la com calma e, o que é ainda mais incrível: respondê-la. Não dá para descrever o tipo de vida que eu – todos nós – levamos há semanas, o torvelinho, a constante troca de morada, as notícias alarmantes que não param de chegar e, no meio disso tudo, trabalho estafante, conferências etc. etc. Eu, literalmente, não encontrava maneira de lhe escrever! Meu apartamento só vejo de vez em quando e por algumas horas noturnas. Hoje, porém, talvez eu consiga escrever a carta. Só não sei como começar, de tanta coisa que tenho a lhe dizer.

Pois bem, primeiro de tudo a questão da não participação nas eleições: você subestima enormemente o alcance dessa decisão. Não há nenhum "partidário de Rühle". Rühle não era nenhum "líder" na conferência.[324] Nossa "derrota" foi apenas o triunfo de um radicalismo um tanto infantil, imaturo, linear. Mas esse foi só o começo da conferência. No seu curso posterior foi estabelecido o contato entre nós (a direção central)[325] e os delegados e quando, durante a minha exposição, voltei brevemente

---

323 Última carta escrita por Rosa Luxemburgo antes de ser assassinada, no dia 15 de janeiro de 1919.

324 Referência ao congresso de fundação do KPD (29/12/1918-1/1/1919).

325 A direção central da Liga Spartakus era composta de onze membros.

à questão da participação nas eleições,[326] já senti uma ressonância bem diferente do que no começo. Não se esqueça de que os "spartaquistas" são em grande parte uma nova geração, livre das tradições emburrecedoras do "velho e experimentado partido" – e isso tem de ser aceito com seus lados de sombra e de luz. Todos nós decidimos por unanimidade não transformar o caso numa questão de gabinete e nem tomá-lo pelo lado trágico. Na verdade, a questão da Assembleia Nacional foi empurrada para o segundo plano pelos acontecimentos que se precipitam e, se as coisas continuarem a correr como até agora, parece muito duvidoso que haja mesmo eleições e uma Assembleia Nacional.[327] Você julga a questão (quero dizer, a tragédia da decisão) de maneira muito diferente que nós, pois você infelizmente não tem agora nenhum contato mais estreito conosco, e menos ainda um contato com a situação, como se pode senti-la imediatamente através de percepções próprias. Quando li sua carta e seu telegrama sobre a questão das eleições, meu primeiro impulso foi telegrafar a você: venha imediatamente. Estou *certa* de que uma semana de estada aqui e de participação imediata em nossos trabalhos e discussões bastariam para estabelecer uma perfeita conformidade entre você e nós em tudo. Mas agora eu me vejo obrigada a dizer-lhe o contrário: espere mais um pouco para vir, até que tenhamos novamente tempos relativamente calmos. Esse turbilhão, esse constante perigo, as mudanças de domicílio, o aperto, a caça pela vida não são para você e, principalmente, não há nenhuma possibilidade de trabalhar direito e nem mesmo de discutir. Espero que em uma semana a situação se esclareça de um modo ou de outro e um trabalho regular seja novamente possível. Então sua transferência para cá seria o início de uma "colaboração sistemática", na qual o contato e o entendimento se dão por si.

Obs.: não aceitamos nenhum "borchardtiano". Ao contrário, Borchardt foi posto para fora pelos "Comunistas Internacionalistas",[328]

---

326 Ver p.253 do v.II desta coletânea.

327 Rosa se engana. As eleições para a Assembleia Nacional seriam realizadas no dia 19 de janeiro de 1919.

328 O nome Comunistas Internacionalistas da Alemanha (IKD) foi adotado em novembro de 1918 pelos grupos da esquerda de Bremen, Hamburgo e Dresden. Eles aderiram ao congres-

e isso por exigência nossa. Os "comunistas" eram em sua maioria de Hamburgo e de Bremen; essa aquisição tem certamente seus espinhos, mas isso, em todo caso, são coisas secundárias, que teremos de superar e que se aplainarão com o progresso do movimento. –

No geral, nosso movimento se desenvolve esplendidamente, e no Reich inteiro. A separação do USPD tinha se tornado absolutamente inevitável por motivos *políticos*, pois ainda que as pessoas continuem a ser as mesmas de Gotha,[329] a *situação* se tornou totalmente diferente.

As graves crises políticas que vivenciamos aqui em Berlim a cada duas semanas, ou com frequência ainda maior, obstruem fortemente o andamento do trabalho sistemático de educação e organização, mas ao mesmo tempo são uma extraordinária escola para as massas. E, enfim, temos de aceitar a história da maneira como ela quer acontecer. – Que você receba a *Rote Fahne* tão raramente é catastrófico. Eu verei se a envio diariamente para você. – Neste momento continuam as batalhas em Berlim, muitos de nossos bravos jovens caíram: Meyer, Ledebour[330] e (como temíamos) Leo [Jogiches][331] foram presos.

Por hoje tenho de encerrar.

Mil abraços
Sua R

---

so de fundação do KPD mas abandonaram rapidamente o partido e fundaram sua própria organização, o KAPD.

329 Referência ao Congresso de fundação do USPD em Gotha de 6 a 8 de abril de 1917.

330 Ernst Meyer (membro da Direção Spartakista) e Georg Ledebour (USPD) foram presos na noite de 10 para 11 de janeiro de 1919, depois do fracasso da insurreição provocada pela exoneração de Emil Eichhorn de seu posto de prefeito de polícia de Berlim.

331 Rosa Luxemburgo se engana. Leo Jogiches seria preso no dia 10 de março de 1919 e assassinado.

# Referências bibliográficas

BADIA, G. *Rosa Luxemburg*: journaliste, polémiste, révolutionnaire. Paris: Éditions Sociales, 1975.

BÜCHER, K. *Die Entstehung der Volkswirtschaft*: Vorträgeu. Aufsätze. Tübingen: Laupp, 1912-1922.

BUONARROTI, P. *Gracchus Babeuf et la conspiration des égaux*. Paris: Le Chevalier, 1869.

CUNOW, H. *Die Parteien der Großen Französischen Revolution und Ihre Presse*. Berlin: Verl. Buchh. Vorwärts P. Singer, 1912.

ENGELS, F. *Der Deutsche Bauernkrieg*. Münster: Unrast, 2004.

ETTINGER, E. (org./ trad.). *Comrade and Lover*: Rosa Luxemburg's Letters to Leo Jogiches. Cambridge (MA): Mit Press, 1981. [Ed. Bras.: *Camarada e amante*. São Paulo: Paz e Terra, 1983.]

_____. *Rosa Luxemburgo*: uma vida. Rio de Janeiro: Zahar, 1989.

FRANCE, A. *Os deuses têm sede*. São Paulo: Boitempo, 2007.

GALSWORTHY, J. *Das Herrenhaus*. München: Dt. Taschenbuch-Verl., 1997.

_____. *Die Forsyte-Saga*: Der Reiche Mann. Berlin: Dt. Buch-Gemeinschaft, 1986.

GALSWORTHY, J. *Weltbrüder*. Berlin: Zsolnay, 1933.

GOETHE, J. W. von. *Os anos de aprendizado de Wilhelm Meister*. São Paulo: Ed. 34, 2006.

_____. *Reineke Fuchs*. Köln: Anaconda, 2010.

_____. *Wilhelm Meisters Theatralische Sendung*. Berlin: Aufbau-Taschen-buch-Verl., 1997.

GUIZOT, F. *Histoire de la révolution d'Angleterre*. Paris: R. Laffont, 1997.

HAUPTMANN, G. *Der Narr in Christo Emanuel Quint*. Frankfurt am Main: Ullstein, 1994.

HEBBEL, F. *Agnes Bernauer*: Ein Deutsches Trauerspiel in Fünf Aufzügen. Stuttgart: Reclam, 2009.

_____. *Herodes und Mariamne*: Eine Tragödie in 5 Akten. Stuttgart: Reclam, 1990.

_____. *Judith*: Eine Tragödie in fünf Akten. Stuttgart: Reclam, 1993.

_____. *Maria Magdalena*. Frankfurt am Main: Fischer-Taschenbuch--Verl., 2008.

HETMANN, F. Leo Jogiches und Rosa Luxemburg, Bemerkungen zu ei-ner schwierigen Liebe. In: SODEN, K. (org.). *Rosa Luxemburg*. Berlin: Elefanten Press, 1995, p.45.

HIRTH, G. (org.). *Kulturgeschichtliches Bilderbuch aus Drei Jahrhunderten*. Leipzig: G. Hirth, 1882-1886.

HOLZ, A. *Phantasus*. Stuttgart: Reclam, 1995.

HUCH, R. *Wallenstein*: Eine Charakterstudie. Leipzig: Insel-Verl., 1915.

INGRAM, J. K.; ROSCHLAU, E. *Geschichte der Volkswirtschaftslehre*. Tü-bingen: Laupp, 1905.

JACOB, M. Von Rosa Luxemburg und ihren Freunden in Krieg und Revo-lution 1914-1919 In: QUACK, S.; ZIMMERMANN, R. (Herg. und eingel.). *IWK*, 4/88, p.444.

KAUTSKY, K. *Ethik und Materialistische Geschichtsauffassung*. Berlin: Dietz, 1906.

KAUTSKY, L. *Mon amie Rosa Luxembourg*. Paris: Spartacus, [s. d.].

KELLER, G. *Der grüne Heinrich*. Frankfurt am Main: Fischer-Taschen-buch-Verl., 2008.

_____. *Martin Salander*. München: Nagel und Kimche, 2003.

KELLER, G.. *Züricher Novellen*. Frankfurt am Main: Dt. Klassiker-Verl., 2009.

KLEIST, H. *Penthesilea*: Ein Trauerspiel. Husum/Nordsee: Hamburger--Lesehefte-Verl., 2009.

LANGE, F. A.; ELLISSEN, O. A. *Geschichte des Materialismus und Kritik seiner Bedeutung in der Gegenwart*. Leipzig: Reclam, 1905.

LASCHITZA, A. *Rosa Luxemburg: Im Lebensrausch, trotz alledem*. Eine Biographie. Berlin: Aufbau Taschenbuch, 1996.

_____. Vorwort. In: LUXEMBURGO, R. *Gesammelte Briefe*. Berlin: Dietz, 1993. Band 6.

LESAGE, A.-R. *Gil Blas de Santillane*. [Levallois-Perret]: Cercle du bibliophile, 1969.

_____. *Le diable boiteux*. Paris: Librairie de la "Bibliothèque Nationale", 1895.

LUBBOCK, J. *The Origin of Civilization and the Primitive Condition of Man*: Mental and Social Condition of Savages. New York: D. Appleton and company, 1874.

LUXEMBURGO, R. *A acumulação do capital*. São Paulo: Abril Cultural, 1985. 2v.

_____. *Briefe aus dem Gefängnis*. Berlin: Dietz, 2000.

_____. *Gesammelte Briefe*. Institut f. Marxismus-Leninismus beim ZK d. SED (org.). Berlin: Dietz, 1982-1993. 6v.

MACAULAY, B. T. B. *Critical and Historical Essays*. New York: McGraw--Hill, 1965.

MARX, K. *O capital*. Rio de Janeiro: Civilização Brasileira, 2001.

MAXIM, G. *Drei Menschen*. München: Deutscher Taschenbuch, 1977.

MEHRING, F. *Die Lessing-Legende*. Berlin: Ullstein, 1972.

MEYER, C. F. *Jürg Jenatsch*: Eine Bündnergeschichte. Stuttgart: Reclam, 2000.

MEYER, E. *Geschichte des Altertums*. Stuttgart: Cotta, 1953-1954.

MIGNET, F. A. M. A. *Geschichte der Französischen Revolution von 1789 bis 1814*. Frankfurt am Main: Röderberg, 1975.

NETTL, J. P. *La vie et l'oeuvre de Rosa Luxemburg*. Paris: Maspero, 1972;

NEXØ, M. A. *Sonnentage*: Reisebilder aus dem Süden. Berlin: Aufbau--Taschenbuch-Verl., 2000.

PAASCHE, H. *Fremdenlegionär Kirsch*: Eine Abenteuerliche Fahrt von Kamerun in den Deutschen Schützengräben in den Kriegsjahren 1914/15. Berlin: A. Scherl, 1916.

ROLLAND, R. Holst-van der Schalk, H. *Rosa Luxemburg*: haar leven en werken. Rotterdam: Brusse, 1935.

_____. *Jean-Christophe*. Rio de Janeiro: Globo, 1986. 3v.

ROSCHER, W. *Grundlagen der Nationalökonomie*: Ein Hand- u. Lesebuch f. Geschäftsmänner u. Studierende. Stuttgart: Cotta, 1894.

SCHILLER, F. *Maria Stuart*: Ein Trauerspiel. Köln: Anaconda, 2009.

SCHÜTRUMPF, J. (org.). *Rosa Luxemburgo ou o preço da liberdade*. 2.ed. rev. ampl. São Paulo: Fundação Rosa Luxemburgo/Expressão Popular, 2015.

SHAKESPEARE, W. *Como gostais*. Porto Alegre: L&PM, 2009.

STREUVELS, S. *Der Flachsacker*. Zürich: Manesse, 1986.

TOLSTOI, L. *A morte de Ivan Ilitch*. Rio de Janeiro: Tecnoprint, 1977.

_____. *Anna Karenina*. São Paulo: CosacNaify, 2009.

TYCH, F. (org.). *Róża Luksemburg*: Listy do Leona Jogichesa-Tyszki. Listy zebrał słowem wstępnym i przypisami opatrzył Feliks Tych. Tom 1 (1893-1899); Tom 2 (1900-1905); Tom 3 (1908-1914). Warsaw: Ksiazka i Wiedza, 1968-1971.

_____. Introduction à l'édition polonaise. In: LUXEMBURG, R. *Lettres à Léon Jogichès*. Paris: Denoël Gonthier, 1971.

_____. Versöhnung ist nicht das richtige Wort, *Neues Deutschland*, 27 jan. 2009, p.3.

WEBB, S. et al. *Die Geschichte des Britischen Trade Unionismus*. Stuttgart: Dietz, 1895.

ZETKIN, C. *Rosa Luxemburg und Karl Liebknecht*. 1919.

ZIMMERMANN, W. *Der Große deutsche Bauernkrieg*. Neu-Isenburg: Melzer, 2006.

# Caderno de imagens[1]

Rosa Luxemburgo aos 12 anos, quando vivia em Varsóvia.

Em 1893, Rosa frequentava a universidade em Zurique.

1   Imagens cedidas pela editora Dietz.

Reunião do SPD, em 1905.

Rosa no ano de 1900, em Berlim, após escrever *Reforma social ou revolução?*.

Rosa e August Bebel (1840-1913), em 1904.

Em março de 1906, Rosa é presa em Varsóvia. Ameaçada de execução, reconquista a liberdade após o SPD pagar a fiança.

Pavilhão 10 do presídio de Varsóvia.

Rosa discursando em Sttugart, em 1907.

Rosa em 1907, ano em que começou a lecionar na escola de quadros do SPD.

Rosa em 1910, ano que marca sua ruptura com Karl Kautsky, quando ela encampa uma campanha a favor da substituição da Monarquia pela República, na Prússia.

Rosa e Paul Levi (1883-1930), à esquerda, seu advogado nos processos movidos pelo Ministério da Guerra alemão em 1914.

Presídio feminino de Berlim, na rua Barnim, onde Rosa ficou presa de fevereiro de 1915 a fevereiro 1916.

Liberta, Rosa participou de novas manifestações contra a guerra e foi presa "preventivamente" em julho de 1916. Acima, foto da cela do presídio de Wronke, de onde Rosa redigiu textos de apoio às revoluções de fevereiro e outubro na Rússia.

Em 1919, foi deflagrada uma insurreição em Berlim, à revelia de Rosa e outras lideranças spartakistas. A rebelião foi reprimida violentamente pela polícia da então República alemã.

*Die Hölle* [O inferno], 1919. Max Beckmann retrata o assassinato de Rosa.

Eliasz Luxemburg, pai de Rosa

Franz Mehring (1846-1919)

Eduard Bernstein (1850-1932)

Karl Kautsky (1854-1938)

Luise Kautsky (à direita) (1864-1944)

Leo Jogiches (1867-1919)

Karl (1871-1919) e Sonia Liebknecht (1884-1964) com os filhos.

Mathilde Jacob (1873-1943)

Mathilde Wurm (1874-1934)

Hans Diefenbach (1884-1917)

Clara Zetkin (à esquerda) (1857-1933)

Costia Zetkin, retratado por Rosa Luxemburgo.

"O trem", desenho de Rosa.

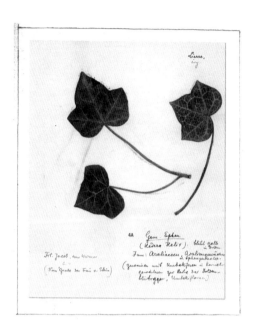

*Hedera helix* (acima) e gágea, registros do herbário que Rosa Luxemburgo montou enquanto estava presa no presídio feminino de Berlim, na rua Barnim (ver p.196).

Casa onde nasceu Rosa Luxemburgo, em Zamość. (Fotos de Holger Politt)

"Nesta casa, em 1871, nasceu Rosa Luxemburgo, notável militante do movimento operário internacional."

# Lista de publicações e partidos

*Berliner Tageblatt*: jornal alemão publicado em Berlim entre 1872 e 1939. Foi a publicação liberal mais importante de seu tempo.

*Bremer Bürger-Zeitung*: jornal social-democrata publicado entre 1890 e 1919.

*Czerwony Sztandar*: publicação oficial da SDKPiL.

*Die Freiheit*: órgão do USPD, publicado em Berlim de novembro de 1918 a outubro de 1922.

*Die Gleichheit*: periódico quinzenal ligado ao SPD e órgão do movimento feminino operário alemão. Foi publicado em Sttugart entre 1891 e 1925 e editado por Clara Zetkin.

*Die Neue Zeit*: revista teórica do SPD fundada em 1893, editada por Karl Kautsky e Emanuel Wurm até 1917, quando este último deixou o SPD.

*Die Rote Fahne:* órgão central do KPD, jornal diário fundado por Rosa Luxemburgo e Karl Liebknecht.

*Die Sozialistische Arbeiter-Jugend*: jornal da juventude socialista.

*Gazeta Robotnicza*: semanário polonês do PPS, publicado em Berlim de 1891 a 1901, e até 1919 em Kattowitz.

*Iskra*: primeiro periódico político marxista russo, foi lançado em 1900 como órgão do Partido Social-Democrata Russo (POSDR). Lênin foi um de seus principais articuladores e o jornal teve papel importante na criação do Partido Bolchevique. Seu lema era: "Da centelha surgirá a chama".

*Leipziger Volkszeitung*: diário do SPD criado em 1894; desde 1917 órgão do USPD.

*Przedświt*: órgão do PPS.

*Przegląd Socjaldemokratyczny*: órgão teórico da SDKPiL.

*Sächsische Arbeiter-Zeitung*: jornal do SPD publicado em Dresden entre 1889 e 1908. A partir de 1908 chamou-se Dresdner Volkszeitung.

*SächsischesVolksblatt*: jornal social-democrata, publicado desde 1892 em Zwickau.

*Sozialistische Monatshefte*: publicação revisionista mensal fundada em Berlim em 1897.

*Sprawa Robotnicza*: jornal mensal da SDKP, publicado irregularmente em Paris de 1893 a 1896.

*Süddeutscher Postillon*: jornal satírico quinzenal do SPD editado por Eduard Fuchs, fundado em 1892 em Munique.

*Volksstimme*: jornal diário social-democrata fundado em 1891 em Chemnitz.

*Vorwärts*: publicação diária central do SPD, veiculada em Berlim de 1891 a 1933.

*Z Pola Walki*: revista teórica da SDKPiL publicada em Cracóvia.

## Partidos

KPD: Partido Comunista da Alemanha.

ISB: Bureau da Internacional Socialista.

POB: Partido Operário Belga.

POSDR: Partido Social-Democrata Russo.

PPS: Partido Socialista Polonês.

PTB: Partido dos Trabalhadores da Bélgica.

SAPD: Partido Socialista Revolucionário dos Trabalhadores.

SDAPR: Partido Operário Social-Democrata Russo.

SDKPiL: Social-Democracia do Reino da Polônia e Lituânia.

SPD: Partido Social-Democrata da Alemanha.

SPO: Partido Social-Democrata da Áustria.

USPD: Partido Social-Democrata Independente da Alemanha.

# Lista de nomes

**Adams-Lehmann**, Hope (1855-1916): médica, nascida na Inglaterra e radicada na Alemanha a partir de 1872. Colaborou com a imprensa social-democrata sobre temas feministas e de saúde pública.

**Adler**, Friedrich (1879-1960): filho de Victor Adler; físico, social-democrata; secretário do Partido Social-Democrata da Áustria; tornou-se um símbolo do movimento contra a guerra por ter assassinado o primeiro ministro Karl von Stürgkh em 1916; condenado a 18 anos de prisão, foi anistiado em 1918; em 1940 emigrou para os Estados Unidos, retornando a Zurique em 1946, onde viveu até o fim da vida.

**Adler**, Victor (1852-1918): médico, jornalista; fundador e dirigente do Partido Social-Democrata da Áustria; adotou posições centristas durante a Primeira Guerra.

**Albert**, Robert: redator do jornal *Sächsisches Volksblatt*, ligado aos social-democratas em Zwickau [Alemanha].

**Allemane,** Jean (1843-1935): sindicalista francês, integrou a Comuna de Paris e participou da fundação do Partido Socialista Revolucionário dos Trabalhadores (SAPD), em 1890.

**Anseele,** Édouard (1856-1938): líder do Partido dos Trabalhadores da Bélgica (PTB) e membro da Internacional Socialista.

**Antoni:** empregado na casa da família Luxemburgo em Zamość.

**Antoni,** Jósef Malecki (1821-1913): integrante da Social-Democracia do Reino da Polônia e Lituânia (SDKPiL) que trabalhava no envio dos textos impressos em Berlim.

**Antrick,** Otto Friedrich Wilhelm (1858-1924): secretário do SPD em Braunschweig [Estado alemão], membro do Reichstag.

**Askew,** John B.: marxista inglês, integrante do Partido Trabalhista Independente (ILP), que trabalhou como jornalista na Alemanha.

**Auer,** Ignatz (1846-1907): foi secretário-executivo do SDAP e do SPD e quatro vezes eleito para o Reichstag.

**Augspurg,** Anita (1857-1943): advogada e ativista ligada aos direitos das mulheres. Fundou a Associação Alemã pelo Direito das Mulheres ao Voto e liderou a Liga Internacional das Mulheres por Paz e Liberdade. Quando os nazistas chegaram ao poder, exilou-se na Suíça, onde morreu.

**Axelrod,** P. B. (1850-1928): nos 1870 populista; em 1883 fundador do grupo marxista Libertação do Trabalho; em 1900 editor da *Iskra*; depois de 1903 um dos líderes dos mencheviques.

**Barel:** socialista francês.

**Bauer,** Otto (1882-1938): dirigente da social-democracia austríaca e da II Internacional; representante do austro-marxismo, polemizou com *A acumulação do capital* de Rosa Luxemburgo; em 1918-19, ministro do Exterior da Áustria.

**Baumeister,** Albert: dirigente sindical.

**Bebel,** Ferdinand August (1840-1913): dirigente do SPD e da Segunda Internacional, liderou a luta do partido no período das leis antissocialistas na Alemanha.

**Bein,** Leopold (Lopek) (1867-1935?): líder da União dos Trabalhadores Poloneses; aproximou-se das posições da *Przeglądu Socjalistycznego* em 1892, foi membro do Partido Polaco Socialista (PPS) em 1893.

**Bernhard,** Georg (1876-?): líder regional da União dos Trabalhadores Metalúrgicos em Frankfurt.

**Bernstein,** Eduard (1850-1932): amigo de Friedrich Engels quando esteve exilado na Inglaterra, foi um dos principais teóricos da corrente revisionista do marxismo. Integrante do SPD, polemizou com Rosa Luxemburgo, que rebateu suas ideias em *Reforma social ou revolução.*

**Bock,** Wilhelm (1846-1931): presidente da União Internacional de Sapateiros em 1873, foi presidente da Comissão de Controle do SPD de 1913 a 1917 e participou da fundação do Partido Social-Democrata Independente da Alemanha (USPD) em 1917.

**Braun,** Lily Amélia Jenny Emilie Klothilde Joahanna (1865-1916): escritora, militante do movimento feminista social-democrata e mulher de Heinrich Braun.

**Bruhns,** Julius August Friedrich (1860-1927): membro do Reichstag entre 1890 e 1893, foi editor do *Volkswacht* em Breslau e secretário do SPD na Alta Silésia.

**Brzezina,** Karol: funcionário da ala esquerda do PPS na parte da Polônia anexada pela Prússia, participava do transporte ilegal de publicações do SDKP para a Polônia.

**Calwer,** Richard (1868-1927): foi editor do *Volksfreund* e do *Leipziger Volkszeitung*, era militante do SPD. Colaborou com os *Sozialistische Monatshefte*.

**Cunow,** Heinrich (1862-1936): historiador e sociólogo, lecionou na escola do SPD, em Berlim, e apoiou a participação alemã na Primeira Guerra.

**Daszyński,** Ignacy (1866-1936): porta-voz do Partido Socialista Polonês (PSD), foi o primeiro-ministro do governo polonês instituído em 1918.

**Däumig,** Ernst Friedrich (1866-1922): colaborador do *Vorwärts* nas áreas de cultura, educação e ciência militar, integrou o SPD e, posteriormente, o USPD.

**David,** Eduard (1863-1930): ministro do interior na República de Weimar, integrou o SPD e compartilhava das teses revisionistas.

**Diefenbach,** Hans (1884-1917): médico, foi um dos grandes amigos de Rosa Luxemburgo. Simpatizava com a social-democracia. Serviu no Exército e foi morto por uma granada na Primeira Guerra.

**Dittmann,** Wilhelm (1874-1954): dirigente do USPD em 1917, voltou ao SPD em 1922.

**Dönniges**, Helene von (1845-1911): escritora alemã, filha de um diplomata bávaro e esposa de Franz von Dönniges.

**Duncker**, Hermann (1874-1960): professor de História do Socialismo na escola do SPD em Berlim. Participou da fundação da Liga Spartakus e do Partido Comunista da Alemanha (KPD). Produziu a primeira edição do *Die Rote Fahne*. Casado com Käte Duncker.

**Duncker**, Käte (1871-1953): professora, militante do movimento de mulheres proletárias, integrou o conselho editorial do *Die Gleichheit*. Participou da fundação da Liga Spartakus e do KPD.

**Ebert**, Friedrich (1871-1925): com a morte de August Bebel tornou-se líder do SPD a partir de 1913 e conduziu a agremiação política para posições de centro; a ala majoritária de que fazia parte expulsou integrantes que se opuseram à guerra, que criaram o USPD. Foi de seu governo que partiu a ordem de reprimir a insurreição de janeiro em Berlim, quando ocorre o assassinato de Rosa e de Karl Liebknecht. Primeiro presidente da República de Weimar, eleito em 11 de fevereiro de 1919.

**Eichhorn**, Emil (1863-1925): mecânico, membro do USPD e integrante do Reichstag. Foi chefe de Polícia durante a Revolução Alemã de 1918-1919 e recusou-se a seguir uma ordem repressiva do ministro do Interior, então ligado ao SPD.

**Eisner**, Kurt (1867-1919): escritor, filósofo e político bávaro, colaborava com o *Vorwärts*; em 1917 membro do USPD. Participou da revolução de 1918 que derrubou a monarquia na Baviera; primeiro ministro da República da Baviera, foi assassinado em 1919.

**Faisst**, Hugo (Meister) (1862-1914): advogado, pianista e cantor, amigo do compositor Hugo Wolf, cuja obra promoveu. Próximo do PSD, era reverenciado por Luxemburgo como "o mestre" por causa de suas ótimas interpretações como pianista e cantor de poemas de Goethe e Mörike. Morreu em 1914, durante combate da Primeira Guerra Mundial.

**Feinstein**, Władisław (1880-1938): jurista polonês, foi dirigente da SDKPiL e participou do Partido Comunista Polonês (KPRP). Usou os pseudônimos de Zdzisław Leder, Zdzisław e Witold.

**Forrer**, Ludwig (1845-1921): até 1900, advogado na Suíça; depois entrou na política; foi membro do Partido Liberal Radical (PLR) e integrou o Conselho Federal.

**Gerlach**, Paul (1888-1944): médico, era próximo da social--democracia.

**Geyer**, Friedrich August Carl (1853-1937): membro do Reichstag entre 1886 e 1918, foi membro da Comissão de Controle do SPD e uniu-se ao USPD em 1917.

**Gordon**, Anna: fazia parte do movimento socialista em Vilna; estudou na Suíça. Próxima a Leo Jogiches.

**Goupy**, G. Morin Succ: gráfica em Paris.

**Gradnauer**, Georg (1866-1946): escritor, redator do *Vorwärts* entre 1897 e 1905, foi ministro do Interior da Saxônia logo após a abolição da monarquia. Em maio de 1919 reprimiu radicais de esquerda em Leipzig. Mandado em 1944 para o campo de concentração de Theresienstadt, conseguiu sobreviver.

**Haase**, Hugo (1863-1919): deputado do SPD em 1897, presidente do partido em 1911, presidente da bancada social-democrata no Reichstag em 1912. Embora fosse contra a aprovação dos créditos de guerra em 1914, vota favoravelmente para não quebrar a disciplina partidária. Torna-se, a partir de 1916, porta-voz da minoria centrista. Um dos dirigentes do USPD desde a sua fundação, membro do Conselho dos Comissários do Povo em 1918, morreu assassinado em novembro de 1919.

**Haenisch**, Konrad (1876-1925): membro do SPD, amigo de Parvus, se opôs à guerra inicialmente, mas mudou sua posição em seguida. Foi editor de diversos periódicos social-democratas.

**Hartman**, Mieczysław (Mitek) (1869-1893): estudante polonês, era próximo ao grupo social-democrata ligado a Rosa Luxemburgo.

**Heinrich**, Władysław (1869-1957): filósofo e psicólogo, ligado ao SDKP quando estudante em Zurique.

**Herkner**, Heinrich (1863-1932): economista, professor universitário em Freiburgo, Karlsruhe, Zurique e Berlim. Foi um dos fundadores da Associação Alemã de Sociologia, com Max Weber e Georg Simmel.

**Hilferding**, Rudolf (1877-1941): pediatra e economista austríaco, foi professor da escola do SPD; escrevia para a *Neue Zeit* e foi redator-chefe do *Die Freiheit*. Foi ministro das Finanças em 1923 e 1928. Com a ascensão de Hitler, foi perseguido e capturado em 1941. Morreu na prisão.

**Hoffmann**, Adolph (1858-1930): editor de jornais ligados ao SPD, membro do Reichstag.

**Huysmans**, Camille (1871-1968): jornalista belga e professor de filologia, era ligado ao Partido Trabalhista Belga (POB) e foi secretário da Segunda Internacional.

**Jäckel**, Hermann (1869-1928): social-democrata; de 1892-1902 membro da comissão de imprensa e de 1900-1904 redator do *Sächsisches Volksblatt*, Zwickau; 1912-1918 deputado no Reichstag; em 1916 pertenceu ao Grupo de Trabalho Social-Democrata; desde 1917 membro do USPD.

**Jacob**, Mathilde (1873-1943): cuidava de um escritório de datilografia e cópias quando se tornou secretária de Rosa Luxemburgo.

**Janiszewski**, Jósef Konstanty (1855-1923): um dos pioneiros do movimento socialista na região de Poznan. Fundou a gráfica onde eram produzidos o jornal semanal do PPS, *Gazeta Robotnicza*, e periódicos do SDKPiL.

**Jogiches**, Leo (1867-1919): militante do movimento operário da Rússia, Polônia e Alemanha. Foi amante de Rosa Luxemburgo entre o início da década de 1890 e 1907. Até o fim de suas vidas, ambos mantiveram uma relação de cumplicidade e parceria política. Editou o *Sprawa Robotnicza*, foi um dos fundadores do SDKP em 1893 (a partir de 1900 SDKPiL) e tornou-se membro de sua liderança entre 1902 e 1914. Na Alemanha, ajudou a organizar e foi líder da Liga Spartakus e do KPD. Descobriu os assassinos de Rosa e Karl Liebknecht; em março de 1919 foi preso e morto na prisão. Usava os pseudônimos Grosovski, Jan Tyszka, Lene, Otto Engelmann, Krysztalowicz.

**Kasprzak**, Martin (1860-1905): apoiou o movimento socialista na Polônia. Ajudou Rosa Luxemburgo em sua fuga da Polônia para a Suíça.

**Kautsky**, Felix (1891-1953): filho de Karl Kautsky.

**Kautsky**, Hans (Igel) (1864-1937): professor, pintor do teatro da corte prussiana, irmão de Karl Kautsky.

**Kautsky,** Karl (1854-1938): escritor, um dos fundadores da revista *Neue Zeit*, da qual foi redator-chefe até 1917. Teórico influente da Segunda Internacional, rompeu com o grupo de Rosa Luxemburgo depois de 1910, quando se aproximou da ala reformista do SPD com a "estratégia do cansaço". Em 1917, um dos fundadores do USPD. Depois da Revolução Bolchevique de 1917 na Rússia, tornou-se crítico da política soviética.

**Kautsky,** Luise (Lulu) (1864-1944): mulher de Karl Kautsky.

**Kautsky,** Minna (Granny) (1837-1912): escritora austríaca, mãe de Karl Kautsky.

**Kautsky,** Robert (1985-1962): filho de Hans Kautsky.

**Kelles-Krauz,** Kasimierz (Michal Lusnia) (1872-1905): professor e sociólogo, integrante do PPS.

**Kessel,** Gustav von (1846-1918): general da Prússia.

**Kestenberg,** Leo (1882-1962): pianista; durante a Primeira Guerra Mundial diretor da Editora Paul Cassirer.

**Krille,** Otto (1878-1954): poeta, dramaturgo e romancista. Editor dos jornais *Volksblatt für Harburg, Wilhelmsburg und Umgebung*. Trabalhou na Organização da Juventude Livre de Stuttgart.

**Kritschewski,** B. N. (Pseud. na França: B. Veillard) (1866-1919): social-democrata russo; correspondente do *Vorwärts* em Paris; em 1903 afastou-se do movimento social-democrata.

**Lassalle,** Ferdinand (1825-64): jurista alemão, fundador da União Geral dos Operários Alemães (Adav), foi presidente do primeiro partido operário alemão.

**Lavrov, P. L.** (1823-1900): sociólogo e jornalista russo; ideólogo do movimento populista democrata-burguês; membro da organização Semlja i Wolja e da Narodnaja Wolja; membro da I. Internacional.

**Ledebour,** Georg Theodor (1850-1947): jornalista e deputado do SPD no Reichstag (1900-1918). Membro do USPD em 1917, fazia parte do círculo dos delegados revolucionários. Durante a revolução de novembro, foi membro Comitê Executivo (*Vollzugsrat*) dos conselhos de trabalhadores e soldados de Berlim e uma das lideranças da insurreição de janeiro.

**Legien,** Karl (1861-1920): sindicalista e deputado do SPD, favorável à participação da Alemanha na Primeira Guerra Mundial.

**Lensch,** Paul Albert (1873-1926): editor do *Freie Presse für Elsass- -Lothringen*, em Strasburg, e membro do Reichstag.

**Levi,** Paul (1883-1930): advogado de Rosa Luxemburgo, com quem chegou a ter uma relação amorosa. Participou da Liga Spartakus, tornou-se líder do KPD em 1918 com a morte de Rosa e Karl Liebknecht. Teve morte trágica em 1930, quando era deputado no Reichstag.

**Liebknecht,** Karl (1871-1919): filho de Wilhelm Liebknecht, um dos fundadores da social-democracia alemã; advogado; integrou o SPD e fundou, com Rosa Luxemburgo e Clara Zetkin, a Liga Spartakus, agrupamento político que se opunha ao belicismo alemão. Foi preso em 1916, por participar de protestos contra a guerra, e acabou condenado a dois anos de trabalhos forçados. Liberto em 1918, participou da fundação do KPD. Um ano depois, foi um dos líderes da insurreição de janeiro contrária ao governo do social-democrata Friedrich Ebert. Foi assassinado no dia 15 de janeiro de 1919, assim como Rosa Luxemburgo.

**Liebknecht**, Sophie (Sonya) (1884-1964): historiadora da arte, segunda esposa de Karl Liebknecht.

**Liebknecht**, Wilhelm Philipp Martin Christian Ludwig (1826-1900): jornalista e militante alemão, foi um dos fundadores do SPD. Pai de Theodor e Karl Liebknecht, participou da formulação da Segunda Internacional. Foi redator-chefe do *Vorwärts* e integrou o Reichstag.

**Liliencron**, Detlef Von (1844-1909): após demitir-se da função de oficial militar prussiano em 1870, tornou-se professor e escritor.

**Löbe**, Paul Gustav Emil (1875-1967): político alemão, integrou o SPD e foi editor do *Volkswacht*, em Breslau. Foi preso em 1933 e 1944 pelos nazistas por seus vínculos com círculos opositores a Hitler.

**Longuet**, Jean Frédéric Laurent (1876-1938): filho do dirigente comunardo Charles Longuet e da filha mais velha de Karl Marx, Jenny. Foi redator do *L'Humanité*.

**Lübeck**, Gustav (1873-?): compositor, casou-se com Rosa Luxemburgo em 1898, por conveniência, para que ela obtivesse cidadania alemã. O casamento se dissolveu oficialmente em 1903. Lübeck foi expulso da Suíça em 1905.

**Luxemburgo**, Annie [Andzia]: filha de Mikolaj, irmão de Rosa Luxemburgo.

**Luxemburgo**, Jósef (Józio) (1868-1936): médico, irmão mais novo de Rosa Luxemburgo.

**Mara** (1886-1964): filha de Otto Wlather e Hope Adams--Lehman.

**Marchlewski,** Julian Balthasar (Julek, Juleczek) (1866-1925): militante polonês, exilou-se na Suíça, em 1893. Ao lado de Rosa Luxemburgo, Leo Jogiches e Adolf Warski, publicou o jornal social--democrata *Sprawa Robotnicza* e participou da fundação do SDKP. Spartakista, foi preso na Alemanha e trocado por um espião germânico então capturado pelo governo soviético. Usou os pseudônimos de J. Karski e Johannes Kämpfer.

**Marek,** Jan (1884-1961): militante do sindicato de mineradores e integrante do PPS, na Polônia.

**Martov,** L. (1873-1923): pseudônimo de Yuli Osipovich Tsederbaum, colaborador do *Iskra* e líder menchevique. Organizou, com Lênin, a Liga de São Petersburgo de Luta pela Emancipação da Classe Trabalhadora.

**Mehring,** Franz Erdmann (1846-1919): ensaísta e historiador alemão, foi editor-chefe do *Leipziger Volkszeitung*. Lecionou História na escola do SPD, em Berlim, e editou o *Sozialdemokratische Korrespondenz* com Rosa Luxemburgo e Julian Marchlewski. Participou da Liga Spartakus e do KPD.

**Meyer,** Eduard (1855-1930): historiador alemão.

**Meyer,** Ernst (1887-1930): jornalista alemão, integrante da Liga Spartakus e editor do *Vorwärts*. Compartilhou de muitas das posições de Rosa Luxemburgo, Karl Liebknecht e Clara Zetkin. Foi um dos fundadores do KPD, do qual se tornou uma das principais lideranças.

**Mill,** Josef-Szloma (1870-1952): integrante do movimento de trabalhadores judeus em Vilna, um dos fundadores do Bund (União Judaica Operária da Lituânia, Polônia e Rússia). Usava o pseudônimo de John Mill.

**Morawski,** Alfons (1868-1941): um dos líderes do Movimento Social-Democrata da Lituânia em Vilna na primeira metade dos anos 1890. Usava o pseudônimo de Koszan.

**Motteler,** Julius (1838-1907): fabricante de tecidos alemão que, durante as leis antissocialistas, dirigiu e organizou a distribuição ilegal do órgão central da social-democracia alemã. Próximo a August Bebel e Wilhelm Liebknecht, foi dirigente da editora e gráfica do *Leipziger Volkszeitung.*

**Müller,** Margarete: irmã de Hans Diefenbach.

**Olszewski,** Władyslaw (Pseudônimo: Władek) (1863-1922): serralheiro, foi integrante do Proletariat e do SDKPiL.

**Parvus** (1867-1924): apelido de Alexander Helphand, militante russo que se exilou na Alemanha, integrou o SPD e tornou-se amigo de Rosa Luxemburgo e Wilhelm Liebknecht. Foi um dos apoiadores do *Iskra*, jornal em que colaborou com Lênin e Plekhanov.

**Pascin** (Julius Pincas) (1885-1930): pintor, artista gráfico e ilustrador nascido na Bulgária e radicado nos Estados Unidos.

**Pernerstorfer,** Engelbert (1850-1918): político e jornalista austríaco, editor do *Deutsche Worte.*

**Pëus,** Heinrich (1862-1937): redator do *Volksblatt für Anhalt*, de Dessau [Alemanha], foi membro do Reichstag entre 1896-1898.

**Pfannkuch,** Wilhelm (1841-1923): integrante do SPD, foi um dos fundadores da União dos Marceneiros Alemães.

**Pfemfert,** Franz (1879-1954): jornalista e crítico literário, foi editor do *Die Aktion.*

**Pinkau,** Johann Karl (1859-1922): fotógrafo em Leipzig, membro do Parlamento da Saxônia de 1893-1896.

**Plekhanov,** Georgy V. (1856-1918): teórico marxista russo, exilou-se na Suíça em 1880 e foi redator dos periódicos *Iskra* e *Zarya*. Voltou à Rússia após a Revolução de 1917; Leo Jogiches e Rosa Luxemburgo divergiam de muitas de suas posições teóricas e políticas.

**Pokorny,** Joseph (nascido em 1871): colaborador do *Sächsisches Volksblatt*, Zwickau.

**Reiff,** Adolph (1831-1902): polonês, radicado em Paris, dono da gráfica que imprimia o jornal *Sprawa Robotnicza*.

**Renner,** Karl (1870-1950): integrante do Partido Social--Democrata da Áustria (SPO), foi presidente da Áustria entre 1945 e 1950.

**Riasanov,** David Borisovich (1870-1938): marxista ucraniano, preso aos 15 anos por participar do grupo revolucionário terrorista Narodnaya Volya [Vontade do povo]. Diretor do Instituto Marx--Engels de Moscou, foi responsável pela primeira tentativa de editar as obras completas de Karl Marx e Friedrich Engels, a *Marx-Engels--Gesamtausgabe*. Vítima dos expurgos stalinistas, foi executado em janeiro de 1938.

**Roland-Holst,** Henriette (1869-1952): poetisa socialista holandesa, integrou o SDP e foi delegada do Congresso da Segunda Internacional. Traduziu *A internacional* para o holandês.

**Rosenbaum,** Marta (1869 ou 1870-1940): integrante do SPD e, depois, do USPD.

**Rosenfeld**, Kurt (1877-1943): advogado, professor de Direito Civil na escola do SPD, em Berlim.

**Rubanowicz**, I. A. (1860-1920): revolucionário russo que emigrou para Paris nos anos 1890; membro do Partido dos Socialistas Revolucionários e seu representante no ISB.

**Ruben**, Regina (1858-?): professora, escritora ativista do movimento de mulheres operárias.

**Rück**, Fritz: militante spartakista de Stuttgart.

**Rühle**, Otto (1874-1943): jornalista, integrou o Reichstag e opôs-se, com Karl Liebknecht, à aprovação dos créditos de guerra, como desejava o governo alemão. Fez parte da Liga Spartakus.

**Sarraute**, Maurice (1869-?): jornalista, integrante do Partido Socialista Francês.

**Scheidemann**, Philipp (1865-1939): político alemão, integrante do SPD. Proclamou a a República, em 1918, logo após a queda de Guilherme II. Participou da repressão à insurreição spartakista que resultou no assassinato de Rosa Luxemburgo e Karl Liebknecht.

**Schippel**, Max (1859-1928): economista, integrou o Reichstag e colaborou com o *Sozialistische Monatshefte*. Usava o pseudônimo de Isegrim.

**Schönlanck**, Bruno (1859-1901): jornalista, foi redator-chefe do *Leipziger Volkszeitung*.

**Schulz**, August Heinrich (1872-1932): professor, redator de jornais social-democratas em Erfurt, Magdeburg e Bremen. Diretor do

Comitê Central de Cultura do SPD e membro do Reichstag. Usava o pseudônimo de Ernst Almsloh.

**Seidel**, Alfred Emil [Fredi] (1882-1965): professor, filho de Robert Seidel.

**Seidel**, Mathilde Elise (1853-1924): mulher de Robert Seidel.

**Seidel**, Robert (1850-1933): editor do *Voksrecht* e do *Züricher Arbeiterstimme*, em Zurique, foi professor e jornalista. Participou do movimento dos trabalhadores suíços e tinha como interlocutores Eduard Bernstein, Karl Kautsky e Wilhelm Liebknecht.

**Senator**, Hermann (1834-1911): médico alemão.

**Singer**, Paul (1844-1911): membro do Reichstag entre 1884 e 1911. Participou do Bureau da Internacional Socialista (BSI), integrou o SPD.

**Stadthagen**, Arthur (1857-1917): advogado alemão, eleito membro do Reichstag, colaborador e redator do *Vorwärts*. Integrou o USPD.

**Steinen**, Karl von den (1855-1929): médico e etnólogo alemão, fez expedições ao Brasil para estudar povos nativos e foi um dos primeiros a percorrer a região do Alto Xingu.

**Stoecker**, Walter (1891-1939): líder do movimento de jovens trabalhadores socialistas em Colônia, militante do USPD.

**Ströbel**, Heinrich (1869-1944): jornalista e político alemão, redator do *Schleswig-Holsteinische Volks-Zeitung* e do *Vorwärts*, integrante do USPD.

**Szmujlow,** W. J. (nasc. 1864): russo, emigrou para a Alemanha em 1887. Colaborador da *Sächsische Arbeiter-Zeitung* (Dresden), era ligado ao grupo marxista russo Emancipação do Trabalho.

**Thalheimer,** Berta (1883-1959): integrante da Liga Spartakus, colaborou com o *Die Gleichheit.*

**Thöny,** Eduard (1866-1950): pintor, caricaturista e ilustrador austríaco, reverenciado por Adolf Hitler. Recebeu a Medalha Goethe em 1941.

**Urbach,** Ignacy: polonês exilado em Paris, que usava o pseudônimo de Jacques Rivière e ajudou Rosa a manter contato com os socialistas franceses.

**Urban,** Martha (Medi) (1894-1915): mulher de Hans Kautsky, Jr.

**Vaillant,** Édouard-Marie (1840-1915): político belga, integrou a Comuna de Paris e a Primeira Internacional. Eleito deputado pelo Partido Trabalhista Belga, liderou a agremiação em conquistas como o sufrágio universal e a jornada de oito horas de trabalho.

**Vandervelde,** Émile (1866-1938): dirigente da Segunda Internacional, foi presidente do Partido Operário Belga e participou do governo durante a Primeira Guerra Mundial.

**Vandervelde,** Lalla: mulher de Émile Vandervelde.

**Vogtherr,** Ewald (1859-1923): eleito para o Reichstag entre 1881-1887 e 1912-1918, foi integrante do SPD e do USPD, a partir de 1917.

**Warski** (verdadeiro nome: Warszawski), Adolf Jerzy (1868-1937): militante polonês, cofundador do SDKPiL e colaborador do *Sprawa*

*Robotnicza*. Viveu na França, na Alemanha e na União Soviética; opositor do stalinismo, foi executado em 1937.

**Wels**, Otto (1873-1939): deputado alemão pelo SPD entre 1919 e 1939. Comandante militar de Berlim em 1917, reprimiu violentamente a insurreição spartakista, sob as ordens do ministro Gustav Noske, social-democrata tido como mandante do assassinato de Rosa Luxemburgo e Karl Liebknecht.

**Wengels**, Margarete (1856-1931): militante alemã do movimento de mulheres proletárias, integrou o SPD e compartilhou das mesmas posições de Rosa e Clara Zetkin. Foi colaboradora do *Gleichheit*.

**Westmeyer**, Johan Friedrich (1873-1917): editor de jornais social--democratas em Nuremberg, Hanover e Stuttgart.

**Winter**, August (1866-1907): alemão, foi editor do *Volksbote* e integrante do SPD.

**Wojnarowska**, Cesaryna Wanda (1861-1911): funcionária polonesa do partido Proletariat, foi presa em 1879, 1881 e 1883. Emigrou para a França, onde passou boa parte de sua vida. Foi editora do *Przeglqd Tygodniowy*, dedicado à Revolução Polonesa. Estudou na Sorbonne e integrou o SDKPiL, representando o partido na Segunda Internacional Socialista.

**Wolny**, Tomasz: funcionário do PPS na região polonesa anexada pela Prússia.

**Wurm**, Emmanuel (1857-1920): químico, jornalista, professor na Escola do SPD em Berlim. Trabalhou em diversos jornais, como *Zeitschrift für Spirituosen*, *Zeitung Volksfreund* e a revista *Neue Zeit*. Eleito para o Reichstag entre 1912-1918, integrou o Grupo de Trabalho Social-Democrata, ala do USPD.

**Wurm,** Mathilde (1874-1934): amiga de Rosa e de Clara Zetkin, mulher de Emmanuel Wurm. Ingressou no SPD em 1896 e, mais tarde, participou do USPD. Foi vereadora em Berlim. Exilou-se na Inglaterra, onde se suicidou.

**Zetkin,** Clara (1857-1933): professora, diretora da revista feminina social-democrata *Die Gleichheit* e integrante do SPD. Amiga e confidente de Rosa Luxemburgo, é uma figura histórica do feminismo; em 1910 propôs a criação do Dia Internacional da Mulher. Foi uma das fundadoras da Liga Spartakus; deputada no Reichstag pelo KPD de 1920 a 1933; exilou-se em Moscou onde morreu.

**Zetkin,** Costia (1885-1980): médico, filho mais novo de Clara Zetkin. Foi amante de Rosa Luxemburgo na juventude. Trabalhou no diário *Die Gleichheit* e serviu na Primeira Guerra Mundial. Após os nazistas chegarem ao poder na Alemanha, exilou-se na União Soviética, mas mudou-se para os Estados Unidos e trabalhou em hospitais psiquiátricos. Depois, foi viver em uma fazenda do Canadá com a esposa, onde morreu.

**Zetkin,** Maxim (1883-1965): médico, filho de Clara Zetkin.

**Zietz,** Luise (1865-1922): militante do movimento feminista social-democrata, foi secretária da direção do SPD; em 1917, participou da fundação do Partido Social-Democrata Independente da Alemanha (USPD) e foi membro do comitê central.

**Zlottko,** Gertrud: trabalhou como empregada doméstica para Rosa, de quem se tornou amiga.

**Zundel,** Georg Friedrich (1875-1948): pintor, segundo marido de Clara Zetkin.

# Índice onomástico

Adams-Lehmann, Hope, 107n.17, 369

Adler, Friedrich, 305, 343-4, 369

Adler, Max, 37, 369

Adler, Victor-Leben, 78, 80, 343n.295, 369

Agrippa, Menênio, 70

Albert, Robert, 60, 369

Allemane, Jean, 20, 370

Anseele, Édouard, 282, 370

Antoni, 67-8, 370

Antoni, Jósef Malecki, 75, 370

Antrick, Otto, 46, 370

Askew, John B., 45, 370

Auer, Ignaz, 28-9, 202, 370

Augspurg, Anita, 33, 370

Austerlitz, 311

Avelling, "Tia", 20

Axelrod, P. B., 98, 121, 370

Baake, Kurt, 370

Bach, Johann Sebastian, 250

Balabanova, 99

Barão, *ver* Kelles-Krauz, Kasimierz

Barel, 21, 370

Bauer, Gustav, 246, 371

Baumeister, Albert, 371

Bebel, August, 29, 61, 72, 77, 80, 88-9, 100, 107, 109, 159, 173, 208, 221, 244, 300, 371.

Bebel, Julie, 109

Beethoven, Ludwig van, 189, 250

Bein, Lopek, 53, 371

Bendel, *ver* Kautsky, Benedikt

Bernhard, Georg, 175, 371

Bernstein, Eduard, 21, 37-8, 53, 77, 88, 90, 98, 142-4, 147, 175, 371. *Ver também* Caderno de imagens
Bettina, 202
Bismarck, Otto von, 71
Bjørnson, Bjørnstjerne, 160
Bley, Franz, 215
Block, 85
Bluntschli, Johann Kaspar, 37
Bock, Wilhelm, 357, 371
Borchardt, 360
Börne, Ludwig, 33-5
Bosch, 118
Braun, Lily, 61, 64, 371
Bruhns, Julius, 37-8, 372
Brzezina, Karol, 7, 19, 372
Bücher, Karl, 143
Bülow, Bernhard von, 90
Buonarroti, Philippe, 117

Calwer, Richard, 175, 372
Carlé, 181
Cassirer, Paul, 210, 328, 342-3
Cavour, Camillo Benso di, conde de, 140
Cellini, Benvenuto, 78
Chauvin, 10
Cimarosa, Domenico, 265
Comte, Auguste, 120-1
Considérant, Victor Prosper, 120
Cook, Frederic Albert, 155
Cromwell, Oliver, 147
Culp, Julia, 222

Cunow, Heinrich, 50, 72, 156, 299, 372

d'Alembert, Jean, 327
Daszyński, Ignacy, 33, 300, 372
Däumig, Ernst, 355, 372
David, Eduard, 372
Defnet, 8
Dehmel, 322
Diefenbach, Hans, 108-9, 111-2, 121-2, 124, 128-9, 150, 166, 169-70, 188, 211, 221, 226, 233, 239, 256, 258, 262, 297, 307, 309, 313-5, 317-8, 323-7, 343-4, 372. *Ver também* Caderno de imagens
Dittmann, Wilhelm, 213, 319, 349, 372
Dönniges, Helene von, 33, 373
Dostoievski, Fyodor, 279
Duncker, Hermann, 154-5, 373
Duncker, Käte, 33, 355, 373
Düwell, Bernhard, 159, 187
Dyrenfurth, senhorita, 198

Ebert, Friedrich, 349n.307, 355n.316, 357, 373
Eckstein, Gustav, 245, 275
Eichhorn, Emil, 355, 361n.330, 373
Eisner, Kurt, 78, 349, 373
Emmo, *ver* Wurm, Emmanuel
Engels, Friedrich, 123, 197, 203
Erasmo de Rotterdam, 290

Espinasse, Mademoiselle de, 327
Evchen, *ver* Mehring, Eva

Faisst, Hugo, 124-5, 149, 160, 221-2, 269, 330, 373
Feinstein, Władisław, XV, 73, 77, 374
Feldman, 83
Forrer, Ludwig, 57, 374
Fourier, Charles, 120-1
France, Anatole, 311
Franziskus, *ver* Mehring, Franz
Friedel, *ver* Zundel, Friedrich

Galsworthy, John, 240, 257, 329
Geck, Adolf, 166, 352
Geck, Marie, 352
George, 322, 333
Georges, *ver* Plekhanov, Georgi
Gerlach, Paul, 162-3, 284, 317, 325, 374
Geyer, Friedrich, 319, 374
Goethe, Johann Wolfgang von, 42, 78n.71, 88n.92, 198, 203, 214, 223, 228, 264, 266, 268, 270, 275, 277, 294, 322, 338
Gordon, Anna, 11, 32, 57, 374
Gorki, Maxim, 343
Gounod, Charles, 294
Goupy, G., 12-4, 17, 374
Gradnauer, Georg, 28-9, 78, 374
Granny, *ver* Kautsky, Minna
Gretchen, senhorita, 307, 348, 351
Grillparzer, Franz, 244

Grosse, Ernst, 146
Grossmann, senhora, 110
Grün, Karl, 121
Grunwald, 121
Guizot, François, 145, 299
Gurcman, Benedyckt, 79
Gurwitsch, Alexander, 98
Gutbrod, 163

Haase, Hugo, 213, 355, 357, 374
Haenisch, Konrad, 178-9, 375
Hamilton, lady, 197
Hammer, 155
Hannes, *ver* Diefenbach, Hans
Hanneselein, *ver* Diefenbach, Hans
Harrington, 147
Hartman, Mitek, 6, 375
Hauptmann, Gerhart, 139, 240, 244-5, 301, 307
Hebbel, Christian Friedrich, 243-4
Hegel, Georg Wilhelm Friedrich, 203
Heimann, Hugo, 375
Heine, Heinrich, 71, 325
Heinrich, Władisław, 6-7, 375
Henke, 178-9
Herkner, Heinrich, 32, 375
Hilferding, Rudolf, 78, 106n.115, 180, 262, 355, 375
Hirth, Georg, 146
Hoffmann, Adolph, 61, 215, 375
Hofmannsthal, Hugo von, 312, 322

Holz, Arno, 322
Huch, Ricarda, 201n.206, 245,
253, 260
Hülsen, conde, 224
Humblot, 33, 38
Huysmans, Camille, 85, 282-3,
375

Ihrer, Frau, 37
Iljn, *ver* Lênin, Vladimir (pseudô-
nimo)
Ingram, John Kells, 136
Irene, 241
Issaïeff, A. A, 41

Jäckel, Hermann, 60, 376
Jacob, Mathilde, VIII, XIX-XX,
209, 218, 223-4, 228n.247,
230-1, 233, 245, 261, 274,
277, 280, 296n.274, 327, 343,
352n.310, 376. *Ver também*
Caderno de imagens
Jadzia, 8, 10, 12, 15, 18, 21, 29,
32, 45
Jaeckh, 62
Jagoda, 245
Janiszewski, Jósef Konstanty, 54,
85, 376
Jaurès, Jean, 98, 300, 301
Joffe, 21
Jogiches, Leo, VIIn.1, VIII, X-
XVI, XX, 95, 97-8, 104n.113,
110, 112, 115n.124, 123,
125-6, 130-1, 145, 181n.191,

184n.195, 223, 361, 376. *Ver*
*também* Caderno de imagens
Juvenis, *ver* Zetkin, Clara (pseudônimo)

Kallmorgen, 163
Kant, Immanuel, 37, 203
Karolus, *ver* Kautsky, Karl
Kasprzak, Martin, 53, 74, 77,
79n.74, 86, 376
Kautsky Jr., Karli, 148, 200
Kautsky, Benedikt, 117, 139, 149,
200, 262
Kautsky, Felix, 108-9, 200, 376
Kautsky, Gretel, 163n.174
Kautsky, Hans, 81, 85, 88, 112,
124, 126, 128, 131, 144,
147, 149, 163n.174, 198,
200, 211, 221, 224, 226-7,
236, 255, 258, 262, 308,
325-6, 328-9, 342, 344,
346-7, 376
Kautsky, Karl, XVIII, 42-3, 45-6,
50, 52-3, 72, 75, 77-8, 80, 88-
90, 105, 108-10, 121, 123-4,
137, 139, 141, 149, 158, 165,
168, 199n.207, 305, 377. *Ver*
*também* Caderno de imagens
Kautsky, Luise, VIII, XVII-
XVIII, 70, 72, 74-5,78, 101,
105, 117, 119, 131-2, 149-50,
210n.228, 213, 228, 232,
321, 348, 377. *Ver também*
Caderno de imagens

Kautsky, Minna, 66, 85, 88, 91, 109, 137, 262, 377
Kautsky, Robert, 147, 224, 377
Keller, Gottfried, 157, 253
Kellermann, 245
Kelles-Krauz, Kasimierz, 40n.26, 377
Kerner, Justinus, 265-6
Kessel, Gustav von, 224, 242, 336, 377
Kestenberg, 209n.227, 327-8, 342, 345, 377
Kipling, Rudyard, 291-2
Kleist, Heinrich von, 166, 244
Korn, 169
Korolenko, Vladimir, XI, 209-10, 227, 257, 299, 327, 342-3n.294
Körsten, Alwin, 70
Kriczewski, 8-9, 11, 20-1
Krille, Otto, 132, 377
Kritschewski, B. N., 8, 168, 377
Kropotkin, Peter, 152
Kühl, 28

Lafargue, Paul, 10, 20, 53, 117
Lassalle, Ferdinand, 105, 107, 377
Lavalière, Madame de, 197
Lavigne, 72
Lavrov, P. L., 7, 20, 22, 378
Ledebour, Georg, 109, 115, 187, 355n.318, 361, 378
Legien, Karl, 378
Lehmann, Otto Walther, 107n.117, 231, 249

Lenbach, Franz von, 76
Lênin, Vladimir, 141, 172, 310, 319
Lensch, Paul, 177, 378
Leocádia, *ver* Jogiches, Leo
Leonie, *ver* Jogiches, Leo
Lesage, Alain-René, 341
Lesseps, 12
Levi, Paul, VIII, XVI-XVII, 181n.191, 307, 345n.299, 378. *Ver também* Caderno de imagens
Liebknecht, Karl, XVI-XVII, XIX, 21, 192, 207, 220, 232, 249, 254, 257, 271, 277, 295, 337n.290, 341, 353, 356, 378
Liebknecht, Sonia, *ver* Liebknecht, Sophie
Liebknecht, Sophie, VIII, XVII, XIX, 221, 232, 254, 257, 299, 304, 329, 336, 347-9, 378
Liebknecht, Wilhelm, 40n.26, 379
Lilburne, John, 147
Liliencron, Detlef Von, 150, 379
Lippert, Julius, 148, 153, 189
Löbe, Paul, 337, 352n.311, 379
Łódź, Michalski de, 14, 16, 73
Longuet, Jean, 21, 379
Löwe, senhora, 69
Lubbock, J., 67
Lübeck, Gustav, XIV, 57n.42, 59, 90n.97, 379
Lübeck, Olímpia, 82, 162
Lübeck, Rosalia (Rosa Luxemburgo), XIV, 119, 217, 299
Lüpnitz, 132

Lutero, Martinho, 253
Luxemburgo, Andzia, *ver* Luxemburgo, Annie
Luxemburgo, Annie, 82, 107, 379
Luxemburgo, Jósef, 39, 40, 82, 379
Luxemburgo, Józio, *ver* Luxemburgo, Jósef
Luxemburgo, Lily, 70

Macaulay, 216, 220
Magnus, Karolus, *ver* Kautsky, Karl
Mann, Thomas, 241
Maquiavel, Nicolau, 265
Mara, 107, 109, 379
Marchlewski, Julek, 7, 13, 19-21, 29, 53, 77, 82, 85, 130, 183, 261, 325, 344, 357, 380
Marchlewski, Karski, *ver* Marchlewski, Julek
Marek, Jan, 50, 380
Martov, L., 98, 380
Marx, Karl, 107, 116, 118, 122-3, 144, 203, 246
Matschke, Anna (pseudônimo de Rosa Luxemburgo), 83n.82, 85
Medi, *ver* Urban, Martha
Mehring, Eva, 88, 90, 202, 232
Mehring, Franz, 53, 62-3n.51, 64-6, 85, 88, 90, 103, 138, 156, 165, 202, 204, 206n.221, 208, 230, 232, 243, 246, 337n.90, 380. *Ver também* Caderno de imagens
Mestre, *ver* Faisst, Hugo

Meyer, Conrad Ferdinand, 228
Meyer, Eduard, 143-4, 146, 153, 380
Meyer, Ernst, 361, 380
Meysenbug, Malvida, 327
Mignet, 299
Mill, Josef-Szloma, 53, 380
Millet, Aimé, 294
Mink, Paula, 10
Mistral, Frédéric, 157
Morawski, Alfons, 55, 381
Morgenstern, Gustav, 265, 299, 381
Mörike, Eduard, 213, 238, 264, 272, 287-8, 322
Mosse, Rudolf, 69
Motteler, Julius, 20-1, 65, 381
Mozart, Wolfgang Amadeus, 118, 275, 282
Możdżenski, 11
Müller, Margarete, 381

Nabucodonosor, 71
Naivus, Hans, *ver* Kautsky, Hans
Natan, 77-8
Nieriker, 41

Olszewski, Władek, 13, 15, 41, 381
Ottenbacher, Adalbert, 302
Ouriço, *ver* Kautsky, Hans

Paasche, Hans, 318
Pannekoek, Anton, 106n.115
Parvus, Alexander, 28, 36-7, 70, 80, 130, 381
Pascin, 93, 381

## ÍNDICE ONOMÁSTICO

Paulus, *ver* Singer, Paul
Pernerstorfer, Engelbert, 311, 381
Peschel, Oskar, 148
Pëus, Heinrich, 83, 381
Pfannkuch, Wilhelm, 78, 215, 381
Pfemfert, Franz, 240-1, 341, 381
Pinkau, Karl, 65, 382
Pinthus, *ver* Pinkau
Platen, August von, 333
Plekhanov, Georgi, 90, 98-9, 382
Pokorny, Joseph, 60, 382
Potemkin, Grigory, 83

Raduin, Ida, 166, 178
Ratzel, Friedrich, 148
Reich, senhorita, 325
Reiff, Adolph, 10, 12-5, 17, 382
Renner, Karl, 103, 311, 382
Riazanov, 75
Ricardo, David, 120
Ripper, Alexander, 85
Rodbertus, Johann Karl, 42
Rodin, Auguste, 304
Roland-Holst, Henriette, VIII, 86, 262, 382
Romain, Rolland, 301, 326
Rosenbaum, Marta, 202, 228, 233, 239, 256, 307, 321, 324, 382
Rosenfeld, Alice, 233
Rosenfeld, Kurt, 172, 176, 182-3, 185-8, 194, 230, 234, 336, 355, 357-8, 383
Rousseau, Jean-Jacques, 71
Rubanowitsch, I. A., 20, 383

Ruben, Regina, 355, 383
Rück, Fritz, 354, 383
Rühle, Otto, 359, 383

Sachtler, senhora, 350
Safo, 265
Salmonoff, 99
Salomão, rei, 278
Sarraute, Lourie, 20
Sarraute, Maurice, 20, 383
Scheidemann, Philipp, 211, 222, 225, 319, 349n.307, 355, 357, 383
Schilisch, senhora, 306
Schiller, Friedrich, 66, 192, 203, 278
Schippel, Max, 43, 175, 383
Schlaf, Johann, 322
Schmoller, Gustav von, 137
Schoenlank, Gustel, 65
Schönlank, Bruno, 36-7, 41, 49, 383
Schubert, Franz, 282
Schüller, Richard, 52
Schulthess, Barbara, 338
Schulz, August Heinrich, 173, 282, 383
Segantini, Giovanni, 107
Ségur, marquês de, 327
Seidel, Fredi, 35, 384
Seidel, Mathilde, 35, 384
Seidel, Robert, 39, 384
Seidler, 38
Selinger, Berta, 118-9
Senator, Hermann, 59, 384
Sexby, Edward, 147

Shakespeare, William, 244, 264-5, 299

Shaw, Bernard, 240

Siber, professor, 272, 310

Singer, Paul, 77, 171n.186, 319

Smith, Adam, 120

Stadthagen, Arthur, 213, 384

Steinen, Karl von den, 143, 384

Stendhal, G. (pseudônimo de Rosa Luxemburgo), 125

Stoecker, Walter, 183, 384

Streuvels, Stijn, 341

Ströbel, Heinrich, 357, 384

St-Simon, duque de, 120-1

Süssmann, 164

Sutter, Anna, 164

Szmujlow, senhora, 33

Szmujlow, W. J., 28-9, 385


Teniers, David, 347

Thalheimer, Berta, 307, 320, 354, 385

Thoma, Hans, 244

Thöny, Eduard, 28, 385

Tolstoi, Liev, 169-70, 194, 275, 312

Trotha, Lothar von, 237

Trusiewicz, Stanislaw, 52-3, 385

Turner, 194, 223


Urbach, Ignacy, 20, 40, 385

Urban, Martha, 200, 348, 350, 385


Vaillant, Édouard-Marie, 20, 385

Vandervelde, Émile, 64, 385

Vandervelde, Lalla, 64, 385

Veigert, 59

Violeta, ver Rosenfeld, Kurt

Vogtherr, Ewald, 319, 386

von Kant, 226

von Stein, senhora, 196, 198, 264


Walkey, 225

Warski, Adolf, 6, 70, 77, 112, 168, 385

Webb, 136

Weinberg, dr., 228

Wels, Otto, 160, 386

Wendel, 132, 170

Wengels, Margarete, 320, 386

Westarp, conde, 213

Westmeyer, Johan Friedrich, 109, 320, 386

Wilde, Oscar, 240

Wilhelm II, Kaiser, 155

Winter, August, 47, 386

Wister, Owen, 168

Witold-Leder, ver Feinstein, Wladislaw

Wojnarowska, Cezaryna, 12, 20, 386

Wolf, Hugo, 166, 221, 269, 272, 275, 295, 326, 330, 333

Wolf, Th., 319

Wolny, Tomasz, 20-1, 387

Wulff, 328

Wurm, Emmanuel, 73, 129, 156, 213, 386

Wurm, Mathilde, 73, 172, 202, 306, 331-2, 355, 387. Ver também Caderno de imagens

Zastrabska, senhorita, 49

Zenzi, 344, 347

Zetkin, Clara, VIII, XV, XIX-XX,
28, 51, 59, 74, 90-1n.99, 136,
158n.168, 193, 200n.212,
202, 206n.221, 208n.224,
216n.236, 241, 266, 346, 354,
387. *Ver também* Caderno de
imagens

Zetkin, Costia, X, XV, 91n.99,
110n.121, 115n.124, 133n.139,
151n.158, 221, 387. *Ver também* Caderno de imagens

Zetkin, Maxim, 107, 188, 305,
317, 387

Zévaés, Alexandre, 10

Zietz, Luise, 205, 304, 355, 357, 387

Zimmermann, Wilhelm, 197

Zlottko, Gertrud, 96, 98, 101, 110,
130, 136, 181, 188, 243, 254,
387

Zundel, Friedrich, 65, 125, 158, 387

SOBRE O LIVRO

*Formato*: 16 x 23 cm
*Mancha*: 26p1,2 x 42p6,2
*Tipologia*: Adobe Caslon
*Papel*: Off-white 80 g/m² (miolo)
Couché fosco encartonado 115 g/m² (capa)
*3ª edição Editora Unesp*: 2018

EQUIPE DE REALIZAÇÃO

*Edição de Texto*
Raul Pereira (Copidesque)
Arlete Zebber (Preparação de original)
Thaísa Burani (Revisão)

*Capa*
Estúdio Bogari

*Editoração Eletrônica*
Estúdio Bogari

*Assistência Editorial*
Alberto Bononi
Richard Sanches

Impressão e Acabamento
assahi
gráfica e editora ltda.

UDO O MAIS É

MAGNÍFICA T